GILBERT RYLE

Der Begriff des Geistes

AUS DEM ENGLISCHEN ÜBERSETZT
VON KURT BAIER

PHILIPP RECLAM JUN. STUTTGART

Englischer Originaltitel: »The Concept of Mind«.
Die deutsche Übersetzung wurde von Günther Patzig und Ulrich Steinvorth überarbeitet.

Universal-Bibliothek Nr. 8331 [6]
 Die Übersetzung erscheint mit Genehmigung des Verlages Hutchinson & Co (Publishers) Ltd, London. Gesamtherstellung: Reclam, Ditzingen
Printed in Germany 1987
ISBN 3-15-008331-1

Einleitung

Die folgenden Untersuchungen könnten mit gewissen Vorbehalten als eine Theorie des Geistes oder der Seele bezeichnet werden. Sie liefern aber keine bisher unbekannten Tatsachen über die Seele. Wir besitzen schon eine Fülle von Informationen, die weder aus philosophischen Überlegungen hervorgegangen sind noch durch sie hinfällig gemacht werden. Die philosophischen Überlegungen, aus denen dieses Buch besteht, sollen unsere Kenntnisse vom Geist oder der Seele nicht vermehren, sondern die logische Geographie dieses Wissens berichtigen.

Lehrer und Prüfer, Richter und Kritiker, Geschichtsschreiber und Romanschriftsteller, Beichtväter und Unteroffiziere, Unternehmer, Angestellte und Geschäftsteilhaber, Eltern, Liebende, Freunde und Feinde, sie alle wissen gut genug, wie ihre täglichen Fragen über die Eigenschaften und den Verstand eines Menschen, mit dem sie zu tun haben, zu beantworten sind. Sie können seine Leistungen bewerten, seinen Fortschritt abschätzen, seine Worte und Taten begreifen, seine Motive durchschauen und seine Witze verstehen. Wenn sie irregehen, können sie ihre Irrtümer richtigstellen. Ja, sie können auf diejenigen, mit denen sie zu tun haben, durch Kritik oder Beispiel, durch Bestrafung, Bestechung oder Belehrung, mit Spott oder schönen Worten vorsätzlich einwirken und schließlich ihre Methoden im Lichte der erzielten Erfolge abändern.

Sowohl zur Beschreibung des Geistes anderer wie auch zur Aufstellung von Vorschriften für ihn machen sie mit größerer oder geringerer Geschicklichkeit von Begriffen für geistige Fähigkeiten und Tätigkeiten Gebrauch. Sie haben gelernt, wie man in konkreten Situationen Wörter anwendet wie: ›sorgfältig‹, ›dumm‹, ›logisch‹, ›unaufmerksam‹, ›originell‹, ›eitel‹, ›methodisch‹, ›leichtgläubig‹, ›witzig‹, ›beherrscht‹ und tausend andere, die geistige oder seelische Verhaltensweisen beschreiben.

Es besteht aber ein großer Unterschied zwischen der Fähigkeit, solche Begriffe anzuwenden, und der Fähigkeit, ihre Beziehungen miteinander oder mit Begriffen anderer Art ans Licht zu bringen. Viele Leute können *mit* diesen Begriffen, aber nicht *über* sie Sinnvolles sagen; sie wissen durch den täglichen Gebrauch, wie sie mit diesen Begriffen umgehen müssen, zumindest innerhalb der üblichen Grenzen, aber sie können nicht die logischen Regeln formulieren, die den Gebrauch dieser Begriffe bestimmen. Sie sind wie Leute, die sich wohl in ihrem eigenen Ort auskennen, aber nicht imstande sind, eine Landkarte davon anzufertigen oder zu lesen, geschweige denn eine Landkarte der Gegend oder des Kontinents, in dem ihr Ort liegt.

Für gewisse Zwecke ist es aber notwendig, die logischen Verbindungen zwischen jenen Begriffen zu bestimmen, die wir ganz gut anwenden können. Es ist immer schon ein wichtiger Teil der Aufgabe eines Philosophen gewesen, diese Arbeit für die Begriffe der Vermögen, Tätigkeiten und Zustände des Geistes oder der Seele zu leisten. Erkenntnistheorie, Logik, Ethik, Politik und Ästhetik sind das Ergebnis der Untersuchungen auf diesem Gebiet. Einige dieser Untersuchungen sind innerhalb ihrer Grenzen beträchtlich vorangekommen, aber es gehört zur These dieses Buches, daß in den drei Jahrhunderten seit dem Beginn des naturwissenschaftlichen Zeitalters die logischen Kategorien zur Einordnung der Begriffe der geistigen Vermögen und Tätigkeiten falsch ausgewählt wurden. Descartes hinterließ als eines seiner einflußreichen philosophischen Vermächtnisse einen Mythos, der noch immer die Geographie dieses Bereichs verfälscht.

Ein Mythos ist natürlich kein Märchen. Er ist die Darstellung von Tatsachen, die zu einer bestimmten Kategorie gehören, in einer zu einer andern Kategorie gehörigen Ausdrucksweise. Wenn man einen Mythos zerstört, leugnet man daher keine Tatsachen, sondern stellt sie um. Eben das soll hier versucht werden.

Die Bestimmung der logischen Geographie von Begriffen ist die Erhellung der Logik jener Sätze, in denen sie verwendet werden, also das Aufzeigen davon, mit welchen anderen Sätzen sie vereinbar und mit welchen sie unvereinbar sind, welche Sätze aus ihnen folgen und aus welchen sie folgen. Ein logischer Typus oder eine Kategorie, zu der ein Begriff gehört, ist die Klasse der logisch richtigen Verwendungen des Begriffs. Die Hauptargumente dieses Buches sollen daher zeigen, warum gewisse Arten von Verwendungen der Begriffe von geistigen Vermögen und Vorgängen Verstöße gegen logische Regeln sind. Ich verwende Beweise der Form der *reductio ad absurdum*, sowohl um die vom cartesischen Mythos stillschweigend empfohlenen Verwendungen auszuschalten als auch um anzuzeigen, zu welchen logischen Typen die entsprechenden Begriffe eigentlich gehören. Ich betrachte es jedoch als zulässig, gelegentlich auch Argumente von geringerer Strenge zu verwenden, besonders dann, wenn es zweckdienlich erscheint, den Leser zu beschwichtigen oder einzugewöhnen. Philosophie besteht darin, Kategoriengewohnheiten durch Kategoriendisziplin zu ersetzen. Wenn also versöhnende Überredung den Schmerz der Trennung von eingefleischten intellektuellen Gewohnheiten lindert, dann stützt sie zwar nicht die strengen Beweise, aber sie kann doch den Widerstand gegen sie vermindern.

Einige Leser werden vielleicht denken, der Ton dieses Buches sei unnötigerweise polemisch. Vielleicht beruhigt es sie zu hören, daß ich den Annahmen, gegen die ich am heftigsten zu Felde ziehe, einst selbst zum Opfer gefallen bin. Ich versuche hier hauptsächlich, gewisse Ordnungsmängel aus meinem eigenen System zu entfernen. Erst in zweiter Linie hoffe ich, andern Theoretikern beim Erkennen unserer Krankheit zu helfen und mit meiner Medizin zu nützen.

ERSTES KAPITEL

Descartes' Mythos

1. *Die offizielle Lehre*

So verbreitet ist unter Fachleuten und sogar unter Laien eine gewisse Theorie über das Wesen und die Stellung des Geistes, daß sie wohl als die offizielle Doktrin angesprochen werden kann. Die Mehrzahl der Philosophen, Psychologen und Religionslehrer bekennt sich, mit unwesentlichen Vorbehalten, zu ihren Hauptartikeln. Freilich räumen sie das Bestehen gewisser theoretischer Schwierigkeiten ein, neigen aber doch zu der Annahme, diese könnten ohne größere Abänderungen im Aufbau der Theorie behoben werden. Es soll hier gezeigt werden, daß die Kernprinzipien dieser Lehre unhaltbar sind und all dem widersprechen, was wir vom Geist oder der Seele wissen, solange wir keine Theorien darüber aufstellen.

Die offizielle Lehre stammt hauptsächlich von Descartes und lautet ungefähr so: Jedes menschliche Wesen, mit der möglichen Ausnahme von Schwachsinnigen und kleinen Kindern, hat sowohl einen Körper als auch einen Geist. Einige ziehen wohl vor zu sagen, jedes menschliche Wesen sei sowohl Körper wie Geist. Körper und Geist sind gewöhnlich zusammengespannt, aber nach dem Tode des Körpers kann der Geist möglicherweise allein fortbestehen und seine Funktionen ausüben.

Menschliche Körper existieren im Raum und sind den mechanischen Kausalgesetzen unterworfen, welche alle Körper im Raum beherrschen. Körperliche Vorgänge und Zustände können von äußeren Beobachtern wahrgenommen werden. Ja, das körperliche Leben eines Menschen ist so sehr eine öffentliche Angelegenheit wie das Leben der Tiere und Reptilien, sogar wie der Lebenslauf von Bäumen, Kristallen und Planeten.

Aber der Geist ist nicht im Raum, und sein Tun ist nicht

den Gesetzen der Mechanik unterworfen. Andere Beobachter können nicht Zeugen dessen sein, was in jemandes Geist vorgeht; seine Vorgänge sind privat. Nur ich selbst kann von den Zuständen und Vorgängen meines eigenen Geistes direkt Kenntnis nehmen. Ein Mensch durchlebt also zwei parallele Lebensläufe, deren einer aus dem besteht, was in seinem Körper vorgeht oder diesem zustößt, während der andere sich aus dem zusammensetzt, was in seinem Geiste vorgeht oder diesem zustößt. Der erste ist öffentlich, der zweite privat. Die Ereignisse im ersten Lebenslauf sind Ereignisse in der physikalischen Welt, die im zweiten Ereignisse in der Welt des Geistes.

Es ist eine Streitfrage, ob jemand alle oder nur einige Ereignisse seiner eigenen privaten Geschichte unmittelbar beobachtet oder beobachten kann; aber gemäß der offiziellen Lehre hat jedermann unmittelbare und unanfechtbare Kenntnis wenigstens von einigen dieser Ereignisse. Durch die Bewußtheit, die Selbstbewußtheit und die Introspektion hat man direkte und authentische Kenntnis der gegenwärtigen seelischen und geistigen Zustände und Vorgänge. Jemand mag über gleichzeitige und parallele Vorfälle in der physikalischen Welt mehr oder weniger im Ungewissen sein, aber wenigstens nicht über einen Teil dessen, was augenblicklich seinen Geist beschäftigt.

Es ist üblich, diese Spaltung in zwei Lebensgeschichten und in zwei Welten so auszudrücken: die Dinge und Ereignisse, die zur physikalischen Welt gehören, einschließlich seines eigenen Körpers, sind dem Menschen äußerlich, die Vorgänge in seinem Geiste dagegen innerlich. Der Gegensatz zwischen äußerlich und innerlich soll natürlich metaphorisch verstanden werden, da ja der Geist etwas Unräumliches ist und daher nicht als im Innern von etwas anderem befindlich beschrieben werden kann noch als etwas, in dessen Innerem sich gewisse Vorgänge abspielen. Aber diesen guten Vorsätzen wird man nur allzu oft untreu. Gewisse Theoretiker verlieren sich in Spekulationen über das Problem, wie gewisse Reize, deren physische Ursprünge sich viele Meter oder Kilometer weit von der Haut einer Person befinden, psychische Reaktionen im Innern ihres Schädels hervorrufen können, oder wie Entschlüsse, die im Innern ihres Gehirnes gefaßt wurden, Bewegungen ihrer Gliedmaßen auslösen können.

Aber auch eine metaphorische Auslegung von ›innen‹ und ›außen‹ kann nicht über die theoretischen Schwierigkeiten des Problems hinweghelfen, wie der menschliche Geist und Körper einander wechselseitig beeinflussen. Was der Geist will, das führen die Beine, die Arme und die Zunge aus; was der Geist wahrnimmt, das hängt davon ab, wie Auge und Ohr affiziert werden; ein Lächeln oder eine Grimasse verraten die Stimmung, in der sich der Geist befindet, und körperliche Züchtigungen, so hofft man, führen zur moralischen Besserung des Gezüchtigten. Aber die tatsächlichen Zusammenhänge zwischen den Vorfällen der privaten und jenen der öffentlichen Geschichte bleiben rätselhaft, da sie definitionsgemäß zu keiner der beiden Ereignisreihen gehören können. Sie können nicht unter den Ereignissen erscheinen, die jemand in der Autobiographie seines Innenlebens beschreibt, aber ebensowenig unter denen, die in der von einem anderen verfaßten Lebensgeschichte seiner öffentlichen Karriere erzählt werden. Sie können weder mit Hilfe von Introspektion noch von Laboratoriumsversuchen in Augenschein genommen werden. Sie sind theoretische Federbälle, die die Physiologen immer wieder zu den Psychologen und diese zu jenen zurückschlagen.

Dieser halbmetaphorischen Vorstellung von zwei parallelen Lebensbahnen eines Menschen liegt eine scheinbar tiefere und philosophische Annahme zugrunde: daß es zwei verschiedene Arten von Existenz oder Sein gibt. Was existiert oder geschieht, kann entweder das Sein physischer oder das Sein geistiger Existenz haben. So ähnlich wie Münzen entweder Kopf oder Adler zeigen, so wie Lebewesen entweder männlich oder weiblich sind, so, nimmt man an, gehört manches zum physischen, anderes zum psychischen Sein. Es ist eine notwendige Eigenschaft dessen, was ein physisches Sein hat, in Raum und Zeit zu existieren; es ist eine notwendige Eigenschaft dessen, was ein geistiges Sein hat, sich in der Zeit, aber nicht im Raum zu befinden. Was physisch existiert, setzt sich aus Materie zusammen oder ist doch eine Funktion der Materie; was geistige Existenz hat, besteht aus Bewußtsein oder ist doch eine Funktion des Bewußtseins.

Es besteht also ein polarer Gegensatz zwischen Geist und Materie, ein Gegensatz, der oft folgendermaßen erklärt wird: Materielle Gegenstände befinden sich in einem gemeinsamen Feld, das ›Raum‹ heißt, und was einem Körper in einem Teil des Raumes zustößt, hängt mechanisch mit dem zusammen, was anderen Körpern in anderen Teilen des Raumes zustößt. Geistige Ereignisse dagegen spielen sich in isolierten Feldern ab, die wir ›Geister‹ nennen, und mit Ausnahme, möglicherweise, der Telepathie gibt es keine direkte Kausalverknüpfung zwischen dem, was sich in einem Geist, und dem, was sich in einem anderen abspielt. Der Geist eines Menschen kann nur auf dem Umweg über die öffentliche physikalische Welt auf den eines anderen einwirken. Der Geist ist sein eigener Ort, und in seinem Innern führt jeder von uns das Leben eines Robinson Crusoe des Geistes. Wir können die Körper anderer Leute sehen, hören und anstoßen, aber für die geistigen Vorgänge in anderen sind wir unheilbar blind und taub und ohne Einfluß auf sie.

Welche Art von Wissen kann man nun über die Tätigkeit des Geistes erwerben? Einerseits hat der offiziellen Lehre gemäß jeder Mensch unmittelbares Wissen der denkbar besten Art von den Vorgängen in seiner eigenen Seele. Geistige Zustände und Vorgänge sind (oder sind normalerweise) bewußt, und das Bewußtsein, das sie erhellt, kann keine Täuschungen verursachen und läßt keinen Raum für Zweifel. Die gegenwärtigen Gedanken, Gefühle und Willensakte eines Menschen, seine Wahrnehmungen, Erinnerungen und Vorstellungen sind ihrer Natur zufolge ›phosphoreszierend‹; ihre Existenz wie ihr Wesen geben sich ihrem Eigner unweigerlich zu erkennen. Das Innenleben ist ein Bewußtseinsstrom solcher

Art, daß es absurd wäre anzunehmen, der Geist, dessen Leben dieser Strom ausmacht, bemerkte nicht, was auf ihm dahintreibt.

Zwar scheinen die unlängst von Freud angeführten Phänomene das Vorhandensein von Nebenflüssen anzudeuten, deren Lauf ihrem Eigentümer verborgen ist. Leute werden von Trieben bewegt, deren Existenz sie heftigst ableugnen; manche ihrer Gedanken sind ganz anders als die, die sie sich eingestehen; und manches, was sie zu wollen glauben, wollen sie eigentlich gar nicht. Ihre eigene Unaufrichtigkeit foppt sie fortwährend, und sie verstehen es, gewisse Tatsachen ihre Psyche betreffend zu übersehen, die ihnen nach der offiziellen Lehre in die Augen springen müßten. Die Verfechter der offiziellen Lehre behaupten jedoch im allgemeinen, ein Mensch befinde sich, zumindest in normalen Umständen, in unmittelbarer und authentischer Erfassung des gegenwärtigen Zustands und der gegenwärtigen Vorgänge in seinem Geist.

Man wird nicht nur fortgesetzt mit diesen angeblich unmittelbaren Bewußtseinsdaten beliefert, sondern es wird allgemein angenommen, man sei imstande, hie und da eine besondere Art von Wahrnehmung auszuüben, nämlich innere Wahrnehmung oder Introspektion. Man kann einen (nichtoptischen) ›Blick‹ auf das werfen, was im Geiste vorgeht. Man kann nicht nur mit seinem Gesichtssinn eine Blume betrachten und unter die Lupe nehmen oder mit dem Gehörssinn dem Klang einer Glocke lauschen und die verschiedenen Töne unterscheiden; man kann auch ohne Benutzung eines Sinnesorgans reflektiv oder introspektiv die laufenden Vorfälle seines Innenlebens belauern. Diese Selbstbeobachtung ist, so heißt es, ebenfalls gegen Täuschung, Verwirrung und allen Zweifel gefeit. Die Berichte einer Psyche über ihre eigenen Angelegenheiten haben eine Gewißheit an sich, die der höchsten Gewißheit weit überlegen ist, die ein Bericht über Vorfälle in der physikalischen Welt haben kann. Sinneswahrnehmung kann irrig oder verworren sein, Bewußtsein und Introspektion nicht.

Andrerseits hat ein Mensch keinen wie immer gearteten unmittelbaren Zugang zu den Ereignissen des Innenlebens eines andern. Er kann bestenfalls problematische Schlüsse aus dem beobachteten körperlichen Verhalten eines anderen auf dessen Geisteszustände ziehen, die, wie er nach Analogie zum Benehmen seines eigenen Körpers annimmt, von solchem Verhalten angezeigt werden. Unmittelbarer Zugang zu den Vorgängen in einer Psyche ist das Vorrecht dieser Psyche selbst; ohne solchen bevorrechteten Zugang müssen die Vorgänge im Geiste eines Menschen vor jedem anderen verborgen bleiben. Denn ihren vermeintlichen Schlüssen aus einem Verhalten, das dem eigenen ähnlich ist, auf den eigenen Erlebnissen ähnliche geistige Vorgänge fehlt jede Möglichkeit direkter Bestätigung durch Beobachtung. Daher ist es nicht unnatürlich, daß die Anhänger der offiziellen Lehre es schwer finden, einer bestimmten Konsequenz aus ihren Prämissen zu widerstehen, nämlich der, daß sie keinen guten Grund haben, an die Existenz eines andern als ihres eigenen Geistes zu glauben. Sogar wenn sie den Glauben vorziehen, an andere Körper seien Geister angespannt, die den ihren nicht unähnlich sind, so können sie doch nicht behaupten, deren individuelle Merkmale oder was sie tun und leiden entdecken zu können. Nach dieser Theorie ist absolute Einsamkeit das unausweichliche Geschick der Seele. Nur unsere Körper können einander finden.

Als notwendige Folge aus diesem allgemeinen Schema ergibt sich eine besondere Art der Auslegung der alltäglichen Begriffe geistiger und seelischer Vermögen und Fähigkeiten. Die Tätigkeits-, Haupt- und Eigenschaftswörter, mit deren Hilfe wir gewöhnlich die Intelligenz, den Charakter und die höheren Verrichtungen unserer Mitmenschen beschreiben, müssen nun als die Bezeichnungen von Vorfällen in ihren Geheimbiographien betrachtet werden oder aber als Bezeichnungen der Tendenz zu solchen Vorfällen. Wenn wir von jemandem sagen, daß er etwas weiß, glaubt oder errät, daß er etwas erhofft, fürchtet, vorhat oder wünscht, daß er dieses plant oder daß ihn jenes belustigt, dann, so wird behauptet, bezeichnen diese Zeitwörter den Vorfall besonderer Veränderungen in seinem uns verborgenen Bewußtseinsstrom. Nur sein eigener bevorrechteter Zugang zu diesem Strom in direkter Erkenntnis oder Introspektion kann authentisch bezeugen, daß diese Geistestätigkeitswörter richtig oder unrichtig angewendet wurden. Der Zuschauer, ob nun Lehrer, Kritiker oder Freund, kann sich niemals vergewissern, daß seine Bemerkungen auch nur die leiseste Spur der Wahrheit tragen. Und doch fanden es Philosophen gerade deshalb notwendig, ihre Theorien über das Wesen und die Stellung des Geistes zu verfassen, weil wir alle tatsächlich wissen, wie solche Bemerkungen zu machen sind, weil wir sie gewöhnlich richtig machen und weil wir sie berichtigen können, wenn sie sich als falsch oder fehlerhaft erweisen. Sie fanden, daß Begriffe für geistiges und seelisches Verhalten regelmäßig und mit Erfolg verwendet werden, und so suchten sie mit Recht die logische Geographie dieser Begriffe festzulegen. Aber die logische Geographie, die sie offiziell befürworteten, hätte zur Folge, daß es in unseren Behauptungen und Vorschriften über das Innenleben anderer keine regelmäßige und erfolgreiche Verwendung von Begriffen für geistiges Verhalten geben könnte.

2. *Die Absurdität der offiziellen Lehre*

So lautet kurz die offizielle Lehre. Ich werde oft mit absichtlicher Geringschätzung von ihr als dem »Dogma vom Gespenst in der Maschine« sprechen. Ich hoffe zu zeigen, daß sie ganz und gar falsch ist, nicht nur in Einzelheiten, sondern grundsätzlich. Sie ist nicht nur eine Ansammlung einzelner Fehler. Sie besteht aus einem einzigen großen Irrtum, einem Irrtum von ganz besonderer Art, nämlich einer Kategorienverwechslung. Sie stellt die Tatsachen des Geisteslebens so dar, als gehörten sie zu einem bestimmten logischen Typ oder einer Kategorie (oder zu einer Reihe von Typen oder Kategorien), während sie in Wirklichkeit zu einer andern gehören. Das Dogma ist daher ein philosophischer Mythos. Wenn ich also im weiteren versuchen werde, diesen Mythos zu vernichten, wird man mich wahrscheinlich dahin mißverstehen, daß ich wohlbekannte Tatsachen des menschlichen Geisteslebens abstreiten wolle, und meine Verteidigung, ich wolle nur die Logik der Geistestätigkeitsbegriffe richtigstellen, wird wahrscheinlich als eine bloße Ausflucht abgetan werden.

Zuerst muß der Ausdruck ›Kategorienverwechslung‹ erklärt werden. Ich tue das mit Hilfe einer Reihe von Beispielen.

Ein Ausländer kommt zum erstenmal nach Oxford oder Cambridge, und man zeigt ihm eine Reihe von Colleges, Bibliotheken, Sportplätzen, Museen, Laboratorien und Verwaltungsgebäuden. Nach einiger Zeit fragt er: ›Aber wo ist denn die Universität? Ich weiß jetzt, wo die Mitglieder eines College wohnen, wo die Verwaltung untergebracht ist, wo die Wissenschaftler ihre Versuche machen und so weiter. Aber warum zeigt man mir nicht die Universität, wo die Mitglieder eurer Universität wohnen und arbeiten?‹ Dann muß man ihm erklären, daß die Universität nicht noch eine weitere ähnliche Institution ist, ein weiteres Gegenstück zu den Colleges, Laboratorien und Verwaltungsgebäuden, die er schon gesehen hat. Die Universität ist einfach die Art und Weise, in der alles das organisiert ist, was er schon gesehen hat. Wenn man das alles gesehen und die Art und Weise der Zusammenarbeit verstanden hat, dann hat man die Universität gesehen. Der Irrtum des Ausländers lag in seiner unschuldigen Annahme, es sei richtig, vom Christ-Church-College, von der Bodleian Bibliothek, vom Ashmolean Museum und *außerdem* von der Universität zu sprechen, also von ›der Universität‹ so zu sprechen, als bezeichneten die Worte ›die Universität‹ ein weiteres Mitglied der Klasse, zu der jene anderen obenerwähnten Einheiten auch gehören. Er reihte die Universität irrtümlich in dieselbe Kategorie ein, zu der diese anderen Institutionen gehören.

Denselben Irrtum beginge zum Beispiel ein Kind, dem man beim Vorbeimarschieren einer Division verschiedene Bataillone, Batterien, Schwadronen usw. gezeigt hat und das nun wissen will, wann die Division vorbeimarschieren werde. Es würde glauben, die Division wäre ein Gegenstück zu den Einheiten, die es schon gesehen hat, ihnen teilweise ähnlich und teilweise unähnlich. Man würde ihm seinen Irrtum klarmachen, indem man ihm sagt, es habe die Division vorbeimarschieren sehen, als es die Bataillone, Batterien und Geschwader vorbeimarschieren sah. Die Parade war nicht eine Parade von Bataillonen, Batterien, Schwadronen *und* einer Division; es war die Parade der Bataillone, Batterien und Schwadronen *einer* Division.

Noch ein Beispiel. Ein Südseeinsulaner sieht seinem ersten Fußballspiel zu. Man erklärt ihm die Funktion des Torwarts, der Stürmer, Verteidiger, des Schiedsrichters usw. Nach einer Weile sagt er: ›Aber da ist doch niemand, der den berühmten Mannschaftsgeist beisteuert. Ich sehe, wer angreift, wer verteidigt, wer die Verbindung herstellt usw.; aber wessen Rolle ist es, den Mannschaftsgeist zu liefern?‹ Und wieder müßten wir erklären, daß er nach der falschen Kategorie eines Dings Ausschau halte. Der Mannschaftsgeist ist nicht noch eine Fußballoperation wie das Toreschießen, das Einwerfen usw. Er ist, ungefähr gesprochen, die Begeisterung, mit der alle besonderen Aufgaben des Fußballspiels ausgeführt werden, und eine Aufgabe begeistert ausführen heißt nicht, zwei Aufgaben ausführen. Gewiß, Mannschaftsgeist zeigen ist nicht dasselbe wie ein Tor schießen oder einwerfen. Aber es ist auch nicht ein drittes Ding, von dem wir sagen könnten, der Mittelstürmer habe zuerst eingeworfen *und dann* Mannschaftsgeist gezeigt, oder der Verteidiger werde jetzt *entweder* köpfen *oder* Mannschaftsgeist zeigen.

Diese Beispiele von Kategorienverwechslungen haben etwas

gemeinsam, was wir uns einprägen müssen. Die Irrtümer wurden von Leuten begangen, die nicht wußten, wie die Begriffe *Universität*, *Division* und *Mannschaftsgeist* zu handhaben sind. Die Schwierigkeiten erwuchsen aus ihrer Unfähigkeit, gewisse Wörter richtig zu verwenden.

Die philosophisch interessanten Kategorienverwechslungen werden aber von Leuten begangen, die vollkommen entscheiden können, wie Begriffe zumindest in Umständen, mit denen sie vertraut sind, zu verwenden sind, die aber doch im Laufe abstrakter Gedankengänge dazu neigen, diese Begriffe in Kategorien einzureihen, zu denen sie nicht gehören. Ein Beispiel eines Irrtums dieser Art wäre die folgende Geschichte. Ein Politikstudent hat die Hauptunterschiede zwischen der englischen, französischen und amerikanischen Verfassung gelernt und auch die Unterschiede und Zusammenhänge zwischen dem Kabinett, dem Parlament, den verschiedenen Ministerien, der Richterschaft und der englischen Staatskirche. Aber er gerät noch immer in Verlegenheit, wenn er nach den Zusamenhängen zwischen der englischen Staatskirche, dem Innenministerium und der Verfassung Englands gefragt wird. Denn während die Kirche und das Innenministerium Institutionen sind, ist die Verfassung nicht eine weitere Institution im selben Sinn dieses Hauptworts. Daher können inter-institutionelle Beziehungen, deren Bestehen zwischen Kirche und Innenministerium man behaupten oder leugnen kann, keine Beziehungen sein, deren Bestehen zwischen Kirche und Innenministerium einerseits und der englischen Verfassung andrerseits man behaupten oder leugnen könnte. ›Die englische Verfassung‹ ist nicht ein Ausdruck desselben logischen Typs wie ›das Innenministerium‹ oder ›die englische Staatskirche‹. Ähnlich kann Müller ein Verwandter, ein Freund, ein Bekannter oder ein Feind von Meier sein; aber er kann in keiner dieser Beziehungen zum Durchschnittssteuerzahler stehen. Er kann meistens sinnvolle Bemerkungen in gewissen Auseinandersetzungen über den Durchschnittssteuerzahler machen, aber er ist verdutzt, wenn er gefragt wird, warum er ihm nicht, wie etwa dem Meier, auf der Straße begegnen kann.

Solange sich der Politikstudent die englische Verfassung nach dem Muster der anderen Institutionen vorstellt, wird er versucht sein, sie als eine rätselhaft-okkulte Institution zu beschreiben; und solange Müller den Durchschnittssteuerzahler als einen Mitbürger betrachtet, solange wird er ihn sich als einen schattenhaften und substanzlosen Mann denken, ein Gespenst, das überall und nirgends ist.

Das Ziel meines Angriffs ist, zu zeigen, daß der Ursprung der Theorie des menschlichen Doppellebens eine Familie von Kategorienverwechslungen ist. Die Darstellung eines Menschen als eines Gespensts, das auf unbegreifliche Art in einer Maschine verschanzt ist, leitet sich von folgendem Argument ab. Unleugbarerweise können die Gedanken, Gefühle und Zweckhandlungen einer Person nicht ausschließlich in der Sprache der Physik, Chemie und Physiologie beschrieben werden. Also müssen sie in einer Parallelsprache beschrieben werden. So wie der menschliche Körper eine mannigfaltige, organisierte Einheit ist, so muß auch der menschliche Geist eine mannigfaltige, organisierte Einheit sein, wenngleich er aus einem Stoff ganz anderer Art gemacht und völlig anders gebaut ist. Anders ausgedrückt, wie der menschliche Körper, so wie jedes andere Klümpchen Materie, ein Feld von Ursachen und Wirkungen ist, so muß auch der menschliche Geist ein Feld von Ursachen und Wirkungen sein, wenn auch (Gott sei Dank) nicht von mechanischen Ursachen und Wirkungen.

3. Der Ursprung der Kategorienverwechslung

Eine der intellektuellen Hauptquellen dessen, was noch als die cartesische Kategorienverwechslung nachzuweisen sein wird, scheint folgendes zu sein: Als Galilei bewiesen hatte, daß seine wissenschaftlichen Forschungsmethoden imstande waren, eine mechanische Theorie zu liefern, die alles Räumliche erfaßte, da entdeckte Descartes in sich zwei widerstreitende Motive. Als ein Mann von genialer wissenschaftlicher Begabung konnte er den Behauptungen der Mechanik nur beipflichten, jedoch als religiöser und sittlicher Mensch konnte er nicht, wie Hobbes, die niederschmetternde Folge dieser Anschauungen annehmen, die menschliche Natur unterscheide sich von einem Uhrwerk bloß durch den Grad der Kompliziertheit. Das Geistige konnte nicht einfach eine Variante des Mechanischen sein.

Er und spätere Philosophen bedienten sich daher des folgenden verständlichen, aber nichtsdestoweniger irrigen Auswegs. Da die Wörter für geistiges Verhalten nicht als die Bezeichnungen von mechanischen Prozessen zu deuten sind, so sind sie also als Bezeichnungen von nichtmechanischen Prozessen zu deuten; da mechanische Gesetze die Vorgänge im Raum als Wirkungen anderer Vorgänge im Raum erklären, müssen andere Gesetze nichträumliche Vorgänge im Geist als Wirkungen anderer nichträumlicher Vorgänge im Geist erklären. Der Unterschied zwischen jenem menschlichen Benehmen, das wir als intelligent, und dem, das wir als unintelligent bezeichnen, muß ein Unterschied in der Verursachung sein; während also einige Bewegungen menschlicher Zungen und Glieder die Wirkung mechanischer Ursachen sind, d. h. also von Bewegungen kleiner Massenteilchen herrühren, sind andere die Wirkung nichtmechanischer Ursachen, also geistiger Vorgänge.

Die Unterschiede zwischen dem Körperlichen und Geistigen wurden so als Unterschiede innerhalb des gemeinsamen Rahmens der Kategorien ›Ding‹, ›Material‹, ›Eigenschaft‹, ›Zustand‹, ›Vorgang‹, ›Veränderung‹, ›Ursache‹ und ›Wirkung‹ dargestellt. Geister sind Dinge, aber Dinge von anderer Art als Körper; geistige Vorgänge sind Ursachen und Wirkungen, aber Ursachen und Wirkungen anderer Art als Körperbewegungen. Und so weiter. So wie der Ausländer erwartete, die Universität werde ein zusätzliches Gebäude sein, ähnlich wie ein College, aber auch recht anders, so haben die Antimechanisten Geister als zusätzliche Zentren von Kausalvorgängen dargestellt, ähnlich wie Maschinen, aber auch recht anders. Ihre Theorie war eine paramechanische Hypothese.

Daß diese Annahme der Kern der Lehre war, läßt sich daraus ersehen, daß von Anfang an die wechselseitige Beeinflussung von Körper und Geist als große theoretische Schwierigkeit empfunden wurde. Wie kann ein Geistesvorgang wie z. B. das Wollen eine Bewegung im Raum hervorrufen wie z. B. die Bewegung der Zunge? Wie kann eine physiologische Veränderung im Sehnerv die geistige Wahrnehmung eines Lichtstrahls verursachen? Dieses notorische Problem allein zeigt den logischen Rahmen, in den Descartes seine Theorie des Geistes preßte. Es war ebenderselbe Rahmen, in den er und Galilei ihre Mechanik spannten. Während er weiterhin unbewußt an der Grammatik der Mechanik festhielt, wollte er den Schiffbruch durch eine Beschreibung des Geistigen in einem Vokabular abwenden, das nur das Gegenstück zu dem der Mechanik war. Beschreibungen geistiger Tätigkeiten mußten mit Hilfe barer Verneinungen der besonderen Körperbeschreibungen vorgenommen werden; sie sind nicht im Raum, sie sind nicht Bewegungen, sie sind keine Veränderungen der Materie, sie sind der öffentlichen Beobachtung unzugänglich. Ein Geist ist nicht ein Stückchen Uhrwerk, es ist nur ein Stückchen Nichtuhrwerk.

So betrachtet, ist der menschliche Geist nicht bloß ein an eine Maschine angespannter Geist, er ist selbst nur eine Geistermaschine. Obwohl der menschliche Körper ein Motor ist, ist er doch nicht ein gewöhnlicher Motor, da manche seiner Drehungen von einem andern Motor in seinem Innern reguliert werden, wobei dieser vorgeschaltete Motor von ganz eigener Art ist. Er ist unsichtbar, unhörbar und hat weder Größe noch Gewicht. Er kann nicht zerlegt werden, und die Gesetze, denen er gehorcht, sind nicht die, die ein gewöhnlicher Ingenieur kennen soll. Wie er den Körpermotor reguliert, davon ist nichts bekannt.

Die zweite Hauptschwierigkeit lehrt dasselbe. Da nach der offiziellen Lehre der Geist zur selben Kategorie gehört wie der Körper und da der Körper von ehernen mechanischen Gesetzen regiert wird, schien es manchen Theoretikern, als müßten Geister von ähnlichen ehernen nichtmechanischen Gesetzen regiert werden. Die physikalische Welt ist ein deterministisches System, also muß die Geisterwelt ein deterministisches System sein. Körper können die ihnen zustoßenden Veränderungen nicht vermeiden, daher können Geister nicht vermeiden, die ihnen vorgezeichnete Laufbahn zu verfolgen. *Verantwortlichkeit*, *Wahl*, *Verdienst* und *Schuld* sind daher unanwendbare Begriffe – außer man nimmt die Kompromißlösung an zu sagen, die die Geistesvorgänge regierenden Gesetze unterschieden sich von den die Körpervorgänge regierenden durch die freundliche Eigenschaft, nur ziemlich ehern zu sein. Das Problem der Willensfreiheit bestand darin, die Hypothese, daß Geister mit Wörtern aus den Kategorien der Mechanik beschrieben werden müßten, mit der Einsicht zu versöhnen, daß die höheren menschlichen Verhaltensweisen völlig anders sind als die Arbeitsweisen von Maschinen.

Es ist ein Kuriosum der Geschichte, daß niemand die Unhaltbarkeit dieser ganzen Argumentation bemerkt hat. Theoretiker nahmen richtig an, jeder normale Mensch könne den Unterschied z. B. zwischen rationalen und nichtrationalen Äußerungen oder zwischen absichtlichem und automatischem Benehmen erkennen. Sonst wäre ja nichts vor der Gefahr des mechanischen Materialismus zu bewahren gewesen. Und doch setzte die Erklärung der offiziellen Lehre voraus, daß ein Mensch grundsätzlich niemals den Unterschied zwischen den rationalen und irrationalen Äußerungen erkennen könnte, die von den Lippen anderer Menschen fallen, da er ja nie Zutritt zu den postulierten nichtmateriellen Ursachen einiger dieser Äußerungen haben kann. Mit der zweifelhaften Ausnahme seiner selbst könnte er nie den Unterschied zwischen einem Menschen und einem Roboter feststellen. Es müßte also z. B. zugegeben werden, daß, soweit wir feststellen können, das Innenleben eines als schwachsinnig oder verrückt Erklärten ebenso rational sein könnte wie das jedes andern. Vielleicht ist nur sein äußeres Leben unbefriedigend; d. h. also, vielleicht sind sogenannte Schwachsinnige gar nicht wirklich schwachsinnig und ›Irre‹ gar nicht wirklich irre. Vielleicht sind außerdem einige der als normal Erklärten wirklich schwachsinnig. Nach der Theorie könnten äußere Beobachter nie wissen, wie das von außen beobachtbare Benehmen anderer mit ihren geistigen Fähigkeiten und den geistigen Vorgängen in ihrem Innern zusammenhängt, und sie könnten also nie auch nur glaubwürdige Vermutungen darüber anstellen, ob ihre Anwendungen von Begriffen für geistiges Verhalten auf diese andern Leute richtig oder unrichtig waren. Von sich selbst geistige Normalität oder logische Widerspruchsfreiheit zu behaupten, wäre Glückssache oder überhaupt unmöglich, da man ja verhindert ist, seine eigenen Leistungen mit denen anderer zu vergleichen. Kurz, Leute und ihr Verhalten hätten niemals als intelligent, klug und tugendhaft oder als dumm, heuchlerisch und feige gekennzeichnet werden können, daher hätte also das Problem nie auftauchen können, eine besondere kausale Hypothese als Grundlage für diese Diagnosen zu finden. Die Frage: ›Wie unterscheiden sich Menschen von Maschinen?‹ tauchte gerade deswegen auf, weil ja jedermann Begriffe für geistiges Verhalten verwenden konnte, bevor die neue kausale Hypothese eingeführt wurde. Diese Kausalhypothese konnte also nicht der Ursprung der in diesen Verwendungen gebrauchten Kriterien sein. Selbstverständlich ist auch unsere Handhabung dieser Kriterien nicht im geringsten Maße durch diese Kausalhypothese verbessert worden. Wir unterscheiden noch immer gute und schlechte Arithmetik, weises und unweises Betragen, Ideenreichtum und Ideenarmut auf genau dieselbe Art, wie Descartes selbst es tat, bevor und nachdem er darüber nachgedacht hatte, wie sich die Verwendbarkeit dieser Kriterien mit dem Prinzip der mechanischen Kausalität vereinbaren ließe.

Er hatte die Logik seines Problems mißverstanden. Statt zu fragen, mit welchen Kriterien man intelligentes von unintelligentem Benehmen unterscheidet, fragte er: ›Angenommen, daß das mechanische Kausalprinzip uns den Unterschied nicht verraten kann, welches andere Kausalprinzip kann ihn uns verraten?‹ Er erkannte, daß es sich nicht um ein Problem der Mechanik handle, und nahm daher an, es müsse eines sein, das zu einer Art Gegenstück der Mechanik gehöre. Als dieses Gegenstück wird begreiflicherweise oft die Psychologie auserlesen.

Wenn zwei Ausdrücke zur selben Kategorie gehören, dann ist es zulässig, durch Konjunktionen verbundene Sätze zu bilden, die diese Ausdrücke enthalten. Ein Käufer kann z. B. sagen, er habe einen rechten und einen linken Handschuh gekauft, aber nicht, er habe einen linken Handschuh, einen rechten Handschuh und ein Paar Handschuhe gekauft. ›Sie kam heim in einer Flut von Tränen und in einer Sänfte‹ ist ein bekannter Witz, der auf der Absurdität beruht, zwei Wörter verschiedenen Typs auf diese Weise durch ›und‹ zu verbinden. Die Disjunktion ›Sie kam entweder in einer Flut von Tränen oder in einer Sänfte nach Hause‹ wäre ebenso lächerlich gewesen. Aber das Dogma vom Gespenst in der Maschine tut gerade das. Es behauptet, daß sowohl Körper als auch Geister existierten; daß sich physische und psychische Vorgänge ereignen; daß es mechanische und geistige Ursachen von Körperbewegungen gäbe. Im folgenden soll bewiesen werden, daß diese und ähnliche Verknüpfungen absurd sind; mein Beweis wird aber wohlgemerkt nicht zeigen, daß jeder einzelne der auf diese Art unrechtmäßig verbundenen Sätze für sich allein absurd ist. Ich leugne z. B. nicht, daß sich geistige Vorgänge abspielen. Dividieren von großen Zahlen ist ein geistiger Vorgang und Witzemachen ist es auch. Aber ich behaupte, daß der Ausdruck ›ein geistiger Vorgang hat sich abgespielt‹ nicht dieselbe Art von Behauptung aufstellt wie ›ein physischer Vorgang hat sich abgespielt‹, und daß es daher sinnlos ist, die beiden mit dem Worte ›und‹ zu verbinden.

Ist meine Beweisführung richtig, dann hat das einige interessante Folgen. Erstens wird der altehrwürdige Gegensatz zwischen Materie und Geist aufgelöst werden, aber nicht durch die ebenso altehrwürdige Absorption des Geistes durch die Materie oder der Materie durch den Geist, sondern auf eine ganz andere Art. Denn der scheinbare Gegensatz zwischen diesen beiden wird sich als ebenso ungehörig erweisen wie der zwischen ›sie kam in einer Tränenflut‹ und ›sie kam in einer Sänfte‹. Der Glaube an den polaren Gegensatz zwischen Geist und Materie ist der Glaube daran, daß sie Ausdrücke desselben logischen Typs sind.

Es ist eine weitere Folge, daß sowohl Idealismus als Materialismus die Antwort auf eine falsch gestellte Frage sind. Die Rückführung der materiellen Welt auf Geisteszustände und -vorgänge und genauso die Rückführung der Geisteszustände und -vorgänge auf physische Zustände und Vorgänge setzen die Rechtmäßigkeit der Disjunktion: ›Entweder gibt es Geister oder es gibt Körper (aber nicht beides)‹ voraus. Als ob einer sagen wollte: ›Entweder hat sie einen linken und rechten Handschuh gekauft oder sie hat ein Paar Handschuhe gekauft (aber nicht beides)‹.

Es ist durchaus zulässig, in einem gewissen logischen Ton zu sagen, Geister existierten, und dann wieder in einem anderen logischen Ton zu sagen, Körper existierten; aber diese Ausdrücke zeigen nicht verschiedene Arten von Existenz an, denn ›Existenz‹ ist nicht ein Gattungswort wie ›Farbe‹ oder ›Geschlecht‹. Sie zeigen vielmehr zwei verschiedene Bedeutungen des Wortes ›existieren‹ an, etwa so wie das Wort ›steigen‹ in dem Satz ›die Flut steigt‹ etwas anderes bedeutet als in ›die Erwartung steigt‹ oder ›das durchschnittliche Sterbealter steigt‹. Es wäre ein schlechter Witz zu sagen, daß jetzt also drei Dinge steigen, die Flut, die Erwartung und das durchschnittliche Sterbealter. Es wäre ein ebenso guter oder schlechter Witz zu behaupten, daß Primzahlen, Mittwoche, die öffentliche Meinung und Flotten existierten; oder daß sowohl Geister wie Körper existierten. In den folgenden Kapiteln will ich beweisen, daß die offizielle Lehre tatsächlich auf einer Reihe von Kategorienverwechslungen beruht, indem ich zeige, daß absurde Konsequenzen aus ihr folgen. Der Aufweis dieser Absurditäten hat die positive Wirkung, die richtige Logik der Begriffe für geistiges Verhalten zum Teil ans Licht zu bringen.

4. *Geschichtliche Schlußbemerkung*

Es wäre nicht richtig zu behaupten, daß die offizielle Lehre ausschließlich aus Descartes' Theorien, ja nicht einmal, daß sie allein aus einer weiter verbreiteten Beunruhigung über die Konsequenzen der Mechanik des 17. Jahrhunderts herrühre. Sowohl Naturwissenschaftler wie Laien, Philosophen und Kleriker dieser Zeit waren bei der scholastischen und Reformationstheologie in die Schule gegangen. Stoisch-augustinische Theorien vom Willen wurden der calvinistischen Lehre von Sünde und Gnade einverleibt; platonische und aristotelische Theorien des menschlichen Verstandes hatten den orthodoxen Doktrinen von der Unsterblichkeit der Seele ihren Stempel aufgedrückt. Descartes' Theorien, in der neuen Syntax Galileis abgefaßt, waren bloß Neuformulierungen damals schon weitverbreiteter theologischer Doktrinen über die Seele. Die Privatheit des Gewissens der Theologen wurde zur Privatheit des Bewußtseins der Philosophen, und was vormals das Schreckgespenst der Prädestination war, tauchte nun wieder als das Schreckgespenst des Determinismus auf.

Es ist auch nicht richtig, daß der Doppelweltsmythos keinen theoretischen Gewinn bedeutete. Irrlehren bringen oft großen theoretischen Gewinn, solange sie noch neu sind. Ein aus dem paramechanischen Mythos gezogener Vorteil war der, daß er den damals vorherrschenden parapolitischen Mythos teilweise aus der Diskussion verdrängte. Die Seele und ihre Fakultäten waren vorher mit Hilfe von Vergleichen mit politischen Vorgesetzten und Untergebenen beschrieben worden. Die gebräuchlichsten Ausdrücke waren die der Regierung und des Gehorsams, der Zusammenarbeit und der Auflehnung. Sie leben auch heute noch in vielen ethischen und erkenntnistheoretischen Auseinandersetzungen fort. So wie in der Physik der neue Mythos von okkulten Kräften eine wissenschaftliche Verbesserung gegenüber dem alten Mythos von den Finalursachen war, so war auf dem Gebiet der Anthropologie und Psychologie der neue Mythos von den verborgenen Operationen, Trieben und Triebfedern eine Verbesserung gegenüber dem alten Mythos von Befehlen, Gehorsam und Widerstand.

ZWEITES KAPITEL

Können und Wissen[1]

1. Vorwort

In diesem Kapitel versuche ich zu zeigen, daß wir, wenn wir von Leuten sagen, sie betätigten ihre geistigen Fähigkeiten, uns nicht auf okkulte Vorfälle beziehen, deren Auswirkungen sich im Benehmen und in Äußerungen zeigen; wir beziehen uns vielmehr auf das Benehmen und die Äußerungen selbst. Es gibt natürlich gewisse für unsere Untersuchung entscheidende Unterschiede zwischen einer Handlung, die man als geistesabwesend, und einer physiologisch besehen ähnlichen, die man als absichtlich, sorgfältig oder gerissen bezeichnet. Aber solche Unterschiede in der Beschreibung einer Handlung bestehen nicht im Vorhandensein oder Fehlen eines stillschweigenden Hinweises auf eine Schattenhandlung, die

1. Für das im englischen Titel dieses Kapitels verwendete Ausdruckspaar ›Knowing how – knowing that‹ konnte der Übersetzer kein gleichbedeutendes deutsches Gegenstück finden. Ryle will hier sagen, ›being able to do something‹ bedeute dasselbe wie ›knowing how to do it‹. Im Deutschen kann man das aber durch keinen der beiden dem englischen ›knowing how‹ ähnlichen Ausdrücke wiedergeben. Der erste dieser Ausdrücke, ›wissen, wie man etwas macht‹, heißt nicht dasselbe wie ›etwas machen können‹. Denn es kann einer wohl wissen, wie man einen Autoreifen wechselt (so daß er es einem anderen sogar beschreiben oder zeigen kann), ohne es jedoch selber zu können, vielleicht weil er nicht stark oder geschickt genug ist oder weil er schlechte Augen hat. Wissen wie . . . ist eine Form des theoretischen Wissens, also nicht dasselbe wie das englische ›Knowing how to . . .‹. Der zweite ähnliche deutsche Ausdruck, ›Er weiß zu . . .‹ ist auch unpassend, weil er nicht allgemein an Stelle von ›können‹ anwendbar ist. Man kann zwar unter Umständen von jemandem sagen: ›Er weiß zu schmeicheln‹, aber man wird kaum die Frage, ob einer chauffieren kann, mit den Worten: ›Weiß er zu chauffieren?‹ stellen wollen. Der Übersetzer mußte sich daher damit begnügen, das englische Paar ›Knowing how – knowing that‹ mit dem deutschen Paar ›Können – Wissen‹ wiederzugeben, das nicht wie das englische Paar sprachliche Bestätigung für Ryles These liefert, das Können sei eine Art des praktischen Wissens. [Anm. des Übersetzers.]

der offenen im Verborgenen vorangeht. Sie bestehen, im Gegenteil, im Vorhandensein oder Fehlen gewisser Arten von nachprüfbaren Behauptungen, die etwas erklären und zugleich Voraussagen enthalten.

2. *Intelligenz und Intellekt*

Ich will zuerst jene Begriffe für geistiges Verhalten untersuchen, welche zur gewöhnlich ›Intelligenz‹ benannten Begriffsfamilie gehören. Es folgen einige der genauer bestimmten Eigenschaftswörter dieser Familie: ›klug‹, ›vernünftig‹, ›sorgfältig‹, ›methodisch‹, ›erfinderisch‹, ›vorsichtig‹, ›scharfsinnig‹, ›logisch‹, ›witzig‹, ›aufmerksam‹, ›kritisch‹, ›experimentierend‹, ›schlagfertig‹, ›listig‹, ›weise‹, ›verständig‹ und ›gewissenhaft‹. Wenn es jemandem an Intelligenz mangelt, dann bezeichnen wir ihn als ›dumm‹ oder mit einem der folgenden genaueren Beiwörter: ›stumpfsinnig‹, ›albern‹, ›achtlos‹, ›unmethodisch‹, ›einfallslos‹, ›unbesonnen‹, ›begriffsstutzig‹, ›unlogisch‹, ›humorlos‹, ›unaufmerksam‹, ›unkritisch‹, ›nicht experimentierend‹, ›schwerfällig‹, ›einfältig‹, ›unweise‹, ›unverständig‹.

Es ist von größter Bedeutung, von allem Anfang an festzustellen, daß Dummheit nicht dasselbe ist, nicht einmal von derselben Art ist, wie Unwissenheit. Vielwissen schließt Albernheit nicht aus, und jemand, der gut argumentiert und witzig ist, kann ein schlechtes Tatsachengedächtnis haben.

Zum Teil liegt die Bedeutung dieser Unterscheidung zwischen Intelligenz und Wissen darin, daß sowohl Philosophen wie Laien dazu neigen, intellektuelle Vorgänge als den Kern alles geistigen und seelischen Verhaltens zu behandeln; das heißt, sie neigen dazu, alle anderen Begriffe für geistiges und seelisches Verhalten mit Hilfe von Begriffen der Erkenntnis zu definieren. Sie nehmen an, die vornehmlichste Geistesbetätigung bestände in der Beantwortung von Fragen und andere Geistesgeschäfte seien bloß Anwendungen sorgfältig erwogener Wahrheiten oder sogar beklagenswerte Abschweifungen von solchem Erwägen. Die griechische Idee, Unsterblichkeit sei dem theoretisierenden Teil der Seele vorbehalten, wurde vom Christentum zwar in Verruf gebracht, aber nicht beseitigt.

Wenn wir vom Intellekt sprechen, oder besser, von den intellektuellen Vermögen oder Tätigkeiten eines Menschen, dann beziehen wir uns hauptsächlich auf die besondere Klasse von Tätigkeiten, aus denen Theoretisieren besteht. Das Ziel dieser Tätigkeiten ist die Erkenntnis von wahren Sätzen oder Tatsachen. Mathematik und Naturwissenschaften sind die Musterbeispiele der Errungenschaften des menschlichen Intellekts. Verständlicherweise richteten sich die Spekulationen der frühen Theoretiker auf die Frage, wodurch sich jene theoretischen Wissenschaften und Disziplinen besonders auszeichnen, deren Gedeihen sie selbst verfolgt und befördert hatten. Sie neigten von Anfang an dem Befunde zu, daß die Überlegenheit des Menschen gegenüber dem Tier, des Zivilisierten gegenüber dem Barbaren, ja sogar des göttlichen Geistes gegenüber dem menschlichen in der Begabung für strenge Theorie bestand. So hinterließen sie die Idee, das Vermögen der Wahrheitserkenntnis sei die wesentliche Eigenschaft des Geistes. Andere menschliche Fähigkeiten konnten nur dann als geistig angesehen werden, wenn sich zeigen ließ, daß sie irgendwie durch das verstandesmäßige Begreifen von wahren Sätzen gelenkt seien. Vernünftig handeln hieß daher, seine nichttheoretischen Neigungen von seiner Erkenntnis der Wahrheiten über die Lebensführung leiten lassen.

Der Hauptzweck dieses Kapitels ist zu zeigen, daß es viele Tätigkeiten gibt, die unmittelbar geistige Eigenschaften darstellen, jedoch weder intellektuelle Operationen noch ihre Wirkung sind. Die intelligente Praxis ist nicht ein Stiefkind der Theorie. Im Gegenteil, Theoretisieren ist eine Praxis unter anderen, und man kann sich dabei dumm oder intelligent anstellen.

Aus einem weiteren Grunde ist es wichtig, gleich von Anfang an die intellektualistische Doktrin richtigzustellen, die Intelligenz mit Hilfe von Wahrheitserkenntnis zu definieren sucht, statt Wahrheitserkenntnis mit Hilfe von Intelligenz. Theoretisieren ist eine Betätigung, die die meisten Leute schweigend ausführen können und auch ausführen. Sie artikulieren die Theorien, die sie bauen, in Sätzen, aber sie sprechen die Sätze meistens nicht laut vor sich hin. Sie sprechen sie zu sich selbst. Oder sie formulieren ihre Gedanken in Diagrammen und Bildern, aber sie bringen sie nicht immer zu Papier. Sie sehen sie mit ihrem ›geistigen Auge‹. Ein Großteil unseres alltäglichen Denkens geht in innerer Monologform oder in stillem Selbstgespräch vor sich und ist gewöhnlich von einer inneren Kinovorführung von visuellen Vorstellungen begleitet.

Diese Fähigkeit, mit sich selbst im Stillen zu sprechen, wird nicht schnell und anstrengungslos erworben; und es ist eine notwendige Bedingung ihres Erwerbs, daß wir zuerst intelligent laut sprechen gelernt und andere Leute gehört und verstanden haben. Unsere Gedanken für uns zu behalten ist eine hochentwickelte Errungenschaft. Erst im Mittelalter lernte man lesen, ohne laut zu lesen. Genauso muß ein Junge laut lesen lernen, ehe er leise lesen lernt, und laut dahinplappern, bevor er still zu sich selbst plappert. Und doch haben viele Theoretiker angenommen, die Stille, in der die meisten von uns denken gelernt haben, sei eine notwendige Eigenschaft alles Denkens. Platon sagte, beim Denken spreche die Seele mit sich selbst. Aber obwohl Stille oft förderlich ist, ist sie doch unwesentlich, genauso wie die Beschränkung der Zuhörerschaft auf einen Zuhörer.

Die Verbindung der zwei Annahmen, daß Theoretisieren die primäre Geistestätigkeit und daß es seinem Wesen nach eine private, schweigende oder innerliche Operation sei, ist noch immer eine der Hauptstützen des Dogmas vom Gespenst in der Maschine. Leute neigen dazu, ihren Geist dem ›Ort‹ gleichzusetzen, wo sie ihre geheimen Gedanken abwickeln. Sie vermuten sogar ein besonderes Rätsel in dem

Vorgang, wie wir unsere Gedanken veröffentlichen, statt einzusehen, daß es einer besonderen Fertigkeit bedarf, sie geheimzuhalten.

3. Können und Wissen

Wenn wir eine Person mit dem einen oder anderen Intelligenzbeiwort beschreiben wie z. B. ›schlau‹ oder ›einfältig‹, ›klug‹ oder ›töricht‹, dann schreiben wir ihr nicht Kenntnis oder Unkenntnis dieser oder jener Wahrheit zu, sondern die Fähigkeit oder Unfähigkeit, gewisse Dinge zu tun. Theoretiker waren mit der Aufgabe so beschäftigt, das Wesen, den Ursprung und die Beglaubigung von Theorien zu untersuchen, daß sie im allgemeinen die Frage vernachlässigt haben, was es heißt, daß jemand eine gewisse Aufgabe ausführen kann. Im täglichen Leben dagegen sowie beim besonderen Geschäft des Unterrichtens befassen wir uns viel mehr mit den Fähigkeiten der Leute als mit dem Repertoire ihrer Kenntnisse, mehr mit den Verrichtungen als mit den Wahrheiten, die sie lernen. Ja sogar wenn wir uns mit ihren intellektuellen Vorzügen und Schwächen beschäftigen, sind wir weniger an den Wahrheitsvorräten interessiert, mit denen sie sich eingedeckt haben, als an ihren Fähigkeiten, Wahrheiten auf eigene Faust ausfindig zu machen und sie sodann einzuordnen und auszuwerten. Oft beklagen wir jemandes Unwissenheit in einer Sache nur deswegen, weil wir die Dummheit beklagen, deren Folge seine Unwissenheit ist.

Es bestehen sowohl gewisse Parallelen wie auch gewisse Divergenzen zwischen Können und Wissen. Sowohl von dem, was man kann, als auch von dem, was man weiß, sagt man, daß man es lernt, es herausfindet, es vergißt, es sich überlegt: Wir sprechen sowohl vom Lernen eines Instruments, wie auch vom Lernen, daß etwas der Fall ist; man findet heraus, wie man Bäume stutzt, aber auch, daß die Römer an einer bestimmten Stelle ein Lager hatten; man vergißt, wie man einen Kreuzknoten knüpft, aber auch, daß ›Messer‹ auf Englisch ›knife‹ heißt. Man kann sich überlegen, wie, und man kann sich überlegen, ob.

Andererseits sagen wir von dem, was man kann, im Unterschied zu dem, was man weiß, nie, daß es einer glaubt oder meint, und obwohl es durchaus korrekt ist, nach der Begründung für etwas zu fragen, was man zu wissen behauptet, kann diese Frage nicht hinsichtlich jemandes Meisterschaft im Kartenspiel oder seiner Klugheit bei Investitionen gestellt werden.

Was heißt es also, wenn wir von jemandem sagen, er könne Witze machen und verstehen, grammatisch richtig sprechen, Schach spielen, fischen oder argumentieren? Teilweise heißt es dies: wenn er diesen Beschäftigungen nachgeht, dann führt er sie meistens gut aus, d. h. also richtig oder tüchtig oder erfolgreich. Seine Verrichtungen erreichen ein gewisses Niveau, oder sie genügen gewissen Kriterien. Aber das ist nicht alles. Die gutgehende Uhr zeigt die genaue Zeit an und der gut dressierte Seehund gibt fehlerlose Vorführungen seiner Kunst, und dennoch bezeichnen wir sie nicht als ›intelligent‹. Wir heben diese Bezeichnung für diejenigen auf, die für ihre Handlungen verantwortlich sind. Intelligentsein heißt nicht bloß, gewissen Kriterien genügen, sondern sie anwenden; seine Handlungsweise gut regeln, nicht bloß gut geregelt sein. Jemandes Handeln wird als sorgfältig oder gekonnt bezeichnet, wenn er fähig ist, in seinem Vorgehen Fehler zu entdecken und auszumerzen, Erfolge zu wiederholen und zu vergrößern, aus den Beispielen anderer zu lernen und so weiter. Er wendet Kriterien an, indem er kritisch vorgeht, d. h. versucht, was er tut, richtig zu tun.

In der Umgangssprache wird dieser Punkt gewöhnlich so ausgedrückt, daß man sagt, eine Handlung zeige Intelligenz dann und nur dann, wenn der Handelnde während der Handlung seine Gedanken bei der Sache hat, und zwar so, daß er sie weniger gut ausführen würde, wenn er sie nicht bei der Sache hätte. Diese Redeweise wird manchmal als

Beleg für die intellektualistische Legende angeführt. Vorkämpfer dieser Legende sind geneigt, das Können an das Wissen mit Hilfe des Argumentes anzugleichen, daß intelligentes Handeln das Einhalten von Regeln oder die Anwendung von Kriterien verlange. Es folgt, daß das Vorgehen, das als intelligent gekennzeichnet wird, ein vorheriges verstandesmäßiges Anerkennen dieser Regeln oder Kriterien voraussetzt; d. h. also, der Handelnde muß zuerst den innerlichen Vorgang durchmachen, sich selbst gewisse Sätze über das, was zu tun sei, als richtig einzugestehen (›Maximen‹, ›Imperative‹ oder ›Regulativsätze‹, wie diese Sätze manchmal genannt werden); nur dann kann er diesen Diktaten gemäß handeln. Er muß zuerst auf sich einreden, bevor er zur Tat schreiten kann. Der Küchenchef muß sich zuerst seine Rezepte vorsagen, bevor er nach ihnen kochen kann; der Held muß erst sein geistiges Ohr einem passenden moralischen Imperativ leihen, bevor er hinausschwimmen kann, um den Ertrinkenden zu retten; der Schachspieler muß erst im Kopf alle einschlägigen Spielregeln und taktischen Maximen durchgehen, bevor er richtige und zweckmäßige Züge machen kann. Etwas tun und dabei seine Gedanken bei der Sache haben, die man tut, ist nach dieser Legende immer das Tun von zwei Dingen, nämlich erstens gewisse passende Sätze oder Vorschriften erwägen und zweitens das in die Praxis umsetzen, was diese Sätze oder Vorschriften anbefehlen. Es ist zuerst ein bißchen Theorie und dann ein bißchen Praxis.

Es stimmt, daß wir oft nicht nur überlegen, bevor wir handeln, sondern überlegen, um richtig zu handeln. Der Schachspieler braucht vielleicht einige Zeit, um seine Züge auszudenken, bevor er zieht. Nichtsdestoweniger klingt die allgemeine Behauptung unglaubhaft, daß jedem intelligenten Handeln das Erwägen entsprechender Sätze vorangehen muß, auch dann, wenn zur Verteidigung zugegeben wird, daß die erforderlichen Erwägungen oft blitzschnell und vom Handelnden ganz unbemerkt vor sich gehen. Im folgenden soll gezeigt werden, daß die intellektualistische Legende falsch ist, und daß die Beschreibung einer Handlung als intelligent nicht den doppelten Vorgang von Erwägen und Ausführen bedingt.

Erstens gibt es viele Arten von Handlungen, in denen sich Intelligenz zeigt, deren Regeln oder Kriterien aber unformuliert sind. Der Witzbold, der nach den Maximen oder Regeln gefragt wird, nach denen er Witze ausdenkt und beurteilt, kann keine Antwort geben. Er kann gute Witze machen und schlechte erkennen, aber er kann weder sich noch andern Rezepte dafür geben. Die Praxis des Humors ist also nicht ein Klient seiner Theorie. Die Regeln des guten Geschmacks, der guten Manieren und der Erfindung bleiben ungeschrieben, ohne daß dies ein Hindernis für die intelligente Ausübung dieser Talente bedeuten würde.

Regeln für richtiges Argumentieren wurden zuerst von Aristoteles ausgearbeitet, aber Leute konnten Fehlschlüsse vermeiden und aufdecken, lange bevor sie seine Lehren darüber gelernt hatten, geradeso wie Leute seit Aristoteles und Aristoteles selbst ihre Schlüsse normalerweise ohne inneres Nachschlagen dieser Formeln ziehen können. Sie planen ihre Argumente nicht, bevor sie sie aufbauen. Ja, wenn sie vorher planen müßten, was sie denken wollen, dann würden sie nie zum Denken kommen; denn dieses Planen selbst würde doch ungeplant sein.

Erfolgreiche Praxis geht ihrer eigenen Theorie voraus; Methodologien setzen die Anwendung derjenigen Methoden voraus, aus deren kritischer Untersuchung sie hervorgehen. Aristoteles bemerkte, daß er selbst, wie auch andere, manchmal intelligent und dann wieder unintelligent argumentierte, und Izaak Walton fand, daß er und andere manchmal mit und manchmal ohne Erfolg angelten, und das war der Grund, weshalb beide imstande waren, ihren Schülern die Maximen und Regeln ihrer Künste zu überliefern. Es ist daher möglich, gewisse Tätigkeiten intelligent auszuführen, bevor man imstande ist, irgendwelche Sätze zu erwägen, die vorschreiben, wie diese Tätigkeiten ausgeführt werden sollen. Es gibt also intelligente Verrichtungen, die nicht durch vorhergehendes Erfassen und Heranziehen der in ihnen angewandten Prinzipien geleitet werden.

Der entscheidende Einwand gegen die intellektualistische Legende ist also dieser. Das Erwägen von Sätzen ist selbst eine Tätigkeit, die mehr oder weniger intelligent, mehr oder weniger dumm ausgeführt werden kann. Aber wenn zur intelligenten Ausführung einer Tätigkeit eine vorhergehende theoretische Tätigkeit nötig ist, und zwar eine, die intelligent ausgeführt werden muß, dann wäre es logisch unmöglich, daß irgend jemand in diesen Zirkel eindringen könnte.

Wo würde sich dieser Regreß am deutlichsten zeigen? Wenn jemand etwas mit Intelligenz tut, so wird, der Legende zufolge, seine Handlung von einer andern, vorangehenden und inneren Handlung geleitet, nämlich der Erwägung eines dem vorliegenden praktischen Problem angemessenen Regulativsatzes. Aber was veranlaßt ihn, eher diese eine passende als die tausend anderen unpassenden Maximen zu erwägen? Warum ertappt sich der Held nicht dabei, sich eines Kochrezeptes oder einer Regel der formalen Logik zu entsinnen? Vielleicht tut er das, aber dann ist sein Denkvorgang eben nicht vernünftig, sondern dumm. Intelligent darüber nachdenken, was man tun soll, heißt unter anderm nur das heranziehen, was zur Sache gehört, und alles Belanglose beiseite lassen. Heißt das also, daß jemand nur dann über seine Handlungsweise intelligent nachdenken kann, wenn er zuerst darüber nachgedacht hat, wie man am besten über seine Handlungsweise nachdenkt? Die Endlosigkeit des hierin enthaltenen Regresses zeigt, daß eine Anwendung des Kriteriums dafür, daß man richtig handelt, keine vorhergehende Erwägung dieses Kriteriums voraussetzt.

Angenommen also, daß ich nicht vernünftig handeln kann, ohne vorerst die Gründe für meine Handlungsweise zu untersuchen: wie stelle ich es an, diese Gründe passend auf die spezifische Situation anzuwenden, auf die mein Handeln wirken soll? Denn solche Gründe oder Maximen sind ja notwendigerweise allgemein. Sie können unmöglich so spezifisch sein, daß sie auf jedes Detail der gegenwärtigen Lage abgestimmt sind. Es zeigt sich also wieder, daß ich gesunden Menschenverstand brauche, und der kann nicht seinerseits daraus hervorgehen, daß ich einem Allgemeinprinzip intellektuell zustimme. Ein Soldat wird nicht einfach dadurch zum tüchtigen General, daß er die strategischen Prinzipien von Clausewitz gutheißt; er muß sie auch anwenden können. Wissen, wie man Maximen anwendet, kann nicht auf die Billigung dieser oder irgendwelcher anderen Maximen zurückgeführt oder von ihr abgeleitet werden.

Ganz allgemein gesprochen, macht die intellektualistische Legende die absurde Annahme, jede Verrichtung, welcher Art auch immer sie sei, erwerbe ihren gesamten Anspruch auf Intelligenz von einer vorausgehenden inneren Planung dieser Verrichtung. Nun arbeiten wir wohl des öfteren so einen Handlungsplan aus, und wenn wir Dummköpfe sind, dann ist unser Plan dumm, wenn wir aber gescheit sind, ist unser Plan gescheit. Es ist auch nur allzu leicht möglich, daß wir schlau planen und dann dumm handeln, d. h. daß wir unsere eigene Vorschrift bei der Ausführung außer Acht lassen. Nach dem ursprünglichen Argument müßte unser intellektueller Planungsvorgang seinen Anspruch auf Gescheitheit selbst wieder von einem weiteren inneren Plan zu planen herleiten, und dieser innere Vorgang könnte wiederum dumm oder gescheit sein. Der Regreß ist unendlich, und das macht die Theorie absurd, nach der eine Handlung nur dann intelligent sein kann, wenn sie von einer vorhergehenden intellektuellen Handlung gelenkt wird. Vernünftige Handlungen unterscheiden sich von unvernünftigen nicht durch ihre Herkunft, sondern durch ihre Ausführung, und das trifft nicht weniger auf intellektuelle als auf praktische Verrichtungen zu. ›Intelligent‹ kann nicht mit Hilfe von ›intellektuell‹ definiert werden, noch ›können‹ mit Hilfe von ›wissen‹; ›seine Gedanken bei der Sache haben, die man tut‹ heißt nicht

›Nachdenken über das, was man tun soll, und es außerdem tun‹. Wenn ich etwas mit Intelligenz tue, d. h. also meine Gedanken bei der Sache habe, die ich tue, dann tue ich nur ein Ding und nicht zwei. Meine Handlung hat eine besondere Art oder Ausführung, nicht besondere Vorgänger.

4. Die Motive der intellektualistischen Legende

Warum fühlen sich so viele Leute, ihrer eigenen täglichen Erfahrung zum Trotz, so sehr zum Glauben hingezogen, die intelligente Ausführung einer Tätigkeit bestünde aus zwei Vorgängen, einem Vorgang des Handelns und einem des Theoretisierens? Zum Teil erklärt sich das daraus, daß sie sich dem Dogma vom Gespenst in der Maschine verschrieben haben. Da Handeln oft eine unverborgene Angelegenheit der Muskeln ist, wird es als ein bloß physischer Vorgang abgetan. Nimmt man an, daß ›physisch‹ und ›psychisch‹ Gegensätze sind, so folgt natürlich, daß eine Muskelhandlung keine psychische Handlung sein kann. Um das Prädikat ›geschickt‹, ›listig‹ oder ›humorvoll‹ zu verdienen, muß sie es sich von einer anderen, parallelen Handlung übertragen lassen, die nicht ›in der Maschine‹, sondern ›im Gespenst‹ vor sich geht; denn ›geschickt‹, ›listig‹ und ›humorvoll‹ sind gewiß Prädikate für Geistesqualitäten.

Es ist wohl richtig, daß wir bei der Bezeichnung von offenem Benehmen als witzig oder taktvoll nicht nur die beobachtbaren Muskelbewegungen in Erwägung ziehen. Ein Papagei könnte in derselben Situation dieselbe Bemerkung gemacht haben, ohne daß wir ihm deswegen einen Sinn für Humor zuerkannt hätten, oder ein Lümmel könnte genau dasselbe getan haben wie ein taktvoller Mensch, ohne daß wir ihn deshalb für taktvoll halten würden. Wenn jedoch ein und dieselbe Äußerung von Humor zeugt, wenn sie von einem Humoristen kommt, aber eine bloße Stimmbandreaktion ist, wenn sie von einem Papagei kommt, dann ist man versucht zu sagen, Witzigkeit wäre nicht dem zuzuschreiben, was wir hören, sondern etwas anderem, was wir nicht hören. Und so möchten wir sagen, daß das, was eine hörbare oder sichtbare Handlung witzig macht, während einer anderen dem Auge und Ohr ähnlich scheinenden Handlung Witz fehlt, die Tatsache ist, daß die erstere von einer weiteren unhörbaren und unsichtbaren Handlung begleitet war, welche die eigentliche Ausübung des Witzes bildete. Aber das notgedrungene Zugeständnis, möglicherweise bestehe kein sichtbarer oder hörbarer Unterschied zwischen taktvollem oder witzigem und taktlosem oder humorlosem Tun, bedeutet nicht ein Zugeständnis, daß der Unterschied in der Ausübung bzw. Nichtausübung eines besonderen geheimen Tuns liege.

Der Clown zeigt seine Gewandtheit vielleicht im Stolpern und Purzeln. Er stolpert und purzelt genauso, wie ungeschickte Leute das tun, nur stolpert und purzelt er absichtlich und nach langem Einüben und im richtigen Augenblick und dort, wo ihn die Kinder sehen können, und ohne sich zu verletzen. Die Zuschauer klatschen Beifall, weil er so geschickt ungeschickt erscheinen kann, aber ihr Applaus gilt nicht einer weiteren verborgenen Vorführung, die er ›im Kopfe‹ gibt. Sie bewundern seine sichtbare Vorstellung, und zwar nicht als die Wirkung irgendwelcher versteckten Ursachen, sondern als die Ausübung einer Fertigkeit. Eine Fertigkeit ist aber kein Tun. Das Erkennen einer Vorführung als Ausübung einer Fertigkeit heißt tatsächlich, daß man sie in Anbetracht eines Umstands bewertet, der für sich allein nicht von einer Kamera aufgenommen werden kann. Aber der Grund, warum die in einer Vorführung ausgeübte Fertigkeit nicht separat photographiert werden kann, ist nicht der, daß sie ein okkultes oder gespenstisches Ereignis ist, sondern der, daß sie gar kein Ereignis ist. Sie ist eine Disposition oder ein Komplex von Dispositionen, und eine Disposition ist eine Sache von einem ganz anderen logischen Typus, als daß man sie sehen oder übersehen, aufnehmen oder nicht aufnehmen könnte. So wie die Gewohnheit, laut zu sprechen, nicht selbst laut oder leise ist, da es sich hier nicht um die Art von Ausdruck handelt, auf den ›laut‹ und ›leise‹ paßt, oder so wie ein Hang zu Kopfschmerzen aus demselben Grunde nicht selbst erträglich oder unerträglich sein kann, ebenso sind die Begabungen, Neigungen und Talente, die in äußerlichen oder innerlichen Operationen betätigt werden, nicht selbst äußerlich oder innerlich, beobachtbar oder unbeobachtbar. Die traditionelle Theorie des Geistes hat die Typenunterscheidung zwischen Disposition und Betätigung in einen mythischen Zwiespalt zwischen unbeobachtbaren geistigen Ursachen und beobachtbaren physischen Wirkungen mißdeutet.

Die Stürze und Fälle des Clowns sind die Arbeit seines Geistes, denn sie sind ja seine Späße; aber die fürs Auge ähnlichen Stürze und Fälle eines ungeschickten Mannes sind nicht Arbeiten seines Geistes. Denn er stürzt nicht absichtlich. Absichtlich stürzen ist sowohl ein körperlicher wie auch ein geistiger Vorgang, aber es sind nicht zwei Vorgänge, etwa ein Vorgang des Beabsichtigens zu stürzen und, als seine Wirkung, ein Vorgang des Stürzens. Aber der alte Mythos stirbt nicht leicht. Wir sind noch immer versucht zu denken, daß gleichzeitig mit den Possen des Clowns, die doch Sorgfalt, Urteilssicherheit, Witz und richtige Einschätzung der Zuschauerstimmung zeigen, in seinem Kopfe eine Aufführung stattfinden müsse, die ein Gegenstück zu der ist, die sich auf den Sägespänen abspielt. Wenn er seine Gedanken bei der Sache hat, dann muß hinter seinem bemalten Gesicht eine uns unsichtbare gedankliche Schattenhandlung vorgehen, die zu seinen sichtbaren Körperverrenkungen paßt und sie lenkt. Das Denken von Gedanken ist sicherlich die grundlegende Tätigkeit eines Geistes, und ebenso sicherlich ist ein Denkprozeß ein unsichtbarer und unhörbarer Prozeß. Wie kann also die sichtbare und hörbare Vorführung des Clowns die Betätigung seines Geistes sein?

Um diesem Einwand gerecht zu werden, muß ein Zugeständnis hinsichtlich der Ausdrucksweise gemacht werden. Seit nicht zu langer Zeit gibt es Redewendungen, die diese

Erwägungen zu unterstützen scheinen. Wir sagen, daß einer ›im Kopf rechnet‹ oder ›Gedanken liest‹ oder ›im Geiste mit sich debattiert‹, und es ist gewiß wahr, daß das, was da im Kopfe oder im Geiste vorgeht, nicht beobachtet werden kann. Ein Junge kann kopfrechnen, wenn er die Ziffern und Symbole, mit denen er operiert, zu sich selbst spricht und seine Aufgaben im stillen ausrechnet, statt sie niederzuschreiben oder vor sich hinzusagen. Ähnlich sagen wir, daß einer die Gedanken eines andern liest, wenn er richtig beschreibt, was der andere in Gesichts- oder Gehörsvorstellungen zu sich sagt oder sich vorstellt. Daß das ein ganz besonderer Gebrauch von ›im Kopf‹ oder ›im Geist‹ ist, kann leicht gezeigt werden. Denn ein Junge, der seine Rechenoperationen hersagt oder auf Papier ausführt, kann sehr wohl richtig rechnen und dabei sehr methodisch vorgehen; seine Berechnungen sind nicht etwa weniger sorgfältige intellektuelle Prozesse, weil sie öffentlich statt privat stattfinden. Sein Tun ist daher die Ausführung einer geistigen Fähigkeit im normalen Sinn von ›geistig‹.

Aber Rechnen erwirbt nicht erst den Rang des eigentlichen Denkens, wenn der Rechner anfängt, es mit geschlossenem Mund zu tun und mit den Händen in den Hosentaschen. Versiegelte Lippen gehören nicht zur Definition des Denkens. Es kann einer laut oder halblaut denken; oder lautlos, aber doch mit so auffälligen Lippenbewegungen, daß ihm ein Geübter seine Gedanken von den Lippen ablesen kann; oder in völliger Stille mit bewegungslosen Lippen, wie es die meisten von uns von Kindheit an tun. Es handelt sich da um Unterschiede gesellschaftlicher und persönlicher Zweckdienlichkeit, der Geschwindigkeit und der Fähigkeit. Für die logische Gliederung, die Schlagkraft und die Angemessenheit der intellektuellen Operationen brauchen sie keinen größeren Unterschied zu machen, als die Vorliebe eines Schriftstellers für Bleistift statt Feder oder für unsichtbare statt gewöhnlicher Tinte. Taubstumme sprechen mit Handzeichen. Aber wenn sie ihre Gedanken für sich behalten wollen, dann machen sie diese Zeichen vielleicht hinter ihrem Rücken oder unter dem Tisch. Sollte ein Neugieriger sie nun beobachten, so heißt das nicht, daß sie nicht gedacht haben.

Daß ›geistig‹ und ›im Geist‹ manchmal so verwendet wird wie ›im Kopf‹, kann nicht als Beleg für das Dogma vom Gespenst in der Maschine verwendet werden. Diese Verwendung ist bloß eine Ansteckung durch dieses Dogma. Der technische Trick, unser Denken mit auditiven Wortvorstellungen statt mit ausgesprochenen Worten durchzuführen, garantiert uns allerdings die Geheimhaltung unserer Gedanken, da jemandes Gehörsvorstellungen von keinem andern gehört oder gesehen werden können (auch nicht, wie sich zeigen wird, von ihm selbst). Aber diese Geheimhaltung liegt nicht in der Verborgenheit, die den postulierten Episoden der gespenstischen Schattenwelt zugeschrieben werden. Es handelt sich da bloß um die recht nützliche Heimlichkeit der Melodien, die mir im Kopf umgehen, oder der Dinge, die meinem geistigen Auge vorschweben.

Daß einer im Kopf etwas zu sich sagt, heißt weithin noch lange nicht, daß er denkt. Er kann in innerer Rede wild darauflosplappern oder Merksprüche ableiern, genau wie er das auch laut tun kann. Die Unterscheidung zwischen sinnvoller Rede und sinnlosem Gerede oder zwischen achtsamem Sprechen und bloßen Sprechen deckt sich nicht mit der Unterscheidung zwischen laut und im Geiste sprechen. Was den Sprechakt zur Verstandesbetätigung macht, ist unabhängig von dem, was ihn öffentlich oder privat macht. Rechnen mit Bleistift und Papier kann viel intelligenter sein als Kopfrechnen, und die öffentlichen Purzelbäume des Clowns können viel intelligenter sein als die Purzelbäume, die er nur mit seinem geistigen Auge ›sieht‹ oder in seinen geistigen Beinen ›spürt‹, wenn er überhaupt solche Phantasiepurzelbäume schlägt.

5. ›*Im Kopf*‹

Hier mag nun etwas über die alltägliche Verwendung des Ausdrucks ›im Kopf‹ gesagt werden. Wenn ich im Kopf rechne, dann werde ich wahrscheinlich sagen, ich hätte die Zahlen, mit denen ich gerechnet habe, ›im Kopf‹ und nicht auf dem Papier gehabt; und wenn ich eine eingängige Melodie oder einen Schüttelreim gehört habe, dann werde ich vielleicht später sagen, daß mir die Melodie oder der Reim ›durch den Kopf geht‹. Das Aufzählen der Könige von England, das Auflösen von Anagrammen und das Verfassen von Limericks geschieht ›im Kopf‹. Warum betrachtet man das als eine passende und ausdrucksvolle Metapher? Denn eine Metapher ist es sicherlich. Wenn mir eine Melodie durch den Kopf geht, glaubt doch niemand, daß ein Chirurg ein kleines, in meinem Schädel verstecktes Orchester ans Licht bringen könnte oder daß ein Arzt durch Anlegen seines Stethoskops an meine Schädeldecke vielleicht das Lied gedämpft hören könnte, so wie ich meinen Nachbar im Nebenzimmer gedämpft pfeifen hören kann, wenn ich mein Ohr an die Wand lege.

Manche glauben, dieser Ausdruck rühre von Auffassungen über die Beziehungen zwischen dem Gehirn und intellektuellen Vorgängen her. Wahrscheinlich kommen von solchen Auffassungen Ausdrücke wie ›sich über ein Problem den Kopf zerbrechen‹; und doch brüstet sich niemand, ein Rätsel ›im Gehirn‹ gelöst zu haben. Ein Schuljunge wird manchmal sagen, er habe eine leichte Kopfrechnung zuwege gebracht, ohne dabei sein Hirn anzustrengen; und es bedarf überhaupt keiner intellektuellen Anstrengung und Findigkeit, damit einem eine Melodie im Kopf umgeht. Dagegen kann eine schriftliche Rechenaufgabe sehr wohl unser Gehirn anstrengen, obwohl wir sie nicht im Kopf ausführen.

Besonders Geräusche, die nur in unserer Vorstellung existieren, betrachten wir offenbar ganz natürlich als ›im Kopf‹ befindlich; und unter diesen sind es wiederum besonders solche, von denen wir uns vorstellen, daß wir sie sowohl hervorbringen als auch hören. Zuerst sind es die Worte, die man in der Vorstellung zu sich selbst sagt, und die Melodien, die man in seiner Vorstellung vor sich hinsummt oder pfeift, von denen man meint, sie brummten durch dieses leibliche Studio. Später wird dann der Ausdruck ›im Kopf‹ von manchen Leuten ein wenig gewaltsam auf alle möglichen vorgestellten Geräusche ausgedehnt und sogar auf die Beschreibung der Dinge übertragen, die sie sich zu sehen vorstellen; aber wir werden später auf diese Erweiterung zurückkommen.

Was also verlockt uns zur Behauptung, wir sagten oder summten das im Kopf, was wir in der Vorstellung sagen oder summen? Erstens hat diese Ausdrucksweise eine nicht aufzulösende negative Funktion. Wenn mir beim Rattern der Zugräder die Melodie von »Rule Britannia« durch den Kopf geht, dann hören meine Mitreisenden wohl das Rattern der Räder, aber nicht mein »Rule Britannia«. Das rhythmische Geratter erfüllt den ganzen Wagen; mein »Rule Britannia« erfüllt weder das ganze Abteil noch einen Winkel davon, daher ist es verlockend zu sagen, daß es statt dessen ein anderes Abteil erfüllt, nämlich eines, das ein Teil von mir ist. Die Rattergeräusche haben ihren Ursprung in den Rädern und den Schienen; mein »Rule Britannia« hat seinen Ursprung nicht in einem Orchester außerhalb meines Körpers, daher ist es verlockend, diese negative Tatsache so zu formulieren, daß man sagt, es habe seinen Ursprung in meinem Innern. Aber das würde an und für sich noch nicht erklären, warum ich es als eine natürliche Metapher empfinde zu sagen, »Rule Britannia« gehe mir durch den Kopf und nicht durch die Kehle, die Brust oder den Magen.

Wenn ich die Worte höre, die ein anderer ausspricht, oder die Melodien, die die Kapelle spielt, dann habe ich gewöhnlich eine wenn auch manchmal falsche Idee, aus welcher Richtung diese Geräusche kommen und wie weit ihre Quelle von mir entfernt ist. Aber wenn ich die Worte höre, die ich selbst ausspreche, die Melodien, die ich selber summe, die Geräusche, die ich beim Kauen mache oder beim Atmen und Husten, dann ist die Lage eine ganz andere. Denn es ist keine Frage, wie weit die Quelle dieser Geräusche von mir entfernt ist oder in welcher Richtung sie liegt. Ich muß nicht meinen Kopf drehen, um besser zu hören, noch kann ich mein Ohr der Geräuschquelle näher bringen. Und obwohl ich die Stimme eines anderen und die Melodien der Kapelle durch Verstopfen meiner Ohren ausschließen oder dämpfen kann, bringt dieses Vorgehen nicht nur keine Verminderung, sondern im Gegenteil eine Erhöhung der Lautstärke und Resonanz meiner Stimme mit sich. Meine eigenen Bemerkungen, gleich anderen Kopfgeräuschen wie Pulsschlag, Niesen, Schnüffeln und dergleichen, sind nicht Geräusche, die sich von einer mehr oder weniger entfernten Quelle durch die Luft fortpflanzen; sie werden im Kopf erzeugt und durch den Kopf gehört, obgleich manche von ihnen auch als sich durch die Luft fortpflanzende Geräusche gehört werden. Wenn ich schallende oder abgerissene Geräusche mache, dann spüre ich die Schwingungen und Stöße *in* meinem Kopfe in derselben Bedeutung von ›in‹, in der ich die Schwingungen der Stimmgabel in meiner Hand spüre.

Diese Geräusche sind buchstäblich und nicht metaphorisch in meinem Kopfe. Sie sind wirklich kopfgeleitete Geräusche, die der Arzt mit seinem Stethoskop hören kann. Aber wenn wir sagen, der im Kopf rechnende Schuljunge habe seine Zahlen nicht auf dem Papier, sondern im Kopf, so meinen wir das nicht buchstäblich, sondern in einem von diesem entlehnten, metaphorischen Sinn. Daß er seine Zahlen nicht wirklich im Kopfe hört auf die Art, wie er sein Husten wirklich im Kopfe hört, ist leicht zu beweisen. Denn wenn er mit verstopften Ohren laut pfeift oder brüllt, dann kann er sich fast betäuben oder seine Ohren klingen machen. Aber wenn er sich beim Kopfrechnen die Zahlen gleichsam mit schriller Stimme ›zuruft‹, dann geschieht da nichts Betäubendes. Er macht und hört keine schrillen Geräusche, denn er stellt sich bloß vor, schrille Geräusche zu machen und zu hören, und vorgestelltes Schreien ist kein Schreien und auch kein Geflüster. Aber er spricht von seinen Zahlen so, als ob sie in seinem Kopf seien, so wie ich von meinem »Rule Britannia« sage, es gehe mir durch den Kopf, weil das treffend ausdrückt, wie lebhaft die Vorstellung des gleichzeitigen Hervorbringens und Zuhörens ist. Unser Ausdruck ›im Kopfe‹ soll in Anführungszeichen verstanden werden, wie das Zeitwort ›sehen‹ in Redewendungen wie: ich kann den Vorfall klar vor mir ›sehen‹, obwohl er vor vierzig Jahren stattfand. Wenn wir das wirklich täten, was wir uns bloß zu tun vorstellen, nämlich etwas zu sagen oder zu summen, dann hätten wir diese Geräusche im Kopf, im wörtlichen Sinn dieses Ausdrucks. Da wir aber keine Geräusche hervorbringen oder hören, sondern uns dies bloß vorstellen, so machen wir die Behauptung, wir hätten die Zahlen und Melodien, die wir uns in der Vorstellung vorsummen, ›im Kopf‹, in dem bewußten Tonfall, den wir jenen Aussagen vorbehalten, die nicht wörtlich zu nehmen sind.

Ich sagte, wir seien geneigt, den Ausdruck ›im Kopf‹ nicht bloß auf Vorstellungen von selbsterzeugten und durch den Kopf weitergeleiteten Geräuschen, sondern auf Gehörsvorstellungen im allgemeinen und sogar auf Gesichtsvorstellungen auszudehnen. Ich vermute, daß diese Neigung, soweit ich mit ihrer Annahme recht habe, von folgenden wohlbekannten Tatsachen herrührt. Alle eigentlichen Kopfsinne haben entweder von der Natur aus einen Verschluß oder können leicht mit einem solchen ausgerüstet werden. Wir können die Sicht mit den Lidern oder Händen ausschalten; die Lippen beschirmen die Zunge; die Finger können dazu benutzt werden, die Nasenlöcher oder die Ohren zu verstopfen. Was es also für uns zu sehen, hören, schmecken und riechen gibt, dem kann mit Hilfe dieser Verschlüsse der Zutritt verwehrt werden. Die Dinge aber, die ich im Geiste sehe, kann ich nicht durch Schließen meiner Augen ausschalten. Manchmal ›sehe‹ ich sie sogar viel lebhafter, wenn ich meine Augen schließe. Um mir die schreckliche Vision des gestrigen Verkehrsunfalls aus dem Kopf zu schlagen, muß ich vielleicht sogar meine Augen aufmachen. Das verlockt uns zu sagen, der Unterschied zwischen eingebildeten und wirklichen Anblicken sei der, daß sich die Gegenstände der letzteren jenseits, die der ersteren diesseits der Verschlüsse befinden; die letzteren seien ganz außerhalb meines Kopfes, folglich seien die ersteren ganz drinnen. Dieser Punkt bedarf aber einer weiteren Erklärung.

Gesichts- und Gehörsinn sind Fernsinne, nicht aber Tast-, Geschmacks- und Geruchssinn; d. h. also, wenn wir Zeitwörter wie ›sehen‹, ›hören‹, ›beobachten‹, ›horchen‹, ›erspähen‹, ›belauschen‹ auf die gewöhnliche Art verwenden, dann ist das, was wir als ›gesehen‹ oder ›belauscht‹ bezeichnen, eine gewisse Strecke von uns entfernt. Wir hören einen Zug in der Ferne nach Süden zu, und wir erblicken einen Planeten hoch am Himmel. Deswegen fällt es uns schwer, über die Lage jener Flecken zu sprechen, die uns vor den Augen schwimmen. Denn obwohl wir sie sehen, sind sie doch nicht dort draußen. Aber wir sagen nicht, daß wir Dinge in der Ferne fühlen oder schmecken, und wenn man uns fragt, wie weit weg und in welcher Richtung etwas liegt, dann erwidern wir nicht ›Laß mich erst mal schnuppern oder kosten‹. Wir können zwar etwas durch Tasten oder kinästhetisch untersuchen, aber wenn wir auf diese Art herausfinden, wo der Lichtschalter ist, dann finden wir, daß er dort ist, wo die Fingerspitzen sind. Ein Gegenstand, mit dem man hantiert, ist dort, wo die Hand ist, aber ein gesehener oder gehörter Gegenstand ist normalerweise woanders als das Auge oder das Ohr.

Wenn wir also die Tatsache hervorheben wollen, daß jemand etwas nicht wirklich sieht oder hört, sondern sich es nur als gesehen oder gehört vorstellt, so neigen wir dazu, es dadurch anzudeuten, daß wir dem Gegenstand Entfernung absprechen, und das tun wir wieder mit Hilfe einer nützlichen Ungenauigkeit, indem wir seine metaphorische Nähe betonen. ›Nicht dort draußen, sondern hier drinnen; nicht außerhalb der Verschlüsse und wirklich, sondern innerhalb der Verschlüsse und unwirklich‹, ›nicht eine äußere Wirklichkeit, sondern ein inneres Phantasiebild‹. Wir haben keinen solchen Sprachtrick, um anzuzeigen, daß wir uns vorstellen, etwas zu fühlen, zu riechen oder zu schmecken. Wenn ein Schiffspassagier das Deck unter sich rollen fühlt, so fühlt er das vor allem in seinen Füßen und Waden; und wenn er dann an Land geht, so fühlt er noch einige Zeit das Pflaster ›in seinen Füßen und Waden‹ rollen; aber da kinästhetische Empfindung nicht ein Fernsinn ist, kann er seine Gefühlsvorstellungen in den Beinen nicht als Einbildung anprangern, indem er sagt, das Rollen sei in seinen Beinen und nicht in der Straße, denn das Rollen, das er auf dem Schiff gespürt hatte, hatte er ebenso in seinen Beinen gespürt. Er könnte auf dem Schiff nicht gesagt haben ›Ich fühle, wie das andere Ende des Schiffs rollt‹. Ebensowenig kann er sagen, daß er das illusorische Rollen des Gehsteigs bloß ›im Kopfe fühlt‹, sondern nur, daß er es ›in seinen Beinen fühlt‹.

Ich meine also, daß der Ausdruck ›im Kopf‹ dann als angebrachte und wirksame Metapher empfunden wird, wenn er für Geräusche verwendet wird, die man selbst hervorgebracht und sich lebhaft vorgestellt hat, oder aber für beliebige vorgestellte Geräusche und sogar vorgestellte Anblicke. Denn in den letzteren Fällen soll die Leugnung der Entfernung durch die Behauptung der metaphorischen Nähe als Behauptung der bloßen Vorstellungsexistenz ausgelegt werden; und die Nähe bezieht sich nicht so sehr auf die Kopforgane des Gesichts- und Gehörsinnes selbst, als auf die Stellen, wo ihre Verschlüsse angebracht sind. Es ist eine interessante Tatsache, daß man manchmal die Ausdrücke ›im Geiste‹ oder ›bloß im Geiste‹ als gleichbedeutend mit ›in der Vorstellung‹ verwendet.

Aber für mein Hauptargument ist es unwesentlich, ob dieser Ausflug in die Philologie stimmt oder nicht. Er dient nur dazu, die Aufmerksamkeit auf die verschiedenen Arten von Dingen zu lenken, von denen wir sagen, sie seien ›im Kopf‹, wie z. B. vorgestellte Worte, Melodien und vielleicht auch Ansichten von Landschaften. Wenn Leute die Wendung ›im Geiste‹ gebrauchen, so drücken sie gewöhnlich auf eine besonders vornehme Art genau dasselbe aus, was wir allgemein mit der weniger irreführenden Metapher ›im Kopf‹ ausdrücken. Der Ausdruck ›im Geiste‹ kann und sollte immer vermieden werden. Seine Verwendung gewöhnt seine Benutzer an die Ansicht, der Geist sei ein merkwürdiger ›Ort‹, dessen Einwohner Gebilde ganz besonderen Ranges sind. Dieses Buch soll unter anderem zeigen, daß die Betätigung geistiger Fähigkeiten nur durch Zufall ›im Kopf‹ (im gewöhnlichen Sinn dieses Ausdruckes) stattfindet, und daß die, die dort stattfinden, keinen besonderen Vorzug vor jenen haben, die anderswo vor sich gehen.

6. Positive Erklärung des Könnens

Ich hoffe, im Vorangegangenen gezeigt zu haben, daß Intelligenzbetätigung in der Praxis nicht als eine zweigliedrige Tätigkeit, Erwägung und darauffolgende Ausführung von Vorschriften, analysiert werden kann. Wir haben auch einige Beweggründe untersucht, derentwegen Theoretiker zu dieser Analyse neigen.

Wenn aber intelligentes Handeln nur aus einer einzigen Tätigkeit besteht und nicht aus zweien, und wenn intelligentes Handeln in der Anwendung von Kriterien bei der Ausführung der Tätigkeit selbst besteht, dann bleibt noch zu zeigen, wie dieser Umstand jene Leistungen kennzeichnet, die wir als kunstfertig, klug, geschmackvoll oder logisch anerkennen. Denn zwischen einer geschickt ausgeführten Handlung und einer, die aus bloßer Gewohnheit oder aus blindem Trieb oder in Geistesabwesenheit ausgeführt wurde, braucht kein sichtbarer oder hörbarer Unterschied zu bestehen. Ein Papagei könnte ›Sokrates ist sterblich‹ krächzen unmittelbar nachdem jemand Prämissen ausgesprochen hat, aus denen dieser Satz folgt. Der eine Junge gibt, während er ans Fußballspiel denkt, mechanisch dieselbe richtige Antwort auf ein Rechenproblem, die ein anderer gibt, der seine Gedanken bei der Sache hat. Und doch sagen wir nicht, der Papagei hätte ›logisch‹ gedacht, oder der unaufmerksame Junge hätte die Aufgabe ausgerechnet.

Man denke z. B. an einen Jungen, der Schachspielen lernt. Er kann doch gewiß zufällig einen von den Spielregeln erlaubten Zug mit dem Springer machen, bevor er noch von diesen Regeln gehört hat. Die Tatsache, daß er einen erlaubten Zug macht, beweist nicht, daß er die Regel kennt, die ihn erlaubt. Der Zuschauer muß auch nicht imstande sein, im Benehmen des ziehenden Knaben ein sichtbares Anzeichen zu entdecken, ob dieser den Zug aufs Geratewohl oder in Kenntnis der Regel gemacht habe. Nun aber soll der Junge das Spiel richtig lernen. Dann wird er gewöhnlich ausdrückliche Unterweisung in den Regeln erhalten. Er wird sie wahrscheinlich auswendig lernen und kann sie dann auf Verlangen aufsagen. Während der ersten paar Spiele wird er wahrscheinlich die Regeln laut oder im Kopf aufsagen und hie und da fragen müssen, wie sie in dieser oder jener Situation anzuwenden sind. Aber sehr bald lernt er, die Regeln einzuhalten, ohne an sie zu denken. Er macht die erlaubten Züge und vermeidet die unerlaubten; er bemerkt es und erhebt Einspruch, wenn sein Gegner die Regeln bricht. Aber er sagt weder für sich noch für andere die Formeln her, in denen Zulässiges und Unzulässiges festgelegt ist. Es ist ihm zur zweiten Natur geworden, das Erlaubte zu tun und das Verbotene zu vermeiden. In diesem Stadium hat er vielleicht sogar seine frühere Fähigkeit verloren, die Regeln aufzusagen. Wenn er gebeten wird, einen Anfänger zu unterrichten, hat er vielleicht vergessen, wie die Regeln lauten, und er würde dem Anfänger einfach zeigen, wie man spielt, indem er selbst die richtigen Züge macht und die falschen Züge des Anfängers zurücknimmt.

Es wäre aber durchaus möglich, daß ein Junge Schachspielen lernte, ohne die Regeln jemals zu hören oder zu lesen. Indem er die Züge anderer beobachtet und darauf achtet, welche seiner eigenen Züge zugelassen und welche abgelehnt werden, kann er die Kunst erlernen, richtig zu spielen, und dennoch nicht imstande sein, die Vorschriften zu formulieren, mit Hilfe derer ›erlaubt‹ und ›unerlaubt‹ definiert werden. Wir alle haben die Regeln von Versteckenspielen und Blinde Kuh ebenso wie die Grundregeln der Grammatik und Logik auf diese Weise gelernt. Das Wie lehrt uns die Praxis, zwar durch Kritik und Beispiele beeinflußt, aber oft ganz ohne theoretische Unterweisung.

Von unserem Jungen wird es wohlgemerkt nicht heißen, daß er spielen kann, wenn er bloß die Regeln richtig aufsagen kann. Er muß imstande sein, die passenden Züge zu machen. Dagegen wird man sagen, er könne spielen, auch wenn er die Regeln nicht aufsagen kann, solange er normalerweise die erlaubten Züge macht, die verbotenen vermeidet und Einspruch erhebt, wenn sein Gegner einen verbotenen Zug macht. Sein Spielenkönnen zeigt sich hauptsächlich in den Zügen, die er macht oder zuläßt, und in denen, die er vermeidet oder verbietet. Solange er die Regeln einhalten kann, ist es uns gleichgültig, ob er sie außerdem noch formulieren kann. Nicht das, was er im Kopf oder mit der Zunge, sondern was er auf dem Schachbrett tut, zeigt, ob er die Regeln in der Anwendung kennt. Ähnlich mag ein ausländischer Sprachstudent nicht so korrekt deutsch sprechen können wie ein deutsches Kind, wie sehr er auch die deutsche Grammatik beherrscht.

7. Fähigkeiten der Intelligenz und Gewohnheiten

Die Fähigkeit, Regeln anzuwenden, ist die Frucht der Übung. Deshalb ist man versucht zu schließen, Befähigungen und Fertigkeiten seien einfach Gewohnheiten. Sie sind zweifellos ›zweite Natur‹ oder erworbene Dispositionen, aber daraus folgt nicht, daß sie bloße Gewohnheiten sind. Gewohnheiten sind eine Art, aber nicht die einzige Art ›zweiter Natur‹, und es soll später gezeigt werden, daß die weitverbreitete Annahme, alle ›zweite Natur‹ sei bloße Gewohnheit, Unterschiede verwischt, die von grundlegender Bedeutung für die Untersuchungen sind, mit denen wir uns hier befassen.

Die Fähigkeit, das richtige Ergebnis von Multiplikationen auswendig zu kennen, unterscheidet sich in gewissen wichtigen Punkten von der Fähigkeit, sie durch Berechnung zu lösen. Wenn wir von jemandem sagen, er tue etwas aus reiner oder blinder Gewohnheit, dann meinen wir, er tue es automatisch und ohne dabei auf das, was er tut, achten zu müssen. Er wendet dabei weder Sorgfalt, Aufmerksamkeit noch Kritik an. Wenn wir dem Kriechalter entwachsen sind, gehen wir den Gehsteig entlang, ohne auf unsere Schritte zu achten. Ein Bergsteiger dagegen, der im Dunkeln und bei scharfem Wind über vereiste Felsen geht, bewegt seine Glieder nicht aus blinder Gewohnheit; er achtet auf das, was er tut, er ist auf Notfälle vorbereitet, er teilt seine Kräfte ein, er prüft und versucht; kurz gesagt, er geht mit einem gewissen Maß von Geschicklichkeit und Verstand. Wenn er einen Fehler macht, dann wird er ihn gewöhnlich nicht wiederholen, und wenn er einen neuen Trick wirksam findet, wird er ihn gewöhnlich weiterbenutzen und verbessern. Er ist gleichzeitig damit beschäftigt zu gehen und sich das Gehen unter Bedingungen dieser Art beizubringen. Es gehört zum Wesen der bloß gewohnheitsmäßigen Handlung, daß Einzelverrichtungen der Abklatsch ihrer Vorgänger sind. Es gehört zum Wesen intelligenter Handlung, daß Einzelverrichtungen durch ihre Vorgänger beeinflußt werden. Der Handelnde lernt immer weiter.

Diese Unterscheidung zwischen Gewohnheiten und Fähigkeiten der Intelligenz kann durch die parallele Unterscheidung zwischen den Methoden erläutert werden, die für die Einübung der zwei Arten von zweiter Natur verwendet werden. Abrichtung erzeugt Gewohnheiten, Ausbildung Fähigkeiten der Intelligenz. Abrichtung (oder Dressur) besteht in der Auferlegung von Wiederholungen. Der Rekrut lernt das Gewehr schultern, indem er wiederholt genau dieselben Handgriffe in der vorgezählten Reihenfolge durchläuft. Das Kind lernt das Alphabet und das Einmaleins in derselben Weise. Der Schüler hat die Praxis nicht eher erworben, als bis seine Reaktionen auf die verschiedenen Auslöser automatisch sind, bis er sie ›im Schlaf‹ kann, wie es bezeichnenderweise heißt. Dagegen ist Ausbildung nicht bloße Abrichtung, obwohl sie eine ganze Menge schierer Abrichtung enthält. Ausbildung schließt die Anregung der Urteilskraft des Schülers durch Kritik und Beispiel ein. Er lernt, wie man etwas denkend macht, so daß jede einzelne Handlung selbst eine neue Unterweisung bedeutet, wie er es besser machen kann. Der Soldat, der bloß abgerichtet wurde, das Gewehr richtig zu schultern, muß im Scharfschießen und Kartenlesen ausgebildet werden. Abrichtung verzichtet auf Intelligenz, Ausbildung entwickelt sie. Wir erwarten von dem Soldaten nicht, daß er ›im Schlaf‹ Karten liest.

Es besteht noch ein anderer wichtiger Unterschied zwischen Gewohnheiten und Fähigkeiten der Intelligenz, den wir aber nicht erklären können, ohne ein paar Worte über die Logik der Dispositionsbegriffe im allgemeinen zu sagen.

Wenn wir Glas als zerbrechlich bezeichnen oder Zucker als löslich, dann verwenden wir Dispositionsbegriffe, deren logische Funktion folgende ist. Die Zerbrechlichkeit des Glases besteht nicht in der Tatsache, daß es zu einem gegebenen Zeitpunkt wirklich zerbrochen wird. Es kann zerbrechlich sein, ohne je zerbrochen zu werden. Daß es zerbrechlich ist, heißt, daß es in Splitter zerbrechen würde oder zersprungen wäre, wenn man jemals daraufschlüge oder daraufgeschlagen hätte. Daß Zucker löslich ist, heißt, daß er sich beim Eintauchen ins Wasser auflösen würde oder aufgelöst hätte.

Eine Behauptung, in der einer Sache eine dispositionelle Eigenschaft zugeschrieben wird, hat viel, wenngleich nicht alles, mit einer Behauptung gemeinsam, in der die Sache einem Gesetz unterstellt wird. Eine dispositionelle Eigenschaft besitzen heißt nicht: in einem bestimmten Zustand sein oder eine bestimmte Veränderung durchmachen; es heißt vielmehr: sicherlich oder wahrscheinlich in einem bestimmten Zustand sein oder eine bestimmte Veränderung durchmachen, wenn eine bestimmte Bedingung erfüllt ist. Dasselbe gilt für spezifisch menschliche Dispositionen wie z. B. Charaktereigenschaften. Daß ich ein Gewohnheitsraucher bin, besagt nicht, daß ich zu diesem oder jenem Zeitpunkt tatsächlich rauche; es besagt, daß ich einen ständigen Hang zum Rauchen habe, wenn ich nicht gerade esse, schlafe, vortrage oder an einer Beerdigung teilnehme und wenn ich nicht eben erst geraucht habe.

Bei der Besprechung von Dispositionen ist es anfänglich von Nutzen, die einfachsten Beispiele heranzuziehen, wie z. B. die Zerbrechlichkeit von Glas oder das Gewohnheitsrauchen eines Mannes. Denn bei der Beschreibung dieser Dispositionen ist es leicht, jenen Bedingungssatz bloßzulegen, der in der Zuschreibung der dispositionellen Eigenschaften enthalten ist. Zerbrechlich sein heißt: eben unter diesen bestimmten Umständen sicherlich oder wahrscheinlich in Stücke springen; Raucher sein heißt: eben sicherlich oder wahrscheinlich unter diesen bestimmten Umständen seine Pfeife füllen, anstecken und daran ziehen. Hier haben wir einfache, eingleisige Dispositionen, deren Verwirklichungen in fast derselben Weise vor sich gehen.

Aber obwohl die Beschränkung auf so einfache Dispositionsmodelle im Anfang nützlich ist, führt sie später zu irrigen Annahmen. Es gibt viele Dispositionen, die sich in großer, ja vielleicht sogar unbeschränkter Mannigfaltigkeit von Formen verwirklichen können. Viele Dispositionsbegriffe sind nicht bestimmte, sondern bestimmbare Begriffe. Wenn wir etwas als hart bezeichnen, dann meinen wir nicht bloß, daß es gegen jedwede Umformung Widerstand leisten würde; wir meinen auch, daß es z. B. beim Klopfen einen scharfen Ton hervorbringen würde, daß wir uns beim Anstoßen daran wehtäten, daß elastische Gegenstände davon abprallen würden usw. usw. Wenn wir alles explizieren wollten, was in der Bemerkung, ein bestimmtes Tier sei ein Herdentier, enthalten ist, dann müßten wir ebenfalls unendlich viele verschiedene bedingte Aussagen machen.

Nun sind eben die höherstehenden menschlichen Dispositionen, mit denen diese Untersuchung sich hauptsächlich befaßt, im allgemeinen nicht eingleisige Dispositionen, sondern solche, deren Verwirklichungen von unbegrenzter Vielfalt sind. Als Jane Austen die besondere Art von Stolz zeigen wollte, die die Heldin von »Pride and Prejudice« charakterisiert, mußte sie ihre Handlungen, Worte, Gedanken und Gefühle in tausend verschiedenen Situationen beschreiben. Es gibt da keine allgemein verbindliche typische Handlungsweise oder Reaktion der Art, daß Jane Austen hätte sagen können: ›Der Stolz meiner Heldin bestand eben gerade in dem Zug, jedesmal dies zu tun, wenn sich eine Lage jener Art ergab.‹

Auch Erkenntnistheoretiker erwarten oft zu Unrecht, daß alle Dispositionen sich gleichartig äußern. Sie bemerken z. B., daß die Verben ›wissen‹ und ›glauben‹ normalerweise dispositionell verwendet werden, und so nehmen sie an, daß es infolgedessen intellektuelle Einheitsvorgänge geben müsse, in denen sich diese Erkenntnisdispositionen verwirklichen. Der Erfahrung zum Hohn postulieren sie z. B., daß ein Mann, der, sagen wir, glaubt, die Erde sei rund, von Zeit zu Zeit in ganz bestimmter Weise erkennen, urteilen oder im Inneren immer wieder zuversichtlich feststellen müsse: ›Die Erde ist rund.‹ In Wirklichkeit dagegen fällt es keinem Menschen ein, Feststellungen derart wiederzukäuen. Und sogar wenn es einer täte und wir es wüßten, wären wir doch nicht sicher, daß er wirklich glaubt, die Erde sei rund, außer wenn wir fänden, daß er überdies noch eine ganze Menge anderer Dinge daraus ableitet, sich vorstellt, sagt und tut. Und wenn wir fänden, daß er diese anderen Dinge daraus ableitet, sich vorstellt, sagt und tut, dann wären wir auch sicher, daß er glaubt, die

Erde sei rund, sogar wenn wir die besten Gründe zur Annahme hätten, daß er überhaupt niemals die ursprüngliche Feststellung im Innern wiedergekäut habe. Mag ein Eisläufer uns oder sich selbst noch so oft und noch so fest versichern, das Eis werde tragen, so zeigt er doch, daß er seine Bedenken hat, wenn er am Rande des Teiches bleibt, seine Kinder von der Mitte wegruft, des öfteren Blicke auf die Rettungsringe wirft oder fortwährend nachsinnt, was geschehen würde, wenn das Eis bräche.

8. Die Ausübung von Intelligenz

In der Beurteilung der Intelligenz einer Handlung müssen wir, wie gesagt, in einer gewissen Art über die Handlung selbst hinausblicken. Denn es gibt keine einzelne offene oder unbeobachtbare Handlung, die nicht zufälligerweise oder ›mechanisch‹ von einem Idioten, einem Schlafwandler, im panischen Schrecken, in Geistesabwesenheit oder im Delirium oder in manchen Fällen sogar von einem Papagei ausgeführt werden könnte. Wenn wir aber über die Handlung selbst hinausblicken, so heißt das nicht, daß wir in eine verborgene Parallelaufführung zu spähen versuchen, die sich auf der vorgeblichen Geheimbühne des Innenlebens abspielt. Wir untersuchen die Fähigkeiten und Neigungen des Handelnden, die in seiner Handlung zum Ausdruck kamen. Was wir erforschen, sind nicht Ursachen (und daher schon gar nicht okkulte Ursachen), sondern Fähigkeiten, Fertigkeiten, Gewohnheiten, Anlagen und Neigungen. Wir beobachten z. B., wie ein Soldat beim Scharfschießen ins Schwarze trifft. War es Glück oder Können? Wenn es Können ist, dann kann er wieder ins Schwarze oder dicht daneben treffen, auch wenn der Wind stärker bläst, wenn die Entfernung sich ändert oder die Zielscheibe sich bewegt. Und wenn sein zweiter Schuß danebengeht, dann wird sein dritter, vierter und fünfter immer näher ans Schwarze heranrücken. Im allgemeinen wird er den Atem anhalten, bevor er abdrückt, wie er das auch diesmal getan hat; er wird bereit sein, seinem Nebenmann über Windstärke, Ablenkung, Streuung usw. Auskunft zu erteilen. Die Schießkunst ist ein Bündel von Fertigkeiten, und die Frage, ob jemand zufällig oder infolge seiner Schießkunst ins Schwarze getroffen hat, ist die Frage, ob er diese verschiedenen Fertigkeiten besitzt, und wenn ja, ob er sie bei seinem Schuß mit Sorgfalt, Selbstbeherrschung und unter Beachtung der Umstände und der Schießvorschrift angewendet hat.

Zur Beantwortung der Frage, ob sein Treffer ein Schuß ins Blaue oder ein Meisterschuß war, müssen wir und vielleicht auch er mehr als diesen einen Erfolg heranziehen. Wir müssen in diesem Zusammenhang seine späteren Schüsse, seine früheren Leistungen, seine Erklärungen oder Ausreden, die Ratschläge an seinen Nebenmann und eine Menge anderer Anhaltspunkte verschiedenster Art berücksichtigen. Keine einzelne Handlung beweist, daß einer wirklich schießen kann. Aber eine mäßige Anzahl verschiedenartiger Leistungen genügt im allgemeinen, um jeden Zweifel daran zu beheben. Nur so kann allenfalls entschieden werden, ob er unverhofft ins Schwarze traf oder ob er sich genügend aufs Schießen verstand, um erfolgreich zu sein, wenn er sich Mühe gibt.

Ein Betrunkener macht gerade den Schachzug, der den Plan seines Gegners über den Haufen wirft. Die Zuschauer haben keinen Zweifel, daß er das dem Zufall und nicht seiner Schlauheit verdankt, falls sie keinen Zweifel haben, daß seine Züge in diesem Zustand meistens regelwidrig sind oder keinen Zusammenhang mit der Spiellage haben, daß er den Zug wahrscheinlich nicht wiederholen würde, wenn er in dieselbe Lage käme, daß er demselben Zug eines anderen Spielers in einer ähnlichen Stellung nicht Beifall zollen würde, daß er nicht erklären könnte, warum er den Zug gemacht hat, oder nicht einmal die nun beseitigte Bedrohung seines Königs beschreiben könnte.

Die Frage ist nicht, ob sich gewisse gespenstische Vorgänge ereignet haben oder nicht, sondern ob gewisse ›könnte‹-

oder ›würde‹-Sätze und gewisse andere Einzelanwendungen von ihnen wahr oder falsch sind. Denn der Geist ist, grob gesprochen, etwas, wovon nicht gewisse Klassen unentscheidbarer kategorischer Sätze reden, sondern gewisse Klassen entscheidbarer hypothetischer und halbhypothetischer Sätze. Der Unterschied zwischen einem normalen Menschen und einem Idioten ist nicht der, daß der normale Mensch eigentlich aus zwei Personen besteht, der Idiot nur aus einer, sondern der, daß der normale Mensch vieles kann, was der Idiot nicht kann; und ›können‹ und ›nicht können‹ sind nicht Ereigniswörter, sondern Modalwörter. Freilich muß man bei der Beschreibung der Züge des nüchternen und des betrunkenen Spielers oder der Äußerung vernünftiger und schwachsinniger Menschen nicht nur Ausdrücke wie ›könnte‹ und ›würde‹ verwenden, sondern auch ›er tat dies‹ und ›er tat jenes nicht‹. Der Betrunkene machte seinen Schachzug leichtsinnig, und der normale Mensch achtete auf das, was er sagte. Im fünften Kapitel werde ich zu zeigen versuchen, daß die entscheidenden Unterschiede zwischen solchen Ereignisberichten wie ›er hat leichtsinnig gehandelt‹ und ›er hat es absichtlich getan‹ nicht als Unterschiede zwischen einfachen und zusammengesetzten Ereignismeldungen, sondern auf ganz andere Weise zu erklären sind.

Können ist also eine Disposition, aber nicht eine eingleisige Disposition wie ein Reflex oder eine Gewohnheit. Es wird in der Befolgung von Regeln oder Richtlinien oder der Anwendung von Kriterien ausgeübt, aber die Ausübung ist keine Doppeloperation, bestehend aus theoretischem Bekennen von Maximen und darauffolgender Umsetzung in die Praxis. Außerdem kann es offen und verborgen ausgeübt werden, in der Vorstellung und in der ausgeführten Tat, in ausgesprochenen Worten oder solchen, die man nur im Kopfe hört, in auf Leinwand gemalten Bildern oder solchen, die man nur mit dem geistigen Auge sieht. Die Ausübung kann auch eine Verschmelzung beider Arten sein.

Man kann diese Behauptungen gemeinsam veranschaulichen, indem man schildert, was bei einer intelligenten Schlußfolgerung geschieht. Dieses Beispiel ist hier besonders angebracht, da aus der Vernunft des Menschen so viel gemacht worden ist und da man unter ›vernünftig‹ zumindest unter anderm die Fähigkeit versteht, zwingend zu schließen.

Erstens sei erwähnt, daß es unwesentlich ist, ob unser Denker seinen Beweis im Kopf oder laut führt, ob in Vertretung einer Sache vor einem Phantasie- oder einem wirklichen Gericht. Die Kriterien, nach denen seine Beweisführung als zwingend, klar, sachlich und wohlgeordnet zu beurteilen sind, sind dieselben für bloß gedachte wie für vorgetragene oder aufgezeichnete Argumentationen. Die innerliche Beweisführung hat den praktischen Vorteil, daß sie verhältnismäßig schnell, unauffällig und geheim ist; hörbare und schriftliche Beweisführung hat den Vorteil, daß sie der Kritik der Zuhörer und Leser ausgesetzt und deswegen weniger ins Unreine gedacht sein wird. Aber in beiden Fällen werden dieselben Verstandesfähigkeiten ausgeübt, abgesehen davon, daß es besonderer Übung bedarf, um den Kniff des folgerichtigen Denkens im stillen Selbstgespräch zu erwerben.

Ferner mögen zwar in seiner Beweisführung einige triviale Schritte vorkommen, die er ganz mechanisch machen kann, aber der Großteil seiner Argumentation wird vorher nie konstruiert worden sein. Er muß neuen Einwänden begegnen, neues Beweismaterial auslegen und Zusammenhänge zwischen den Bestandteilen der Gesamtlage herstellen, die vorher nicht in Zusammenhang gebracht worden sind. Er muß, kurz gesagt, Neuerungen einführen, und wo er das tut, handelt er nicht aus Gewohnheit. Er macht keine Züge, die einem schon zum Hals heraushängen. Daß er seine Tätigkeit denkend ausübt, zeigt sich nicht nur darin, daß er sich nicht auf Präzedenzfälle stützt, sondern auch darin, daß er bereit ist, unklar gefaßte Gedanken besser auszudrücken, daß er vor Zweideutigkeiten auf der Hut ist oder aber nach ihnen Ausschau hält, um sie auszubeuten, daß er leicht widerlegbare Schlüsse sorgfältig vermeidet, daß er auf Einwände vorbereitet ist und seine Beweisführung unbeirrbar in der allgemeinen Richtung auf sein Endziel hin lenkt. Es soll später gezeigt werden, daß alle diese Wörter: ›bereit‹, ›auf der Hut‹, ›sorgfältig‹, ›Ausschau haltend nach‹, ›unbeirrbar‹, halb dispositionell, halb episodisch sind. Sie bedeuten nicht den gleichzeitigen Ablauf von zusätzlichen inneren Operationen, noch bloße Fähigkeiten und Neigungen, gegebenenfalls weitere Operationen auszuführen, sondern ein Mittelding zwischen diesen beiden. Der vorsichtige Kraftfahrer malt sich nicht wirklich alle möglichen Vorfälle aus, die ihm zustoßen könnten, noch sieht er sie voraus; noch ist er andererseits bloß imstande, im Bedarfsfall jeden einzelnen zu erkennen und zu erledigen. Den durchgegangenen Esel hat er nicht vorausgesehen, aber er ist auf ihn gefaßt. Seine Bereitschaft, solchen Zwischenfällen zu begegnen, zeigt sich in den Maßnahmen, die er bei ihrem Eintreten trifft. Aber sie zeigt sich auch darin, wie er sich mit seinen Mitfahrern unterhält und die Knöpfe und Hebel bedient, auch wenn gar nichts Besonderes vorgeht.

Allen andern Merkmalen der Operationen des intelligenten Denkers liegt das Hauptmerkmal zugrunde, daß er logisch denkt, d. h., daß er Trugschlüsse vermeidet und gültige Beweise und Schlüsse anführt, die auf seinen Fall passen. Er befolgt die Regeln der Logik, wie auch die des Stils, der gerichtlichen Strategie, der Berufsetikette und so weiter. Aber wahrscheinlich befolgt er die Regeln der Logik, ohne an sie zu denken. Er sagt die Formeln des Aristoteles weder für sich noch für den Gerichtshof auf. Er wendet in seiner Praxis an, was Aristoteles in seiner Theorie solcher Praxis entnommen hat. Er denkt in einer richtigen Methode, ohne aber die Vorschriften einer Methodologie zu erwägen.

Die Regeln, die er befolgt, sind seine Art zu denken geworden, wenn er sorgfältig denkt; sie sind nicht äußerliche Anweisungen, mit denen er seine Gedanken in Einklang bringen muß. Kurz gesagt, er führt seine Tätigkeiten wirksam aus, aber etwas wirksam tun heißt nicht: zwei Dinge tun. Es heißt: ein Ding auf eine bestimmte Weise tun, oder es in einem gewissen Stil oder nach einem gewissen Verfahren tun, und die Beschreibung dieses *modus operandi* muß mit Hilfe solcher halb dispositionellen, halb episodischen Beiwörter wie ›wachsam‹, ›sorgfältig‹, ›kritisch‹, ›genial‹, ›logisch‹ gekennzeichnet werden.

Was für intelligente Beweisführungen gilt, das gilt mit den entsprechenden Abänderungen auch für andere intelligente Tätigkeiten. Der Boxer, der Chirurg, der Dichter und der Verkäufer wendet sein spezielles Kriterium in der Verrichtung seiner Aufgaben an, denn jeder von ihnen trachtet, seine Sache gut zu machen; und man beurteilt ihn als geschickt, kunstfertig, genial oder gewitzt nicht auf Grund der Art, wie er die Vorschriften für die Ausübung seiner speziellen Tätigkeit erwägt, wenn er das überhaupt tut, sondern auf Grund der Art, wie er diese Tätigkeit selbst ausführt. Ob der Boxer seine Manöver vor der Ausführung plant oder nicht, sein Talent im Boxen erweist sich nur im Kampf. Wenn er ein Hamlet des Boxrings ist, wird man ihn als einen minderwertigen Kämpfer abtun, wenngleich man ihm Brillanz als Theoretiker oder Kritiker zugestehen mag. Talent im Kampf zeigt man im Zuschlagen und Abwehren von Schlägen, nicht in der Annahme oder Ablehnung von Sätzen über Schläge, genau wie sich auch Talent im Argumentieren in stichhaltiger Beweisführung und in der Aufdeckung von Trugschlüssen zeigt, nicht im Bekennen logischer Formeln. Die Kunstfertigkeit des Chirurgen zeigt sich nicht darin, daß seine Zunge medizinische Wahrheiten hersagt, sondern nur in den richtigen Bewegungen seiner Hände.

Dies alles soll nicht den Wert intellektueller Operationen leugnen oder herabsetzen. Es soll bloß geleugnet werden, daß die Ausführung intelligenter Tätigkeiten die zusätzliche Ausführung intellektueller Operationen erfordert. Es wird später gezeigt werden (im neunten Kapitel), daß zum Erlernen aller Kniffe, mit Ausnahme der grundeinfachen, ein gewisses Maß intellektueller Fähigkeiten notwendig ist. Die Fähigkeit, etwas nach gewissen Regeln zu tun, macht das Verstehen dieser Regeln notwendig. Deshalb ist ein gewisses Verständnis von Sätzen zur Erwerbung all dieser Fähigkeiten nötig. Aber daraus folgt nicht, daß die Ausübung dieser Fähigkeiten von der Ausübung des Satzverständnisses begleitet sein muß. Ich hätte nicht Brustschwimmen lernen können, wenn ich die Anweisungen nicht verstanden hätte; aber ich muß nun beim Brustschwimmen diese Anweisungen nicht aufsagen.

Jemand, der wenig oder nichts von Medizin versteht, kann kein guter Chirurg sein, aber Vortrefflichkeit in der Chirurgie besteht nicht in der Kenntnis der Medizin, noch ist sie einfach eine Folge davon. Der Chirurg muß wohl durch Unterricht oder durch seine eigenen Schlüsse und Beobachtungen eine große Anzahl von Wahrheiten gelernt haben; aber er muß auch durch Übung eine große Anzahl von Fertigkeiten erworben haben. Sogar dort, wo die tüchtige Praxis in der vorbedachten Anwendung von wohlerwogenen Maximen besteht, ist die zur Anwendung der Maximen in der Praxis nötige Intelligenz nicht identisch mit der, die zu ihrem intellektuellen Verstehen gebraucht wird. Es ist kein Widerspruch, nicht einmal ein Paradox in der Behauptung enthalten, daß einer schlecht praktiziert, was er vorzüglich predigt. Einsichtige und originelle Literaturkritiker haben bewunderungswürdige Richtlinien des Prosastils in abscheuliche Prosa gefaßt. Andere wieder haben in glänzendem Stil die albernsten Theorien über das Wesen guter Literatur verzapft.

Der zentrale Punkt, der in diesem Kapitel herausgearbeitet wird, ist von beträchtlicher Bedeutung. Es ist ein Flankenangriff auf die Kategorienverwechslung, die dem Dogma vom Gespenst in der Maschine zugrunde liegt. Weil Theoretiker genauso wie Laien sich unbewußt auf dieses Dogma beziehen, legen sie die Eigenschaftswörter, mit denen wir verschiedene Tätigkeiten als genial, weise, methodisch, sorgfältig, witzig usw. bezeichnen, als Zeichen für den Ablauf gewisser Ereignisse in irgend jemandes Bewußtseinsstrom aus, Ereignisse, welche die Rolle von gespenstischen Boten oder, genauer gesagt, von okkulten Ursachen der so bezeichneten Tätigkeiten spielen. Sie postulieren eine innerliche Schattenaufführung als den wirklichen Träger der Intelligenz, die gewöhnlich der öffentlichen Handlung zugeschrieben wird, und sie glauben, auf diese Art erklärt zu haben, was denn die öffentliche Handlung zu einer Intelligenzkundgebung macht. Sie haben die öffentliche Handlung als Wirkung eines geistigen Ereignisses beschrieben, obwohl sie natürlich vor der nächsten Frage haltmachen, was denn die postulierten geistigen Ereignisse zu Kundgebungen von Intelligenz und nicht von Schwachsinn macht.

Im Gegensatz zu diesem gesamten Dogma versuche ich zu zeigen, daß wir bei der Beschreibung, wie der Geist einer Person arbeitet, überhaupt nicht eine zweite Gruppe von Schattenoperationen beschreiben. Wir beschreiben gewisse Abschnitte ihres einen Lebenslaufs; die Art und Weise nämlich, wie gewisse Teile ihres Verhaltens geleitet werden. Ihre Handlungen ›erklären‹ heißt nicht, auf deren okkulte Ursachen schließen, sondern sie unter gewisse hypothetische oder halbhypothetische Sätze subsumieren. Die Erklärung folgt nicht dem Muster ›Das Glas zerbrach, weil es von einem Stein getroffen wurde‹, sondern eher dem ganz verschiedenen Muster ›Das Glas zerbrach, als es von einem Stein getroffen wurde, weil es zerbrechlich war‹. Für die Theorie ist es gleichgültig, ob die von uns zu bewertenden Tätigkeiten lautlos im Kopf des Handelnden ausgeführt werden, so wie er das nach entsprechender Schulung beim Theoretisieren, beim Verfassen von Limericks oder beim Kreuzworträtsellösen tut. In der Praxis freilich ist es nicht gleichgültig, denn der Prüfer kann dem Prüfling für Arbeiten, die er erfolgreich geheimhält, keine Noten geben.

Aber wenn jemand vernünftig redet, Knoten knüpft, sich verstellt oder eine Statue meißelt, dann sind die Handlungen, die wir wahrnehmen, gerade das, was er intelligent tut, wenn auch die Begriffe, mit deren Hilfe der Physiker oder Physiologe sein Tun beschreiben würde, weniger zahlreich sind als jene, die seine Schüler oder Lehrer in der Bewertung der Logik, des Stils oder der technischen Meisterschaft seines Tuns verwenden würden. Er ist körperlich tätig und geistig tätig, aber er ist nicht gleichzeitig an zwei verschiedenen ›Orten‹ tätig, oder mit zwei verschiedenen ›Maschinen‹. Es ist da nur eine einzige Tätigkeit, aber sie kann und muß auf mehr als eine Art erklärend beschrieben werden. So etwa wie kein aerodynamischer oder physiologischer Unterschied besteht, wenn wir von einem Vogel sagen, daß er ›südwärts fliegt‹, und von einem andern, daß er ›nach Süden zieht‹, obwohl doch ein großer biologischer Unterschied zwischen diesen beiden Beschreibungen besteht. So muß auch kein physikalischer oder physiologischer Unterschied bestehen, wenn wir von einem sagen, daß er quasselt, und von einem andern, daß er vernünftig redet, obwohl die rhetorischen und logischen Unterschiede gewaltig sind.

Die Behauptung: ›Der Geist ist sein eigner Ort‹, wie sie von Theoretikern ausgelegt werden könnte, ist nicht wahr, denn der Geist ist nicht einmal ein metaphorischer ›Ort‹. Im Gegenteil, das Schachbrett, die Rednerbühne, das Gelehrtenpult, die Richterbank, der Sitz des Fahrers, das Atelier und der Fußballplatz gehören zu seinen Orten. Denn an diesen Orten arbeiten und spielen Leute dumm oder intelligent. Das Wort ›Geist‹ ist nicht der Name einer andern Person, die hinter einer undurchdringlichen Wand arbeitet oder sich unterhält; es ist nicht der Name eines andern Ortes, wo gearbeitet oder gespielt wird; und es ist nicht der Name eines andern Werkzeugs, mit dem Arbeit geleistet wird, oder eines andern Geräts, mit dem man Spiele spielt.

9. Verstehen und Mißverstehen

Es wird in diesem Buch durchweg behauptet, daß wir bei der Charakterisierung von Leuten mit Hilfe von geistigen Prädikaten nicht unprüfbare Schlüsse auf geisterhafte Vorgänge ziehen, die sich in jedweden Besuchern unzugänglichen Bewußtseinsströmen abspielen; vielmehr beschreiben wir die Arten, auf die diese Leute Teile ihres vorwiegend öffentlichen Tuns abwickeln. Gewiß gehen wir über das hinaus, was wir sie tun sehen und sagen hören, aber dieses Darüberhinausgehen ist nicht ein Hinter-die-Kulissen-Gehen im Sinn von Schlüssen auf okkulte Ursachen, es ist ein Darüberhinausgehen einfach in dem Sinn, daß vor allem die Fähigkeiten und Neigungen untersucht werden, deren Ausübungen die Handlungen sind. Aber dieser Punkt bedarf der Erläuterung.

Jemand, der nicht Schachspielen kann, kann immerhin einer Schachpartie zusehen. Er sieht das Vorrücken der Figuren so gut wie sein Nachbar, der spielen kann. Aber der Zuschauer, der nicht spielen kann, kann etwas nicht tun, was sein Nachbar kann: die Dummheit oder Klugheit der Spieler beurteilen. Worin besteht nun der Unterschied zwischen dem bloßen Beiwohnen und dem Verstehen einer Handlung? Oder ein anderes Beispiel: Was ist der Unterschied zwischen Hören, was jemand sagt, und Begreifen, was man ihn sagen hört?

Vertreter der Doppellebenlegende werden erwidern, daß Verstehen der Züge des Schachspielers darin besteht, aus den sichtbaren, auf dem Brett stattfindenden Operationen auf unsichtbare, auf der Privatbühne des Spielers stattfindende Operationen zu schließen. Es ist ein Schlußverfahren ähnlich dem, gemäß welchem wir aus den beobachteten Bewegungen des Eisenbahnsignals auf das unbeobachtete Umlegen der Hebel im Bahnwärterhaus schließen. Diese Antwort verspricht jedoch etwas, was nie gehalten werden könnte. Denn da nach der Theorie grundsätzlich niemand den Geist eines andern wie ein Bahnwärterhaus besuchen kann, so gäbe es ja keine Möglichkeit, die notwendige Zuordnung zwischen den sichtbaren Bewegungen und ihren verborgenen kausalen Gegenstücken festzulegen. Der Vergleich mit dem Bahnwärterhaus hinkt aber noch auf einem andern Fuß. Die Beziehungen zwischen Hebeln und Signalarmen sind leicht entdeckbar. Mit den mechanischen Prinzipien von Stützpunkt und Flaschenzug und mit dem Verhalten von Metallen unter Zug und Druck sind wir alle, zumindest im wesentlichen, vertraut. Wir wissen ziemlich gut, wie der Mechanismus innerhalb und wie er außerhalb des Wärterhauses arbeitet und wie die zwei mechanisch gekoppelt sind. Aber diejenigen, die an die Legende vom Gespenst in der Maschine glauben, geben zu, daß man noch nicht viel über die Gesetze weiß, die das vermeintliche Arbeiten des Geistes beherrschen, und sie räumen ein, daß die postulierten Wechselwirkungen zwischen dem Arbeiten des Geistes und den Bewegungen der Hand völlig rätselhaft sind. Da diese Wechselwirkungen weder der vermeintlichen psychischen noch der vermeintlichen physikalischen Welt angehören, können sie auch nicht den bekannten Gesetzen der Physik oder den noch zu entdeckenden Gesetzen der Psychologie gehorchen.

Daraus aber würde folgen, daß bisher noch niemand auch nur im geringsten verstanden hat, was irgendein anderer je gesagt oder getan hat. Wir lesen die Worte, die Euklid schrieb, und wir wissen um die Taten Napoleons, aber wir haben auch nicht die leiseste Ahnung, was sie im Sinn führten. Ebensowenig hat jemals ein Zuschauer eines Schachturniers oder eines Fußballspiels einen Schimmer von der Absicht der Spieler gehabt.

Das aber ist glatter Unsinn. Jeder, der Schachspielen kann, versteht schon eine ganze Menge von dem, was andere Spieler tun, und schon ein kurzes Studium der Geometrie versetzt den Durchschnittsschüler in die Lage, einem beträchtlichen Teil der Euklidischen Beweisführung zu folgen. Es bedarf zu diesem Verständnis auch nicht der gründlichen Unterweisung in den noch nicht entdeckten Gesetzen der Psychologie. Den Zügen eines Schachspielers folgen hat nicht die entfernteste Ähnlichkeit mit einer zweifelhaften psychologischen Diagnose. Ja angenommen, daß einer die Worte oder Handlungen eines andern nur insoweit verstehen könnte, wie er imstande ist,

Kausalschlüsse gemäß psychologischen Gesetzen zu ziehen, hätte das die seltsame Folge, daß ein Psychologe, der diese Gesetze entdeckt hätte, seine Entdeckungen nie seinen Mitmenschen hätte mitteilen können. Denn laut Annahme könnten sie ja seinen Formulierungen der Gesetze nicht folgen, ohne ihnen gemäß aus seinen Worten auf seine Gedanken zu schließen.

Niemand ist mit der Ansicht zufrieden, daß man, um dem zu folgen, was einer sagt oder tut, etwa so schließen muß, wie der Wünschelrutengänger aus den beobachteten Zuckungen seiner Rute auf eine unterirdische Quelle schließt. So wird also manchmal als Trost hinzugefügt, daß man ja von den Beziehungen zwischen seinen eigenen Privaterlebnissen und seinen öffentlichen Handlungen unmittelbare Kenntnis hat und man deswegen das Tun anderer verstehen kann, indem man ihnen ähnliche Beziehungen unterlegt. Verstehen heißt also noch immer psychologisches Wünschelrutenraten, aber es ist ein Raten, unterstützt von den Analogieschlüssen, die darauf beruhen, daß der Ratende die Beziehungen zwischen seinem Innen- und Außenleben unmittelbar beobachtet. Jedoch auch diese zusätzliche Erklärung löst nicht die Schwierigkeit.

Es wird später gezeigt werden, daß man seine eigenen Leistungen nicht auf eine andere Weise einschätzt als die anderer Leute. Aber vorläufig muß die Feststellung genügen, daß, selbst wenn jemand vorzugsweise darüber erleuchtet wäre, wie man Begriffe von Geistestätigkeiten auf seine eigenen Handlungen anwendet, er bei seinem vorgeblichen Analogieschluß auf die geistigen Vorgänge anderer völlig fehlschließen würde.

Wenn einer eine Anzahl von Eisenbahnsignalen und Wärterhäusern besichtigt hat, so kann er dann in einem neuen Fall einen guten Wahrscheinlichkeitsschluß aus beobachteten Signalbewegungen auf unbeobachtete Hebelbewegungen ziehen. Wenn er aber nur ein einziges Wärterhaus untersucht hätte und nichts über die Normungsmethoden großer Konzerne wüßte, dann wäre sein Schluß armselig begründet, denn er würde auf einer breiten Verallgemeinerung eines Einzelfalles beruhen. Immerhin sind Signalarme einander im Aussehen und in den Bewegungen weitgehend ähnlich, folglich hat der Schluß auf einen entsprechenden Grad von Ähnlichkeit zwischen den in die verschiedenen Wärterhäuser eingebauten Mechanismen einige Berechtigung. Aber die beobachteten Erscheinungen und Handlungen von verschiedenen Leuten unterscheiden sich sehr wesentlich voneinander, deshalb würde es tatsächlich dem Augenschein widersprechen, wollte man allen diesen Leuten weitgehend ähnliche innere Vorgänge unterlegen.

Die Taten und Worte einer Person verstehen ist also kein wie immer geartetes problematisches Erraten okkulter Vorgänge. Denn ein solches Erraten kommt nicht vor und kann nicht vorkommen; Verstehen dagegen kommt vor. Selbstverständlich gehört es zu meiner Hauptthese, daß die vorgeblichen okkulten Vorgänge selbst nur mythisch sind; es existiert nichts, was Gegenstand der postulierten Diagnosen sein könnte. Für meine Zwecke hier genügt es aber zu beweisen, daß man, auch wenn es solche innerlichen Zustände und Tätigkeiten gäbe, keine Wahrscheinlichkeitsschlüsse auf ihr Vorkommen im Innenleben eines anderen ziehen könnte.

Wenn Verstehen also nicht im Erschließen oder Erraten von angeblichen inneren Vorläufern äußerer Handlungen besteht, was ist es dann? Wenn es nicht die Beherrschung psychologischer Theorie verlangt, zusammen mit der Fähigkeit, sie anzuwenden, welche Art von Wissen verlangt es? Wir sahen, daß ein Zuschauer, der nicht Schach spielt, auch nicht dem Spiel anderer folgen kann; einer, der nicht Schwedisch sprechen oder schreiben, auch Schwedisch in Wort und Schrift nicht verstehen kann; und daß es einem, dessen Verstandeskräfte schwach sind, schwerfällt, den Beweisführungen anderer zu folgen und sie sich einzuprägen. Verstehen ist eine Art des Könnens. Das Können, das zum Verstehen intelligenter Handlungen einer bestimmten Art nötig ist, ist ein gewisser Grad von Kompetenz für Handlungen dieser Art. Der kompetente Kritiker für Prosastil, Experimentalverfahren oder Stickereien muß wenigstens schreiben, Versuche anstellen oder nähen können. Ob er außerdem noch etwas Psychologie gelernt hat, ist ungefähr so wichtig wie die Frage, ob er auch noch etwas Chemie, Neurologie oder Volkswirtschaft studiert hat. Diese Studien mögen ihm in gewissen Umständen bei der Bewertung des zu beurteilenden Gegenstandes helfen; aber die eine unumgänglich nötige Bedingung ist eine gewisse Beherrschung jener Kunst oder jener Methode, von der er Beispiele bewerten soll. Wenn einer die Witze eines anderen verstehen will, dann braucht er dazu unbedingt einen Sinn für Humor, und zwar gerade jene Sorte von Humor, die in diesen Witzen zum Ausdruck kommt.

Freilich heißt eine Tätigkeit intelligent ausführen nicht genau dasselbe wie ihrer Ausführung intelligent folgen. Der Handelnde bringt hervor, der Zuschauer denkt bloß ›nach‹. Aber die Regeln, die der Handelnde befolgt, und die Maßstäbe, die er anlegt, sind dieselben wie die, welche Beifall und Mißfallen des Zuschauers bestimmen. Der Erklärer der Platonischen Philosophie braucht nicht viel philosophische Originalität zu besitzen, aber wenn er nicht imstande ist, wie das nur bei allzu vielen Erklärern vorkommt, die Beweiskraft, den Gedankengang oder den Beweggrund eines philosophischen Arguments zu bewerten, dann werden seine Erläuterungen wertlos sein. Wenn er sie aber bewerten kann, dann versteht er sich auf einen Teil dessen, worauf sich auch Platon verstand.

Wenn ich imstande bin, die Leistung eines andern zu beurteilen, dann halte ich beim Zuschauen nach Fehlern und Ungereimtheiten Ausschau, aber das tut auch der andere bei der Ausführung. Ich bin bereit, die Glücksfälle zu sehen, deren er sich vorteilhaft bedienen kann, aber er ist es auch. Er lernt im Verlauf seiner Tätigkeit, und auch ich lerne im Verlauf seiner Tätigkeit. Der intelligent Handelnde handelt kritisch, der intelligente Zuschauer folgt kritisch. Handeln und Verstehen sind grob gesagt bloß verschiedene Ausübungen desselben Handwerks. Man betätigt sein Können, einen Webeleinstek zu knüpfen, nicht nur im Knüpfen von Webeleinsteks und in der Verbesserung seiner eigenen Fehler, sondern auch bei der Vorstellung des richtigen Knüpfens, bei der Unterweisung von Schülern, beim Rügen ihrer unrichtigen oder ungeschickten Griffe sowie beim Lob ihrer richtigen Griffe, beim Schluß aus einem falschen Ergebnis auf den Irrtum, der es hervorgebracht hat, in der Vorhersage der Ergebnisse beobachteter Fehler, usw., usw. Die Wörter ›verstehen‹ und ›folgen‹ bezeichnen gewisse Ausübungen seines Könnens, welche man ausführen kann, ohne z. B. ein Stückchen Schnur in der Hand zu haben.

Die Erklärung sollte nunmehr unnötig sein, daß dies nicht bedeutet, der Zuschauer oder Leser ziehe, während er der Handlung oder dem Schreiben folgt, Ähnlichkeitsschlüsse aus seinen eigenen innerlichen Vorgängen auf entsprechende innerliche Vorgänge im Urheber der Handlungen oder der Schrift. Es ist auch nicht notwendig, wenngleich möglich, daß er sich dabei in die Lage des Urhebers versetzt und sich vorstellt, in seinen Schuhen oder seiner Haut zu stecken. Er paßt bloß auf das auf, was der Urheber tut, ähnlich wie auch der Urheber auf das aufpaßt, was er selber tut, mit dem Unterschied, daß der Zuschauer das vorfindet, was der Urheber erfindet. Der Urheber führt an, der Zuschauer folgt, aber ihr Weg ist der gleiche. Auch benötigt oder ermutigt diese Erklärung des Verstehens nicht die Annahme einer geheimnisvollen elektrischen Sympathie zwischen verwandten Seelen. Gleichgültig, ob die Herzen zweier Schachspieler wie eins schlagen, was sie wohl kaum tun werden, wo es sich um Gegner handelt, hängt deren Fähigkeit, ihrem Spiel gegenseitig zu folgen, nicht vom Einklang ihrer Herzklappen ab, sondern von ihrer hinlänglichen Beherrschung des Schachspiels, ihrem Interesse am Spiel und der erworbenen Vertrautheit mit den Spielmethoden des anderen.

Dieser Punkt, daß die Fähigkeit, eine Handlung einzuschätzen, von derselben Art ist wie die Fähigkeit, sie auszuführen, beleuchtet eine früher auseinandergesetzte Behauptung, daß nämlich Fähigkeiten der Intelligenz nicht eingleisige Dispositionen sind, sondern solche, die eine große Vielfalt von einander mehr oder weniger unähnlichen Ausübungen zulassen. Hier müssen aber zwei Vorbehalte gemacht werden. Erstens schließt die Fähigkeit, eine Operation auszuführen und zu bewerten, nicht notwendigerweise die Fähigkeit ein, eine Kritik oder eine Unterrichtsstunde auszuarbeiten. Ein wohlgeschulter Schiffsjunge kann sowohl komplizierte Knoten knüpfen wie auch feststellen, ob jemand anders es richtig oder unrichtig, geschickt oder ungeschickt macht. Aber er ist wahrscheinlich der schwierigen Aufgabe nicht gewachsen, in Worten auszudrücken, wie diese Knoten zu binden seien. Und zweitens verlangt die Fähigkeit, eine Handlung zu bewerten, nicht denselben Grad von Können wie die Fähigkeit, sie auszuführen. Man braucht kein Genie zu sein, um ein Genie zu erkennen, und ein guter Theaterkritiker mag ein bloß mittelmäßiger Schauspieler und Bühnenschriftsteller sein. Es gäbe keine Lehrer und keine Schüler, wenn die Fähigkeit, eine Tätigkeit zu verstehen, schon die volle Fähigkeit, sie auszuführen, verlangte. Schüler werden in Fertigkeiten von Leuten unterwiesen, die sich besser als sie darauf verstehen. Die »Elemente« des Euklid sind für den Schuljungen weder ein Buch mit sieben Siegeln noch ein offenes Buch.

Ein Merkmal in dieser Erklärung des Verstehens wurde, wenn auch von der falschen Seite, von gewissen Philosophen erfaßt, die zu erklären versuchten, wie ein Geschichtsschreiber, ein Sprachforscher oder ein Literaturkritiker die Taten und Worte seiner Helden verstehen kann. Als unverbrüchliche Anhänger des Dogmas vom Gespenst in der Maschine waren sie natürlich erstaunt über die Anmaßung der Geschichtsschreiber, Taten und Worte tatsächlicher historischer Figuren als den Ausdruck ihrer tatsächlichen Gedanken, Gefühle und Absichten auszulegen. Denn wenn ein Geist für den anderen undurchdringlich ist, wie soll da ein Geschichtsschreiber in den Geist seiner Helden eindringen können? Wenn jedoch ein solches Eindringen unmöglich ist, dann wären die Mühen aller Sprachgelehrten, Kritiker und Geschichtsschreiber umsonst; sie mögen die Signale beschreiben, aber sie können sie nie als die Wirkungen der Tätigkeiten in den auf ewig versiegelten Wärterhäusern auslegen.

Diese Philosophen haben die folgende Lösung ihres Scheinproblems vorgeschlagen. Obwohl ich das Arbeiten des Geistes eines andern oder Platons nicht beobachten kann, sondern nur die sichtbaren Handlungen und schriftlichen Bemerkungen, welche ich als den äußeren ›Ausdruck‹ dieses inneren Arbeitens auffasse, so kann ich doch bei entsprechender Anstrengung und Übung in meinem Privattheater absichtlich jene Handlungen aufführen, die aufs natürlichste gerade jene Taten und Worte bewirken. Ich kann mich mit Gedanken tragen, die sehr wohl in den überlieferten Platonischen Sätzen ihren Ausdruck fänden, und ich kann auch, in der Tat oder in der Phantasie, Willensakte setzen, die Handlungen ins Leben rufen oder rufen würden, gleich jenen, die ich den andern tun sah. Nachdem ich mich in eine Geistesverfassung versetzt habe, in der ich wie der andere handle oder wie Platon schreibe, kann ich dem anderen oder Platon ähnliche Geistesverfassungen zuschreiben. Wenn diese Zuschreibung richtig ist, dann kann ich auch auf Grund meiner Kenntnis der Geistesverfassung, die sich in solchen Handlungen und Worten äußert, wissen, wie sich Platon beim Schreiben seiner Dialoge fühlte und wie der andere sich, sagen wir, beim Binden eines Webeleinsteks fühlt. Indem ich seine öffentlichen Handlungen nachahme, lebe ich auch seine Privaterlebnisse nach. Der Platonstudent macht sich gewissermaßen zu einem zweiten Platon, zu einer Art von Nachverfasser seiner Dialoge, und so allein versteht er sie.

Leider kann dieses Programm der Nachahmung Platonischer Geistesvorgänge nie ganz erfolgreich sein. Ich bin schließlich ein Platonleser des 20. Jahrhunderts, etwas, was Platon selbst nie war. Meine Kultur, meine Erziehung, meine Sprache, meine Gewohnheiten und Interessen sind von seinen verschieden, und das muß der Treue meiner Einfühlung in seinen Geisteszustand Abbruch tun und daher auch dem Gelingen meiner Versuche, ihn zu verstehen. Das jedoch, so heißt es, ist, wie die Dinge eben stehen, das beste, was ich tun kann. Verstehen muß unvollkommen sein. Nur wenn ich wirklich Platon wäre, könnte ich ihn wirklich verstehen.

Manche Vertreter von Theorien dieser Art fügen weitere Trostworte hinzu. Obgleich Gemüter einander unzugänglich sind, so kann man sagen, daß sie wie Stimmgabeln im Einklang tönen, wenn sie das auch leider nie wissen können. Ich kann zwar nicht buchstäblich an den Erlebnissen des andern teilhaben, aber einige von unseren Erlebnissen mögen doch vielleicht zusammenstimmen (obwohl wir dessen nicht gewahr werden können) und zwar auf eine Art, die beinahe einer echten Verständigung gleichkommt. In den glücklichsten Fällen ähneln wir dann wohl zwei unheilbar tauben Menschen, die richtig und im gleichen Takt zusammen singen. Aber wir brauchen uns nicht mit solchen Ausschmükkungen einer Theorie zu befassen, die von Grund auf falsch ist.

Denn diese Theorie ist bloß ein weiterer mißlungener Versuch, sich einem vollkommen mythischen Dilemma zu entwinden. Sie nimmt an, Verstehen müsse in der Betrachtung des nicht wahrnehmbaren Wirkens isolierter Gespenster bestehen, und sie versucht, dieser Schwierigkeit so beizukommen, indem sie sagt, ich könne mangels solcher Wahrnehmung fast genauso gut abschneiden, wenn ich gespenstische Vorgänge in meinem eigenen Inneren beobachte, die sich zwanglos in ›Äußerungen‹ zeigten, die denen der zu verstehenden Person ähnlich wären. Das hat aber eine weitere unhaltbare, wenn auch interessante Annahme zur Folge, nämlich die, daß ähnlichen äußeren Handlungen und Worten ähnliche innere Vorgänge entsprächen, was der Theorie gemäß völlig unüberprüfbar ist. Sie nimmt weiterhin an, was ebenfalls nicht zu rechtfertigen ist, daß ich mir, wenn gewisse Vorgänge sich in mir ereignen, über ihre Natur völlig im klaren sein müsse, d. h. daß ich das, was in meinem Bewußtseinsstrom vorgeht, nicht mißdeuten oder unbegreiflich finden könnte. Kurz gesagt, die ganze Theorie ist eine Abart der Lehre, Verstehen sei Erraten zweifelhafter Kausalzusammenhänge, gestützt durch einen schwachen Analogieschluß.

Die Theorie ist aber eine Besprechung wohl wert, weil sie es teilweise vermeidet, das Verstehen der psychologischen Diagnose gleichzusetzen, d. h. Kausalschlüssen aus wahrnehmbarem Benehmen auf geistige Vorgänge gemäß Gesetzen, die erst von Psychologen entdeckt werden sollen; und sie vermeidet diese Gleichsetzung mit Hilfe einer Annahme, zu der sie nicht berechtigt ist, die aber am Rande der Wahrheit steht. Sie nimmt an, daß sich die Geisteseigenschaften eines Menschen in dem widerspiegeln, was er offen tut und sagt. Geschichtsschreiber und Sprachgelehrte sind also beim Studium der Stilarten und Methoden literarischer und praktischer Tätigkeiten auf der richtigen Spur; nach der Theorie ist es nur eben ihr unvermeidliches Mißgeschick, daß diese Spur in den Abgrund führt, der das ›Physische‹ vom ›Psychischen‹, das ›Äußere‹ vom ›Inneren‹ trennt. Hätten die Vertreter dieser Theorien nun freilich gesehen, daß Stilart und Methode der Tätigkeiten der Leute eben gerade das *ist*, was wir die Arbeitsweise ihres Geistes nennen, und nicht bloß unvollkommene Widerspiegelungen der postulierten Geheimvorgänge, welche für die wahren Arbeitsweisen des Geistes gehalten wurden, dann wäre ihr Dilemma verschwunden. Die Behauptungen von Geschichtsschreibern und Sprachgelehrten, daß sie grundsätzlich imstande seien, das zu verstehen, was ihre Forschungsobjekte taten und schrieben, wären ganz automatisch gerechtfertigt worden. Nicht sie haben Schattenwesen studiert.

Offene intelligente Verrichtungen sind nicht Schlüssel zur Arbeit des Geistes; sie sind diese Arbeit. Boswell beschrieb Johnsons Geist, als er beschrieb, wie er sprach, aß, nervös war und rauchte. Seine Beschreibung war natürlich unvollständig, da Johnson bekanntlich einige Gedanken sorgfältig für sich behielt, und es muß viele Träume, Wachträume und stille Selbstgespräche gegeben haben, die nur Johnson selbst aufgenommen haben könnte und die nur ein James Joyce gern aufgezeichnet gesehen hätte.

Ehe wir diese Untersuchung des Verstehens abschließen, müssen wir noch einige Bemerkungen über teilweises Verstehen und Mißverstehen machen.

Wir haben schon auf gewisse Parallelen und Unterschiede zwischen dem Begriff des Wissens und dem Begriff des Könnens hingewiesen. Ein weiterer Unterschied soll nun vermerkt werden. Wir sagen, daß jemandem eine Tatsache oder Wahrheit teilweise bekannt ist, nur in dem besonderen Sinne, daß er bloß einen Teil der Gesamtheit dieser Tatsachen oder Wahrheiten wisse. Ein Knabe kann die Grafschaften Englands zum Teil wissen, wenn er einige von ihnen weiß und andere nicht weiß. Aber man könnte nicht von ihm sagen, daß er nur zum Teil wisse, daß Sussex eine englische Grafschaft sei. Entweder weiß er es oder er weiß es nicht. Andererseits ist es richtig und gebräuchlich, von jemandem zu sagen, er könne etwas zum Teil, d. h. also, er habe eine gewisse Fähigkeit in einem beschränkten Ausmaß. Ein Durchschnittsschachspieler kann recht gut Schach spielen, aber ein Meister kann es besser, und sogar der Meister kann noch eine Menge lernen.

Wie nur zu erwarten, gilt dasselbe auch vom Verstehen. Ein Durchschnittsschachspieler kann der Taktik und Strategie eines Meisters teilweise folgen; nach langem Studium wird er vielleicht die Methoden ganz verstehen, die der Meister in gewissen Einzelspielen verwendet. Aber er kann nie vollkommen vorhersehen, wie der Meister in seinem nächsten Kampf vorgehen wird, und er ist nie so schnell und sicher in seinen Auslegungen der Züge des Meisters wie der Meister selbst beim Ziehen oder vielleicht beim Erklären.

Eine Fähigkeit erlernen oder seine Tüchtigkeit darin verbessern ist etwas anderes als einen Sachverhalt kennenlernen oder Kenntnisse erwerben. Wahrheiten können mitgeteilt werden. Verfahren können nur eingetrichtert werden, und während das Eintrichtern ein allmählicher Vorgang ist, ist Mitteilen verhältnismäßig plötzlich. Man kann fragen, in welchem Augenblick jemandem eine gewisse Wahrheit mitgeteilt wurde, aber nicht, in welchem Augenblick jemand eine Fertigkeit erwarb. ›Halb-ausgebildet‹ ist ein sinnvoller Ausdruck, ›halb-benachrichtigt‹ dagegen nicht. Unterrichten ist die Kunst, Aufgaben zu stellen, die die Schüler noch nicht gelöst haben, die sie aber nicht mehr vollkommen außerstande sind zu lösen.

Die Idee des Mißverstehens birgt keine allgemeinen theoretischen Schwierigkeiten. Wenn die Taktik eines Kartenspielers von seinen Gegnern mißdeutet wird, dann ist das Manöver, das sie zu durchschauen glauben, tatsächlich ein mögliches Manöver des Spiels, wenn auch nicht das von ihm ausgeführte. Nur jemand, der spielen kann, konnte sein Abwerfen als einen Teil der Ausführung des vermeintlichen Manövers auslegen. Mißverstehen ist ein Nebenprodukt des Könnens. Nur jemand, der zumindest ein bißchen Russisch versteht, kann einem russischen Ausdruck einen falschen Sinn beilegen. Fehler sind Ausübungen von Fähigkeiten.

Mißdeutungen sind nicht immer der Unerfahrenheit oder der Unachtsamkeit oder der List des Handelnden oder Sprechers zuzuschreiben. So kommt es vor, daß beide mit der größten Geschicklichkeit und Sorgfalt vorgehen, aber der Zufall will es, daß die Handlungen oder Worte zwei oder mehreren verschiedenen Unternehmungen angehören können. Die ersten zehn Bewegungen beim Binden eines bestimmten Knotens könnten genauso gut zum Binden eines andern nötig sein, oder eine Gruppe von Prämissen, die eine gewisse Schlußfolgerung zuläßt, könnte genauso gut eine andere zulassen. Die Fehlauslegung des Beobachters kann dann sehr wohl scharfsinnig und wohlbegründet sein. Sie ist nur deswegen unachtsam, weil sie vorschnell ist. Finten nützen diese Möglichkeit aus.

Dort, wo Mißverständnis möglich ist, ist natürlich auch Verständnis möglich. Es wäre absurd zu behaupten, daß wir vielleicht immer alle Vorgänge, die wir beobachten, falsch deuten, denn wir können nur lernen zu mißdeuten, wenn wir deuten lernen; und das ist ein Lernvorgang, der das Lernen einschließt, wie man nicht mißdeutet. Mißverständnisse können grundsätzlich aufgeklärt werden, und darin liegt zum Teil der Wert von Auseinandersetzungen.

10. Solipsismus

Zeitgenössische Philosophen haben sich mit dem Problem unserer Erkenntnis anderer Ichs abgemüht. In den Maschen des Dogmas vom Gespenst in der Maschine verfangen, fanden sie es unmöglich, irgendeinen logisch zufriedenstellenden Beweis zu entdecken, der einer Person erlauben würde, an die Existenz von andern Ichs zu glauben. Ich kann wohl wahrnehmen, was der Körper des andern tut, aber ich kann nicht beobachten, was sein Geist tut, und mein Recht, aus dem, was sein Körper tut, auf das zu schließen, was seine Seele tut, bricht zusammen, da die Prämissen für solche Schlüsse entweder unzulänglich oder unzugänglich sind.

Der Ausweg aus der vermeintlichen Schwierigkeit ist nun klar. Ich entdecke, daß es andere Ichs gibt, indem ich verstehe, was andere Leute sagen und tun. Indem ich verstehe, was der andere sagt, über seine Witze lache, seine Schachpläne durchschaue, seinen Argumenten folge und ihm zuhöre, wie er die meinen zerpflückt, schließe ich nicht daraus auf das Arbeiten seines Geistes, sondern ich folge ihm. Selbstverständlich höre ich nicht bloß die Geräusche oder sehe bloß die Bewegungen, die er macht. Ich verstehe, was ich höre und sehe. Aber dieses Verstehen ist nicht ein Schluß auf okkulte Ursachen. Es ist das Begreifen, wie diese Tätigkeiten ausgeführt werden. Die Entdeckung, daß die meisten Leute einen Geist besitzen (obwohl Schwachsinnige und Säuglinge keinen haben) ist einfach die Entdeckung, daß sie zu gewissen Handlungen fähig sind und hinneigen, und diese Entdeckung machen wir, wenn wir Zeugen dessen sind, was sie tun. Ja, wir entdecken nicht bloß, daß es andere Ichs gibt; wir entdecken auch, welche besonderen Verstandes- und Charaktereigenschaften dieser oder jener Mensch hat. Tatsächlich sind wir mit diesen Einzelheiten lange vertraut, ehe wir solche Allgemeinsätze verstehen können, wie den, daß Müller einen Geist hat, oder daß es andere als unsere eigenen Ichs gibt; genau wie wir wissen, daß Steine hart sind und Schwämme weich, daß junge Katzen warm und aktiv sind, Kartoffeln dagegen kalt und unbeweglich, lange bevor wir den Satz begreifen können, daß eine junge Katze ein körperlicher Gegenstand ist, oder daß Materie existiert.

Freilich gibt es manches über den andern, das ich auf keine andere oder bessere Weise herausfinden kann, als dadurch, daß er es mir sagt. Der Optiker muß seinen Klienten fragen, welche Buchstaben er mit seinem rechten und linken Auge sieht und wie deutlich er sie sieht; der Arzt muß den Leidenden fragen, wo der Schmerz sitzt und welche Art von Schmerz es ist; und der Psychoanalytiker muß seinen Patienten über seine Träume und Wachträume ausfragen. Wenn er den Inhalt seiner stillen Selbstgespräche und seines sonstigen Innenlebens nicht verrät, dann habe ich keine andere verläßliche Methode, herauszufinden, was er sich heimlich zugeflüstert oder vorgestellt hat. Aber die Aufeinanderfolge seiner Empfindungen und Vorstellungen ist nicht das einzige Feld, in dem sich sein Verstand und sein Charakter zeigen; vielleicht ist es nur bei Wahnsinnigen mehr als ein kleiner Winkel des Gesamtfeldes. Das meiste, was ich über seine Fähigkeiten, Interessen, Vorlieben, Abneigungen, Methoden und Überzeugungen wissen will, finde ich heraus, indem ich aufpasse, wie er seine beobachtbaren Handlungen verrichtet, von denen die bei weitem wichtigsten seine mündlichen und schriftlichen Äußerungen sind. Wie er sein Phantasieleben führt, einschließlich seiner Phantasiemonologe, ist bloß eine Hilfsfrage.

DRITTES KAPITEL

Der Wille

1. Vorwort

Die meisten Begriffe für etwas Geistiges, deren logisches Verhalten wir in diesem Buche untersuchen, sind wohlbekannte Alltagsbegriffe. Wir alle wissen, wie sie anzuwenden sind, und wir verstehen andere Leute, wenn sie sie anwenden. Der Streit geht nicht um die Frage, wie sie angewendet, sondern wie sie klassifiziert oder in welche Kategorien sie eingereiht werden sollen.

Anders verhält es sich mit dem Begriff des Willensakts. Wir wissen auch im alltäglichen Leben nicht, wie wir ihn gebrauchen sollen, denn wir gebrauchen ihn im alltäglichen Leben nicht, lernen also nicht durch Übung, wie er richtig und wie er nicht falsch gebraucht wird. Er ist ein künstlicher Begriff. Wir müssen einige Fachtheorien studieren, um herauszufinden, wie er zu gebrauchen ist. Aus der Tatsache, daß er ein Fachbegriff ist, folgt natürlich nicht, daß er unzulässig oder nutzlos ist. ›Ionisierung‹ und ›abseits‹ sind Fachausdrücke, aber beide sind zulässig und nützlich. ›Phlogiston‹ und ›Lichtaether‹ waren Fachbegriffe, die aber ihre Nützlichkeit verloren haben.

Ich hoffe, beweisen zu können, daß der Begriff des Willensakts zur letzteren Sorte gehört.

2. Der Mythos von den Willensakten

Es hat lange Zeit als ein unbestreitbares Axiom gegolten, daß der menschliche Geist in einem wichtigen Sinne dreiteilig ist, daß es also nur drei unreduzierbare Arten von geistigen Vorgängen gibt. Der Geist oder die Seele, so heißt es, hat drei Teile, nämlich Gedanke, Gefühl und Wille; oder, um es gewichtiger auszudrücken, der Geist oder die Seele arbeitet in drei unreduzierbar verschiedenen Modi, im Modus des Erkennens, im Modus des Affekts und im Modus des Strebens. Dieses traditionelle Dogma ist nicht nur nicht selbstverständlich, es ist so voll von Irrtümern und Fehlschlüssen, daß es am besten ist, jeden Versuch einer Neuformulierung aufzugeben. Es sollte als ein theoretisches Kuriosum angesehen werden.

Der Hauptpunkt dieses Kapitels ist aber nicht die Diskussion der ganzen Dreifaltigkeitstheorie des Geistes, sondern die Diskussion, und zwar eine destruktive Diskussion, eines ihrer Bestandteile. Es soll die Lehre widerlegt werden, daß es eine Fakultät, ein nichtmaterielles Organ oder Ministerium gebe, welches der in der Theorie enthaltenen Beschreibung des ›Willens‹ entspricht, und folglich, daß sich Vorgänge oder Operationen abspielen, die den ›Willensakten‹ der Lehre entsprechen. Ich muß aber von allem Anfang an klarmachen, daß diese Widerlegung nicht die Unterscheidungen entkräften wird, die wir alle mit voller Berechtigung machen, wenn wir zwischen freiwilligen und unfreiwilligen Handlungen und zwischen willensstarken und willensschwachen Menschen unterscheiden. Es soll im Gegenteil klarer gemacht werden, was wir unter ›freiwillig‹ und ›unfreiwillig‹ sowie unter ›willensstark‹ und ›willensschwach‹ verstehen, indem wir diese Ideen aus den Fesseln einer absurden Hypothese befreien.

Willensakte wurden als spezielle Akte oder Operationen ›in der Seele‹ postuliert, durch die eine Seele ihre Ideen in Tatsachen umsetzen läßt. Ich denke an einen Zustand, den ich in der Außenwelt herbeiführen möchte, aber da mein Denken und Wünschen an sich vollzugsunfähig ist, ist die Hilfe eines weiteren geistigen vollziehenden Vorganges nötig. So muß ich also einen Willensakt setzen, der auf irgendeine Art meine Muskeln in Bewegung bringt. Nur dann, wenn eine Körperbewegung aus einem solchen Willensakt entspringt, verdiene ich Lob oder Tadel für das, was meine Hand oder Zunge getan hat.

Es wird klarwerden, warum ich diese Darstellung ablehne. Sie ist nichts als eine unvermeidliche Ausdehnung des Mythos vom Gespenst in der Maschine. Sie nimmt an, daß es Geisteszustände und -vorgänge gibt, welche eine, und Körperzustände und -vorgänge, welche eine andere Art von Existenz haben. Ein Ereignis auf der einen Bühne ist nie mit einem Ereignis auf der anderen identisch. Der Satz, jemand habe absichtlich die Pistole abgedrückt, enthält danach mindestens zwei durch ›und‹ verbundene Behauptungen, die Behauptung des Ablaufs einer Handlung auf der physischen und einer anderen auf der psychischen Bühne; und nach den meisten Fassungen dieses Mythos drückt er außerdem noch einen Kausalsatz aus, der besagt, die Körperhandlung des Abdrückens der Pistole sei die Wirkung des geistigen Willensaktes, die Pistole abzudrücken.

Nach dieser Theorie ist das Arbeiten des Körpers Bewegung der Materie im Raum. Die Ursachen solcher Bewegungen müssen daher entweder weitere Bewegungen der Materie im Raum sein oder, in dem bevorzugten Fall menschlicher Wesen, Stöße andrer Art. Auf irgendwelche Weisen, die auf ewig rätselhaft bleiben müssen, können Geistesstöße, die nicht Bewegungen der Materie im Raum sind, das Zusammenziehen unserer Muskeln verursachen. Von jemandem behaupten, daß er absichtlich die Pistole abgedrückt hat, heißt behaupten, daß ein solcher Geistesstoß das Zusammenziehen der Muskeln seines Fingers verursacht habe. Die Sprache der ›Willensakte‹ ist also die Sprache der paramechanischen Theorie des Geistes. Wenn ein Theoretiker ohne Bedenken von ›Willensakten‹ spricht, ist kein weiterer Beweis nötig, daß er an das Dogma vom Geist als einem sekundären Feld von Spezialursachen glaubt. Man kann dann vorhersagen, daß er demgemäß von Körperhandlungen als ›Äußerungen‹ geistiger Vorgänge sprechen wird. Er wird wahrscheinlich auch mit großer Geläufigkeit von ›Erfahrungen‹ oder ›Erlebnissen‹ sprechen, um damit die postulierten nichtmateriellen Episoden zu bezeichnen, aus denen das Schemenspiel auf den gespenstischen Brettern der Seelenbühne besteht.

Der erste Einwand gegen die Lehre, sichtbare Handlungen, denen wir Intelligenzprädikate zuschreiben, seien die Wirkungen von entsprechenden, aber verborgenen Willensakten, ist dieser. Obwohl Theoretiker seit der Stoa und dem hl. Augustin diese Beschreibung unseres Verhaltens angepriesen haben, hat niemand, außer zur Bekräftigung der Theorie, die empfohlenen Redeweisen zur Beschreibung seines eigenen Verhaltens oder dessen seiner Bekannten angewendet. Nie sagt jemand, er sei um zehn Uhr vormittags damit beschäftigt gewesen, dieses oder jenes zu wollen, oder er habe fünf schnelle und leichte und zwei langsame und schwere Willensakte zwischen Frühstück und Mittagessen ausgeführt. Ein Angeklagter mag zugeben oder ableugnen, er hätte etwas getan oder absichtlich getan, aber er wird nie zugeben oder ableugnen, einen Willensakt ausgeübt zu haben. Ebensowenig verlangen Richter und Geschworene hinlängliches Beweismaterial, das der Natur der Sache nach ohnehin nie beigebracht werden könnte, daß nämlich dem Abdrücken der Pistole ein Willensakt vorangegangen sei. Romanschriftsteller beschreiben die Taten, Aussprüche, Gesten und Grimassen, die Wachträume, Überlegungen, Bedenken und Verlegenheiten ihrer Helden; aber ihre Willensakte erwähnen sie nie. Sie wüßten nicht, was über sie zu sagen wäre.

Mit welchen Prädikaten wären sie zu beschreiben? Können sie plötzlich oder allmählich, stark oder schwach, schwer oder leicht, angenehm oder unangenehm sein? Können sie beschleunigt, verlangsamt, unterbrochen oder aufgeschoben werden? Können Leute dabei geschickt oder ungeschickt sein? Können wir uns in ihrer Vollstreckung unterrichten lassen? Sind sie ermüdend oder unterhaltsam? Kann ich zwei oder sieben von ihnen gleichzeitig tun? Kann ich mich daran erinnern, einen ausgeführt zu haben? Kann ich einen im Traum vollstrecken oder während ich an etwas anderes denke? Können sie mir zur Gewohnheit werden? Kann ich vergessen, wie man sie ausführt? Kann ich irrtümlich glauben, ich hätte einen vollzogen, ohne ihn vollzogen zu haben, und umgekehrt? In welchem Augenblick führte der Junge seinen Willensakt aus, einen Kopfsprung vom Sprungturm zu machen? Als er den Fuß auf die Leiter setzte? Als er tief Atem holte? Als er: ›Eins, zwei, drei, los‹ zählte, aber nicht sprang? Ganz, ganz unmittelbar bevor er lossprang? Was würde er selbst auf diese Fragen antworten?

Verfechter der Lehre sagen natürlich, die Durchführung von Willensakten würde jedesmal stillschweigend mitbehauptet, wenn eine sichtbare Handlung als absichtlich, freiwillig, strafwürdig oder verdienstvoll bezeichnet wird; sie sagen auch, man könne nicht nur, sondern müsse wissen, daß man einen Willensakt ausführt, wenn man das tut, da Willensakte als eine Art der bewußten Vorgänge definiert sind. Wenn also gewöhnliche Männer und Frauen ihre Willensakte in Berichten über ihr eigenes Benehmen nicht erwähnen, dann muß das seinen Grund darin haben, daß sie über die Ausdrucksmittel nicht verfügen, die zur Beschreibung ihres inneren, im Gegensatz zu der ihres äußeren Benehmens nötig sind. Wenn man aber einen Verfechter der Lehre selbst fragt, wann er seinen letzten Willensakt ausgeführt hat oder wie viele Willensakte er ausführt, wenn er etwa ›Ach, du lieber Augustin‹ von hinten nach vorne aufsagt, so wird er meistens eingestehen, bei der Beantwortung dieser Frage Schwierigkeiten zu haben, obwohl nach seiner eigenen Theorie keine solchen Schwierigkeiten bestehen sollten.

Wenn man gewöhnlich auch das Vorkommen dieser Akte nie berichtet, so sollten sie jedoch der Theorie zufolge viel öfter auftreten als Kopfweh oder Langeweile; wenn der Alltagswortschatz keine nichtakademischen Namen für sie enthält, wenn wir nicht wissen, wie wir Fragen über ihre Häufigkeit, Dauer oder Stärke beantworten sollen, dann ist es wohl nur billig, daraus zu schließen, daß ihre Existenz nicht aus empirischen Gründen behauptet wird. Die Tatsache, daß weder Platon noch Aristoteles sie in ihren zahlreichen und ausführlichen Besprechungen der Natur der Seele und der Triebfedern menschlichen Handelns je erwähnen, ist nicht auf deren verstocktes Übersehen wohlbekannter Erscheinungen des Alltagslebens zurückzuführen, sondern auf den geschichtlichen Umstand, daß sie nicht mit jener besonderen Hypothese vertraut waren, deren Annahme nicht auf der Entdeckung, sondern auf dem Postulat jener gespenstischen Stöße beruht.

Der zweite Einwand ist folgender. Es wird zugegeben, daß einer nie die Willensakte eines anderen beobachten kann; er kann nur aus der Beobachtung einer sichtbaren Handlung auf den Willensakt schließen, dessen Wirkung sie ist, und das nur dann, wenn er guten Grund hat, anzunehmen, daß die sichtbare Handlung eine freiwillige war und nicht bloß ein Reflex oder eine Gewohnheit oder eine Wirkung einer äußerlichen Ursache. Es folgt daraus, daß kein Richter, Lehrer oder Vater je weiß, ob die von ihm beurteilten Taten Lob oder Tadel verdienen; denn er kann nie mehr tun als raten, ob die Tat die Folge eines Willensaktes ist. Ja sogar ein Geständnis des Handelnden, wenn so ein Geständnis je gemacht werden sollte, daß er einen Willensakt ausgeführt habe, ehe seine Hand die Tat vollbrachte, würde diesen Streitpunkt nicht entscheiden. Das Ablegen des Geständnisses ist ja nur eine weitere äußere Muskelbewegung. Dies hat die merkwürdige Folge, daß Willensakte, obwohl sie zur Erklärung von Handlungsbewertungen eingeführt wurden, gerade diese Erklärung nicht liefern können. Wenn wir nicht schon früher Gründe gehabt hätten, Wertbegriffe auf die Handlungen anderer anzuwenden, dann hätten wir auch jetzt keinen Grund, von diesen Handlungen auf Willensakte zu schließen, von denen sie angeblich hervorgebracht werden.

Ebensowenig ließe sich die Ansicht halten, daß der Handelnde selbst wissen kann, ob irgendeine seiner äußeren Handlungen die Wirkung eines bestimmten Willensaktes ist. Nehmen wir an, was nicht der Fall ist, er könne auf Grund der angeblichen direkten Bewußtseinseingebungen oder Introspektionsbefunde mit Bestimmtheit wissen, daß er knapp vor dem Abdrücken der Pistole einen Willensakt, sie abzudrücken, gesetzt habe. Dann würde das noch immer nicht beweisen, daß das Abdrücken die Wirkung dieses Wollens war. Es wird zugegeben, daß der Zusammenhang zwischen Willensakten und Bewegungen schleierhaft ist, also könnte sein Willensakt, soweit er das beurteilen kann, andere Bewegungen verursachen und das Abdrücken könnte von einem anderen Ereignis verursacht worden sein.

Drittens wäre es ganz unstatthaft, den Punkt zu unterschlagen, daß der Zusammenhang zwischen Willensakt und Bewegung zugegebenerweise rätselhaft ist. Es ist aber nicht ein ungelöstes Rätsel lösbarer Art, wie das Problem, die Ursache der Krebskrankheit zu entdecken, sondern einer ganz anderen Art. Die Episoden, die angeblich die Laufbahn eines Geistes ausmachen, haben, so nimmt man an, *eine* Art von Existenz, während die, welche die Laufbahn eines Körpers ausmachen, eine andere Art von Existenz haben; eine Mittelstellung wird nicht zugelassen. Wechselbeziehungen zwischen Körper und Geist bedürfen der Mittelglieder, wo es keine Mittelglieder geben kann. Daß es solche Wechselbeziehungen zwischen Materie und Geist geben sollte, steht im Widerspruch mit einem Teil der Theorie. Daß es keine gibt, widerspricht einem andern. Der Geist, wie ihn diese ganze Legende beschreibt, ist das, was es geben muß, wenn es eine kausale Erklärung des intelligenten Benehmens menschlicher Körper geben soll; aber der Geist, wie ihn die Legende auch beschreibt, lebt auf einem Daseinsboden, der als außerhalb des Kausalsystems befindlich definiert ist, zu dem Körper gehören.

Viertens ist zwar die Hauptfunktion von Willensakten, die Aufgabe, um deren Erfüllung willen sie postuliert wurden, die Verursachung von Körperbewegungen, aber aus dem Argument zum Beweis ihrer Existenz, so schwach es ist, folgt, daß auch manche geistigen Ereignisse von Willensakten verursacht sein müssen. Willensakte wurden postuliert als das, was Handlungen freiwillig, entschlossen, löblich und frevelhaft macht. Aber Prädikate dieser Art schreibt man nicht nur Körperbewegungen zu, sondern auch jenen Tätigkeiten, die nach der Theorie nicht körperlich, sondern geistig sind. Ein Denker kann entschlossen folgern oder frevelhaften Gedanken nachhängen; er kann versuchen, einen Schüttelreim zu machen, und er kann sich löblich auf seine Algebra konzentrieren. Nach der Theorie können also auch geistige Vorgänge von Willensakten hervorgerufen werden. Wie steht es nun um die Willensakte selbst? Sind sie selbst freiwillige oder unfreiwillige geistige Akte? Beide Antworten sind offensichtlich absurd. Wenn ich nicht umhin kann, die Pistole abdrücken zu wollen, dann wäre es wohl absurd, mein Abdrücken als ›freiwillig‹ zu bezeichnen. Wenn aber mein Willensakt in dem von der Theorie angenommenen Sinn freiwillig ist, dann muß er wohl von einem vorangegangenen Willensakt hervorgebracht worden sein, und dieser wieder von einem andern und so weiter ad infinitum. Es ist zur Vermeidung dieser Schwierigkeit vorgeschlagen worden zu sagen, Willensakte dürften weder als freiwillig noch als unfreiwillig bezeichnet werden. ›Willensakt‹ ist ein Terminus der Art, daß er Prädikate wie ›tugendhaft‹ und ›lasterhaft‹, ›gut‹ und ›frevelhaft‹ nicht annehmen kann, eine Schlußfolgerung, die jene Moralisten in Verlegenheit setzen mag, die Willensakte als den Notanker ihrer Systeme benützen.

Kurz, die Lehre von den Willensakten ist eine Kausalhypothese, die deswegen angenommen wurde, weil man fälschlich annahm, die Frage ›Was macht eine Körperbewegung zu einer freiwilligen?‹ sei eine Frage nach einer Ursache. Diese Annahme ist in der Tat nur ein Sonderfall der allgemeinen Annahme, daß die Frage ›Wie sind Begriffe für etwas Geistiges auf menschliches Verhalten anwendbar?‹ sich nach der Ursache dieses Verhaltens erkundige.

Verfechtern der Lehre sollte die einfache Tatsache aufgefallen sein, daß sie und alle anderen vernünftigen Menschen imstande waren, Fragen über die Freiwilligkeit und

Unfreiwilligkeit von Handlungen und über die Entschlossenheit und Unentschlossenheit von Handelnden zu beantworten, bevor sie jemals von der Hypothese der okkulten innern Handlungsstöße gehört hatten. Dann wäre ihnen wohl aufgegangen, daß sie nicht die schon wirkungsvoll verwendeten Kriterien klärten, sondern daß sie bei stillschweigender Annahme ihrer Gültigkeit versuchten, sie mutmaßlichen Ereignissen paramechanischer Natur zuzuordnen. Diese Zuordnung könnte jedoch nie wissenschaftlich belegt werden, da die postulierten Stöße ja gegen jede wissenschaftliche Beobachtung abgeschirmt sind; und überdies wäre sie von keinem praktischen oder theoretischen Nutzen, da sie ja unserer Bewertung von Handlungen nicht helfen könnte, weil sie die Gültigkeit dieser Bewertungen voraussetzt. Ebensowenig würde sie die Logik dieser Bewertungsbegriffe erhellen, da deren vernünftige Anwendung der Erfindung dieser Kausalhypothese voranging.

Bevor wir uns von der Lehre von den Willensakten verabschieden, wird es nützlich sein, gewisse wohlbekannte und wirklich vorkommende Vorgänge zu betrachten, mit denen Willensakte manchmal verwechselt werden.

Leute sind oft im Zweifel, was sie tun sollen; nach der Erwägung verschiedener Handlungsmöglichkeiten wählen sie dann manchmal eine von ihnen. Dieser Vorgang der Wahl einer der Handlungsmöglichkeiten wird manchmal als das hingestellt, was unter ›Willensakten‹ verstanden wird. Aber diese Gleichstellung ist unhaltbar, denn die meisten freiwilligen Handlungen gehen nicht aus einem Zustand der Unentschiedenheit hervor und sind daher nicht das Resultat einer überwundenen Unentschiedenheit. Es ist außerdem nur allzu bekannt, daß jemand sich entscheiden kann, etwas zu tun, es aber dann aus Willensschwäche unterläßt; oder aber er unterläßt es, weil neue Umstände nach seiner Entscheidung die Ausführung verhindern. Aber nach der Theorie wäre es unmöglich, daß Willensakte manchmal nicht zu Taten führen, denn sonst müßten ja neue Vollzugsoperationen postuliert werden, um zu erklären, daß manchmal freiwillige Handlungen tatsächlich ausgeführt werden. Und schließlich nimmt der Vorgang des schwankenden Erwägens alternativer Möglichkeiten und die Entscheidung für eine von ihnen selbst wieder Wertprädikate an. Wenn man aber z. B. jemandes Wahl selbst als freiwillig bezeichnen kann, dann müßte nach dieser Theorie sie selbst wieder die Folge einer vorangegangenen Wahl der Wahl sein und diese wiederum eine Wahl der Wahl der Wahl ...

Die gleichen Einwände machen es unmöglich, Willensakte mit anderen wohlbekannten Vorgängen wie dem Sich-Entschließen, Sich-etwas-Vornehmen, Sich-Anspannen oder Sich-Zusammenreißen zu identifizieren. Man mag sich vornehmen, morgens aufzustehen oder zum Zahnarzt zu gehen, und mag dann mit zusammengebissenen Zähnen und geballten Fäusten sich dazu aufraffen, aber man kann trotz allem seinen Vorsatz unausgeführt lassen. Wenn die Handlung nicht vollbracht wird, dann ist nach der Theorie auch kein Willensakt vorgefallen. Die Tätigkeiten des Sich-etwas-Vornehmens und Sich-Zusammennehmens gehören selbst zu einer Klasse von lobens- oder tadelnswerten Handlungen, daher können sie also nicht die wesentliche Bedingung sein, die nach der Lehre allen Handlungen gemeinsam sein muß, die als lobens- oder tadelnswert bezeichnet werden können.

3. Die Unterscheidung zwischen Freiwillig und Unfreiwillig

Es ist zu beachten, daß gewöhnliche Leute, Richter, Eltern und Lehrer im allgemeinen die Wörter ›freiwillig‹ und ›unfreiwillig‹ auf Handlungen in einer Weise anwenden, die ganz verschieden ist vom Gebrauch der Philosophen.

In ihrer gewöhnlichsten Verwendung werden ›freiwillig‹ und ›unfreiwillig‹ mit kleinen Abweichungen als Eigenschaftswörter für Handlungen verwendet, die man nicht hätte tun sollen. Wir untersuchen, ob jemandes Handlung freiwillig war oder nicht, wenn sie seine Schuld gewesen zu sein scheint. Er wird beschuldigt, Lärm gemacht zu haben, und es ist seine Schuld, wenn die Handlung freiwillig war, wie z. B. beim Lachen; er hat eine gute Entschuldigung, wenn er uns überzeugen kann, daß sie unfreiwillig war, wie z. B. beim Niesen. Ebenso werden im normalen Leben Fragen der Verantwortung nur erhoben, wenn jemand gerechter- oder ungerechterweise irgendeines Fehltritts beschuldigt wird. In dieser Verwendung des Wortes hat es Sinn zu fragen, ob ein Knabe für das Zerbrechen einer Fensterscheibe verantwortlich war, aber nicht, ob er für die rechtzeitige Beendigung seiner Schulaufgabe verantwortlich war. Wir fragen nicht, ob es seine Schuld war, daß er seine Division richtig gelöst hat, denn eine Rechnung richtig lösen ist nicht ein Fehltritt. Wenn er es falsch macht, dann kann er uns überzeugen, daß sein Versagen nicht seine Schuld war, z. B. wenn er noch nicht dividieren gelernt hat.

In dieser gewöhnlichen Verwendung ist es also absurd, die Frage aufzuwerfen, ob befriedigende, richtige oder bewundernswerte Leistungen freiwillig oder unfreiwillig sind. Weder Beschuldigungen noch Entschuldigungen sind hier am Platze. Weder gestehen wir unsere Urheberschaft ein noch schützen wir mildernde Umstände vor; weder geben wir uns als schuldig noch als unschuldig; denn wir sind nicht angeklagt.

Wenn dagegen Philosophen erörtern, was Handlungen freiwillig oder unfreiwillig macht, neigen sie dazu, nicht nur tadelnswerte, sondern auch lobenswerte Handlungen, nicht nur das, was jemandes Schuld ist, sondern auch das, was ihm zur Ehre gereicht, als freiwillig zu bezeichnen. Die Motive sollen später besprochen werden, die dieser unwissentlichen Erweiterung des gewöhnlichen Sinns von ›freiwillig‹, ›unfreiwillig‹ und ›verantwortlich‹ zugrunde liegen. Im Augenblick ist es der Mühe wert, gewisse Folgen dieser Erweiterung zu untersuchen. Daß ein Niesen unfreiwillig war, heißt normalerweise, daß der Niesende es nicht verhindern konnte, und daß Gelächter freiwillig war, heißt normalerweise, daß der Lachende es hätte verhindern können. (Das heißt aber nicht, daß das Gelächter absichtlich war. Wir lachen nicht vorsätzlich.) Der Junge hätte die Division, die er falsch gelöst hat, richtig lösen können; er wußte, wie er sich benehmen sollte, aber er benahm sich schlecht; er war imstande, einen Kreuzknoten zu machen, aber er machte unabsichtlich einen Webeleinstek. Sein Mißerfolg oder Versehen war seine Schuld. Aber wenn das Wort ›freiwillig‹ seine philosophisch erweiterte Verwendung erhält, so daß sowohl richtige wie auch unrichtige, sowohl ruhmvolle wie auch verachtenswerte Handlungen als freiwillig bezeichnet werden, dann scheint daraus nach Analogie mit der gewöhnlichen Verwendung zu folgen, daß man von einem Jungen, der seine Rechnung richtig macht, auch sagen kann, er wäre ›imstande, es zu vermeiden‹. Es wäre dann angebracht zu fragen: Hättest du vermeiden können, das Rätsel zu lösen? Hättest du vermeiden können, den richtigen Schluß zu ziehen? Hättest du vermeiden können, einen richtigen Kreuzknoten zu machen? Hättest du vermeiden können, die Pointe zu verstehen? Hättest du vermeiden können, diesem Kind zu helfen? Tatsächlich aber könnte niemand diese Fragen beantworten, obwohl es auf den ersten Blick nicht offensichtlich ist, warum die Behauptung falsch sein sollte, er hätte das richtige Resultat der Division vermeiden können, wenn die Behauptung richtig ist, er hätte das falsche Resultat vermeiden können.

Die Erklärung ist einfach. Wenn wir sagen, jemand hätte ein Versehen oder einen Fehler vermeiden können, oder es sei seine Schuld, daß er ihn begangen hat, dann meinen wir, daß er wußte, wie es richtig gemacht wird, oder daß er imstande war, es richtig zu machen, daß er aber sein Wissen oder seine Fähigkeit nicht anwendete. Er strengte sich nicht oder nicht genug an. Aber wenn jemand etwas richtig gemacht hat, dann können wir nicht sagen, daß er wußte, wie man es falsch macht, oder daß er die Fähigkeit hatte, einen Fehler zu machen. Denn Fehler machen ist nicht die Ausübung von Fähigkeiten, noch ist ein Versehen die Ausübung eines Könnens; es ist ein Versagen in der Ausübung eines Könnens. Es ist wahr, in einem Sinn von ›Können‹, daß jemand, der eine Rechnung richtig gemacht hat, sie hätte falsch machen können; nämlich in dem Sinn, daß auch er der Gefahr der Unachtsamkeit ausgesetzt ist. Aber in einem andern Sinn von ›Können‹ heißt die Frage: ›Hättest du es falsch machen können?‹ dasselbe wie ›Warst du genügend intelligent und geschult und bei der Sache, um dich zu verrechnen?‹ und das ist eine ebenso alberne Frage wie die, ob jemandes Zähne fest genug sind, um beim Aufbeißen von Nüssen auszubrechen.

Das Gewirr von meist unechten Problemen, das unter dem Namen des Problems der Willensfreiheit läuft, rührt zum Teil von dieser unbewußt ausgedehnten Verwendung des Wortes ›freiwillig‹ her und den daraus folgenden falschen Verwendungen der Ausdrücke ›können‹ und ›imstande zu vermeiden‹ in ihren verschiedenen Bedeutungen.

Unsere erste Aufgabe ist es also, klarzumachen, was die Wörter ›freiwillig‹, ›unfreiwillig‹, ›verantwortlich‹, ›nicht imstande zu vermeiden‹, ›seine Schuld‹ in ihrer gewöhnlichen, unentstellten Bedeutung heißen, so wie diese Ausdrücke in der Beantwortung konkreter Fragen von Schuld und Unschuld verwendet werden.

Wenn ein Junge einen Altweiberknoten statt eines Kreuzknotens gemacht hat, dann vergewissern wir uns, daß es seine Schuld war, indem wir zuerst feststellen, ob er wußte, wie man einen Kreuzknoten macht, und dann, indem wir feststellen, ob seine Hand nicht vielleicht mit Gewalt geführt wurde und ob nicht vielleicht noch andere Kräfte am Werk waren, die ihn am Binden des richtigen Knotens hinderten. Wir beweisen, daß er imstande war, Kreuzknoten zu machen, indem wir herausfinden, ob er darin unterwiesen worden war, Übung darin hatte, einen solchen gewöhnlich richtig knüpfte, oder ob er die von anderen gebundenen Knoten erkennen oder verbessern konnte, oder ob er sich seiner Bemühungen schämte und sie ohne Hilfe von andern richtigstellte. Daß er nicht unter Zwang handelte oder in einer Panik war oder hohes Fieber oder steife Finger hatte, entdeckt man auf dieselbe Art, wie man normalerweise entdeckt, daß äußerst ungewöhnliche Zwischenfälle nicht stattgefunden haben; denn solche Zwischenfälle wären zu auffällig gewesen, um unbemerkt zu bleiben, zumindest von dem Jungen selbst.

Die erste Frage, die wir entscheiden mußten, hatte also nichts mit dem Vorkommen oder Nichtvorkommen von irgendwelchen okkulten Episoden in dem Bewußtseinsstrom des Jungen zu tun; es war einfach die Frage, ob er die nötige fortgeschrittene Kunstfertigkeit, nämlich Kreuzknoten zu knüpfen, besaß oder nicht. In diesem Stadium der Untersuchung beschäftigten wir uns nicht mit der Frage, ob er eine zusätzliche öffentliche oder private Operation ausführte oder unterließ, sondern nur, ob ihm eine gewisse Verstandesfähigkeit eigen war oder fehlte. Was uns zufriedenstellte, war nicht die (unerreichbare) Kenntnis der Wahrheit oder Falschheit eines bestimmten Satzes über verborgene Ursachen und offenbare Wirkungen, sondern die (erreichbare) Kenntnis der Wahrheit oder Falschheit eines komplexen und zum Teil allgemeinen hypothetischen Satzes – kurzum nicht, daß er einen schattenhaften Altweiber- oder Kreuzknoten hinter den Kulissen knüpfte, sondern daß er einen wirklichen Knoten solcher Art mit diesem Seil hätte knüpfen können und daß er es auch bei dieser Gelegenheit getan hätte, wenn er mehr auf das, was er tat, aufgepaßt hätte. Das Versagen war seine Schuld, da er den Knoten knüpfen konnte und ihn dennoch nicht richtig knüpfte.

Betrachten wir nun den Fall einer Handlung, von der jedermann sagen würde, der Handelnde habe nichts dafür gekonnt. Ein Junge kommt zu spät zur Schule und nach der entsprechenden Untersuchung stellt es sich heraus, daß er zur üblichen Zeit von zu Hause wegging, auf dem Weg zum Autobus die Zeit nicht verbummelte und den üblichen Autobus erreichte. Aber das Fahrzeug hatte eine Panne und konnte die Fahrt nicht beenden. Der Junge lief den Rest des Wegs so schnell er konnte, kam aber doch zu spät. Offenbar waren also all die von dem Knaben unternommenen Schritte entweder dieselben, die ihn normalerweise rechtzeitig zur Schule bringen, oder es waren die einzigen, die ihm zur Wiedergutmachung der Auswirkungen der Panne offenstanden. Er hätte nichts anders tun können, und der Lehrer empfiehlt ihm mit Recht, das nächste Mal dasselbe zu tun. Seine verspätete Ankunft war nicht die Folge eines Versäumnisses, etwas zu tun, wozu er die Fähigkeit hatte. Er war durch einen Umstand verhindert, den zu ändern er nicht die Macht hatte. Auch hier beurteilt der Lehrer eine Handlung unter Bezugnahme auf die Fähigkeiten und Gelegenheiten, die der Handelnde hatte; seine Entschuldigung, er habe nichts Besseres tun können, wird angenommen. Die ganze Frage der Unfreiwilligkeit seines Zuspätkommens wird entschieden, ohne daß der Knabe aufgefordert wird, über die Offenbarungen seines Bewußtseins oder der Introspektion bezüglich der Ausführung oder Nichtausführung von Willensakten Bericht zu erstatten.

Es spielt keine Rolle, ob die Handlungen, deren ein Handelnder angeklagt ist, Operationen stillen Selbstgesprächs oder andere Operationen mit sprachlichen oder nicht-sprachlichen Vorstellungsbildern sind. Ein Rechenfehler im Kopfrechnen ist die Schuld des Schülers aus denselben Gründen wie ein Rechenfehler mit Bleistift und Papier; und ein Irrtum bei der im Kopf vorgenommenen Auswahl von verschiedenfarbigen Stoffen kann den Vorwurf der Achtlosigkeit genauso verdienen wie ein solcher Irrtum im Stoffgeschäft. Wenn der Handelnde es hätte besser machen können, als er es tatsächlich gemacht hat, dann konnte er vermeiden, es so schlecht zu machen, wie er es gemacht hat.

Außer den gewöhnlichen Bedeutungen von ›freiwillig‹, ›unfreiwillig‹, ›verantwortlich‹, ›meine Schuld‹, ›können‹ und ›nichts dafür können‹ müssen wir auch noch die gewöhnliche Verwendung solcher Ausdrücke wie ›Willensanstrengung‹, ›Willenskraft‹ und ›unentschlossen‹ beachten. Man bezeichnet jemanden als entschlossen, wenn er in der Abwicklung schwieriger, langwieriger oder unangenehmer Geschäfte nicht dazu neigt, in seinen Anstrengungen zu erlahmen, seine Aufmerksamkeit ablenken zu lassen, zu murren und viel oder oft an seine Müdigkeit oder Ängste zu denken. Er läßt nicht von Dingen ab, die er einmal begonnen hat. Eine willensschwache Person ist jemand, der sich von einer Aufgabe leicht ablenken oder entmutigen läßt, der sich gerne weismachen läßt, es werde ein andermal besser gehen oder die Gründe für die ganze Unternehmung seien nun einmal nicht besonders stark gewesen. Man beachte, daß das tatsächliche Fassen eines Entschlusses nicht zur Definition von Entschlossenheit oder Unentschlossenheit gehört. Ein entschlossener Mensch mag der Versuchung, seine Unternehmung aufzugeben oder zu verschieben, mit Festigkeit begegnen, obwohl er vorher nie durch das Einleitungsritual des Entschlußfassens gegangen ist, die Unternehmung zu vollenden. Ein solcher Mensch wird aber natürlich auch geneigt sein, alle jene Gelübde zu halten, die er sich selbst oder anderen gemacht hat. Dementsprechend wird es der unentschlossene Mann wahrscheinlich versäumen, seine oft zahlreichen guten Vorsätze auszuführen; sein Mangel an Zielstrebigkeit wird sich aber auch in Saumseligkeit und in verfrühtem Versagen bei Unternehmungen zeigen, denen keine privaten oder öffentlichen Zusicherungen, sie zu vollenden, vorangeschickt wurden.

Willensstärke ist eine Neigung, die sich darin äußert, daß man bei seinen Aufgaben verharrt, d. h. nicht von ihnen abgelenkt oder abgeschreckt wird. Willensschwäche heißt: zu wenig von dieser Neigung besitzen. Die Leistungen, in denen Willensstärke aufgeboten wird, können Leistungen fast jeder Art sein: Leistungen des Verstandes oder der Hand, der Phantasie oder des Verwaltungstalents. Es ist weder eine eingleisige Veranlagung noch eine so oder anders begründete Veranlagung, okkulte Operationen einer besonderen Art auszuführen.

Unter einer ›Willensanstrengung‹ versteht man eine bestimmte Ausübung von Zielstrebigkeit, die sich angesichts besonders großer Hindernisse oder besonders starker Versuchungen abspielt. Solche Anstrengungen können, müssen aber nicht von speziellen Vorgängen rituellen Charakters begleitet sein, von Vorgängen des Sich-Zusammenreißens oder des Die-Zähne-Zusammenbeißens, um das, was verlangt wird, zu tun; aber solche Vorgänge sind nicht so sehr Arten, in denen man Entschlossenheit an den Tag legt, sondern Arten, in denen sich Furcht vor Unentschlossenheit zeigt.

Bevor wir den Begriff oder die Begriffe der Freiwilligkeit verlassen, müssen noch zwei weitere Betrachtungen angestellt werden. 1. Sehr oft kontrastieren wir freiwillige Handlungen mit Handlungen unter Zwang. Manche Soldaten sind Freiwillige, andere sind Dienstpflichtige; einige Jachtsegler steuern freiwillig ins offene Meer hinaus, andere werden vom Wind und den Gezeiten hinausgetrieben. Hier brauchen wir Fragen der Anschuldigung und Entschuldigung nicht aufzuwerfen. Mit der Frage, ob der Soldat sich freiwillig meldete oder eingezogen wurde, fragen wir, ob er der Armee beitrat, weil er das tun wollte, oder ob er es tat, weil er es tun mußte, wobei ›mußte‹ bedeutet: ›ob er wollte oder nicht‹. Mit der Frage, ob der Jachtsegler aus eigenen Stücken aufs offene Meer hinausfuhr oder ob er hinausgetrieben wurde, fragen wir, ob er sich absichtlich hinausbewegte, oder ob er sich genauso hinausbewegt hätte, auch wenn er es nicht beabsichtigt hätte. Hätte ihn eine dringende Nachricht von seiner Familie oder eine Warnung der Küstenwache zurückgehalten?

Was in diesem Sinn unfreiwillig ist, kann nicht als eine Handlung bezeichnet werden. Zur See hinausgetrieben oder zum Wehrdienst aufgerufen werden ist etwas, was jemandem widerfährt, nicht etwas, was er tut. In dieser Beziehung besteht ein Unterschied zwischen diesem Gegensatzpaar von freiwillig und unfreiwillig und dem Gegensatzpaar, auf das wir uns beziehen, wenn wir fragen, ob ein gewisser Webeleinstek oder ein gewisses Stirnrunzeln freiwillig war. Jemand, der unfreiwillig seine Stirn runzelt, wird nicht dazu gezwungen, wie etwa ein Jachtsegler ins offene Meer hinausgezwungen werden mag; noch wird der achtlose Junge gezwungen, einen Webeleinstek zu binden, so wie der Dienstpflichtige zum Wehrdienst gezwungen wird. Sogar Stirnrunzeln ist etwas, was einer tut. Es widerfährt ihm nicht. Die Frage ›freiwillig oder unfreiwillig?‹ bedeutet also manchmal: ›Hat er es getan oder ist es ihm widerfahren?‹ Manchmal setzt sie voraus, daß er es getan hat, aber sie bedeutet dann: ›War er bei der Ausführung aufmerksam oder unaufmerksam?‹ oder ›Hat er es absichtlich getan oder versehentlich, mechanisch oder instinktiv etc.?‹

2. Wenn jemand etwas freiwillig, im Sinn von absichtlich, tut oder zu tun versucht, dann spiegelt seine Handlung tatsächlich eine gewisse Geistesqualität oder gewisse Geistesqualitäten wider, da er – und diese Behauptung ist mehr als ein Wortspiel – zu einem gewissen Grad und in der einen oder anderen Weise mit seinem Geist bei der Sache ist. Es folgt daraus auch, daß er bei entsprechender sprachlicher Schulung ohne Untersuchung oder Mutmaßung sagen kann, was er zu erreichen versuchte. Diese logischen Folgen der Freiwilligkeit ziehen aber nicht, wie im fünften Kapitel gezeigt werden soll, die oft angenommene Hypothese des Doppellebens nach sich. Absichtlich die Stirne runzeln heißt nicht etwa: eine Angelegenheit auf der Stirn und eine andere auf einem zweiten metaphorischen Ort erledigen; noch heißt es: die eine Sache mit den Stirnmuskeln und die andere mit irgendeinem unkörperlichen Organ bewerkstelligen. Ganz besonders aber heißt es nicht, die Runzeln auf der Stirn dadurch hervorbringen, daß man zuerst eine runzelverursachende Anstrengung mit irgend einem okkulten Unmuskel macht. ›Er runzelte absichtlich die Stirn‹ berichtet nicht den Vorfall von zwei Episoden. Es berichtet den Vorfall einer

einzigen Episode, aber einer von ganz anderem Charakter als der, die mit ›Er runzelte unfreiwillig die Stirn‹ berichtet wird, wie sehr die Runzeln einander auch photographisch ähnlich sein mögen.

4. Willensfreiheit

Wir haben gesehen, daß manche Philosophen in der Erörterung der Freiwilligkeit von Handlungen die Wörter ›freiwillig‹, ›unfreiwillig‹ und ›verantwortlich‹ nicht in ihrer gewöhnlichen, auf Versehen oder scheinbares Versehen beschränkten Bedeutung gebrauchen, sondern in erweiterter Bedeutung, so daß sie auf alle Handlungen angewendet werden, die nach irgendwelchen Kriterien der Vortrefflichkeit oder Zulässigkeit günstig oder ungünstig beurteilt werden können. Bei dieser philosophischen Verwendung kann man sagen, daß jemand freiwillig das richtige oder das falsche tut, nicht nur, daß er für Handlungen verantwortlich ist, die ihn der Anklage aussetzen, sondern auch für Handlungen, derentwegen ihm Ansehen gebührt. Das heißt also, daß es als Synonym für ›absichtlich‹ verwendet wird.

Nun hatten die Philosophen, die mit dieser erweiterten Verwendung operierten, ein starkes intellektuelles Motiv dafür. Sie fühlten das Bedürfnis nach einem Apparat von Ausdrücken, mit deren Hilfe jene Dinge und Vorkommnisse, für die entweder Beifall oder Kritik angemessen sind, von jenen abzugrenzen sind, auf die keine von beiden passen. Ohne einen solchen Apparat, glaubten sie, sei es unmöglich, die Voraussetzungen der Zugehörigkeit zum Reich des Geistes festzulegen, deren Nichterfüllung Verbannung in das Reich der geistlosen Natur bedeutet.

Die Hauptquelle dieser Besorgnis, jedesmal ein besonderes Element anwesend zu finden, wenn Geist vorhanden ist, und abwesend, wenn er nicht vorhanden ist, ist die Angst vor dem Schreckgespenst der mechanistischen Weltanschauung. Man glaubte, die Naturwissenschaften hätten bewiesen oder seien auf dem besten Weg zu beweisen, die Dinge und Ereignisse der Außenwelt würden von entdeckbaren unabänderlichen Gesetzen regiert, Gesetzen, deren Formulierung keine Bewertungswörter zuließen. Man hatte das Gefühl, alle äußeren Geschehnisse seien in die ehernen Bahnen der mechanischen Kausalität gezwängt. Der Ursprung, die Eigenschaften und der Lauf dieser Geschehnisse könnten oder würden mit Hilfe von meßbaren und deswegen anscheinend sinnlosen Kräften lückenlos erklärt werden.

Um unser Recht zu bewahren, Wertbegriffe anzuwenden, mußte gezeigt werden, daß das Feld ihrer Anwendung anderswo als in der Außenwelt liege, und eine innere Welt von unmeßbaren, aber sinnvollen Kräften sollte das Kunststück zuwege bringen. ›Willensakte‹ waren schon zu nötigen Produkten der inneren Kräfte ernannt worden, und so war die Annahme naheliegend, daß Freiwilligkeit, definiert als das Kind von Willensakten, das gemeinsame und besondere Element war, welches Vorgänge geistig macht. Wissenschaftliche und Wert-Urteile wurden daher unterschieden als Beschreibungen dessen, was in der Außenwelt, beziehungsweise dessen, was in der Innenwelt vor sich geht – zumindest bis Psychologen behaupteten, ihre Aussagen seien wissenschaftliche Beschreibungen dessen, was in der Innenwelt vor sich gehe.

Die Frage, ob Menschen Lob oder Tadel verdienen, wurde infolgedessen so formuliert: ob Willensakte Wirkungen seien.

5. *Das Schreckgespenst der mechanistischen Weltanschauung*

Jedesmal, wenn eine neue Wissenschaft ihre ersten großen Erfolge erzielt, bilden sich ihre enthusiastischen Altardiener ein, alle Probleme seien nun dadurch zu lösen, daß man die Methoden zur Lösung ihrer Probleme auf alle Probleme anwendet. Theoretiker haben einmal geglaubt, die ganze Welt sei nichts anderes als ein Komplex geometrischer Figuren, ein andermal wieder, die ganze Welt könne mit Hilfe der Sätze der reinen Arithmetik beschrieben und erklärt werden. Auch chemische, elektrische, Darwinsche und Freudsche Kosmogonien haben sich eines strahlenden, wenn auch kurzen Lebens erfreut. ›Nun endlich‹, sagen die Zeloten immer, ›können wir alle Schwierigkeiten beheben oder doch zumindest den Weg dahin weisen, und noch dazu auf eine Art, die zweifellos wissenschaftlich ist.‹

Die physikalischen Wissenschaften, die von Kopernikus, Galilei, Newton und Boyle ins Leben gerufen wurden, übten auf die Schöpfer von Weltentstehungslehren einen größeren Einfluß aus als ihre Vorgänger oder Nachfolger. Man neigt noch immer dazu, die Gesetze der Mechanik nicht bloß als den idealen Typ wissenschaftlicher Gesetze zu behandeln, sondern als die irgendwie grundlegendsten Gesetze der Natur. Man neigt zur Hoffnung oder Befürchtung, biologische, psychologische oder soziologische Gesetze könnten eines Tages auf mechanische Gesetze ›zurückgeführt‹ werden – obwohl ungeklärt bleibt, welche Art von Geschäft diese ›Zurückführung‹ sein würde.

Ich habe die mechanistische Weltanschauung als ein Schreckgespenst bezeichnet. Die Angst, die von theoretisch veranlagten Personen verspürt wurde, daß eines Tages alles durch mechanische Gesetze erklärbar sein werde, ist grundlos. Und sie ist grundlos, nicht weil die gefürchtete Eventualität nicht bevorsteht, sondern weil es sinnlos ist, von einer solchen Eventualität zu sprechen. Physiker könnten eines Tages alle physikalischen Fragen beantwortet haben, aber nicht alle Fragen sind physikalische Fragen. Die Gesetze, die sie gefunden haben und noch finden werden, mögen tatsächlich in einer der Bedeutungen dieses metaphorischen Zeitworts alles ›regieren‹, was geschieht, aber sie ordnen nicht alles an, was geschieht. In der Tat ordnen sie gar nichts an. Naturgesetze sind keine Imperative.

Ein Beispiel soll dies erläutern. Ein wissenschaftlich geschulter Beobachter, der weder Schach noch ein anderes Spiel kennt, darf in den Pausen zwischen den Zügen ein Schachbrett ansehen. Er sieht noch nicht, wie die Spieler die Züge machen. Nach einiger Zeit bemerkt er einige Regelmäßigkeiten. Die von uns als ›Bauern‹ bezeichneten Figuren rükken gewöhnlich jedesmal nur um ein Feld vor, mit Ausnahme von gewissen Sonderpositionen, in denen sie sich diagonal bewegen. Die von uns als ›Läufer‹ bezeichneten Figuren bewegen sich nur diagonal, aber sie können sich über eine beliebige Anzahl von Feldern bewegen. Springer machen Rösselsprünge. Und so weiter. Nach langer Forschungsarbeit wird dieser Zuschauer alle Schachregeln entdeckt haben, und dann läßt man ihn sehen, daß die Züge von Leuten gemacht werden, die wir ›Spieler‹ nennen. Er spricht ihnen sein Bedauern über ihre Unfreiheit aus. »Jeder Zug, den ihr macht«, sagt er, »ist von unentrinnbaren Regeln bestimmt; von dem Augenblick, wo einer von euch mit seiner Hand nach einem Bauern greift, kann der Zug, den er machen wird, in den meisten Fällen mit Genauigkeit vorhergesagt werden. Der Gesamtablauf dessen, was ihr tragischerweise euer ›Spiel‹ nennt, ist erbarmungslos im voraus angeordnet; nichts findet darin statt, das nicht nachweislich von der einen oder anderen dieser ehernen Regeln bestimmt wird. Fühllose Notwendigkeit diktiert das Spiel und läßt keinen Platz darin für Verstand oder Zweck. Ich bin zwar noch nicht imstande, jeden von mir beobachteten Zug mit den von mir bisher entdeckten Regeln zu erklären, aber es wäre unwissenschaftlich, anzunehmen, daß es unerklärbare Züge gibt. Es muß daher noch weitere Regeln geben, welche ich noch zu entdecken hoffe und welche die von mir begonnenen Erklärungen zufriedenstellend zu Ende führen werden.« Die Spieler lachen natürlich und erklären ihm, daß wohl jeder Zug von Regeln bestimmt, aber nicht angeordnet wird. »Es ist wohl richtig, daß du, wenn ich meinen Läufer zu bewegen beginne, mit Sicherheit vorhersagen kannst, er werde auf einem Feld derselben Farbe landen wie dem, von dem er startete. Das kann aus den Regeln abgeleitet werden. Aber daß oder wieweit ich mit meinem Läufer in diesem oder jenem Stadium des Spieles ziehen werde, das ist nicht in den Regeln enthalten und kann nicht aus ihnen hergeleitet werden. Da ist noch Bewegungsfreiheit genug, um Klugheit oder Dummheit an den Tag zu legen und um zu überlegen und zu wählen. Obwohl nichts geschieht, was gegen die Regeln verstößt, so geschieht doch vieles, was unvorhergesehen, scharfsinnig oder albern ist. Die Regeln sind dieselben für alle Schachspiele, die je gespielt worden sind, und doch hat fast jedes Spiel, das je gespielt worden ist, einen Verlauf genommen, der, soweit sich die Spieler erinnern können, von allen anderen etwas verschieden ist. Die Regeln sind unabänderlich, aber die Spiele verlaufen nicht gleich. Die Regeln schreiben vor, was die Spieler nicht tun dürfen; alles andere ist erlaubt, obgleich viele erlaubte Züge taktisch schlecht wären.

Es gibt keine weiteren Spielregeln, die du noch entdekken könntest, und die ›Erklärungen‹ für die einzelnen Züge, die wir machen, können natürlich gefunden werden, aber sie sind nicht Erklärungen durch Regeln, sondern Erklärungen durch ganz andere Dinge, wie z. B. durch die Erwägung und Anwendung von taktischen Prinzipien durch die Spieler. Deine Idee einer Erklärung war zu eng. Wenn wir sagen, daß eine Regel einen Zug ›erklärt‹, der in Übereinstimmung mit ihr gemacht worden ist, so bedeutet ›erklärt‹ hier etwas anderes als wenn wir sagen, daß ein taktisches Prinzip den Zug erklärt, obgleich jeder Zug, der einem taktischen Prinzip gehorcht, auch einer Regel gehorcht. Taktische Prinzipien anwenden können, setzt Kenntnis der Spielregeln voraus, das heißt aber nicht, daß diese Prinzipien auf die Spielregeln ›zurückführbar‹ sind.«

Mit diesem Beispiel soll nicht nahegelegt werden, daß die Gesetze der Physik den Schachregeln besonders ähnlich sind; denn der Verlauf der Naturgeschehnisse ist kein Spiel, und Naturgesetze sind nicht menschliche Erfindungen oder Abmachungen. Das Beispiel soll zeigen, daß man ohne Widerspruch sagen kann, ein und derselbe Vorgang, z. B. ein Läuferzug, könne im Einklang mit zwei Prinzipien ganz verschiedener Arten stehen und keines von beiden sei auf das andere ›rückführbar‹, obgleich eines von ihnen das andere voraussetzt.

Daraus ergeben sich zwei ganz verschiedene Arten von ›Erklärung‹ der Züge, die miteinander durchaus vereinbar sind. Die Erklärung mit Hilfe von taktischen Regeln setzt zugegebenerweise diejenige mit Hilfe von Schachregeln voraus, aber sie ist nicht aus diesen Regeln ableitbar. Dieser Punkt kann auch noch auf andere Weise ausgedrückt werden. Ein Zuschauer könnte z. B. fragen, warum (in der einen Bedeutung von ›warum‹) der Läufer immer auf Felder mit derselben Farbe zu stehen kommt, auf denen er das Spiel begonnen hat; die Antwort würde darin bestehen, ihn auf die Schachregeln aufmerksam zu machen unter Einschluß der Regeln, die sich auf die Konstruktion des Schachbretts beziehen. Dann könnte er fragen, warum (in einer anderen Bedeutung von ›warum‹) ein Spieler an einem gewissen Punkt im Spiel einen seiner Läufer (und nicht eine andere Figur) auf ein bestimmtes Feld (und nicht auf ein anderes) gerückt hat; die Antwort könnte dann z. B. sein: es sei geschehen, um die gegnerische Dame aus ihrer Angriffsstellung wegzuzwingen.

Wörter wie ›Erklärung‹, ›Gesetz‹, ›Regel‹, ›Prinzip‹, ›warum‹, ›weil‹, ›Ursache‹, ›Grund‹, ›regieren‹, ›notwendig‹ usw. haben eine Reihe von typisch verschiedenen Bedeutungen. Die mechanistische Weltanschauung schien eine Gefahr zu sein, weil angenommen wurde, daß diese Ausdrücke allein in mechanistischen Theorien gebraucht würden; daß alle Warum-Fragen mit den Gesetzen der Dynamik zu beantworten seien. Richtig dagegen ist vielmehr, daß alle Warum-Fragen einer gewissen Art so zu beantworten sind, während keine Warum-Fragen anderer Art ausschließlich so zu beantworten sind.

Es ist durchaus möglich, daß Gibbon im Lauf seines Buchs »The Decline and Fall of the Roman Empire« (Niedergang und Fall des römischen Reichs) nicht ein einziges Mal gegen die Regeln der Grammatik verstieß. Sie beherrschten sein ganzes Werk und doch ordneten sie nicht an, was er zu schreiben habe; sie verboten nur gewisse Wortstellungen. Ein Leser, der diese Regeln und ihre Befolgung durch Gibbon kennt, kann auf Grund der Tatsache, daß ein bestimmter Satz ein Substantiv im Plural zum Subjekt hat, vorhersagen, daß sein Verb im Plural stehen wird. Seine Voraussagen werden durchweg richtig sein, und doch fühlen wir keinen Grund zum Jammern, daß Gibbons Feder in einer vom Schicksal bestimmten Furche lief. Die Grammatik sagt dem Leser, daß das Verb in der Mehrzahl stehen muß, aber nicht, welches Verb es sein wird.

Eine argumentierende Stelle aus »The Decline and Fall« könnte man auf die grammatikalischen Regeln hin untersuchen, welchen die Wortstellungen folgen, auf die stilistischen Regeln, welchen die Wortstellungen folgen, und auf die logischen Regeln, welchen die Wortstellungen folgen. Es besteht kein Gegensatz oder Wettstreit zwischen diesen verschiedenen Arten von Grundsätzen; alle werden in gleicher Weise auf dasselbe Material angewendet; alle können in gleicher Weise Ermächtigungen für richtige Vorhersagen abgeben; auf alle kann man sich in gleicher Weise beziehen, um Fragen des gleichen Wortlauts ›Warum hat Gibbon das und nicht etwas anderes geschrieben?‹ zu beantworten.

Die Entdeckungen der physikalischen Wissenschaften können Leben, Fühlen, Sinn und Verstand ebensowenig aus der Welt schaffen, wie die Regeln der Grammatik Stil und Logik aus der Prosa verdrängen können. Freilich sagen die Entdekkungen der physikalischen Wissenschaften nichts über Leben, Fühlen oder Sinn, aber auch die Regeln der Grammatik sagen nichts über Stil oder Logik. Denn die Gesetze der Physik gelten ebenso für alles Beseelte und für alles Unbeseelte, für intelligente Leute und für Idioten, genau wie die Regeln der Grammatik ebenso für »Whitaker's Almanac« wie für Gibbons »Decline and Fall« gelten, für die Argumente von Mrs. Eddy ebenso wie für die von Hume.

Das Modell, an das die vorgestellte mechanistische Welt

vorzugsweise angeglichen wird, ist das von Billardkugeln, die aufeinanderstoßen und auf diese Art ihre Bewegung fortpflanzen. Dabei liefert ein Billardspiel eines der einfachsten Beispiele eines Ablaufs von Ereignissen, für dessen Beschreibung mechanistische Termini notwendig, aber nicht zureichend sind. Gewiß kann man grundsätzlich durch genaue Kenntnis des Gewichts, der Gestalt, der Elastizität und der Bahnen der Kugeln, der Konstitution des Tisches und der atmosphärischen Bedingungen im Einklang mit bekannten Gesetzen aus der augenblicklichen Stellung der Kugeln ihre spätere Stellung berechnen. Daraus folgt aber nicht, daß der Verlauf des Spiels im Einklang mit diesen Gesetzen allein voraussagbar ist. Ein wissenschaftlicher Vorhersager, der nichts von den Regeln und Kniffen des Spiels weiß und nicht mit der Qualität und den Plänen der Spieler vertraut ist, könnte vielleicht vom Anfang eines einzelnen Stoßes her die Position voraussagen, in der der Ball vor dem nächsten Stoß zur Ruhe kommen wird; aber weiteres könnte er nicht vorhersagen. Der Spieler selbst mag mit einiger Wahrscheinlichkeit voraussehen, wie er ungefähr abschneiden wird, denn er kennt vielleicht die beste Taktik gerade in dieser Situation und weiß ziemlich viel über seine eigene Strategie, Geschicklichkeit, Ausdauer, Geduld, Lust und Pläne.

Hier ist zu bemerken, daß der Spieler, soweit er irgendwelche Geschicklichkeit besitzt, die Kugel dorthin zu bekommen, wohin er will, eine ungefähre Kenntnis der mechanischen Prinzipien besitzen muß, die die Beschleunigung und Verlangsamung der Kugeln bestimmen. Sein Wissen, wie er seine Absichten in die Tat umsetzen muß, steht nicht im Widerstreit mit seiner Kenntnis der mechanischen Gesetze; es hängt von dieser Kenntnis ab. Wenn wir Wertbegriffe auf sein Spiel anwenden, so beunruhigt uns dabei die Tatsache nicht, daß die Kugelbewegungen, die er mit seinen Stößen hervorbringt, mechanischen Gesetzen gehorchen; denn es könnte ja überhaupt kein Geschicklichkeitsspiel geben, wenn sich die Spielgeräte, *per impossibile,* unberechenbar verhielten.

Die modernen Auslegungen der Naturgesetze als Feststellungen, nicht von Notwendigkeiten, sondern von sehr, sehr hohen Wahrscheinlichkeiten, werden manchmal als etwas begrüßt, das in die Natur ein langerwünschtes Element der Unbestimmtheit einführt. Nun endlich, so glauben manche, kann man wissenschaftlich sein und dabei doch noch an ein paar Gelegenheiten zur Anwendung von Wertbegriffen festhalten. Diese alberne Ansicht nimmt an, daß eine Handlung nicht mit Recht günstige oder ungünstige Kritik verdienen könnte, außer wenn sie eine Ausnahme von einer wissenschaftlichen Verallgemeinerung darstellte. Aber der Billardspieler verlangt ebensowenig außerordentliche Vergünstigungen von den Gesetzen der Physik wie von den Regeln des Billardspiels. Warum denn auch? Sie legen ihm keinen Zwang auf. Die Befürchtung, der manche Moralphilosophen Ausdruck verliehen haben, der Vormarsch der Naturwissenschaften verkleinere das Feld, in dem die moralischen Tugenden ausgeübt werden können, beruht auf der Annahme, es sei widerspruchsvoll zu behaupten, daß ein und dasselbe Ereignis sowohl von mechanischen Gesetzen wie auch von Moralprinzipien regiert werden könne. Das ist aber eine so grundlose Annahme wie die, daß es für einen Golfspieler unmöglich sei, zur gleichen Zeit mit den Gesetzen der Ballistik im Einklang zu bleiben und die Regeln des Golfspiels einzuhalten *und* elegant und geschickt zu spielen. Nicht nur ist dort Platz genug für Zwecke, wo alles von mechanischen Gesetzen regiert wird, vielmehr wäre kein Platz für sie, wenn Dinge nicht auf diese Art regiert wären. Voraussagbarkeit ist eine notwendige Vorbedingung des Planens.

Die mechanistische Weltanschauung ist also bloß ein Schreckgespenst, und obgleich noch viel in den besonderen Begriffen der Biologie, Anthropologie, Soziologie, Ethik, Logik, Ästhetik, Politik, Volkswirtschaft, Geschichtsschreibung usw. zu klären ist, besteht nicht der geringste Anlaß zu jener verzweifelten Rettungsaktion, die die Anwendung dieser Begriffe von der Alltagswelt völlig auf eine andere postulierte Welt abziehen, oder zwischen den Dingen, die in der Natur, und denen, die in der Nicht-Natur existieren, eine Trennungswand aufrichten soll. Weder sind okkulte Vorläufer äußerer Handlungen nötig, um ihrem Urheber das Recht auf Lob oder Tadel für ihre Ausführung zu sichern, noch würden sie eine wirksame Sicherung gewähren, wenn sie existierten.

Menschen sind nicht Maschinen, nicht einmal von Gespenstern heimgesuchte. Sie sind Menschen – eine Tautologie, an die man sich hie und da erinnern sollte. Man hört manchmal die Frage: ›Wie bringt es mein Geist zustande, meine Hand in die gewünschte Bewegung zu setzen?‹ Und sogar: ›Was zwingt meine Hand zu tun, was ihr mein Geist befiehlt?‹ Fragen dieser Form fragt man zu Recht, wo es sich um gewisse Kettenprozesse handelt. Die Frage: ›Was zwingt die Kugel, aus dem Lauf zu fliegen?‹ wird richtig so beantwortet: ›Die Ausdehnung von Gasen in der Patrone.‹ Die Frage: ›Was zwingt die Patrone zu explodieren?‹ wird mit dem Hinweis auf den Anschlag des Zünders beantwortet. Und die Frage: ›Wie veranlaßt mein Drücken des Abzugs den Schlagbolzen, auf den Zünder zu schlagen?‹ beantwortet man mit einer Beschreibung des aus Federn, Hebeln und Haken bestehenden Mechanismus zwischen dem Abzug und dem Zünder. Wenn man also fragt: ›Wie veranlaßt mein Geist meinen Finger, auf den Abzug zu drücken?‹ so setzt die Form der Frage voraus, es liege ein weiterer Kettenprozeß vor, der weitere Spannungen, Entsicherungen und Entladungen enthalte, wenngleich diesmal ›geistige‹. Was immer aber auch die Natur der Tat oder Operation sein mag, die als das erste Glied dieses postulierten Kettenprozesses ausgegeben wird, ihre Ausführung muß doch in genau derselben Weise beschrieben werden, wie wir im gewöhnlichen Leben das Abdrücken des Gewehrs durch den Schützen beschreiben. Wir sagen nämlich einfach ›Er tat es‹ und nicht ›Er tat oder erlitt etwas anderes, was es verursachte‹.

Zum Abschluß ist es vielleicht noch angebracht, vor einem

sehr verbreiteten Irrtum zu warnen. Leute, die vom Hörensagen wissen, daß alles in der Natur mechanischen Gesetzen unterworfen ist, spüren die Versuchung zu sagen, die Natur sei entweder eine große Maschine oder ein Konglomerat von Maschinen. In Wirklichkeit gibt es aber nur sehr wenige Maschinen in der Natur. Die einzigen Maschinen, die wir finden, sind die von Menschen hergestellten, wie z. B. Uhren, Windmühlen und Turbinen. Es gibt einige wenige natürliche Systeme, die solchen Maschinen ein wenig ähneln, solche Dinge nämlich wie Sonnensysteme. Diese drehen sich tatsächlich automatisch weiter und wiederholen endlos dieselbe Folge von Bewegungen. Anders als die meisten nicht-fabrizierten Dinge, gehen sie tatsächlich präzis wie ein Uhrwerk. Um Maschinen zu bauen, müssen wir freilich die Mechanik verstehen und anwenden können. Aber Maschinen erfinden heißt nicht, Dinge nachbilden, die wir in der leblosen Natur finden.

Wie paradox es auch klingen mag, wir müssen uns an lebende Organismen halten, wenn wir in der Natur Beispiele von selbsterhaltenden, routinefolgenden Systemen finden wollen. Die Bewegungen der Himmelskörper gaben uns die eine Art von ›Uhr‹. Der menschliche Puls gab uns die nächste. Eingeborenenkinder betrachten Lokomotiven nicht nur aus primitivem Animismus als eiserne Pferde. Es gibt in der Natur tatsächlich nur sehr wenig anderes, was Lokomotiven so vergleichbar wäre. Lawinen und Billardspiele gehorchen mechanischen Gesetzen; aber sie ›arbeiten‹ nicht im geringsten wie Maschinen.

VIERTES KAPITEL

Gemütsbewegungen

1. Vorwort

In diesem Kapitel bespreche ich gewisse Begriffe des Gemüts- und Gefühlslebens.

Diese Untersuchung ist notwendig, weil Anhänger des Dogmas vom Gespenst in der Maschine zu seiner Bekräftigung die Übereinstimmung der meisten Philosophen und Psychologen mit der Ansicht anführen können, Gemütsbewegungen seien innere oder private Erlebnisse. Gemütsbewegungen oder Emotionen werden als Wirbel im Strom des Bewußtseins beschrieben, dessen Besitzer nicht umhin kann, sie direkt zu bemerken; vor außenstehenden Zeugen sind sie folglich notwendigerweise verborgen. Sie sind Vorgänge, die nicht in der öffentlichen physischen Welt stattfinden, sondern in meiner geheimen psychischen Welt oder der des andern.

Ich werde zu beweisen versuchen, daß die Wörter ›Gemütsbewegung‹ oder ›Emotion‹ zumindest drei oder vier verschiedene Arten von Dingen bezeichnen, die ich ›Neigung‹ (oder ›Motiv‹), ›Stimmung‹, ›Erregung‹ (›Erschütterung‹) und ›Gefühl‹ nennen werde. Neigungen und Stimmungen sowie Erregungen sind nicht Ereignisse und finden daher weder öffentlich noch privat statt. Sie sind Tendenzen, nicht Handlungen oder Zustände. Sie sind jedoch Tendenzen verschiedener Art und die Unterschiede zwischen ihnen sind von Bedeutung. Gefühle dagegen sind Ereignisse, aber bei einer Beschreibung menschlichen Verhaltens sollten sie an ganz anderer Stelle erwähnt werden als an der, die ihnen die üblichen Theorien zuweisen. Stimmungen oder Gemütsverfassungen sind aber, zum Unterschied von Motiven, genauso wie Krankheiten und Wetterlagen, vorübergehende Verhältnisse, die Ereignisse auf gewisse Weise *zusammenfassen,* aber sie selbst sind nicht besondere Ereignisse.

2. Gefühle und Neigungen

Mit ›Gefühlen‹ meine ich all das, was man oft als Erzittern, Stechen, Beißen, Bohren, Reißen, Jucken, Prickeln, Schaudern, Glühen, Drücken, Übelkeit, Schmachten, Gruseln, Beklemmung, Spannung, Nagen und Schock beschreibt. Wenn man vom Vorhandensein eines Gefühls berichten will, dann tut man das gewöhnlich mit Hilfe von Ausdrücken wie ›eine Welle des Mitleids‹, ›ein Überraschungsschock‹ oder ›ein Prickeln der Erwartung‹.

Es ist eine wichtige sprachliche Tatsache, daß die Bezeichnungen spezifischer Gefühle wie z. B. ›Stich‹, ›Gruseln‹ und ›Drücken‹ auch als Bezeichnungen bestimmter körperlicher Empfindungen verwendet werden. Wenn jemand sagt, daß er gerade einen Stich verspürt hat, so ist die Frage durchaus angebracht, ob es ein Stich der Reue oder des Rheumatismus war, obwohl das Wort ›Stich‹ in den verschiedenen Zusammenhängen nicht notwendigerweise in genau derselben Bedeutung gebraucht ist.

Es gibt noch weitere Ähnlichkeiten zwischen der Art, in der wir z. B. vom Würgen der Angst und vom Würgen, sagen wir, der Seekrankheit sprechen. Wir sind bereit, beide als heftig oder leicht, unvermittelt oder schleichend, unterbrochen oder anhaltend zu bezeichnen. Es kann sich einer unter Gewissensbissen oder Insektenbissen winden. In manchen Fällen sind wir außerdem bereit, für die Beklemmungen der Angst einen Ort etwa in der Magengrube oder für das gespannte Gefühl der Wut einen Ort in den Kiefermuskeln oder in der Faust zu bestimmen. Andere Empfindungen, die wir nicht in bestimmten Körperteilen zu lokalisieren bereit sind, wie die wohligen Schauer des Stolzes, scheinen den ganzen Körper zu durchdringen, ähnlich wie die wohligen Schauer der Wärme.

William James hat kühn Gefühle mit körperlichen Empfindungen gleichgesetzt, aber für unsere Zwecke genügt die Feststellung, daß wir über Gefühle in ähnlicher Weise sprechen wie von körperlichen Empfindungen, obwohl im ersten Fall ein Anflug des Gleichnishaften vorhanden sein mag, der im zweiten fehlt.

Andererseits muß man der entscheidenden Tatsache Rechnung tragen, daß wir Gefühle mit Hilfe solcher Redeweisen anzeigen wie ›Würgen der Angst‹ und ›Glühen des Stolzes‹; wir unterscheiden also zwischen einem Glühen des Stolzes und einem Glühen des Fiebers, und ich will versuchen, die Bedeutung dieser Unterscheidungen klarzumachen. Ich hoffe zu beweisen, daß, obwohl die Behauptung, jemand fühle einen Stich der Reue, ganz in Ordnung ist, seine Reue dennoch nicht einem Stich oder einer Reihe von Stichen gleichgesetzt werden darf, genausowenig, wie seine Ermattung in seinem Nach-Luft-Schnappen besteht; die Erkenntnis, daß Stechen, Zucken und andere Gefühle körperliche Empfindungen sind, würde demnach keine enttäuschenden Folgerungen nach sich ziehen.

In der einen Bedeutung von ›Gemütsbewegung‹ also sind Gefühle Gemütsbewegungen. Es gibt aber noch eine andere Bedeutung von ›Gemütsbewegung‹, in der Theoretiker als Gemütsbewegungen die Motive bezeichnen, durch die die höheren Verhaltensweisen von Menschen erklärt werden. Wenn jemand als eitel, rücksichtsvoll, geizig, patriotisch oder faul bezeichnet wird, dann enthält das eine Erklärung, warum er seine Handlungen, Wachträume und Gedanken so vor sich gehen läßt, wie er es tut, und nach der maßgeblichen Terminologie gelten Eitelkeit, Freundlichkeit, Geiz, Patriotismus und Faulheit als Arten der Gemütsbewegung; deshalb werden sie selbst als Gefühle angesehen.

Aber es liegt hier eine große Wortverwirrung, verbunden mit einer logischen Verwirrung, vor. Erstens, wenn jemand als eitler oder lässiger Mensch gekennzeichnet wird, dann bezeichnen die Wörter ›eitel‹ und ›lässig‹ mehr oder minder andauernde Züge seines Charakters. In diesem Sinn kann er als eitel von Kindesbeinen an oder als lässig während seines ganzen Urlaubs beschrieben werden. Seine Eitelkeit und

Lässigkeit sind dispositionelle Eigenschaften, die in solche Äußerungen zerlegt werden könnten wie: ›Sowie sich eine gewisse Situation ergab, hat er immer oder doch meistens versucht, sich in den Vordergrund zu schieben‹ oder: ›Sooft er vor die Wahl zwischen einer schwierigen und einer einfachen Sache gestellt war, drückte er sich vor der schwierigen.‹ Sätze, die mit ›sooft‹ beginnen, sind nicht Berichte von Einzelvorfällen. Auf diese Weise verwendete Motivwörter beziehen sich auf eine Neigung oder einen Hang und können daher nicht ein Gefühlsereignis bezeichnen. Sie sind Abkürzungen für allgemeine hypothetische Urteile einer gewissen Art und können nicht als der Ausdruck kategorischer Berichte von Vorfällen ausgelegt werden.

Dagegen wird aber eingewendet werden, es müsse neben dieser dispositionellen Verwendung von Motivwörtern auch noch eine entsprechende Aktivverwendung geben. Wenn einer pünktlich sein soll im dispositionellen Sinn dieses Eigenschaftswortes, dann muß er dazu neigen, bei besonderen Gelegenheiten pünktlich zu sein; und die Bedeutung von ›pünktlich‹, in der er pünktlich zu einer bestimmten Verabredung kommt, ist nicht die dispositionelle, sondern die aktive. ›Er neigt dazu, rechtzeitig zu einer Verabredung zu kommen‹ drückt eine allgemeine hypothetische Aussage aus, deren Wahrheit verlangt, daß es auch entsprechende wahre kategorische Aussagen der Form gibt. ›Er erschien bei seiner heutigen Verabredung zur rechten Zeit.‹ Wenn jemand also eitel oder lässig ist, dann, wird man sagen, muß er zu besonderen Zeiten besondere Beispiele von Eitelkeit oder Lässigkeit geben, und diese sind tatsächliche Gemütsbewegungen oder Gefühle.

Dieses Argument beweist wohl einiges, aber nicht das, was es beweisen soll. Es stimmt zwar, daß die Kennzeichnung eines Menschen als eitel bedeutet, er habe einen gewissen Hang, aber es stimmt nicht, daß er jedesmal gewisse Stiche oder Schauer verspürt, wenn er diesem Hange folgt. Im Gegenteil, wenn wir hören, jemand sei eitel, erwarten wir von ihm in erster Linie, daß er sich in einer bestimmten Art verhält, nämlich daß er viel über sich selbst spricht, daß er sich in die Gesellschaft angesehener Leute drängt, daß er jegliche Kritik zurückweist, die Aufmerksamkeit auf sich zu lenken sucht und Unterhaltungen über die Verdienste anderer ausweicht. Wir erwarten von ihm auch, daß er sich rosigen Wachträumen über seine eigenen Erfolge hingibt, Gedanken an vergangene Mißerfolge vermeidet und viele Pläne für sein eigenes Vorwärtskommen schmiedet. Eitel sein heißt: sich auf diese und viele andere verwandte Arten benehmen. Gewiß erwarten wir von einem eitlen Menschen auch, daß er in gewissen Lagen Stiche und Zittern verspürt; wir erwarten, daß er einen Stich tief im Herzen verspürt, wenn eine prominente Person seinen Namen vergessen hat, und daß er sich leichtbeschwingt fühlt, wenn er über die Mißgeschicke seiner Nebenbuhler hört. Aber Gefühle der Verletzung und Leichtbeschwingtheit zeugen nicht klarer von Eitelkeit als öffentliches Prahlen oder heimliche Wachträume. Sie zeugen davon sogar weniger klar, wie sich sehr bald zeigen wird.

Einige Theoretiker werden einwenden, daß man nicht von einer Prahlerei als einem direkten Ausdruck der Eitelkeit sprechen kann, ohne den Hauptumstand der Sachlage auszulassen. Wenn wir erklären, warum ein Mann prahlt, indem wir sagen, er tue es, weil er eitel ist, vergessen wir, daß eine Veranlagung nicht ein Ereignis ist und daher keine Ursache sein kann. Die Ursache seines Prahlens muß ein Ereignis vor Anfang seiner Prahlerei sein. Er muß zu seiner Prahlerei von einem wirklichen ›Impuls‹ bewegt werden, nämlich vom Impuls der Eitelkeit. Die direkten oder unmittelbaren Verwirklichungen der Eitelkeit sind also besondere Eitelkeitsimpulse, und diese sind Gefühle. Ein eitler Mensch ist einer, der dazu neigt, besondere Eitelkeitsgefühle zu verspüren; diese veranlassen oder bewegen ihn zu prahlen oder vielleicht prahlen zu wollen, und zu all dem, was man, wie es heißt, aus Eitelkeit tut.

Man beachte, daß dieses Argument voraussetzt, die Erklärung einer Handlung durch ein Motiv, in unserem Fall also Eitelkeit, sei eine Kausalerklärung. Das heißt, es wird angenommen, der Geist, in diesem Falle der Geist des Prahlenden, sei ein Feld von besonderen Ursachen; darum wurde ein Eitelkeitsgefühl eingeführt, das die innere Ursache der äußeren Prahlerei abzugeben hat. Ich werde gleich zu zeigen versuchen, daß die Erklärung einer Handlung durch ein Motiv nicht der Behauptung ähnelt, daß das Glas brach, weil es von einem Stein getroffen wurde, sondern der ganz andersartigen Behauptung, daß das Glas brach, als es von einem Stein getroffen wurde, weil es spröde war. Genau wie es keine anderen Verwirklichungen von Zerbrechlichkeit gibt, als daß z. B. etwas zerbricht, wenn es geschlagen wird, ebensowenig ist es nötig, andere Verwirklichungen chronischer Eitelkeit zu postulieren als z. B. Prahlen, Wachträume über Triumphe und Vermeiden von Gesprächen über die Verdienste anderer.

Ehe ich mich aber weiter mit diesen Erwägungen befasse, möchte ich zeigen, wie wenig einleuchtend die Ansicht ist, daß ein eitler Mensch jedesmal, wenn er sich aufspielt, einen besonderen Stich oder ein Prickeln der Eitelkeit verspürt. Ganz dogmatisch gesprochen, fühlt sich der eitle Mensch nie eitel. Gewiß fühlt er heftigen Groll, wenn man seine Pläne durchkreuzt, und wenn er unerwartet Erfolg hat, fühlt er sich leicht beschwingt. Es gibt aber keinen besonderen Stich oder Biß, den wir ein ›Eitelkeitsgefühl‹ nennen. Ja, wenn es solch ein erkennbares besonderes Gefühl gäbe und wenn der eitle Mensch es fortwährend hätte, dann wäre er doch der erste und nicht der letzte, der seine Eitelkeit bemerkte.

Nehmen wir ein anderes Beispiel. Jemand interessiert sich für formale Logik. Er liest regelmäßig Bücher und Artikel über diesen Gegenstand, bespricht ihn, arbeitet Beispiele darin aus und vernachlässigt Vorlesungen in anderen Gegenständen. Nach der Ansicht, gegen die hier angegangen wird, müßte er daher fortwährend Impulse einer besonderen Art, nämlich Gefühle des Interesses an formaler Logik verspüren, und wenn sein Interesse sehr groß ist, dann müssen diese Gefühle sehr stark und sehr häufig sein. Er müßte daher imstande sein zu sagen, ob diese Gefühle plötzlich sind, wie z. B. Stiche, oder andauernd wie Kopfschmerzen; ob sie einander mehrmals pro Minute folgen oder nur ein paarmal pro Stunde auftreten und ob er sie im Kreuz oder im Kopf fühlt. Selbstverständlich aber könnte er auf diese spezifischen Fragen nur antworten, daß er sich, wenn er seiner Liebhaberei nachgeht, nicht dabei ertappt, irgendeinen besonderen Schauer oder ein Zittern zu fühlen. Er wird vielleicht über ein Gefühl des Ärgers berichten, wenn er bei seinen Studien unterbrochen wird, und das Gefühl, als ob ihm ein Stein vom Herzen gefallen wäre, wenn die Störung zu Ende ist, aber besondere Gefühle des Interesses an symbolischer Logik wird er nicht melden können. Während er ungestört seiner Lieblingsbeschäftigung nachgeht, fühlt er überhaupt keine Anwandlungen oder Aufwallungen.

Nun nehme man dennoch an, daß solche Gefühle, sagen wir, alle zwei oder zwanzig Minuten auftreten. Man würde wohl noch immer erwarten, daß er in den Pausen zwischen diesen Auftritten seinen Gegenstand bespricht und studiert, und man könnte mit Recht sagen, er bespreche und studiere seinen Gegenstand noch immer aus Interesse daran. Das allein beweist, daß man etwas aus einem bestimmten Motiv tun kann, ohne dabei von irgendwelchen Gefühlen behelligt zu werden.

Freilich sprechen die anerkannten Motivtheorien nicht so plump von Stichen, Bissen und Erbeben. Sie sprechen gelehrter von Verlangen, Impulsen und Triebfedern. Es gibt nun tatsächlich Gefühle des Verlangens, diejenigen nämlich, die wir ›Süchte‹, ›Begierden‹ und ›Gelüste‹ nennen. Stellen wir unsere Frage also auf diese Art: Bedeutet ein Interesse an formaler Logik dasselbe wie eine Neigung oder Anlage dazu, gewisse Arten von Begierde, Appetit oder Gelüst zu fühlen? Und bringt Arbeit an formaler Logik aus

Interesse daran jedesmal das Gefühl eines solchen Gelüsts mit sich, bevor wieder ein neues Stückchen Arbeit begonnen wird? Wenn ja, dann ist die Frage unbeantwortbar, aus welchem Motiv der Student an seinem Gegenstand in den Intervallen zwischen den Gelüsten arbeitet. Und besagt die Behauptung, sein Interesse sei lebhaft gewesen, daß die angeblichen Gefühle häufig und heftig waren, dann hätte das die absurde Folge, daß jemandes Aufmerksamkeit um so mehr von seinem Gegenstand abgelenkt würde, je mehr er an ihm interessiert ist. Die Beschreibung von Gefühlen oder Sinneseindrücken als ›heftig‹ bedeutet, daß es schwer ist, sich nicht mit ihnen zu beschäftigen, und die Beschäftigung mit einem Gefühl ist nicht dasselbe, wie die Beschäftigung mit einem Problem der formalen Logik.

Wir müssen demnach die Schlußfolgerung des Arguments zurückweisen, in dem gezeigt werden sollte, daß Motivwörter die Namen von Gefühlen oder andernfalls von Neigungen zu Gefühlen seien. Aber wo steckt der Fehlschluß in dieser Beweiskette?

Es gibt zumindest zwei ganz verschiedene Bedeutungen von ›erklären‹, wodurch man ein Vorkommnis als erklärt bezeichnen kann; und dementsprechend gibt es zumindest zwei ganz verschiedene Bedeutungen von ›warum‹, wodurch wir fragen, warum es sich zugetragen hat, und zwei ganz verschiedene Bedeutungen von ›weil‹, wodurch wir behaupten, daß es sich zugetragen hat, weil dies und jenes der Fall war. Die erste ist die Kausalbedeutung. Fragen, warum das Glas zerbrach, heißt nach der Ursache seines Zerbrechens fragen, und in dieser Bedeutung erklären wir das Zerbrechen des Glases, wenn wir berichten, es sei von einem Stein getroffen worden. Der ›Weil‹-Satz in der Erklärung berichtet ein Ereignis, das Ereignis nämlich, das sich zum Zerbrechen des Glases wie Ursache zu Wirkung verhält.

Aber oft suchen und bekommen wir Erklärungen von Ereignissen in einer andern Bedeutung von ›Erklärung‹. Wir fragen, warum das Glas zersplitterte, als es von dem Stein getroffen wurde, und erhalten die Antwort, es sei geschehen, weil das Glas zerbrechlich war. ›Zerbrechlich‹ ist nämlich ein dispositionelles Eigenschaftswort; die Bezeichnung des Glases als zerbrechlich ist, mit anderen Worten, die Aufstellung einer allgemeinen hypothetischen Aussage über das Glas. Wenn wir also sagen, daß das Glas beim Anprall zerbrach, weil es zerbrechlich war, so berichtet der ›Weil‹-Satz nicht ein Ereignis oder eine Ursache; er stellt vielmehr einen gesetzartigen Satz auf. Von Erklärungen dieser zweiten Sorte sagt man im allgemeinen, daß sie den ›Grund‹ angeben, warum das Glas beim Anprall des Steins zerbrach.

Wie arbeitet eine gesetzähnliche allgemeine hypothetische Aussage? Sie behauptet ungefähr, daß das Glas, *wenn* fest angeschlagen oder unter Druck gestellt usw., sich nicht auflösen, verflüchtigen oder ausdehnen, sondern in Bruchstücke zerspringen würde. Man hat die Tatsache, daß das Glas zu einem bestimmten Zeitpunkt wirklich in Stücke ging, als es von einem bestimmten Stein getroffen wurde, erklärt in dem Sinn von ›erklären‹: wenn das erste Ereignis, nämlich der Anprall des Steines, dem Vordersatz des allgemeinen hypothetischen Urteils genügt, und wenn das zweite Ereignis, nämlich das Zerspringen des Glases, dem Nachsatz genügt.

Das kann nun auf die Erklärung von Handlungen als Folgen besonderer Motive angewendet werden. Die Frage: ›Warum hat jemand so und so gehandelt?‹ kann dem Wortlaut nach entweder eine Erkundigung nach der Ursache seines Verhaltens sein oder nach seinem Charakter, der sein Benehmen bei dieser Gelegenheit verständlich macht. Es ist meine Ansicht, die ich nun zu beweisen versuchen werde, daß Erklärungen durch Motive Erklärungen des zweiten und nicht des ersten Typus sind. Es ist vielleicht mehr als bloß ein sprachliches Faktum, daß man von jemandem, der das Motiv oder den ›Beweggrund‹ für eine Tat aufzeigt, in üblicher Redeweise sagt, er habe den ›Grund‹ für diese Tat angegeben. Man beachte ferner, daß es viele verschiedene Arten solcher Erklärungen menschlicher Handlungen gibt. Ein Zukken kann als Reflex erklärt werden; das Stopfen der Pfeife als eingefleischte Gewohnheit; die Beantwortung eines Briefes durch ein Motiv. Einige der Unterschiede zwischen Reflexen, Gewohnheiten und Motiven müssen später noch genauer untersucht werden.

Im Augenblick geht es um folgendes: die Behauptung: ›Er prahlte aus Eitelkeit‹ soll nach der einen Ansicht so ausgelegt werden: ›Er prahlte, und die Ursache seines Prahlens war das Vorkommnis eines besonderen Eitelkeitsimpulses oder eines besondern Eitelkeitsgefühls in ihm.‹ Nach der anderen Ansicht soll sie so ausgelegt werden: ›Er prahlte beim Zusammentreffen mit dem Fremden, und dieses Benehmen genügt dem gesetzartigen Satz, daß er immer, wenn er eine Gelegenheit sieht, die Bewunderung und den Neid anderer zu erregen, alles tut, was seiner Meinung nach diese Bewunderung und diesen Neid auslösen wird.‹

Mein erstes Argument zugunsten der zweiten Auslegung solcher Behauptungen ist, daß niemand je wissen oder auch nur mit gutem Grund vermuten könnte, die Ursache von jemandes offenkundigem Benehmen sei das Verspüren eines Gefühls. Sogar wenn der Handelnde berichtete, was keiner je tut, daß er knapp vor dem Prahlen ein Eitelkeitsgelüst verspürt habe, so wäre das nur ein sehr schwacher Beleg dafür, daß das Gelüst seine Handlung verursacht habe, da ja, soweit wir das beurteilen können, die Ursache ein beliebiges von Tausenden anderen gleichzeitigen Vorkommnissen sein könnte. Nach dieser Ansicht könnte eine Zuordnung von Motiven nie unmittelbar nachgeprüft werden und kein vernünftiger Mensch würde je eine derartige Zuordnung als zuverlässig ansehen. Es ließe sich mit Wünschelrutengehen vergleichen an Orten, wo es verboten ist, Brunnen zu bohren.

In Wirklichkeit können wir aber die Motive anderer Menschern durchaus entdecken. Der Entdeckungsvorgang ist wohl nicht gegen Fehler gefeit, aber solche Fehler können berichtigt werden. Es ist ein induktives Verfahren, oder zumindest einem solchen Verfahren verwandt, und führt zur Aufstellung von gesetzähnlichen Sätzen und deren Anwendung zur Begründung einzelner Handlungen. In jedem Fall wird eine allgemeine hypothetische Aussage von besonderer Art aufgestellt oder etwas, das eine solche Aussage einschließt. Wenn man jemandem ein Motiv für eine Tat unterstellt, ist das nicht ein kausaler Schluß auf ein unbeobachtbares Ereignis, sondern die Unterordnung eines Ereignissatzes unter einen gesetzähnlichen Satz. Es ist daher der Erklärung von Reaktionen und Handlungen durch Reflexe und Gewohnheiten gleichzustellen oder der Erklärung des Zerspringens des Glases durch Hinweis auf seine Zerbrechlichkeit.

Die eigenen, auf längere Zeit bestimmenden Motive findet man auf dieselbe Art heraus wie die Motive anderer. Die Quantität und die Qualität des einem zugänglichen Tatsachenmaterials ist in den beiden Untersuchungen verschieden, aber ihr Inhalt ist im allgemeinen von derselben Art. Freilich hat man eine Fülle von Erinnerungen an seine eigenen früheren Handlungen, Gedanken, Vorstellungen und Empfindungen; und man kann das Experiment durchführen, sich selbst vor Aufgaben oder Gelegenheiten zu stellen, die sich tatsächlich nicht ergeben haben. Man kann die Bewertung seiner bleibenden Neigungen auf Daten stützen, die bei der Bewertung der Neigungen anderer Leute fehlen. Andrerseits sind die Einschätzungen der eigenen Neigungen höchstwahrscheinlich nicht unparteiisch, und man ist in keiner günstigen Lage, wenn man seine eigenen Handlungen und Reaktionen mit denen anderer vergleichen soll. Im allgemeinen halten wir einen unparteiischen und scharfen Beobachter für besser geeignet, die ausschlaggebenden Motive einer Person sowie ihre Gewohnheiten, Fähigkeiten und Schwächen zu beurteilen, als die Person selbst. Diese Ansicht steht in direktem Gegensatz zur Theorie, daß der Handelnde bevorzugten Zutritt zu den sogenannten Triebfedern seiner Handlungen besitze und auf Grund dieses Zutritts ohne weitere Ableitungen oder Nachforschungen wissen könne und müsse, aus welchen Motiven er im allgemeinen zu handeln geneigt ist und aus welchem Motiv er bei einer besonderen Gelegenheit gehandelt hat.

Wir werden später (im fünften Kapitel) sehen, daß jemand, der auf das achtet, was er tut oder erleidet, im allgemeinen alle Fragen über einen Vorfall ohne weitere Schlüsse oder Nachforschungen beantworten kann. Aber was ihn befähigt, diese fertigen Antworten zu geben, kann und wird oft auch seine Gefährten befähigen, dieselben fertigen Antworten zu geben. Er braucht dazu kein Detektiv zu sein und sie auch nicht.

Ein anderes Argument bekräftigt diese Annahme. Auf Befragen könnte jemand z. B. sagen, er schaufle einen Graben, um die Larven eines gewissen Insekts zu finden; er suche nach diesen Larven, um herauszufinden, von welchen Tieren oder Pflanzen sie als Parasiten leben; er wolle das herausfinden, um eine gewisse ökologische Hypothese zu prüfen; und er wolle diese Hypothese prüfen, um eine gewisse Hypothese über die natürliche Zuchtwahl zu prüfen. Bei jedem Schritt erwähnt er sein Motiv oder seinen Grund für seine Untersuchungen. Und jeder weitere Grund, den er angibt, steht auf einer höheren Stufe der Verallgemeinerung als der vorhergegangene. Er subsumiert ein Interesse unter ein anderes, ähnlich wie besondere Gesetze unter allgemeinere subsumiert werden. Er verzeichnet nicht eine zeitliche Aufeinanderfolge von immer weiter zurückliegenden Stadien, obgleich er das natürlich tun könnte, wenn man die völlig andere Frage an ihn stellte: ›Was hat erstmals dein Interesse auf dieses Problem gelenkt? Und auf jenes?‹

Wenn wir eine Handlung an sich betrachten und wenn die Frage: ›Aus welchem Motiv wurde sie verübt?‹ passend ist, dann ist es immer möglich, daß sie gar nicht aus einem Motiv, sondern einfach aus Gewohnheit verübt wurde. Was immer ich tue oder sage, es ist jedesmal denkbar, wenn auch fast immer falsch, daß ich es in völliger Geistesabwesenheit getan oder gesagt habe. Die Ausführung einer Handlung aus einem

Motiv heraus ist etwas anderes als die Ausführung aus Gewohnheit; aber die Arten von Handlungen, die zu der einen Klasse gehören, gehören auch zu der anderen. Die Behauptung nun, etwas sei aus Gewohnheit getan worden, heißt offensichtlich, daß eine bestimmte Disposition das Getane erklärt. Es wird, hoffe ich, niemand glauben, daß ›Gewohnheit‹ die Bezeichnung eines besondern inneren Vorkommnisses oder einer Klasse von Vorkommnissen sei. Die Frage, ob etwas aus Gewohnheit oder aus Herzensgüte getan wurde, ist also die Frage, welche der zwei erwähnten Dispositionen eine Handlung erkläre.

Schließlich bleibt zu erwägen, mit welchen Methoden wir eine Meinungsverschiedenheit über das Motiv einer Handlung entscheiden. Tauschte jemand z. B. einen gutbezahlten Posten für eine verhältnismäßig bescheidene Staatsanstellung aus Vaterlandsliebe ein oder aus dem Wunsch heraus, der Wehrpflicht zu entgehen? Zunächst werden wir ihn vielleicht fragen, aber in dieser Art von Angelegenheit wird das, was er uns oder auch sich selbst eingesteht, wahrscheinlich nicht sehr offenherzig sein. Als nächstes werden wir dann, möglicherweise mit Erfolg, die Frage durch die Erwägung zu lösen versuchen, ob seine Worte, Taten, Verlegenheiten usw. bei dieser und anderen Gelegenheiten mit der Hypothese übereinstimmen, daß er ängstlich und jeder Disziplin abhold, oder aber daß ihm Geld ziemlich gleichgültig sei und daß er alles opfern würde, um den Krieg gewinnen zu helfen. Wir versuchen also durch Induktion die entsprechenden Züge seines Charakters zu ermitteln. Bei der Anwendung der Ergebnisse unserer Induktion auf seine besondere Entscheidung, d. h. bei der Erklärung, wie er dazu gekommen ist, sich dazu zu entschließen, dringen wir also nicht in ihn, er möge sich an das Brennen, das Pochen und die Schauer erinnern, die er während der Entscheidung verspürte; noch nehmen wir uns wahrscheinlich die Mühe, auf ihr Vorkommen einzugehen. Und es besteht ein besonderer Grund, Gefühle einer Person, deren Beweggründe man untersucht, außer acht zu lassen, nämlich die bekannte Tatsache, daß zahlreiche und lebhafte Gefühle von Schwärmern verspürt werden, deren tatsächliche Handlungen zum Beispiel ihren Patriotismus ganz klar als eitlen Schein entlarven. Das Herz wird ihnen gebührend schwer, wenn sie von der Not des Vaterlandes hören, aber ihr Appetit und ihre sonstigen Lebensgewohnheiten bleiben unverändert dieselben. Stolz schwellt ihre Brust bei einer Parade, aber sie selber marschieren nie. Sie gleichen eher Theaterbesuchern oder Romanlesern, die ebenfalls echte Stiche, Schauer, Wellen und Anwandlungen von Verzweiflung, Empörung, Entzücken und Ekel fühlen, aber mit dem Unterschied, daß Theaterbesucher und Romanleser wohl wissen, daß es nicht ernst ist.

Daß ein gewisses Motiv ein Zug in jemandes Charakter ist, heißt also, daß er dazu neigt, gewisse Dinge zu tun, gewisse Pläne zu schmieden, sich gewissen Wachträumen hinzugeben und selbstverständlich auch unter gewissen Umständen gewisse Arten von Gefühlen zu hegen. Daß einer für eine Tat dieses Motiv hatte, heißt, daß diese Tat, unter diesen besonderen Umständen unternommen, gerade das war, wozu er aus diesem Motiv neigte. Es heißt soviel wie: ›Das sieht ihm ähnlich.‹

3. Neigungen und Erregungen

Etwas ganz anderes als Neigungen sind die Gemütszustände oder Stimmungen, in denen jemand als erregt, beunruhigt, verwirrt oder verstört bezeichnet wird. Besorgt, aufgeschreckt, bestürzt, aufgeregt, erschüttert, verblüfft, gespannt, außer Fassung und verärgert sein sind wohlbekannte Arten der Erregung. Sie sind Erschütterungen, deren Grade der Gleichgewichtsstörung gewöhnlich als Grade der Heftigkeit bezeichnet werden. Hinsichtlich jeder von ihnen kann man sagen, daß jemand zu unruhig ist, um zusammenhängend zu denken oder zu handeln, zu verblüfft, um etwas zu sagen, oder zu aufgeregt, um sich auf etwas zu konzentrieren. Wenn man sagt, daß jemand vor Erstaunen sprachlos oder vor Schreck gelähmt ist, dann wird die betreffende Erregung eben als äußerst heftig hingestellt.

Das soeben Angeführte zeigt zum Teil schon den Unterschied zwischen Neigungen und Erregungen an. Es wäre absurd zu sagen, jemandes Interesse an formaler Logik sei so heftig, daß er sich nicht auf formale Logik konzentrieren könnte, oder jemand sei zu patriotisch, um für seine Heimat arbeiten zu können. Neigungen sind nicht Erschütterungen und können also weder heftige noch gelinde Erschütterungen sein. Einer, dessen Hauptmotiv Menschenliebe oder Eitelkeit ist, kann nicht als jemand beschrieben werden, der vor Menschenliebe oder Eitelkeit aus der Fassung oder aus dem Gleichgewicht geraten ist; denn er ist ja gar nicht aus der Fassung oder aus dem Gleichgewicht geraten. Sein Gemüt ist völlig im Einklang mit sich selbst. Menschenliebe und Eitelkeit sind keine Böen oder Stürme.

Wie schon die Wörter ›Verwirrung‹ und ›Erregung‹ andeuten, ist man in diesen Zuständen entgegengesetzten Kräften unterworfen. Es gibt zwei Hauptarten solchen Zwiespalts: 1. daß eine Neigung einer andern zuwiderläuft, 2. daß eine Neigung durch unumstößliche Tatsachen vereitelt wird. Wer auf dem Land leben, aber auch eine Stellung in der Stadt haben will, neigt in entgegengesetzte Richtungen. Einer, der leben möchte, aber im Sterben liegt, wird von den Tatsachen gehindert zu tun, was er will. Diese Beispiele zeigen eine wichtige Eigenschaft von Erregungen, daß sie nämlich das Bestehen von Neigungen voraussetzen, die nicht selbst Erregungen sind, ähnlich wie ein Wirbel ja auch das Vorhandensein von Strömungen voraussetzt, die nicht selbst Wirbel sind. Ein Wirbel ist ein Strömungszustand, der voraussetzt, daß etwa zwei Strömungen da sind oder eine Strömung und ein Felsen; eine Erregung setzt voraus, daß zwei Neigungen bestehen oder eine Neigung und ein faktisches Hindernis. Trauer einer gewissen Art ist durch den Tod vereitelte Zuneigung; Ungewißheit einer gewissen Art ist Hoffnung, in die sich Furcht einmengt. Um zwischen Patriotismus und Ehrgeiz schwanken zu können, muß das Opfer sowohl patriotisch wie auch ehrgeizig sein.

Hume, der in diesem Punkt Hutcheson folgt, hatte ein Gefühl für diese Unterscheidung zwischen Neigungen und Erregungen, als er bemerkte, daß einige ›Leidenschaften‹ von stiller, andere dagegen von heftiger Natur sind. Er bemerkte auch, daß eine stille Leidenschaft eine heftige ›überwinden‹ könne. Aber seine Unterscheidung zwischen ›still‹ und ›heftig‹ deutet bloß einen graduellen Unterschied zwischen zwei Dingen derselben Art an. Neigungen und Erregungen sind jedoch Dinge verschiedener Art. Erregungen können heftig oder still sein, Neigungen können keines von beiden sein. Neigungen können verhältnismäßig stark oder schwach sein, aber es handelt sich dabei nicht um einen Unterschied im Grad der Gleichgewichtsstörung; es ist ein Unterschied im Grad der Wirksamkeit, und das ist ein Unterschied ganz andrer Art. Hume verwendete das Wort ›Leidenschaft‹ für Dinge von mindestens zwei ganz verschiedenen Typen.

Daß jemand sowohl sehr geizig ist als auch ganz gern im Garten arbeitet, heißt unter anderm, daß das erste Motiv stärker ist als das zweite, d. h. also, daß viel mehr seines äußeren und inneren Verhaltens auf Selbstbereicherung gerichtet ist als auf die Gärtnerei. Weiter, wenn Umstände vorliegen, in denen ein leichter finanzieller Verlust mit einer wesentlichen Verbesserung des Gartens verknüpft wäre, wird er wahrscheinlich auf die Orchideen verzichten und das Geld behalten. Aber es heißt noch mehr als das. Soll jemand als sehr geizig gelten, so muß diese Neigung in derselben Art über alle oder nahezu alle seine anderen Neigungen triumphieren. Ja, selbst wenn man jemanden als ganz gern im Garten tätig bezeichnet, überwiegt dieses Motiv offenkundig viele andere Neigungen. Die Stärke eines Motivs ist seine verhältnismäßige Stärke gegenüber einem bestimmten anderen Motiv oder jedem anderen Motiv oder den meisten anderen Motiven. Sie wird teilweise durch die Art bestimmt, wie der Handelnde seine äußeren und inneren Tätigkeiten einteilt und teilweise auf eine Art, die nur ein Sonderfall der ersten ist, nämlich durch die Ergebnisse von Zusammenstößen zwischen seinen Neigungen, wenn die Umstände solche Zusammenstöße herbeiführen, wenn er also nicht zwei Dinge tun kann, zu denen er hinneigt. Ja, die Behauptung, seine Motive seien so und so stark, heißt einfach, daß er seine Tätigkeiten so und so einzuteilen pflegt.

Manchmal ist irgendein Motiv so stark, daß es immer oder fast immer alle anderen Motive überwindet. Der Geizhals oder der Heilige würden wahrscheinlich lieber alles opfern, vielleicht sogar ihr Leben, als das zu verlieren, was sie am höchsten einschätzen. Wenn die Welt freundlich wäre, würde ein solcher Mensch nie richtig erregt oder verwirrt sein, da keine andere Neigung stark genug ist, um mit seinem Herzenswunsch ernstlich zu wetteifern oder zu streiten. Er könnte nie mit sich selbst in Zwiespalt geraten.

Nun besteht eine der häufigsten Verwendungen von ›Gemütsbewegung‹ oder ›Emotion‹, ›emotional‹, ›bewegt‹ usw. in der Bezeichnung der Erregungen oder andern Stimmungen, in denen man sich zeitweilig befindet oder zu denen man neigt. Unter einer ›sehr emotionalen Person‹ versteht man gewöhnlich jemanden, der häufig und heftig verstört, begeistert oder aufgeregt ist. Wenn das aus irgendeinem Grund als die maßgebende oder eigentliche Bedeutung des Wortes ›Gemütsbewegung‹ genommen wird, dann sind Motive oder Neigungen keine Gemütsbewegungen. Eitelkeit wäre dann keine Gemütsbewegung, aber Kummer wäre eine; ein Interesse an formaler Logik wäre keine, aber Langeweile bei andern Gegenständen wäre eine. Es ist aber wohl fruchtlos, die Mehrdeutigkeiten des Wortes ›Gemütsbewegung‹ zu beschneiden. Es wird also besser sein zu sagen, daß Motive (in Gottes Namen) auch Gemütsbewegungen sind, aber nicht in demselben Sinn, in dem Erregungen Gemütsbewegungen sind.

Wir müssen zwei verschiedene Arten unterscheiden, in

denen wir Wörter wie ›beunruhigt‹, ›aufgeregt‹ und ›verlegen‹ verwenden. Manchmal verwenden wir sie zur Bezeichnung vorübergehender Stimmungen, wie wenn wir sagen, daß jemand einige Minuten lang verlegen oder eine ganze Stunde lang beunruhigt war. Manchmal verwenden wir sie zur Bezeichnung der Empfänglichkeit für diese Stimmungen, wie wenn wir sagen, Lob mache jemand verlegen, d. h. er wird regelmäßig verlegen, wenn man ihn lobt. So heißt auch ›rheumatisch‹ manchmal ›einen Anfall von Rheumatismus haben‹ und manchmal ›für Anfälle von Rheumatismus empfänglich sein‹; und ›Irland hat schlechtes Wetter‹ kann heißen, daß das Wetter dort jetzt schlecht ist oder daß es dort oft schlecht ist. Es ist klar, daß sich Empfänglichkeiten für bestimmte Erregungen auf derselben Ebene befinden wie Neigungen, da nämlich beides Dispositionen und nicht Vorfälle sind. Besorgnis über den Ausgang des Kriegs oder Gram über den Tod eines Freundes können einen Menschen monate- und jahrelang kennzeichnen. Er verfällt eben immer wieder der Besorgnis oder hört nicht auf, sich zu grämen.

Die Behauptung, jemand habe sich Tage und Wochen hindurch über gewisse kritische Bemerkungen geärgert, heißt nicht, daß er jeden Augenblick dieser Zeitspanne in gereizter Stimmung war, verdrossenen Gedanken nachhing oder Zorngefühle hegte. Denn hie und da ist er auch in der Stimmung zu essen, seinen Geschäften nachzugehen oder Golf zu spielen. Es heißt vielmehr, daß er dazu neigt, in diese Stimmung zu verfallen; er gerät immer wieder in die Gemütsverfassung, in der er nicht umhin kann, auf dem ihm zugefügten Unrecht herumzureiten, auf Rechtfertigung und Vergeltung zu sinnen, ja wo er nicht einmal imstande ist, seinem Kritiker ehrenhafte Beweggründe zuzugestehen oder die Richtigkeit gewisser Punkte der Kritik anzuerkennen. Und die Behauptung, er sinke immer wieder in diese Stimmung zurück, ist eine Beschreibung in dispositionellen Ausdrücken. Wenn Empfänglichkeiten für gewisse Stimmungen chronisch sind, dann sind sie Charakterzüge.

Aber von welcher Art ist unsere Behauptung, wenn wir von jemandem sagen, daß er zu einem bestimmten Zeitpunkt und kurze oder lange Zeit hindurch in einer bestimmten Stimmung war? Zum Teil soll die Antwort im vierten Abschnitt dieses Kapitels gegeben werden. Hier muß der Beweis genügen, daß Stimmungen, wie auch Krankheiten und Wetterlagen, zwar verhältnismäßig kurzfristige Zustände, aber nicht klar umrissene Vorfälle sind, obgleich sie zu solchen klar umrissenen Vorfällen führen.

Aus der Tatsache, daß jemand eine Stunde lang an einer Verdauungsstörung litt, folgt nicht, daß er während dieser Stunde einen anhaltenden Schmerz oder eine Reihe von kurzen Schmerzen hatte; vielleicht hatte er überhaupt keine Schmerzen. Ebensowenig folgt, daß ihm übel war oder daß er Speise zurückwies oder daß er blaß aussah. Es genügt, wenn einige von diesen und anderen passenden Vorfällen sich ereignet haben. Es gibt nicht einen einzigen Vorfall, dessen Eintreffen eine notwendige und hinreichende Bedingung einer Verdauungsstörung wäre. ›Verdauungsstörung‹ ist also nicht die Bezeichnung für einen solchen einzigen Vorfall. Ebenso ist es auch möglich, daß ein übelgelaunter oder lustiger Geselle gewisse Dinge sagt, sie in einem gewissen Tonfall sagt, auf gewisse Art Gesichter schneidet, gewissen Träumereien nachhängt oder gewisse Empfindungen verspürt, oder daß dem vielleicht auch nicht so ist. Gute oder schlechte Laune schließt die eine oder die andere von diesen und ähnlichen passenden Handlungen und Reaktionen ein, aber keine davon ist die notwendige und hinreichende Bedingung der guten oder schlechten Laune. ›Gute Laune‹ und ›schlechte Laune‹ bezeichnen also nicht irgendeine spezifische Handlung oder Reaktion.

Schlecht gelaunt sein heißt: in der Laune sein, immer in der einen oder anderen nur undeutlich zu umreißenden, aber leicht zu erkennenden Art handeln oder reagieren, wenn Umstände gewisser Art eintreten. Das zeigt, daß Stimmungswörter wie ›gelassen‹ und ›aufgeräumt‹ einschließlich der Wörter für Erregungen wie ›gequält‹ und ›von Heimweh geplagt‹ Dispositionen bezeichnen. Auch nur einen Augenblick lang empört oder in Panik sein, heißt: in diesem Augenblick etwa dazu geneigt sein, zu erstarren oder aufzukreischen oder unfähig sein, seinen Satz zu beenden, oder sich erinnern, wo die Feuerleiter ist.

Gewiß kann man nicht von jemandem sagen, er sei in einer gewissen Stimmung, außer wenn sich eine entsprechende Anzahl von Vorfällen tatsächlich ereignet. ›Er ist in zynischer Stimmung‹ heißt genau wie ›Er ist nervös‹ nicht bloß ›Er würde ...‹ oder ›Er wäre nicht imstande ...‹. Man erwähnt damit nicht nur Dispositionen, sondern spielt auch auf tatsächliches Benehmen an; oder besser gesagt, man spielt auf tatsächliches Benehmen als die Verwirklichung dieser Dispositionen an. Man erklärt damit, was tatsächlich vorgeht und gibt gleichzeitig die Ermächtigung zu Voraussagen, was geschehen wird, wenn ... oder was geschehen würde, wenn ... Ähnlich der Bemerkung ›Das Glas war zerbrechlich genug, um zu zerspringen, als es von jenem Stein getroffen wurde‹.

Aber obwohl Erregungen, wie andere Stimmungen, Bedingungen für Anfälligkeiten sind, so sind sie doch nicht Neigungen, absichtlich auf bestimmte Art zu handeln. Eine Frau ringt die Hände aus Verzweiflung; wir sagen aber nicht, daß Verzweiflung das Motiv ihres Händeringens ist. Wir untersuchen auch nicht, zu welchem Zweck ein verlegener Mensch errötet, stottert, zappelt oder sich windet. Ein begeisterter Wanderer wandert, weil er wandern will, aber ein verdutzter Mensch runzelt die Stirn nicht, weil er sie runzeln will oder möchte, obwohl ein Schauspieler oder ein Heuchler vielleicht die Stirn runzelt, weil er verdutzt aussehen will oder möchte. Der Grund für diese Unterschiede ist einfach. Verwirrung ist nicht wie Durst, wenn Trinkwasser da ist, sondern wie Durst, wenn kein Wasser oder nur untrinkbares Wasser da ist. Sie besteht darin, etwas tun zu wollen, ohne dazu imstande zu sein, oder etwas tun zu wollen und es gleichzeitig nicht tun zu wollen. Sie ist das Zusammentreffen einer Neigung, sich in einer bestimmten Weise zu benehmen, mit einem Hindernis, sich so zu benehmen. Der Erregte weiß nicht, was er tun oder denken soll. Zielloses und schwankendes Benehmen sowie Lähmung des Benehmens sind Symptome der Erregung, in dem Sinn von ›Symptom‹, in dem einen Scherz machen kein Symptom, sondern eine Ausübung des Humors ist.

Motive sind also nicht Erregungen, nicht einmal stille Erregungen, noch sind Erregungen Motive. Aber Erregungen setzen Motive voraus, oder besser gesagt, sie setzen Verhaltenstendenzen voraus, unter denen Motive die für uns interessanteste Gruppe bilden. Zusammenstöße von Gewohnheiten mit anderen Gewohnheiten oder von Gewohnheiten mit Motiven sind auch Bedingungen für Erschütterungen. Ein Kettenraucher auf dem Paradeplatz oder ohne Zündhölzer oder in der Fastenzeit ist in dieser Zwangslage. Es gibt aber ein sprachliches Faktum, das die Quelle mancher Verwirrung ist. Einige Wörter bezeichnen nämlich sowohl Neigungen als auch Erregungen, andere bezeichnen nur Erregungen und wieder andere nur Neigungen. Wörter wie ›beunruhigt‹, ›beängstigt‹, ›betrübt‹, ›aufgeregt‹, ›erschreckt‹ bedeuten immer nur Gemütsbewegungen. Ausdrücke wie ›leidenschaftlicher Angler‹, ›in seinen Garten vernarrt‹, ›darauf versessen, Bischof zu werden‹ bezeichnen niemals Gemütsbewegungen. Dagegen Wörter wie ›Liebe‹, ›Verlangen‹, ›Sehnsucht‹, ›stolz‹, ›begierig‹ und viele andere bezeichnen manchmal einfache Neigungen und manchmal Erregungen, die das Ergebnis solcher Neigungen zusammen mit Störungen ihrer Ausübung sind. So heißt ›hungrig‹ im Sinn von ›guten Appetit besitzend‹ ungefähr ›ißt herzhaft oder würde herzhaft und ohne Soßen etc. essen‹; aber das muß von dem Sinn unterschieden werden, in dem man sagen kann, daß jemand ›zu hungrig ist, um sich auf seine Arbeit zu konzentrieren‹. Hunger in diesem zweiten Sinn ist eine Qual, deren Bestehen das Zusammentreffen einer Neigung mit dem Unvermögen zu essen voraussetzt. Ähnlich muß auch der Sinn, in dem ein

Schüler auf seine Schule stolz ist, von dem Sinn unterschieden werden, in dem er vor Stolz sprachlos ist, wenn er ganz unerwartet in die Schulmannschaft aufgenommen wird.

Um einem möglichen Mißverständnis vorzubeugen, muß hier betont werden, daß nicht alle Erregungen unangenehm sein müssen. Viele Leute unterwerfen sich freiwillig der Spannung, der Ermüdung, der Ungewißheit, der Verwirrung, der Angst und der Überraschung in solchen Tätigkeiten wie dem Angeln, Rudern, Reisen, Kreuzworträtsellösen, Bergsteigen und Witzemachen. Daß Begeisterung, Verzückung, Überraschung, Belustigung und Erleichterung Erregungen sind, zeigt sich an der Tatsache, daß wir sagen können, jemand sei zu begeistert, überrascht oder erleichtert, um vernünftig handeln, denken oder reden zu können. Wir sagen dann von ihm, er sei bewegt, im Sinn von ›erregt‹, und nicht, er sei motiviert, im Sinn von ›darauf aus, etwas zu tun oder zu erreichen‹.

4. Stimmungen

Wir sagen gewöhnlich von Leuten, daß sie sich zu gewissen Zeiten auf kürzere oder längere Dauer in einer gewissen Stimmung befinden. Wir sagen z. B., jemand sei deprimiert, glücklich, verschlossen oder unruhig, und zwar seit Minuten oder schon seit Tagen. Nur wenn eine Stimmung chronisch ist, verwenden wir solche Stimmungswörter als Charakterbezeichnungen. Es kann jemand heute melancholisch sein, ohne jedoch ein Melancholiker zu sein.

Wenn wir sagen, er sei in einer gewissen Stimmung, dann sagen wir etwas recht Allgemeines; nicht, daß er die ganze Zeit oder häufig eine einzige Sache tut oder nur ein einziges Gefühl hat, sondern daß er dazu aufgelegt ist, eine Reihe verschiedener lose zusammenhängender Dinge zu sagen, zu tun oder zu empfinden. Jemand in frivoler Stimmung ist in der Laune, mehr Witze als üblich zu erzählen, die Witze anderer witziger zu finden als gewöhnlich, wichtige Geschäftsangelegenheiten im Handumdrehen und ohne Zaudern zu erledigen, sich mit ganzem Herzen in kindische Spiele zu vertiefen, und so weiter.

Jemandes Stimmung ist etwas ganz anderes als die Motive, die ihn beseelen. Wir können von jemandem sagen, daß er ehrgeizig ist, treu zu seiner Partei hält, barmherzig ist und sich für Entomologie interessiert, und all das in gewissem Sinne zur gleichen Zeit. Nicht etwa, daß diese Neigungen gleichzeitige Vorfälle oder Zustände wären, da sie ja überhaupt keine Vorfälle oder Zustände sind. Aber wenn er in eine Lage kommen sollte, in der er sowohl seinem eigenen Vorwärtskommen wie auch seiner Partei helfen könnte, so würde er lieber beides tun als bloß das eine ohne das andere.

Stimmungen dagegen üben ein Monopol aus. Daß einer sich in einer gewissen Stimmung befindet, heißt, mit gewissen Vorbehalten für zusammengesetzte Stimmungen, daß er sich nicht in einer anderen befindet. In der Stimmung sein, so oder so zu handeln oder zu reagieren, heißt gleichzeitig, nicht in der Stimmung sein, auf eine Anzahl anderer Arten zu handeln oder zu reagieren. In der Unterhaltungsstimmung sein bedeutet, nicht in einer Lese-, Schreibe- oder Fußballstimmung sein. Zuweilen reden wir über Stimmungen in Ausdrücken, die denen entlehnt sind, in denen wir vom Wetter reden, und bisweilen reden wir vom Wetter in Ausdrücken, die der Sprache der Stimmungen entlehnt sind. Wir erwähnen weder Stimmungen noch das Wetter, außer wenn sie veränderlich sind. Wenn heute hier Schauerneigung herrscht, dann haben wir hier heute keinen Landregen. Wenn Müller gestern abend mürrisch war, dann war er gestern abend nicht vergnügt, traurig, heiter oder unterhaltsam. Ferner färbt jemandes Stimmung während einer gewissen Zeit auf alle oder fast alle seine Handlungen und Reaktionen zu dieser Zeit ab, ähnlich wie das Wetter heute morgen in einer gewissen Zone jeden Abschnitt dieses Gebiets in derselben Weise beeinflußt. Sein Arbeiten und Sich-Entspannen, seine Reden und Grimassen, sein Appetit und seine Wachträume, sie alle spiegeln seine Gereiztheit, seine Aufgeräumtheit oder seinen Mißmut wider. Jedes einzelne von ihnen kann als Barometer der andern dienen.

Stimmungswörter sind Wörter für kurzfristige Tendenzen, aber sie unterscheiden sich von Motivwörtern nicht nur durch die Kurzfristigkeit ihres Zutreffens, sondern in der Art, wie sie zur Kennzeichnung der Gesamt-›Ausrichtung‹ einer Person während dieses kurzen Zutreffens verwendet werden. Ähnlich wie das ganze Schiff stampft, schlingert oder auf südöstlichem Kurs liegt, so ist der ganze Mensch aufgeregt, heiter oder niedergeschlagen. Dementsprechend wird er dazu neigen, die ganze Welt als drohend, freundlich oder düster zu beschreiben. Wenn er gut aufgelegt ist, findet er alles famoser als sonst; und wenn er schlecht aufgelegt ist, dann erscheint ihm nicht bloß der Tonfall seines Vorgesetzten und sein eigener verknoteter Schnürsenkel als ungerecht, sondern alles scheint ihm Unrecht zuzufügen.

Stimmungswörter werden gewöhnlich unter die Namen von Gefühlen eingereiht. Aber wenn das Wort ›Gefühl‹ mit irgend einer Präzision verwendet werden soll, dann ist diese Einordnung völlig unhaltbar. Die Behauptung, jemand sei glücklich oder unzufrieden, heißt nicht nur, daß er häufiges und andauerndes Kribbeln oder Nagen verspürt; ja es heißt nicht einmal immer das, denn wir würden unsere Behauptung nicht zurückziehen, wenn wir herausfänden, der betreffende hätte keine solchen Gefühle verspürt, und wir wären nicht überzeugt, daß er glücklich oder unzufrieden sei, einfach auf Grund des Eingeständnisses, er fühle sie oft und intensiv. Sie könnten ja Zeichen einer Verdauungsstörung oder eines Rausches sein.

Genau gesprochen, ist ein Gefühl etwas, das innerhalb weniger Sekunden kommt und geht, an- und abschwillt; es sticht oder prickelt; wir fühlen es am ganzen Körper oder in einem besonderen Teil. Das Opfer kann sagen, daß es ein ununterbrochenes Zwacken spürt oder daß es nur nach ziemlich langen Pausen wiederkehrt. Niemand würde sein Glück oder seine Unzufriedenheit auf diese Art beschreiben. Man sagt, daß man sich glücklich oder unzufrieden fühlt, aber nicht, daß man ein ununterbrochenes Glücks- oder Unzufriedenheitsgefühl spürt oder daß man sich gleichmäßig glücklich oder unzufrieden fühlt. Wenn jemand zu fröhlich ist, um über einem Rückschlag zu brüten, so heißt das nicht, er erleide ein so heftiges Gefühl, daß er an nichts anderes denken könne und daher auch nicht an den Rückschlag; im Gegenteil, er genießt mehr denn je alles, was er tut und denkt, einschließlich der Gedanken an den Rückschlag. Es macht ihm weniger aus, daran zu denken, als sonst.

Die Hauptmotive für die Einreihung der Stimmungen unter die Gefühle scheinen zweifach zu sein: 1. Theoretiker fühlten sich genötigt, sie in eine der drei erlaubten Kategorien einzureihen, nämlich Gedanken, Wille und Gefühl; und da Stimmungen nicht in die ersten zwei Kategorien passen wollen, so müssen sie eben in die dritte passen. Auf dieses Motiv brauchen wir wohl keine Zeit zu verschwenden. 2. Jemand in einer faulen, aufgedrehten oder niedergeschlagenen Stimmung kann seinen Gemütszustand sprachlich einwandfrei bekennen, indem er sagt: ›Ich fühle mich faul‹ oder ›Ich fange an, mich aufgedreht zu fühlen‹, oder ›Ich fühle mich noch immer niedergeschlagen‹. Wie könnten aber solche Ausdrucksweisen sprachlich einwandfrei sein, wenn sie nicht das Vorkommen von Gefühlen berichteten? Wenn ›Ich fühle ein Zucken‹ ein zuckendes Gefühl ankündigt, wie sollte da ›Ich fühle mich energisch‹ nicht ein energisches Gefühl ankündigen?

Aber dieses Beispiel beginnt, das Argument unplausibel zu machen. Energie ist offensichtlich kein Gefühl. Und wenn der Kranke sagt: ›Ich fühle mich krank‹ oder ›Ich fühle mich besser‹, so wird niemand deswegen Krankheit oder Genesung unter die Gefühle einordnen. ›Er fühlte sich einfältig‹, ›imstande, den Baum zu erklettern‹, ›ohnmächtig werden‹ sind andere Verwendungen des Wortes ›fühlen‹, in denen die dem

Zeitwort folgenden Objekte nicht die Namen von Gefühlen sind.

Bevor wir auf die Verknüpfung von ›fühlen‹ mit Stimmungswörtern zurückkommen, müssen wir einige Unterschiede zwischen solchen Erklärungen wie ›Ich fühle einen Kitzel‹ und ›Ich fühle mich krank‹ untersuchen. Wenn jemand einen Kitzel fühlt, dann hat er einen Kitzel, und wenn er einen Kitzel hat, dann fühlt er das. Aber wenn sich einer krank fühlt, dann muß er nicht eine Krankheit haben, und wenn er eine Krankheit hat, dann braucht er das nicht zu fühlen. Ohne Zweifel ist die Tatsache, daß sich jemand krank fühlt, ein Anhaltspunkt dafür, daß er tatsächlich krank ist; aber einen Kitzel fühlen ist nicht ein Anhaltspunkt dafür, daß man einen Kitzel hat, genausowenig wie jemandem einen Schlag versetzen ein Anhaltspunkt dafür ist, daß ein Schlag vorgefallen ist. In den Redewendungen ›einen Kitzel fühlen‹ und ›einen Schlag versetzen‹, sind ›Kitzel‹ und ›Schlag‹ innere Objekte der Zeitwörter ›fühlen‹ und ›versetzen‹. Das Zeitwort und sein Objekt sind zwei Ausdrücke für dasselbe Ding, genauso wie die Zeitwörter und Objekte in den Redewendungen ›Ich habe einen Traum geträumt‹ und ›Ich habe eine Frage gefragt‹.

Aber ›krank‹ und ›imstande, den Baum zu erklettern‹ sind nicht innere Objekte des Zeitworts ›fühlen‹; so sind sie also nicht grammatikhalber verpflichtet, Gefühle zu bedeuten, wie ein ›Kitzel‹ grammatikhalber verpflichtet ist, ein Gefühl zu bedeuten. Ein weiterer rein grammatikalischer Umstand zeigt dasselbe. Es ist gleichgültig, ob ich sage ›Ich fühle einen Kitzel‹ oder ›Ich habe einen Kitzel‹; aber ›ich habe ...‹ kann nicht durch ›... mich krank‹, ›... mich imstande, den Baum zu erklettern‹, ›... mich glücklich‹ oder ›... mich unzufrieden‹ vervollständigt werden. Wenn wir die Parallele wiederherzustellen versuchen, indem wir abstrakte Hauptwörter einführen, so finden wir eine weitere Unstimmigkeit; wenn ›Ich fühle Glück‹, ›Ich fühle Krankheit‹ oder ›Ich fühle Imstande-Sein, den Baum zu erklettern‹

überhaupt etwas heißen, so heißen sie bestimmt nicht dasselbe wie ›Ich fühle mich glücklich, krank oder imstande, den Baum zu erklettern‹.

Andrerseits bestehen aber neben diesen Unterschieden zwischen den verschiedenen Verwendungen von ›Ich fühle...‹ auch noch wichtige Ähnlichkeiten. Wenn jemand sagt, er habe einen Kitzel, dann verlangen wir von ihm keine Belege dafür, noch bestehen wir darauf, daß er sich dessen vergewissert. Einen Kitzel melden heißt nicht: die Ergebnisse einer Untersuchung veröffentlichen. Ein Kitzel ist nicht etwas, das durch sorgfältige Zeugenschaft erwiesen wird, oder etwas, das aus gewissen Anhaltspunkten gefolgert wird. Wir denken nicht daran, die Schärfe der Beobachtung oder des Verstandes derjenigen zu bewundern, die uns wissen lassen, daß sie einen Kitzel, einen Stich oder einen Schauer fühlen. Dasselbe gilt auch für die Eröffnung von Stimmungen. Wenn jemand sagt ›Ich fühle mich gelangweilt‹ oder ›Ich fühle mich niedergeschlagen‹, so ersuchen wir ihn nicht um sein Beweismaterial oder verlangen, daß er sich vergewissere. Wir mögen ihn der Täuschung oder Selbsttäuschung beschuldigen, aber wir beschuldigen ihn nicht, bei seinen Beobachtungen achtlos oder bei seinen Schlußfolgerungen vorschnell gewesen zu sein, da wir seine Eröffnung nicht für einen Bericht von Beobachtungen oder Schlußfolgerungen halten. Er war nicht ein guter oder ein schlechter Detektiv; er war überhaupt kein Detektiv. Nichts würde uns mehr verblüffen, als ihn in dem wachsamen und wohlüberlegten Tonfall eines Detektivs, Mikroskopisten oder Diagnostikers sagen zu hören: ›Ich fühle mich niedergeschlagen‹, obwohl dieser Ton durchaus am Platze ist, wenn er sagt: ›Ich *fühlte* mich niedergeschlagen‹ oder ›*Er* fühlt sich niedergeschlagen‹. Wenn das Geständnis seine Wirkung tun soll, dann muß er es in einem niedergeschlagenen Tonfall machen; es muß ihm vor einem mitfühlenden Zuhörer entfahren, nicht vor einer Untersuchungskommission berichtet werden. Wenn man gesteht: ›Ich fühle mich niedergeschlagen‹, tut man eines der Dinge, die man eben in der Stimmung der Niedergeschlagenheit tut, nämlich eine gesprächsweise Mitteilung. Das ist nicht ein Stück wissenschaftlicher Prämissenlieferung, sondern ein Stück gesprächsweisen Trübsalblasens. Wenn wir Verdacht schöpfen, fragen wir darum auch nicht ›Dichtung oder Wahrheit?‹, ›Richtig oder falsch?‹, ›Verläßlich oder unverläßlich?‹, sondern ›Echt oder gespielt?‹. Das gesprächsweise Geständnis von Stimmungen verlangt nicht Scharfsinn, sondern Offenheit. Es kommt vom Herzen, nicht vom Kopf. Es ist nicht Entdeckung, sondern freiwilliges Nichtverbergen.

Freilich müssen Leute Geständnisäußerungen richtig verwenden lernen und sie mögen diese Lektionen nicht sehr gut lernen. Sie lernen sie durch die alltäglichen Besprechungen der Stimmungen anderer und durch so viel ertragreichere Quellen wie Romane und das Theater. Aus denselben Quellen schöpfen sie auch die Fähigkeit, andere Leute und sich selbst zu betrügen, indem sie Scheinbekenntnisse im richtigen Tonfall und mit dem übrigen schauspielerischen Zubehör machen.

Stellen wir nun die erkenntnistheoretische Frage ›Wie findet einer heraus, in welcher Stimmung er selbst ist?‹, so können wir antworten, daß er es ganz ähnlich herausfindet wie wir, wenn er es überhaupt herausfindet, was nicht der Fall sein muß. Wie wir gesehen haben, stöhnt er nicht: ›Ich langweile mich‹, weil er herausgefunden hat, daß er sich langweilt, genausowenig wie ein Schläfriger gähnt, weil er herausgefunden hat, daß er schläfrig ist. Nein, ähnlich wie der Schläfrige seine Schläfrigkeit entdeckt, wenn er bemerkt, daß er unter anderem fortwährend gähnt, so entdeckt der Gelangweilte seine Langeweile, wenn er unter anderem bemerkt, daß er lustlos zu sich und andern sagt: ›Ich langweile mich‹ und: ›Wie ich mich langweile!‹ Ein solches Geständnis, das einem entschlüpft, ist nicht nur ein verläßliches Anzeichen unter anderen. Es ist das erste und beste Anzeichen, da es, in Worte gefaßt und freiwillig ausgesprochen, ja gehört und verstanden werden soll. Es verlangt keine Spürarbeit.

In gewisser Beziehung ähneln Stimmungsbekenntnisse wie z. B. ›Ich fühle mich heiter‹ eher Ankündigungen von Sinneseindrücken wie z. B. ›Ich fühle einen Kitzel‹ als solchen Bemerkungen wie ›Ich fühle mich besser‹ oder ›Ich fühle mich imstande, auf den Baum zu klettern‹. Wie es absurd wäre, zu sagen: ›Ich fühle einen Kitzel, aber vielleicht habe ich keinen‹, so wäre es gewöhnlich ebenso absurd zu sagen: ›Ich fühle mich heiter, aber vielleicht bin ich es nicht.‹ Es wäre jedoch nicht im geringsten absurd zu sagen: ›Ich fühle mich besser, aber vielleicht geht es mir schlechter‹, oder: ›Ich fühle mich imstande, auf den Baum zu klettern, aber vielleicht kann ich es nicht.‹

Dieser Unterschied kann auch noch auf eine andere Weise erklärt werden. Manchmal ist es natürlich zu sagen: ›Ich habe das Gefühl, als ob ich ein ganzes Schwein essen könnte‹ oder: ›Ich habe das Gefühl, als ob meine Temperatur wieder ganz normal wäre.‹ Aber es wäre sehr selten oder nie natürlich zu sagen: ›Ich habe das Gefühl, als ob ich schlecht aufgelegt wäre‹ oder: ›Ich habe das Gefühl, als ob ich mich langweilte‹, genausowenig wie es natürlich wäre zu sagen: ›Ich habe das Gefühl, als ob ich Kopfschmerzen hätte.‹ Eine ausführliche Besprechung der Frage, warum wir die Wörter ›Gefühl‹ und ›fühlen‹ auf diese verschiedenen Arten verwenden, brächte keinen großen Gewinn. Sie werden noch auf unzählige andere Arten verwendet. Ich kann sagen: ›Ich fühlte einen großen Klumpen in der Matratze‹, ›Ich fühlte mich kalt‹, ›Ich fühlte mich so sonderbar‹, ›Ich fühlte, wie sich meine Backenmuskeln strafften‹, ›Ich fühlte mir etwas hochkommen‹, ›Ich befühlte mein Kinn mit der Hand‹, ›Ich fühlte im Dunkeln nach dem Schalter‹, ›Ich fühlte, daß etwas Wichtiges bevorstand‹, ›Ich fühlte, irgendwo in der Beweisführung war ein Fehler‹, ›Ich fühlte mich ganz zu Hause‹, ›Ich fühlte, daß er wütend war‹. Es ist ein den meisten dieser Verwendungen gemeinsames Merkmal, daß der Sprecher keine weiteren Fragen gestellt haben will. Sie wären nämlich unbeantwortbare oder nicht stellbare Fragen. Daß er etwas fühlte, genügt, um manche Debatten zu beenden; daß er es bloß fühlte, genügt zu zeigen, daß Debatten gar nicht beginnen sollten.

Stimmungsbezeichnungen sind also keine Gefühlsbezeichnungen. Aber in einer bestimmten Stimmung sein heißt: in der Stimmung sein, unter anderem in gewissen Umständen gewisse Gefühle zu fühlen. In träger Stimmung sein heißt: unter anderem dazu neigen, in allen Gliedern Mattigkeit zu empfinden, wenn gewisse Pflichten erfüllt werden sollen; beim Sich-in-den-Liegestuhl-fallen-Lassen behagliche Entspannungsempfindungen zu verspüren; keine Erregungsgefühle zu haben, wenn das Spiel wieder anfängt, und so fort. Aber wir denken in der Hauptsache nicht an diese Gefühle, wenn wir sagen, daß wir uns träge fühlen; ja wir beachten solche Empfindungen selten, wenn sie nicht ganz außergewöhnlich stark sind.

Sind Bezeichnungen von Stimmungen also Bezeichnungen von Gemütsbewegungen? Die einzig zulässige Antwort ist, daß sie es selbstverständlich sind, in dem Sinn, in dem manche Leute manchmal das Wort ›Gemütsbewegung‹ verwenden. Wir müssen dann aber hinzusetzen, daß Gemütsbewegungen in diesem Sinne nicht von Gedanken, Wachträumen, freiwilligen Handlungen, Grimassen oder Gefühlsstichen und -wellen zu trennen sind. Hat man in diesem Sinn die Gemütsbewegung, die wir normalerweise als ›Langeweile‹ bezeichnen, dann ist man also in der Stimmung, gewisse Gedanken und nicht andere zu denken, zu gähnen und nicht zu kichern, sich steif und formell, nicht animiert zu unterhalten, sich schlaff und nicht beschwingt zu fühlen. Langeweile ist nicht ein einziger unterscheidbarer Bestandteil, eine Szene oder ein Merkmal von alldem, was ihr Opfer tut oder leidet; man kann sie eher als die zeitweilige Färbung dieser Gesamtheit bezeichnen. Sie ist nicht wie ein Windstoß, ein Sonnenstrahl, ein Regenguß oder die Temperatur; sie ist wie das Morgenwetter.

5. Erregungen und Gefühle

In einem früheren Teil dieses Kapitels habe ich zu entwickeln versucht, was wir z. B. meinen, wenn wir ein gewisses Glühen als ein Glühen des Stolzes oder einen bestimmten Schauer als einen Schauer der Angst bezeichnen. Im Anfang soll gleich bemerkt werden, daß im allgemeinen jenes Wort, welches die Phrase ›Stich der ...‹ oder ›Schauer der ...‹ vervollständigt, der Name einer Erregung ist. Ich will nun zeigen, daß Gefühle ihrer Natur nach mit Erregungen und nicht mit Neigungen verknüpft sind, außer insoweit Neigungen Faktoren in Erregungen sind. Ich suche hier aber nicht eine neue psychologische Hypothese aufzustellen; ich versuche nur zu zeigen, daß es zur Logik unserer Gefühlsbeschreibungen gehört, daß Gefühle Zeichen von Erregungen und nicht Verwirklichungen von Neigungen sind.

Wir haben gesehen, daß auf alle Fälle viele der Wörter, die zur Bezeichnung von Gefühlen dienen, auch zur Bezeichnung von körperlichen Empfindungen verwendet werden. Ein Zittern kann z. B. ein Zittern der Erwartung oder aber ein Zittern körperlicher Erschöpfung sein; es kann sich einer vor Verlegenheit krümmen oder vor Magenweh. Ein Kind weiß manchmal nicht, ob der Kloß in seinem Hals ein Zeichen des Jammers oder einer beginnenden Krankheit ist.

Ehe wir uns mit unserem Sonderproblem befassen: ›Durch welche Kriterien kommen wir dazu, manche Gefühle als Gefühle »der Überraschung« oder »des Ekels« auszusondern?‹ wollen wir vorerst die Frage untersuchen: ›Durch welche Kriterien kommen wir dazu, gewisse körperliche Empfindungen z. B. als Anfälle von Zahnweh oder Anwandlungen von Seekrankheit zu klassifizieren?‹ Ja durch welche Kriterien sind wir imstande, in irgendeinem Sinn von ›in‹, Körperempfindungen im rechten Knie oder in der Magengrube zu lokalisieren oder dabei fehlzugehen? Die Antwort lautet, daß wir sowohl die Ortsbestimmung wie auch die einfachsten physiologischen Diagnosen körperlicher Empfindungen durch ein ungefähres Experimentalverfahren lernen, das gewöhnlich durch die Anleitung unterstützt wird, die uns andere erteilen. Der Schmerz ist in dem Finger, in dem ich die Nadel sehe, er ist in dem Finger, an dem ich lutschen muß, um Erleichterung zu bekommen. So ähnlich lerne ich auch die dumpfe Last, die ich im Magen fühle und als dort befindlich erkenne, als ein Zeichen eines verdorbenen Magens erkennen, weil sie mit Appetitverlust, Anfälligkeit zu nachfolgender Übelkeit und Erleichterung durch gewisse Arzneien und Wärmflaschen verknüpft ist. Ausdrücke wie ›ein Anfall von Zahnweh‹ verkörpern schon Kausalhypothesen, und diese verkörperten Hypothesen sind manchmal falsch. Ein verwundeter Soldat wird vielleicht sagen, daß er einen rheumatischen Stich im rechten Bein spürt, obwohl er kein rechtes Bein mehr hat und obwohl ›rheumatisch‹ die falsche Diagnose des Schmerzes ist, den er fühlt.

So ähnlich berichtet man auch nicht nur über ein Gefühl, wenn man über einen kalten Schauer der Angst oder eine Anwandlung von Mitleid berichtet; man gibt dann eine Diagnose davon, aber eine Diagnose, die nicht in der Terminologie einer physiologischen Störung abgefaßt ist. In manchen Fällen wird die Diagnose irrig sein; man wird vielleicht das, was wirklich ein Stich der Besorgnis ist, als einen Stich der Reue auslegen, und was man als das dumpfe Gefühl der Langeweile ansieht, ist wirklich das dumpfe Gefühl der Minderwertigkeit. Vielleicht wird man sogar ein Gefühl, das in Wirklichkeit ein Zeichen der Angst ist, der Magenverstimmung oder Kribbelempfindungen, die von übermäßigem Rauchen kommen, gespannter Erwartung zuschreiben. Selbstverständlich kommen solche Fehldiagnosen häufiger bei Kindern vor als bei Erwachsenen, und häufiger bei Leuten in neuen Situationen als bei Leuten, die in ihrem üblichen Lebenswandel verharren. Wir wollen aber hier hervorheben, daß wir eine Kausalhypothese anwenden, ob wir nun eine körperliche Empfindung einer physiologischen Verfassung oder ein Gefühl einer emotionalen Verfassung zuordnen.

Schmerzen kommen nicht schon mit dem Stempel ›rheumatisch‹ an, auch nicht Stiche mit dem Stempel ›Mitleid‹.

Ferner wäre es absurd, von jemandem zu sagen, er habe absichtlich eine Empfindung oder ein Gefühl; oder jemanden zu fragen, *wozu* er ein Stechen habe. Das Vorkommen einer Empfindung oder eines Gefühls wird vielmehr dadurch erklärt, daß wir z. B. sagen, ein elektrischer Schlag habe mir eine prickelnde Empfindung gegeben oder das Heulen der Sirene habe mir ein kribbelndes Gefühl im Magen verursacht, wobei niemand ein Motiv für dieses Prickeln oder jenes Kribbeln suchen würde. Gefühle gehören also nicht zu jener Art von Dingen, von denen man sinnvoll fragen kann, aus welchen Motiven sie hervorgehen. Das gilt aus denselben Gründen auch für die andern Zeichen von Erregungen. Weder meine Stiche noch meine Zuckungen, weder meine kribbelnden Gefühle noch mein körperliches Kribbeln, weder meine Gefühle noch meine Seufzer der Erleichterung sind Dinge, die ich aus irgendeinem Grunde tue; deswegen kann man auch nicht sagen, daß ich sie geschickt oder ungeschickt, erfolgreich oder erfolglos, sorgfältig oder nachlässig täte – ja daß ich sie überhaupt täte. Sie werden weder gut noch schlecht gemacht; sie werden gar nicht gemacht, obwohl die Zuckungen des Schauspielers und die Seufzer des Heuchlers gut oder schlecht gemacht werden können. Es wäre Unsinn zu sagen, daß jemand ein Stechen zu haben versuchte, aber kein Unsinn zu sagen, daß er eins herbeizuführen suchte.

Diese Tatsache zeigt, warum wir mit der obigen Andeutung recht hatten, daß Gefühle nicht unmittelbar zu den einfachen Neigungen gehören. Denn eine Neigung ist eine gewisse Art des Dazu-Hinneigens oder der Bereitschaft, gewisse Dinge absichtlich zu tun. Von diesen Dingen kann man daher sagen, daß sie aus einem bestimmten Motiv getan werden. Sie sind die Verwirklichung jener Disposition, die wir ›ein Motiv‹ nennen. Gefühle entspringen nicht Motiven, und sie befinden sich daher nicht unter den möglichen Verwirklichungen dieser Art von Hang. Die weitverbreitete Theorie, ein Motiv wie z. B. Eitelkeit oder Zuneigung, sei in erster Linie eine Disposition, gewisse spezifische Gefühle zu verspüren, ist daher absurd. Es gibt natürlich Tendenzen, Gefühle zu haben; an Schwindel oder Rheumatismus leiden heißt solche Tendenzen haben. Aber wir versuchen nicht, diese Art von Tendenzen durch Predigten zu beeinflussen.

Dem Kausalzusammenhang nach gehören Gefühle zu den Erregungen; sie sind Zeichen von Erregungen, genauso wie Magenschmerzen Zeichen eines verdorbenen Magens sind. Ungefähr gesprochen, handeln wir nicht, wie die vorherrschende Lehre behauptet, zu einem bestimmten Zweck, weil wir Gefühle erleben; wir erleben Gefühle, während wir zusammenzucken und erschaudern, weil wir gehindert werden, nach unserer Absicht zu handeln.

Bevor wir diesen Teil unserer Untersuchung verlassen, ist es der Mühe wert, anzuführen, daß wir in uns echte und heftige Gefühle hervorbringen können, indem wir uns bloß in der Phantasie in aufregende Umstände versetzen. Romanleser und Theaterbesucher fühlen echte Qualen und Erhebungen des Herzens, genau wie sie echte Tränen vergießen und, ohne zu spielen, finster blicken mögen. Aber ihr Jammer und ihre Entrüstung sind unecht. Die gleichen Leute haben weiterhin Appetit auf Leckerbissen, und sie fahren in ihrem Gespräch im selben Tone fort. Sentimental ist, wer in künstlich erzeugten Gefühlen schwelgt, ohne die Unechtheit seiner Erregungen zuzugeben.

6. Gern haben und Wünschen

Die Wörter ›Lust‹, ›Vergnügen‹ und ›Verlangen‹ spielen eine große Rolle in der Terminologie der Ethik und mancher Richtungen in der Psychologie. Es ist wichtig, kurz einige Unterschiede zwischen der vermeintlichen und der tatsächlichen Logik ihrer Verwendung anzugeben.

Erstens wird allgemein angenommen, daß ›Lust‹, ›Vergnügen‹ und ›Verlangen‹ immer verwendet werden, um Gefühle zu bezeichnen. Es gibt allerdings wirklich Gefühle, die als Gefühle der Lust, des Vergnügens und des Verlangens bezeichnet werden können. Manches Erschaudern, manche Erschütterung, manches Erglühen und mancher Kitzel ist ein Gefühl der Freude, der Überraschung, der Erleichterung und der Heiterkeit; und Kitzel, Jucken, Nagen und Sehnen sind Zeichen, daß man nach etwas verlangt und daß es einem abgeht. Aber das Entzücken, die Überraschung, die Erleichterung und der Kummer, als deren Zeichen diese Gefühle richtig oder falsch ausgelegt werden, sind nicht selbst Gefühle; es ist eine Erregung oder Stimmung, genau wie es das Entzücken und der Kummer sind, die ein Kind mit seinen Sprüngen und Schluchzern verrät. Heimweh ist eine Erregung und zwar eine, die man wohl in einem gewissen Sinne ein ›Verlangen‹ nennen kann; aber es ist nicht bloß ein Gefühl oder eine Reihe von Gefühlen. Der Heimwehleidende erlebt zwar diese Gefühle, aber daneben kann er nicht umhin, an zu Hause zu denken und davon zu träumen, jeden Vorschlag, noch länger fortzubleiben, abzulehnen und bei seinen Lieblingsbeschäftigungen lustlos zu sein. Wenn diese und ähnliche Tendenzen nicht da wären, würden wir nicht von Heimweh sprechen, von welchen Gefühlen auch berichtet wird.

›Lust‹ oder ›Vergnügen‹ werden also manchmal zur Bezeichnung besonderer Arten von Stimmungen verwendet, wie z. B. Erhebung, Freude und Heiterkeit. Sie werden dementsprechend zur Vervollständigung der Beschreibung gewisser Gefühle verwendet, wie z. B. von Wellen und Schauern. Es gibt aber noch eine andere Bedeutung: jemand, der so in eine Tätigkeit vertieft ist, z. B. Golfspielen oder Argumentieren, daß er ungern aufhört oder auch nur an etwas anderes denkt, tut es mit ›Lust‹ oder mit ›Vergnügen‹, obwohl er nicht im geringsten erschüttert oder außer sich ist, also keine besonderen Gefühle verspürt.

Zweifellos verspürt der in sein Spiel vertiefte Golfspieler im Laufe des Spiels zahlreiche Schauer und Wellen des Entzückens, der Erregung und des Selbstgefallens. Aber wenn man ihn fragte, ob er auch in den Pausen zwischen diesen Gefühlen an dem Spiel Vergnügen gefunden habe, so würde er selbstverständlich bejahend antworten, denn ihm hatte ja das ganze Spiel Vergnügen bereitet. Er hätte zu keinem Zeitpunkt eine Unterbrechung begrüßt; er war niemals geneigt, seine Gedanken oder seine Unterhaltung von den Ereignissen des Spiels auf anderes zu lenken. Er mußte sich nicht mühsam auf sein Spiel konzentrieren. Er konzentrierte sich, ohne sich zu ermahnen oder zu beschwören, es zu tun. Im Gegenteil, es hätte und hat ihn vielleicht Anstrengung gekostet, sich auf etwas anderes zu konzentrieren.

In diesem Sinn sind ›an etwas Vergnügen finden‹, ›es gern tun‹ und ›nichts anderes tun mögen‹ verschiedene Arten, dasselbe auszudrücken, und gerade dieses sprachliche Faktum beleuchtet einen wichtigen Punkt. Ein Sehnen ist nicht dasselbe wie ein Erzittern oder ein Erschaudern, noch sind sie im geringsten einander ähnlich. Aber daß jemand eine Neigung hat, etwas zu tun, was er gerade tut, und keine Neigung, es nicht zu tun, kann gleicherweise durch die Bemerkung ›Er tut es mit Vergnügen‹ und ›Er tut, was er gern tut‹ und ›Er mag nicht aufhören‹ ausgedrückt werden. Das Vergnügen ist eine erfüllte Neigung zu handeln oder zu reagieren, wobei es sich um mit Aufmerksamkeit verrichtete Handlungen und Reaktionen handelt.

Wir sehen also, daß ›Vergnügen‹ mindestens in zwei ganz verschiedenen Bedeutungen verwendet werden kann.

1. Es gibt die Bedeutung, in der das Wort gewöhnlich durch die Ausdrücke ›Spaß machen‹, ›gern tun‹, ›gern mögen‹ und ›gern haben‹ ersetzt wird. Die Behauptung, daß es jemandem Spaß macht zu graben oder er gern gräbt, sagt nicht, daß er sowohl gegraben wie auch etwas anderes als Begleiterscheinung oder Wirkung des Grabens getan oder erlebt hat; es heißt, daß er mit ganzem Herzen bei der Sache war, d. h. daß er grub, daß er graben wollte und daß er nicht etwas anderes (oder gar nichts) anstelle des Grabens tun wollte.

Sein Graben war die Erfüllung einer Neigung. Das Graben war sein Vergnügen, nicht ein Vehikel seines Vergnügens.

2. Es gibt die Bedeutung von ›Vergnügen‹, in der es gewöhnlich durch Wörter wie ›Entzücken‹, ›Verzückung‹, ›Begeisterung‹, ›Freudentaumel‹ und ›Freude‹ ersetzt wird. Hier handelt es sich um Namen von Stimmungen, die auf Erregungen hinweisen. ›Zu begeistert, um zusammenhängend zu sprechen‹ oder ›verrückt vor Freude‹ sind zulässige Ausdrücke. Es gibt gewisse mit solchen Stimmungen verknüpfte Gefühle, die man etwa umschreibt mit: jemand ›erzittert‹ oder ›erglüht vor Lust‹. Obwohl wir sagen, daß wir ›vor Lust erzittern‹ oder ›erglühen‹, sagen wir bemerkenswerterweise gewöhnlich nicht, daß uns ›Lüste (oder Lust) durchströmen‹. Nur die Theorie ist so weit auf Abwege geraten, daß sie entweder das Entzücken oder das Etwas-gern-Haben als Gefühle klassifiziert. Daß diese Klassifikation abwegig ist, geht aus folgenden Tatsachen hervor: 1. Gern graben heißt nicht: zugleich graben und ein (angenehmes) Gefühl haben; 2. Entzücken, Heiterkeit usw. sind Stimmungen, aber Stimmungen sind keine Gefühle. Das ergibt sich auch aus folgenden Überlegungen. Es ist immer sinnvoll zu fragen, ob jemand eine Empfindung oder ein Gefühl gern hat, ungern hat oder weder gern noch ungern hat. Die meisten Empfindungen und Gefühle hat man weder gern noch ungern. Man beachtet sie überhaupt nur ausnahmsweise. Das gilt genauso für Erschaudern, Erzittern und Erglühen wie für Kitzeln. Wenn also auch jemand etwas fühlt, was mit Recht als ein Schauer des Vergnügens oder spezifischer als ein Lachreiz bezeichnet wird, so kann man noch immer fragen, ob er nicht bloß den Witz gern hörte, sondern auch das Gefühl des Lachreizes, den der Witz hervorrief, gern empfand. Wir wären auch nicht sehr erstaunt zu hören, daß er vom Witz so entzückt war, daß dann das Gefühl des Lachreizes recht unangenehm war; oder daß ein anderer, der vor Kummer geweint hat, zugibt, das Weinen selbst sei ganz angenehm gewesen. Ich habe in Paragraph 4 dieses Kapitels die beiden Haupt-

motive für die falsche Einordnung der Stimmungen unter die Gefühle besprochen. Die Motive dafür, ›etwas gern tun‹ oder ›gern haben‹ als Bezeichnungen für Gefühle zu klassifizieren, sind zwar parallel, aber nicht identisch, da Etwas-gern-Haben keine Stimmung ist. Man kann in der Stimmung sein oder nicht in der Stimmung sein, etwas gern zu tun oder zu haben.

Ähnliche Erwägungen, die hier nicht entwickelt zu werden brauchen, würden zeigen, daß ›nicht gern mögen‹, ›wünschen‹ und ›verlangen‹ nicht ein Stechen, Jucken oder Nagen bezeichnen. (Es muß hier erwähnt werden, daß ›Schmerz‹ in dem Sinn, in dem ich Schmerzen im Magen haben kann, nicht das Gegenteil von ›Vergnügen‹ ist. In diesem Sinn ist Schmerz eine besonders geartete Empfindung, die wir gewöhnlich nicht gern haben.)

Mögen und Nicht-Mögen, Freude und Kummer, Verlangen und Widerstreben sind also nicht ›innere‹ Vorfälle, bei denen zwar der Betroffene zugegen ist, seine Freunde aber nicht. Es sind keine Vorfälle und somit auch nichts Derartiges, wo Zeugen anwesend sein oder abwesend sein könnten. Gewiß können wir gewöhnlich, aber nicht immer, ohne Untersuchung sagen, ob wir etwas gern haben oder nicht und in welcher Stimmung wir uns gerade befinden. Jedoch unsere Gefährten können das auch, vorausgesetzt, daß wir in unserem Gespräch offen mit ihnen sind und keine Maske tragen. Wenn wir im Gespräch weder mit ihnen noch mit uns selbst offen sind, müssen sowohl wir wie sie Untersuchungen anstellen, um diese Dinge herauszufinden, und sie haben dann bessere Aussicht auf Erfolg als wir.

7. Die Kriterien für Motive

Soweit wurde behauptet, die Erklärung einer Handlung durch die Herleitung aus einem bestimmten Motiv bestünde nicht darin, sie einer bestimmten okkulten Ursache zuzuordnen, sondern darin, sie unter eine gewisse Neigung oder Verhaltenstendenz zu subsumieren. Aber das ist nicht ausreichend. Die Erklärung einer Handlung als Folge einer Gewohnheit, eines Instinkts oder eines Reflexes würde dieser Formel genügen. Jedoch unterscheiden wir Handlungen, die, sagen wir, aus Eitelkeit oder Zuneigung getan wurden, von solchen, die automatisch in einer dieser anderen Weisen getan wurden. Ich werde mich hier darauf beschränken, einige der Kriterien anzugeben, mit deren Hilfe wir normalerweise feststellen würden, ob jemand etwas nicht aus Gewohnheit, sondern aus einem bestimmten Motiv heraus getan hat. Es darf aber nicht angenommen werden, daß diese zwei Klassen so scharf voneinander zu trennen sind wie Tag und Nacht am Äquator. Sie verschmelzen ineinander wie Tag und Nacht in England. Freundlichkeit geht über die Dämmerung der Rücksicht in Höflichkeit und Höflichkeit über das Zwielicht der Etikette in Drill über. Und der Drill eines eifrigen Soldaten ist nicht ganz genau dasselbe wie der Drill eines bloß braven Soldaten.

Wenn wir von jemandem sagen, er tue etwas aus bloßer Gewohnheit, dann meinen wir zum Teil, daß er in ähnlichen Umständen immer gerade so handelt; daß er so handelt, gleichgültig ob er auf das, was er tut, achtet oder nicht; daß er nicht mit besonderer Sorgfalt handelt oder seine Leistung zu verbessern trachtet; und daß er nachher keine Ahnung davon haben wird, daß er es getan hat. Solche Handlungen werden oft mit dem metaphorischen Titel ›automatisch‹ bezeichnet. Automatische Gewohnheiten werden oft absichtlich durch absoluten Drill beigebracht und können nur durch einen besonderen Gegendrill wieder ausgetrieben werden.

Wenn wir aber von jemandem sagen, er handle aus Ehrgeiz oder Gerechtigkeitssinn auf bestimmte Art, dann leugnen wir implizit, daß die Handlung automatisch war. Im besondern schließt es ein, daß der Handelnde auf irgendeine Art auf das, was er tat, aufpaßte oder dabei mitdachte, und daß er nicht so gehandelt hätte, wenn er nicht mitgedacht hätte.

Aber die genaue Bedeutung dieses Ausdrucks ›aufpassen auf das, was man tut‹ oder ›dabei mitdenken‹ ist schwer einzufangen. Ich kann z. B. aus Gewohnheit beim Hinauflaufen immer eine Stufe überspringen und dabei doch bemerken, daß ich es tue und sogar überlegen, wie es gemacht wird. Ich kann ein Beobachter meiner Gewohnheiten und Reflexe, ja sogar ihr Diagnostiker sein, ohne daß deshalb diese Handlung aufhört, automatisch zu sein. Es ist allerdings wohlbekannt, daß ein solches Aufpassen oft den Automatismus stört.

Umgekehrt können aus bestimmten Motiven begangene Handlungen naiv sein, in dem Sinn, daß der Handelnde seine Handlung nicht mit der sekundären Tätigkeit verknüpfte oder verknüpfen konnte, sich selbst oder seinen Begleitern zu sagen, was er tue oder warum er es tue. Ja sogar wenn jemand seine Handlungen innerlich oder laut kommentiert, so ist diese sekundäre Kommentierungstätigkeit meistens naiv. Man kann nicht seine eigenen Kommentare wiederum kommentieren und so ad infinitum. Der Sinn, in dem jemand auf das, was er tut, aufpaßt, wenn seine Handlung nicht als automatisch, sondern als durch ein Motiv bestimmt betrachtet werden soll, ist der, daß er mehr oder minder sorgfältig, kritisch, konsequent und zielbewußt handelt. Und diese Umstandswörter bezeichnen nicht den vorangegangenen oder gleichzeitigen Ablauf von zusätzlichen Operationen des Entschließens, Planens oder Nachdenkens, sondern zeigen bloß an, daß das Unternommene nicht geistesabwesend, sondern in einer bestimmten positiven Gemütsverfassung unternommen wurde. Die Kennzeichnung dieser Gemütsverfassung braucht keine andern Vorfälle zu erwähnen als diese Handlung selbst, obschon diese Erwähnung sie nicht erschöpfend kennzeichnet.

Kurzum, die Klasse der aus gewissen Motiven begangenen Handlungen fällt mit der als mehr oder weniger intelligent bezeichenbaren zusammen. Jede aus einem Motiv begangene Tat kann als verhältnismäßig klug oder dumm bewertet werden und umgekehrt. Aus reiner Gewohnheit Getanes wird nicht vernünftig oder töricht geheißen, obwohl der Handelnde selbstverständlich durch den Erwerb oder die Beibehaltung der Gewohnheit Verstand oder Torheit beweisen kann.

Das hängt mit einem weiteren Punkt zusammen. Zwei aus demselben Motiv begangene Handlungen können verschiedene Grade der Geschicklichkeit aufweisen, und zwei gleich geschickte Handlungen können aus verschiedenen Motiven begangen werden. Gern rudern heißt nicht, gut oder schnell rudern, und von zwei gleich guten Ruderern mag der eine um des Sports, der andere um der Gesundheit oder des Ruhmes willen rudern. Das heißt also, daß die Fähigkeiten, mit denen etwas getan wird, persönliche Eigenschaften ganz anderer Art sind als die Motive oder Neigungen, aus denen etwas getan wird; und wir unterscheiden gewohnheitsmäßige Handlungen von nichtautomatischen auf Grund der Tatsache, daß die letzteren die Ausübungen beider Eigenschaften zugleich sind. Völlig zerstreut Getanes wird weder nach gewissen Methoden noch aus gewissen Gründen getan, obwohl es wirksam sein und komplizierte Schritte enthalten kann.

Wenn wir jemandem ein bestimmtes Motiv unterlegen, dann weisen wir auf das hin, was er gewöhnlich herbeizuführen oder zu erreichen sucht. Wenn wir jemandem dagegen eine bestimmte Fähigkeit zuschreiben, dann weisen wir auf die Methoden und die Wirksamkeit der Methoden hin, die er bei diesen Versuchen anwendet. Es ist die Unterscheidung von Ziel und Verfahren. Die gebräuchlichere Redeweise von ›Mittel und Zweck‹ ist oft irreführend. Wenn jemand eine sarkastische Bemerkung macht, dann kann sein Tun nicht in Weg und Ziel aufgeteilt werden, und doch kann das Urteil, daß sie aus Haß gemacht wurde, von dem Urteil unterschieden werden, daß sie mit Geist gemacht wurde.

Aristoteles erkannte, daß wir, wenn wir von Motiven reden, von Dispositionen einer bestimmten Art reden, und zwar einer von Fähigkeiten verschiedenen Art; er erkannte auch, daß ein Motiv eine Neigung ist, von der man sagen kann, was man von einer Fähigkeit nicht sagen kann, nämlich daß dieses Motiv in einem bestimmten Mann in einer bestimmten Stellung zu stark, zu schwach oder weder zu stark noch zu schwach sein kann. Aristoteles scheint anzudeuten, daß wir in der Bewertung der moralischen Verdienste und Fehler einer Handlung, im Gegensatz zu der der technischen, die übermäßige, richtige oder ungenügende Stärke von Neigungen kommentieren, deren Verwirklichungen sie sind. Wir befassen uns hier nicht mit moralischen Fragen oder mit Fragen über die Natur moralischer Fragen. Unsere Untersuchung geht die Tatsache an, die Aristoteles als grundlegend erkannte, daß sich die relative Stärke einer Neigung ändern kann. Veränderungen der Umgebung, Gesellschaft, Gesundheit und des Alters, die Kritik und das Beispiel anderer können das Kräfteverhältnis ändern, das zwischen den verschiedenen Neigungen besteht, die eine Seite von jemandes Charakter bilden. Aber ebenso kann die Besorgnis um das Kräfteverhältnis dieses verändern. Es kann jemand entdecken, daß er zuviel Zeit auf Klatsch verschwendet oder daß er sich nicht genug der Interessen anderer annimmt, und er wird dann möglicherweise eine Neigung zweiter Ordnung entwikkeln, einige seiner schwachen Neigungen zu verstärken und einige seiner starken abzuschwächen. Er mag seinen Charakter nicht bloß auf akademische Art kritisieren, sondern ihn auf praktische Art umformen. Freilich kann sein neues Motiv zweiter Ordnung für die verschärfte Kontrolle seiner Motive der ersten Ordnung auch wieder ein wirtschaftliches oder eigennütziges sein. Ein ehrgeiziger Hoteleigentümer kann sich selbst zu Gerechtigkeit, Rücksichtnahme und Rechtschaffenheit abrichten allein aus dem Verlangen, sein Einkommen zu vergrößern; und seine Methoden der Selbstzucht mögen wirksamer sein als die einer Person mit erhabenen Idealen. Im Fall unseres Hoteleigentümers bestände aber doch *eine* Neigung, deren Übergewicht über die anderen unkritisiert und uneingeschränkt geblieben war, nämlich sein Verlangen, reich zu werden. Dieses Motiv kann, doch muß es nicht zu stark in ihm sein. Wenn dem so ist, könnten wir ihn vielleicht ›klug‹ oder ›gewiegt‹, aber nicht ›weise‹ nennen. Verallgemeinert heißt das also: Mit der Behauptung, jemand habe eine zu starke Neigung, meinen wir zu einem gewissen Teil, daß der Handelnde dieser Neigung gewöhnlich nachgibt, auch wenn er gleichzeitig geneigt ist, diese Neigung durch absichtliches gegenteiliges Handeln zu schwächen. Er ist ein Sklave des Nikotins oder der Parteidisziplin, wenn er sich nicht dazu bringen kann, eine genügende Anzahl jener schweren Schritte zu unternehmen, durch die allein die Macht jener Motive verringert werden könnte, obwohl er eine Neigung zweiter Ordnung hat, sie zu verringern. Das hier Beschriebene ist ein Teil dessen, was wir gewöhnlich ›Selbstkontrolle‹ nennen, und wenn das, was meistens die falsche Bezeichnung ›Impuls‹ trägt, unwiderstehlich und daher unkontrollierbar ist, dann ist es eine Tautologie zu sagen, es sei zu stark.

8. Die Gründe und die Ursachen von Handlungen

Ich habe zu beweisen versucht, daß die Erklärung einer Handlung als aus einem bestimmten Motiv begangen nicht die Beschreibung der Handlung als Wirkung einer bestimmten Ursache ist. Motive sind nicht Ereignisse und gehören daher nicht zum logischen Typ der Ursachen. Die Anwendung eines Ausdrucks für ein Motiv ist ein gesetzartiger Satz und nicht ein Ereignisbericht.

Aber die allgemeine Tatsache, daß jemand unter diesen und jenen Umständen in dieser und jener Art zu handeln geneigt ist, erklärt allein noch nicht, warum er in einem bestimmten Augenblick etwas Bestimmtes getan hat; genausowenig wie die Tatsache, daß das Glas spröde war, erklärt, warum es um zehn Uhr zersprang. Wie der Anprall des Steins um zehn Uhr das Glas zum Zerspringen brachte, so bringt oder veranlaßt irgend etwas der Tat Vorausgehendes den Täter, sie dann und dort zu begehen, wann und wo er sie tut. Jemand reicht z. B. seinem Tischnachbarn das Salz aus Höflichkeit; aber seine Höflichkeit ist eben bloß seine Neigung, das Salz zu reichen, wenn es verlangt wird, und auch noch eine Unzahl anderer Artigkeiten derselben allgemeinen Art. Es gibt also neben der Frage: ›Aus welchem Grunde reichte er das Salz?‹ noch die ganz andere Frage: ›Was veranlaßte ihn, das Salz in diesem Augenblick jenem Nachbarn zu reichen?‹ Diese Frage hat wahrscheinlich zur Antwort: ›Er hörte, wie sein Nachbar darum bat‹ oder: ›Er bemerkte, wie das Auge seines Nachbarn über den Tisch wanderte‹ oder etwas dergleichen.

Wir sind durchaus mit der Art von Vorfällen vertraut, welche Leute dazu bewegen oder veranlassen, etwas zu tun. Wenn wir es nicht wären, könnten wir niemals Leute dazu bringen zu tun, was wir wünschen, und die gewöhnlichen Beziehungen zwischen Leuten könnten nicht bestehen. Kunden könnten nicht einkaufen, Offiziere könnten keine Befehle geben, Freunde könnten sich nicht unterhalten und Kinder nicht spielen, wenn sie nicht wüßten, wie sie andere Leute und sich selbst dazu bekommen könnten, in bestimmten Lagen bestimmte Dinge zu tun.

Mit der Erwähnung dieser wichtigen Gemeinplätze verfolge ich ein zweifaches Ziel; erstens will ich zeigen, daß die Tatsache, daß eine Handlung eine Ursache hat, nicht damit im Widerspruch steht, daß sie auch ein Motiv hat, sondern daß diese Tatsache schon im Vordersatz des hypothetischen Urteils niedergelegt ist, welches dieses Motiv in Worte kleidet; und zweitens will ich zeigen, daß wir nicht nur weit davon entfernt sind, von okkulten oder gespenstischen Ursachen unserer Handlungen hören zu wollen, sondern daß wir sehr gut wissen, was für vertraute und meistens öffentliche Ereignisse jene Angelegenheiten sind, die Leute zu bestimmten Zeiten in bestimmter Weise zu handeln veranlassen.

Wenn die Lehre vom Gespenst in der Maschine wahr wäre, dann wären Leute füreinander nicht nur unverständliche Rätsel, sondern sie wären auch überhaupt nicht zu behandeln. Tatsächlich sind sie aber verhältnismäßig leicht zu behandeln und zu verstehen.

9. Zusammenfassung

Es gibt zwei ganz verschiedene Bedeutungen von ›Gemütsbewegung‹ oder ›Emotion‹, die wir bei der Erklärung menschlichen Verhaltens durch Hinweise auf Emotionen verwenden. Die erste Bedeutung bezieht sich auf die Motive oder Neigungen, aus denen mehr oder weniger intelligente Handlungen begangen werden. Die zweite Bedeutung bezieht sich auf Stimmungen, einschließlich der Erregungen oder Aufregungen, die sich in gewissen ziellosen Bewegungen zeigen. Bei keiner dieser Bedeutungen behaupten wir oder geben wir zu verstehen, daß das offene Benehmen die Wirkung eines gefühlten Strudels im Bewußtseinsstrom des Handelnden ist. In einer dritten Bedeutung von ›Gemütsbewegung‹ sind Stiche und Schauer Gefühle oder Emotionen, aber sie werden nicht, außer akzidentell, zur Erklärung menschlichen Verhaltens herangezogen. Wir brauchen Diagnosen für sie, nicht sie für Diagnosen von gewissem Verhalten. Impulse, die als Gefühle bezeichnet werden, die zum Handeln treiben, sind paramechanische Mythen. Das heißt aber nicht, daß Leute nie aus dem Impuls des Augenblicks handeln, sondern nur, daß wir nicht die traditionellen Geschichten von okkulten Vorgängern absichtlicher und impulsiver Handlungen hinnehmen sollten.

Obwohl also die Beschreibung des spezifisch menschlichen Benehmens gewiß der Erwähnung von Gemütsbewegungen in den ersten beiden Bedeutungen bedarf, so bedeutet eine solche Erwähnung doch nicht eine Schlußfolgerung auf okkulte innere Zustände oder Vorgänge. Meine Entdeckung der Motive und Stimmungen eines anderen läßt sich nicht mit der nicht nachprüfbaren Wasservermutung eines Rutengängers vergleichen; sie ist teils meinen Induktionen auf seine Gewohnheiten, Instinkte und Reflexe, teils meinen Schlüssen auf seine Krankheiten und Räusche ähnlich. Aber in günstigen Umständen finde ich seine Neigungen und Stimmungen auf direkterem Wege heraus. Ich höre und verstehe seine gesprächsweisen Bekenntnisse, seine Ausrufe und seinen Tonfall; ich sehe und verstehe seine Handbewegungen und seinen Gesichtsausdruck. Ich gebrauche ›verstehe‹ nicht in einem metaphorischen Sinn, denn auch Ausrufe, Tonfall, Gesten und Grimassen sind Arten der Verständigung. Wir lernen sie freilich nicht durch Unterricht, sondern durch Nachahmung. Wir wissen, wie wir etwas vormachen können, indem wir sie aufsetzen, und wir wissen in gewisser Weise, wie wir vermeiden können, uns zu verraten, indem wir Masken annehmen. Ausländer sind nicht nur wegen der von ihnen gebrauchten Wörter schwer zu verstehen. Meine Entdeckung meiner eigenen Motive und Stimmungen ist von derselben Art, nur bin ich ungünstig plaziert, um meine eigenen Grimassen und Gesten zu sehen oder meinen eigenen Tonfall zu hören. Motive und Stimmungen sind nicht von der Art, daß sie sich unter den unmittelbaren Offenbarungen des Bewußtseins oder den Objekten der Introspektion befinden könnten, wie diese unnatürlichen Formen des bevorrechteten Zugangs gewöhnlich bezeichnet werden. Sie sind genausowenig ›Erlebnisse‹, wie Gewohnheiten oder Krankheiten ›Erlebnisse‹ sind.

FÜNFTES KAPITEL

Dispositionen und Ereignisse

1. Vorwort

Ich habe schon Anlaß gehabt, Gründe für die Behauptung anzuführen, daß eine Anzahl von Wörtern, die wir bei der Beschreibung und Erklärung menschlichen Verhaltens verwenden, Dispositionen und nicht Episoden bezeichnen. Die Behauptung, daß jemand etwas weiß oder etwas sein will, heißt nicht, daß er zu einem gegebenen Zeitpunkt dabei ist, etwas zu tun oder zu erleiden, sondern daß er imstande ist, wenn nötig, gewisse Dinge zu tun, oder daß er dazu neigt, in Situationen gewisser Art gewisse Dinge zu tun oder zu fühlen.

An sich ist das kaum mehr als ein beinahe langweiliges Faktum gewöhnlicher Grammatik. Die Zeitwörter ›wissen‹, ›besitzen‹ und ›anstreben‹ verhalten sich nicht so wie die Zeitwörter ›laufen‹, ›aufwachen‹ oder ›prickeln‹; man kann nicht sagen ›Er wußte dies und jenes zwei Minuten lang, dann hörte er auf und fing nach einer Atempause wieder an‹, ›Er war schrittweise bestrebt, Bischof zu werden‹ oder ›Er ist gerade dabei, ein Fahrrad zu besitzen‹. Es ist auch keine spezifische Eigenschaft von Personen, daß wir sie mit dispositionalen Wörtern beschreiben. Wir verwenden solche Wörter genausooft zur Beschreibung von Tieren, Insekten, Kristallen und Atomen. Wir wollen ebensooft von dem reden, was mit Sicherheit geschehen wird, wie auch von dem, was tatsächlich gerade geschieht; wir wollen ebensooft Ereignisse erklären wie über sie berichten; und wir wollen ebenso darüber reden, wie man mit Dingen fertigwerden kann, wie darüber, was jetzt in ihnen vorgeht. Übrigens heißt ja die Einreihung eines Wortes unter die Dispositionsbezeichnungen nicht viel mehr, als daß es nicht zur Bezeichnung eines Ereignisses verwendet wird. Es gibt viele Arten von dispositionalen Wörtern. Hobbys sind nicht dasselbe wie Gewohnheiten, und beide unterscheiden sich von Fertigkeiten, Manieriertheit, Moden, Zwangszuständen und Berufen. Nestbauend ist eine ganz andersartige Eigenschaft als gefiedert, und stromleitend wiederum andersartig als elastisch.

Es hat hier aber einen besonderen Sinn, darauf aufmerksam zu machen, daß viele Grundbegriffe, mit denen wir eigentümlich menschliches Verhalten beschreiben, dispositionale Begriffe sind. Denn die Herrschaft der paramechanischen Legende hat viele Leute dazu verführt, das tatsächliche Verhalten dieser Begriffe unbeachtet zu lassen und sie statt dessen als Bezeichnungen okkulter Ursachen und Wirkungen auszulegen. Sätze, die solche dispositionalen Wörter enthalten, sind als kategorische Berichte von bestimmten, aber unbeobachtbaren Tatbeständen angesehen worden statt als überprüfbare, offen hypothetische Behauptungen oder solche, die ich als ›halb-hypothetische‹ Behauptungen bezeichnen werde. Der alte Irrtum, den Ausdruck ›Kraft‹ so zu behandeln, als bedeutete er eine okkulte, Kraft anwendende Macht, ist in den physikalischen Wissenschaften aufgegeben worden, aber seine Verwandten leben in manchen Theorien des Geistes weiter und sind in der Biologie vielleicht gerade erst am Aussterben.

Die Reichweite dieser Behauptung darf nicht übertrieben werden. Der Wortschatz, der uns zur Beschreibung eigentümlich menschlichen Verhaltens zur Verfügung steht, enthält nicht ausschließlich dispositionale Wörter. Der Richter, der Lehrer, der Romanschriftsteller, der Psychologe und der Mann auf der Straße müssen auch eine ganze Batterie von Wörtern verwenden, die für Episoden stehen, wenn sie davon reden, wie Leute tatsächlich handeln oder reagieren, oder wie sie es sollten. Genau wie Dispositionswörter, gehören auch diese ›Episodenwörter‹ zu einer Fülle verschiedener Typen, und wir werden sehen, daß die Vernachlässigung dieser Typenunterschiede die Gleichsetzung des Geistigen mit dem Geisterhaften sowohl gefördert hat wie auch von ihr gefördert wurde. Später in diesem Kapitel werde ich zwei Haupttypen von ›geistigen Episodenwörtern‹ besprechen. Das soll nicht heißen, daß es nicht auch andere gibt.

2. *Die Logik dispositionaler Aussagen*

Wenn man behauptet, eine Kuh sei ein Wiederkäuer oder ein gewisser Mann sei ein Zigarettenraucher, so heißt das nicht, daß die Kuh gerade jetzt wiederkäut oder daß der Mann gerade jetzt eine Zigarette raucht. Ein Wiederkäuer sein heißt: dazu neigen, von Zeit zu Zeit wiederzukäuen, und ein Zigarettenraucher sein heißt: die Gewohnheit haben, Zigaretten zu rauchen.

Die Tendenz wiederzukäuen und die Gewohnheit des Zigarettenrauchens könnte es nicht geben, wenn es nicht solche Vorgänge oder Episoden gäbe wie Wiederkäuen und Zigarettenrauchen. ›Er raucht jetzt eine Zigarette‹ besagt nicht dasselbe wie ›Er ist ein Zigarettenraucher‹, aber wenn Behauptungen wie die erste nicht manchmal wahr wären, dann könnten Behauptungen wie die zweite niemals wahr sein. Der Ausdruck ›eine Zigarette rauchen‹ kann sowohl zur Beschreibung von Episoden wie zur Feststellung von Tendenzen verwendet werden. Aber das ist nicht immer so. Es gibt viele Ausdrücke, die Tendenzen und Fähigkeiten feststellen, aber nicht in Episodenberichten verwendet werden können. Wir können sagen, daß etwas elastisch ist, aber wenn wir sagen müssen, in welchen tatsächlichen Umständen sich diese Möglichkeit verwirklicht, dann müssen wir unsere Ausdrucksweise ändern und sagen, daß der Gegenstand sich nach der Dehnung jetzt wieder zusammenzieht, nach dem Zusammendrücken sich jetzt gleich wieder ausdehnen wird oder vor kurzem nach plötzlichem Aufschlagen zurückschnellte. Es gibt kein aktives Zeitwort, das sich so zu ›ist elastisch‹ verhält, wie ›wiederkäuen‹ zu ›ist ein Wiederkäuer‹. Der Grund für diesen Unterschied ist nicht schwer zu finden. Es gibt mehrere verschiedene Reaktionen, die wir von einem elastischen Gegenstand erwarten. Dagegen gibt es, grob gesprochen, nur eine Art von Verhalten, das wir von einem Geschöpf erwarten, das uns als Wiederkäuer beschrieben wird. Ganz ähnlich können wir auch einen großen Bereich verschiedener Handlungen und Reaktionen angeben, die aus der Beschreibung einer Person als ›gierig‹ hergeleitet werden können, während sich, grob gesprochen, nur eine einzige Art von Handlungsweise aus der Beschreibung ›Zigarettenraucher‹ ableiten läßt. Kurzum, einige Dispositionswörter sind äußerst allgemein oder bestimmbar, andere dagegen sehr spezifiziert oder bestimmt; die Zeitwörter, mit denen wir über die verschiedenen Aktualisierungen allgemeiner Tendenzen, Fähigkeiten und Verantwortlichkeiten berichten, sind gewöhnlich von den Zeitwörtern verschieden, mit denen wir die Dispositionen benennen, während die den sehr spezifizierten dispositionalen Zeitwörtern entsprechenden episodischen Zeitwörter gewöhnlich die gleichen sind. Ein Bäcker kann jetzt beim Backen sein, aber von einem Krämer sagt man nicht, daß er jetzt ›kramt‹, sondern nur, daß er jetzt Zucker verkauft oder Tee abwiegt oder Butter einpackt. Es gibt Mitteldinge: Von einem Arzt kann man wohl gerade noch sagen, daß er jetzt jemanden ›verarztet‹, aber sicher nicht von einem Anwalt, daß er jetzt anwaltet, sondern nur, daß er jetzt ein Testament aufsetzt oder einen Klienten verteidigt.

Dispositionswörter wie ›wissen‹, ›glauben‹, ›anstreben‹, ›klug‹ und ›humorvoll‹ sind bestimmbare Dispositionswörter. Sie bezeichnen Fähigkeiten, Tendenzen oder Neigungen, Dinge zu tun, und zwar nicht Dinge einer einzigen Art, sondern vieler verschiedener Arten. Die Theoretiker, die erkennen, daß ›wissen‹ und ›glauben‹ im allgemeinen als Dispositionsverben verwendet werden, übersehen jedoch gewöhnlich diesen Punkt und nehmen an, daß es entsprechende Wissensakte und Glaubenszustände geben müsse; und die Tatsache, daß niemand einen anderen bei der Verrichtung solcher fälschlich postulierter Handlungen ertappen oder ihn in solchen Zuständen antreffen kann, wird dann gewöhnlich dadurch erklärt, daß diese Handlungen und Zustände in die geheime Grotte des Handelnden verlegt werden.

Eine ähnliche Annahme würde zu dem Schluß führen, da Anwalt sein ein Beruf ist, müssen sich berufliche Tätigkeiten des Anwaltens ereignen, und da Anwälte nie bei der Verrichtung dieser einen Tätigkeit ertappt werden, sondern nur bei der Verrichtung vieler verschiedener Dinge, wie der Testamentsaufsetzung, der Verteidigung von Klienten und der Beglaubigung von Unterschriften, so muß ihre charakteristische Berufstätigkeit des Anwaltens etwas sein, was sie hinter verschlossenen Türen tun. Die Versuchung, dispositionale Wörter als episodische zu konstruieren, und die andere Versuchung, jedem Wort mit dispositionaler Verwendung auch eine entsprechende episodische Verwendung zuzuschreiben, sind zwei Quellen für denselben Mythos. Aber sie sind nicht seine einzigen Quellen.

Hier muß kurz ein allgemeiner Einwand besprochen werden, der manchmal gegen das gesamte Programm erhoben wird, von Fähigkeiten, Tendenzen, Anfälligkeiten und Neigungen zu sprechen. Möglichkeiten, so wird mit Recht behauptet, sind nichts Wirkliches. Die Welt enthält nicht neben und über dem, was existiert und geschieht, auch noch andere Dinge, die bloße Möchte-gern-Dinge und Könnte-wohl-Geschehnisse sind. Sagt man von einem schlafenden Mann, er könne Französisch, oder von einem trockenen Stück Zucker, es sei im Wasser löslich, dann scheint man eine Eigenschaft zugleich zuschreiben und sie absprechen zu wollen. Aber entweder kennzeichnet eine Eigenschaft etwas, oder sie tut es nicht. Sie kann nicht bloß im Depositenkonto liegen. Oder anders ausgedrückt, ein sinnvoller bejahender Indikativsatz muß entweder wahr oder falsch sein. Wenn er wahr ist, dann sagt er aus, daß ein gewisses Ding oder gewisse Dinge eine bestimmte Eigenschaft haben; wenn er falsch ist, dann fehlen seinem Satzgegenstand diese Merkmale. Es gibt aber kein

Mittelding zwischen dem Wahrsein und dem Falschsein eines solchen Satzes, also auch keine Möglichkeit, daß die in einem Satz über einen Gegenstand gemachte Aussage um diese Alternative dadurch herumkommt, daß der Gegenstand bloß möglicherweise oder wahrscheinlicherweise diese Merkmale hat oder nicht hat. Eine Uhr kann die richtige oder die falsche Stunde schlagen; aber sie kann nicht eine Stunde schlagen, die wohl die richtige sein mag, aber weder die richtige noch die falsche ist.

Das ist ein gültiger Einwand gegen eine Art von Interpretation einer Aussage wie der, daß Zucker löslich ist, oder daß der Schläfer Französisch kann, der Interpretation nämlich, nach der solche Aussagen Behauptungen von zusätzlichen Sachverhalten sind. Tatsächlich war dies der Irrtum der alten Fakultätentheorien, welche Dispositionswörter als Bezeichnungen von okkulten Organen oder Ursachen auslegten, d. h. also von Dingen oder von Vorgängen, die in einer Art Niemandsland existieren oder sich dort abspielen. Aber die Einsicht, daß Sätze, die Wörter wie ›mag‹, ›könnte‹ und ›würde ... wenn‹ enthalten, nicht Tatsachen aus dem Niemandsland berichten, heißt nicht, daß solche Sätze keine eigene rechtmäßige Aufgabe haben. Die Aufgabe des Tatsachenberichts ist nur eine unter vielen möglichen Aufgaben von Sätzen.

Es bedarf keiner Argumente, um zu zeigen, daß Frage-, Befehls- und Wunschsätze zu andern Zwecken als dem verwendet werden, ihre Empfänger von der Existenz oder dem Vorfall gewisser Dinge zu unterrichten. Leider bedarf es eines Arguments, um zu zeigen, daß es eine Menge sinnvoller (bejahender und verneinender) Indikativsätze gibt, deren Funktion nicht der Tatsachenbericht ist. Noch immer wird die unglaubliche Annahme gemacht, jede wahre oder falsche Aussage behaupte oder leugne, daß ein erwähnter Gegenstand oder eine Reihe von Gegenständen eine bestimmte Eigenschaft besitzt. Tatsächlich tun das manche Aussagen, doch die meisten tun es nicht. Bücher über Arithmetik, Algebra, Geometrie, Rechtswissenschaft, Philosophie, formale Logik und Wirtschaftstheorie enthalten nur wenige, wenn überhaupt irgendwelche Aussagen über Tatsachen. Darum nennen wir solche Gegenstände ›abstrakt‹. Bücher über Physik, Meteorologie, Bakteriologie und vergleichende Sprachwissenschaften enthalten sehr wenige solcher Aussagen, obwohl sie angeben mögen, wo sie zu finden sind. Technische Handbücher, kritische Arbeiten, Predigten, politische Reden und sogar Fahrpläne können mehr oder weniger lehrreich sein, und zwar auf verschiedene Art, aber sie lehren uns nur wenige einzelne kategorische Wahrheiten von der Art der Eigenschafts- oder Beziehungszuschreibung.

Wir wollen die meisten Arten von Sätzen beiseite lassen, die nicht das Berichten von Tatsachen zur Aufgabe haben, und uns gleich mit den Gesetzen befassen. Denn obwohl die Behauptungen, daß genannte Einzelpersonen Fähigkeiten, Verantwortlichkeiten, Tendenzen usw. haben, nicht selbst Feststellungen von Gesetzen sind, so haben sie doch Eigenschaften, welche am besten nach einer Besprechung einiger Eigentümlichkeiten der Gesetzessätze klargemacht werden können.

Gesetze werden oft in grammatikalisch einfachen Indikativsätzen formuliert, sie können aber unter anderm auch in hypothetischen Sätzen nach folgenden Mustern ausgedrückt werden: ›Alles, was diese Eigenschaft hat, hat auch jene‹ oder ›Wenn ein Körper ohne Stütze belassen wird, dann fällt er mit dieser Beschleunigung‹. Wir bezeichnen einen hypothetischen Satz nicht als ein ›Gesetz‹, wenn er nicht eine ›variable‹ oder ›offene‹ hypothetische Aussage ist, d. h. also eine, deren Vordersatz zumindest einen Ausdruck wie z. B. ›jeder‹ oder ›immer wenn‹ enthalten kann. Aus diesem Grunde gilt ein Gesetz für Einzelfälle, obwohl seine Formulierung sie nicht erwähnt. Wenn ich weiß, daß ein Pendel, das um ein beliebiges länger ist als jedes beliebige andere Pendel, langsamer schwingen wird als das kürzere Pendel, und zwar um einen Betrag, der zu seinem Längenunterschied proportional ist, dann kann ich bei einem Pendel, das um drei Zentimeter länger ist als ein anderes, erschließen, wieviel langsamer es schwingen wird als das andere. Die Kenntnis dieses Gesetzes impliziert nicht, daß man diese zwei besonderen Pendel auch gefunden hat; die Formulierung des Gesetzes enthält keinen Bericht über ihre Existenz. Andrerseits impliziert die Kenntnis oder gar das Verständnis des Gesetzes das Wissen, daß es gewisse besondere Sachverhalte geben könnte, welche den Vordersatz und daher auch den Nachsatz des Gesetzes erfüllen. Wir müssen zuerst Aussagen über einzelne Tatsachen benützen lernen, ehe wir Gesetzesaussagen benützen lernen, welche wirklich oder möglicherweise für die einzelnen Tatsachen gelten. Gesetzesaussagen gehören auf ein anderes und raffinierteres Gesprächsniveau als das oder die, zu dem oder denen die Aussagen über die Tatsachen gehören, die sie erfüllen. Algebraische Sätze sind in ähnlicher Weise auf einem anderen Gesprächsniveau als die arithmetischen Sätze, die sie befriedigen.

Gesetzesaussagen sind wahr oder falsch, aber sie stellen nicht etwas Wahres oder Falsches von derselben Kategorie auf wie die Aussagen über Tatsachen, auf die sie zutreffen oder zutreffen sollen. Sie haben andere Aufgaben. Der entscheidende Unterschied kann auf folgende Art klargemacht werden. Zumindest zum Teil besteht der Sinn des Versuchs, Gesetze zu beweisen, darin, herauszufinden, wie man von einzelnen Tatsachen auf andere einzelne Tatsachen schließt, wie man einzelne Tatsachen durch eine Beziehung zu anderen einzelnen Tatsachen erklärt und wie man einzelne Sachlagen herbeiführt oder verhindert. Ein Gesetz wird sozusagen als eine Schluß-Fahrkarte (eine Dauerkarte) verwendet, die ihre Benützer berechtigt, sich von der Behauptung von Tatsachen zur Behauptung anderer Tatsachen zu bewegen. Sie berechtigt sie ferner, Erklärungen gegebener Tatsachen aufzustellen und erwünschte Sachlagen durch die richtige Behandlung dessen, was existiert oder vorfällt, herbeizuführen. Ja wir würden nicht zugeben, ein Student habe ein

Gesetz gelernt, wenn er nichts anderes tun könnte als es aufsagen. Wie ein Student nicht die Regeln der Grammatik, der Multiplikation, des Schachspiels oder der Etikette kennt, wenn er nicht imstande ist, diese Regeln in konkreten Fällen anzuwenden, so kann man auch nicht sagen, daß er ein Gesetz kennt, wenn er nicht imstande ist, es in konkreten Schlüssen aus einzelnen und auf einzelne Tatsachen, in deren Erklärungen und vielleicht auch bei ihrer Herbeiführung und Verhinderung anzuwenden. Ein Gesetz lehren heißt zumindest unter anderm lehren, wie man neue Dinge, sowohl theoretischer als auch praktischer Art, mit einzelnen Tatsachen machen kann.

Es wird manchmal behauptet, daß wir bei der Entdeckung eines neuen Gesetzes, das uns in die Lage versetzt, von Krankheiten gewisser Art auf die Existenz gewisser Bakterien zu schließen, ein neuartiges Wesen entdeckt haben, nämlich einen Kausalnexus zwischen solchen Bakterien und solchen Krankheiten; und daß wir folglich wissen, was wir vorher nicht wußten, daß es nicht nur Kranke und Bakterien gibt, sondern auch ein unsichtbares und unfühlbares Band zwischen ihnen. Wie Züge nicht fahren könnten, wenn es keine Schienen gäbe, auf denen sie fahren können, so, heißt es, könnten Bakteriologen nicht aus der klinischen Beobachtung von Patienten zur Vorhersage mikroskopischer Beobachtung von Bakterien schreiten, wenn es nicht ein wirkliches, wenn auch unbeobachtbares Band zwischen den Gegenständen dieser Beobachtungen gäbe.

Es ist nun freilich nichts gegen die Verwendung des bekannten Ausdrucks ›Kausalzusammenhang‹ einzuwenden. Bakteriologen entdecken tatsächlich Kausalzusammenhänge zwischen Bakterien und Krankheiten, da sie damit nur auf eine besondere Art sagen, daß sie Gesetze aufstellen und sich auf diese Weise mit Schluß-Fahrkarten versehen, die es ihnen möglich machen, aus Krankheiten auf Bakterien zu schließen, Krankheiten durch Behauptungen über Bakterien zu erklären, Krankheiten durch die Beseitigung von Bakterien zu verhindern oder zu heilen, und so weiter. Aber Sprechweisen, die den Anschein geben, als sei die Entdeckung eines Gesetzes die Auffindung einer dritten unbeobachteten Existenz, sind einfach ein Rückfall in die alte Gewohnheit, hypothetische Allgemeinurteile als kategorische Einzelurteile auszulegen. Sie sind der Behauptung vergleichbar, eine grammatische Regel sei eine Art zusätzliches, aber unausgesprochenes Hauptwort oder Zeitwort oder eine Schachregel eine Art zusätzliche, aber unsichtbare Schachfigur. Sie sind ein Rückfall in die alte Gewohnheit, anzunehmen, alle Arten von Sätzen hätten dieselbe Art von Aufgabe, nämlich einem bestimmten Gegenstand eine Eigenschaft zuzuschreiben.

Die beliebte Metapher von den Geleisen, auf denen sich unsere Schlüsse bewegen, ist auf eben diese Weise irreführend. Geleise existieren in genau demselben Sinn wie Züge, und wir entdecken die Existenz von Geleisen auf dieselbe Art wie die Existenz von Zügen. Daß Züge von einem Ort zum andern verkehren, schließt die Behauptung ein, daß eine Anzahl von beobachtbaren Geleisen zwischen den zwei Orten existiert. Von ›Geleisen des Schließens‹ sprechen, deutet also an, daß man eigentlich gar nicht schließt, wenn man aus Krankheiten auf Bakterien schließt, sondern ein drittes Wesen beschreibt; daß man nicht *argumentiert* ›weil dies und dies, daher das und das‹, sondern *berichtet* ›Es existiert ein unbeobachtetes Band zwischen diesem beobachteten Ding und jenem‹. Wenn wir dann aber fragen, ›Wozu wird denn dieses dritte, unbeobachtete Wesen postuliert?‹, dann ist die einzige Antwort, ›Um uns den Schluß aus Krankheiten auf Bakterien zu gewähren‹. Die Rechtmäßigkeit des Schlusses war die ganze Zeit vorausgesetzt. Was ganz unnötigerweise herbeigesehnt wird, ist eine Geschichte, die den Anschein geben soll, als führte sie ›Daher‹-Sätze und ›Wenn irgend ...‹-Sätze auf Sätze der Form ›Hier ist ein ...‹ zurück, d. h. also die Auslöschung der Funktionsunterschiede zwischen Argumenten und Berichten. Aber ähnlich wie Eisenbahnfahrkarten nicht auf sonderbare Dinge von derselben Kategorie wie

Eisenbahnfahrten ›zurückgeführt‹ werden können, zu denen sie berechtigen; und ähnlich wie Eisenbahnfahrten nicht auf sonderbare Dinge von derselben Kategorie wie Eisenbahnstationen ›zurückgeführt‹ werden können, auf denen sie ihren Anfang und ihr Ende nehmen, so können Gesetzesaussagen nicht auf etwas von derselben Kategorie wie die Schlüsse und Erklärungen ›zurückgeführt‹ werden, zu denen sie berechtigen, und Schlüsse und Erklärungen nicht auf etwas von derselben Kategorie wie die Aussagen über Tatsachen, die ihre Stationen darstellen. Die Aufgabe, Sätze über einzelne Tatsachen zu formulieren, ist von der Aufgabe verschieden, ein Argument zu formulieren, das von einem Tatsachensatz zu einem anderen führt, und beide sind von der Aufgabe verschieden, Berechtigungen zu solchen Argumenten vorzulegen. Wir müssen erst Sätze für die erste Aufgabe verwenden lernen, bevor wir sie für die zweite verwenden lernen können, und wir müssen sie für die erste und zweite Aufgabe verwenden lernen, ehe wir sie für die dritte verwenden lernen können. Es gibt natürlich noch eine Unzahl anderer Satzaufgaben, die wir hier nicht untersuchen müssen. Zum Beispiel haben die Sätze, die diese Seiten anfüllen, keine der Aufgaben, die sie gerade beschrieben haben.

Wir können nun auf die Besprechung dispositionaler Aussagen zurückkommen, nämlich Aussagen des Inhalts, daß ein Ding, ein Tier oder eine Person eine gewisse Fähigkeit, Tendenz oder Neigung hat oder einer gewissen Anfälligkeit ausgesetzt ist. Es ist klar, daß solche Aussagen nicht Gesetze sind, denn sie erwähnen bestimmte Dinge oder Personen. Andrerseits ähneln sie aber Gesetzen, indem sie teilweise ›variabel‹ oder ›offen‹ sind. Die Aussage, daß dieses Stück Zucker löslich ist, heißt, daß es sich auflösen würde, wenn es in Wasser getaucht würde, gleichgültig wo und wann und in welche Wassermenge. Die Aussage, daß dieser Schläfer Französisch kann, heißt, daß er, wenn er z. B. auf französisch angeredet wird oder wenn ihm eine französische Zeitung vorgelegt wird, sinngemäß auf französisch antwortet, sinngemäß handelt oder richtig in seine eigene Sprache übersetzt. Das ist natürlich zu genau. Wir würden unsere Behauptung, er könne Französisch, nicht zurückziehen, wenn wir fänden, daß er nicht sinngemäß antwortete, während er schlief, geistesabwesend oder betrunken oder verängstigt war; oder wenn wir fänden, daß er schwierige Fachabhandlungen nicht richtig übersetzte. Wir erwarten nicht mehr, als daß er gewöhnlich ziemlich gut mit den meisten gewöhnlichen Aufgaben fertig wird, in denen er Französisch verwenden oder verstehen muß. ›Französisch können‹ ist ein vager Ausdruck, aber für die meisten Zwecke deswegen keineswegs weniger nützlich.

Es ist behauptet worden, dispositionale Aussagen über erwähnte Individuen wären, wenn auch nicht selbst Gesetze, so doch Deduktionen von Gesetzen, so daß wir also vielleicht einige grobe und vage Gesetze lernen müßten, bevor wir solche dispositionalen Aussagen machen können. Aber im allgemeinen bewegt sich der Lernvorgang in der entgegengesetzten Richtung. Wir lernen einige dispositionale Aussagen über Individuen, bevor wir die Gesetze lernen, die allgemeine Beziehungen zwischen solchen Aussagen aufstellen. Wir lernen, daß einige Individuen sowohl eierlegend wie gefiedert sind, bevor wir lernen, daß jedes gefiederte Individuum auch eierlegend ist.

Dispositionale Aussagen über bestimmte Dinge und Personen gleichen Gesetzesaussagen auch darin, daß wir sie auf teilweise ähnliche Art verwenden. Sie finden ihre Anwendung und ihre Bestätigung in den Handlungen, Reaktionen und Zuständen des Gegenstands, sie sind Schluß-Fahrkarten, die uns berechtigen, diese Handlungen, Reaktionen und Zustände vorherzusagen oder auf sie rückzuschließen oder sie zu erklären und abzuändern.

Natürlich wird von Anhängern des Aberglaubens, alle wahren Indikativsätze seien entweder Beschreibungen tatsächlich existierender Dinge oder Ereignisberichte, verlangt werden, daß Sätze wie ›Dieser Draht ist ein Stromleiter‹

oder ›Müller kann Französisch‹ so ausgelegt werden, als enthielten sie sachliche Information derselben Art wie ›Dieser Draht leitet jetzt Strom‹ oder ›Müller spricht jetzt Französisch‹. Wie könnten diese Sätze denn wahr sein, wenn jetzt nicht etwas vorginge, wenn es auch leider Gottes hinter den Kulissen vorgeht? Und doch müssen sie zugeben, daß wir oft wissen, daß ein Draht Strom leitet und daß gewisse Personen Französisch können, ohne zuvor unentdeckbare Vorgänge entdeckt zu haben. Sie müssen weiterhin einräumen, daß der theoretische Nutzen der Entdeckung dieser versteckten Vorgänge in nichts anderem bestehen würde, als uns zu berechtigen, gerade jene Vorhersagen, Erklärungen und Abänderungen zu machen, die wir ohnehin schon machen und von denen wir oft schon wissen, daß wir zu ihnen berechtigt sind. Sie würden schließlich auch noch zugeben müssen, daß sie selbst die Existenz dieser postulierten Vorgänge bestenfalls aus der Tatsache ableiten, daß wir die beobachtbaren Handlungen und Reaktionen von Individuen vorhersagen, erklären und abändern können. Wenn sie aber wirkliche ›Geleise‹ verlangen, wo gewöhnliche Schlüsse gezogen werden, dann müssen sie weitere wirkliche ›Geleise‹ beistellen, um ihren eigenen sonderbaren Schluß aus der Rechtmäßigkeit gewöhnlicher Schlüsse auf die ›Geleise‹ zu rechtfertigen, die sie postuliert haben, um die gewöhnlichen Schlüsse zu stützen. Das Postulat einer endlosen Hierarchie solcher ›Geleise‹ kann wohl nicht einmal denen anziehend erscheinen, die vom ersten Schritt angezogen werden.

Dispositionale Behauptungen sind nicht Berichte über beobachtete oder beobachtbare Sachlagen, aber auch nicht über unbeobachtete oder unbeobachtbare Sachlagen. Sie erzählen nicht von Vorfällen. Ihre Aufgabe ist jedoch innig mit dem Erzählen von Vorfällen verknüpft, denn wenn sie wahr sind, dann werden sie von Vorfallserzählungen erfüllt. ›Müller hat gerade auf Französisch mit mir telephoniert‹ erfüllt die Behauptung ›Müller kann Französisch‹, und jemand, der herausgefunden hat, daß Müller ausgezeichnet Französisch kann, braucht keinen weiteren Fahrschein, um ihm den Schluß aus der Tatsache, daß er ein französisches Telegramm gelesen hat, auf die Tatsache, daß er es verstanden hat, zu erlauben. Wissen, daß Müller Französisch kann, heißt: im Besitz dieses Fahrscheins sein. Und erwarten, daß er dieses Telegramm versteht, heißt: damit fahren.

Es sollte bemerkt werden, daß keine Unvereinbarkeit zwischen den Behauptungen besteht, daß dispositionale Aussagen keine Vorfälle berichten, und daß sie doch eine Zeitform haben können. ›Er war ein Jahr lang Zigarettenraucher‹ und ›Das Gummi fing vorigen Sommer an, seine Elastizität zu verlieren‹ sind durchaus zulässige dispositionale Aussagen; und wenn es niemals wahr wäre, daß ein Individuum einmal etwas wissen wird, dann könnte es keinen Lehrberuf geben. Es gibt kurzfristige, langfristige und unbegrenzte Schluß-Fahrkarten. Eine Fußballregel kann z. B. nur für eine kurze Probefrist in Geltung sein, und sogar das Klima eines Kontinents kann im Verlauf der Zeit wechseln.

3. *Geistige Fähigkeiten und Tendenzen*

Es stehen uns zur Besprechung von Dingen, Lebewesen und Menschen unzählig viele dispositionale Ausdrücke zur Verfügung. Einige von diesen können ohne Unterschied auf alle möglichen Dinge angewendet werden; manche Metallstücke, manche Fische und manche Menschen wiegen 70 kg, sind elastisch und verbrennbar, und alle haben im freien Fall dieselbe Beschleunigung; andere dispositionale Ausdrücke können nur auf gewisse Sachgruppen angewendet werden; ›Winterschlaf halten‹ z. B. kann wahr oder falsch nur auf Lebewesen angewendet werden, und ›konservativ‹ kann wahr oder falsch nur auf nicht-schwachsinnige, nicht-zurückgebliebene und nicht-wilde Menschen angewendet werden. Uns geht hier bloß eine beschränkte Klasse von dispositionalen Ausdrücken an, nämlich jene, die einzig und allein zur Beschreibung von

Menschen geeignet sind. Ja, die uns angehende Klasse ist sogar noch enger gefaßt, da wir uns nur für die Ausdrücke interessieren, welche zur Beschreibung jener Gebiete menschlichen Benehmens geeignet sind, in denen Verstandes- und Charaktereigenschaften ins Spiel kommen. Wir interessieren uns z. B. nicht für irgendwelche Reflexe, die möglicherweise nur in Menschen vorkommen, oder für irgendwelche physiologischen Ausrüstungsstücke, die nur im menschlichen Körperbau zu finden sind.

Die Grenzen dieser Beschränkung sind freilich unscharf. Kinder und Hunde werden abgerichtet, auf Befehle, auf Handbewegungen und auf den Gong zu reagieren; Affen lernen mit Instrumenten umgehen, ja sogar sie anfertigen; Katzen sind spielerisch und Papageien sind Nachahmer. Wenn wir sagen wollen, daß das Benehmen der Tiere instinktiv, das der Menschen zum Teil vernünftig ist, so weisen wir zwar auf einen wichtigen Unterschied oder besser auf eine Familie von Unterschieden hin, aber es ist ein Unterschied mit verwischten Grenzen. Wann kann man mit Genauigkeit sagen, daß das instinktive Nachahmen des Kindes in vernunftmäßige Schauspielerei übergeht? An welchem Geburtstag hat das Kind ganz und gar aufgehört, auf den Gong wie ein Hund, und angefangen, immer wie ein Engel darauf zu reagieren? Wo verläuft die Grenze zwischen Stadt und Land?

Da dieses Buch im ganzen eine Besprechung des logischen Verhaltens einiger für Dispositionen wie auch einiger für Ereignisse geltender Grundbegriffe ist, in denen wir über den Geist reden, so brauchen wir in diesem Abschnitt nur ein paar allgemeine Unterschiede zwischen den Verwendungen einiger der von uns ausgewählten dispositionalen Ausdrücke aufzuzeigen. Es wird kein Versuch gemacht, all diese Ausdrücke zu besprechen, ja nicht einmal alle Gattungen solcher Ausdrücke.

Viele dispositionale Aussagen können mit Hilfe der Wörter ›kann‹, ›könnte‹ und ›fähig‹ ausgedrückt werden, doch muß das nicht so sein, und es ist auch meistens nicht so. ›Er ist ein Schwimmer‹ heißt gewöhnlich, daß er schwimmen kann, wenn es nicht etwa heißt, daß er es vorzüglich kann. Aber die Wörter ›kann‹ und ›fähig‹ werden auf viele verschiedene Arten verwendet, wie in den folgenden Beispielen. ›Steine können schwimmen (denn Bimsstein schwimmt)‹; ›der Fisch dort kann schwimmen (denn er ist nicht verwundet, wenn er auch jetzt dort im Schlamm liegt)‹; ›Müller kann schwimmen (denn er hat es gelernt und nicht vergessen)‹; ›Maier kann schwimmen (wenn er bereit ist, es zu lernen)‹; ›du kannst schwimmen (wenn du dich nur anstrengst)‹; ›sie kann schwimmen (denn der Arzt hat sein Verbot aufgehoben)‹ und so weiter. Das erste Beispiel besagt, daß man nicht berechtigt ist zu schließen, dies werde nicht schwimmen, weil es ein Stein ist; das zweite leugnet die Existenz eines physischen Hindernisses; das letzte behauptet die Beendigung einer hindernden Maßregel. Die dritte, vierte und fünfte Aussage gibt Aufschluß über persönliche Eigenschaften, und alle erteilen sie verschiedenartige Auskünfte.

Um die verschiedenen Bedeutungen dieser verschiedenen Verwendungen von ›kann‹ und ›fähig‹ zu beleuchten, wird es am besten sein, in aller Kürze über die Logik der manchmal ›Modalwörter‹ genannten Ausdrücke zu sprechen, wie z. B. ›kann‹, ›muß‹, ›notwendigerweise‹, ›nicht notwendigerweise‹ und ›nicht notwendigerweise nicht‹. Die Behauptung, daß etwas der Fall sein muß oder notwendigerweise der Fall ist, dient als ›Schluß-Fahrschein‹, wie ich das genannt habe; sie erlaubt den Schluß darauf, daß eben dieses der Fall ist, und zwar auf Grund von etwas anderem, was in dieser Behauptung genannt sein mag oder auch nicht. Wenn es eine Behauptung des Inhalts ist, daß etwas nicht der Fall sein kann oder notwendigerweise nicht der Fall ist, dann wirkt sie als eine Erlaubnis, darauf zu schließen, daß etwas nicht der Fall ist. Manchmal ist es nun nötig, so eine Erlaubnis des Schlusses zurückzuweisen, daß etwas nicht der Fall ist, und wir kleiden diese Zurückweisung im allgemeinen in die Worte ›Es kann der Fall sein‹ oder ›Es ist möglicherweise der Fall‹.

Aus der Behauptung, etwas könne der Fall sein, folgt nicht, es sei der Fall, und nicht, es sei nicht der Fall, und schon gar nicht, es sei in der Schwebe zwischen Sein und Nichtsein, sondern nur, es sei nicht erlaubt, von etwas anderem, sei es genannt oder ungenannt, darauf zu schließen, daß es nicht der Fall ist.

Diese allgemeine Interpretation schließt auch die meisten ›Wenn–dann‹-Sätze ein. Ein ›Wenn–dann‹-Satz kann fast immer durch einen ein Modalwort enthaltenden Satz umschrieben werden und umgekehrt. Modale und Bedingungssätze haben die gleiche Bedeutung. Man nehme einen beliebigen gewöhnlichen ›Wenn–dann‹-Satz, wie z. B. ›Wenn mir eine schwarze Katze über den Weg läuft, dann werde ich im Lauf des Tages Pech haben‹, und nun überlege man, wie man in der Alltagssprache seine Kontradiktion ausdrücken würde. Es wäre falsch, dem Zeitwort des Vordersatzes, des Nachsatzes oder beiden, einfach ein ›nicht‹ hinzuzufügen, denn die Ergebnisse aller drei Operationen wären ebenso abergläubische Aussagen wie die ursprüngliche. Es wäre richtiger, aber nicht praktisch oder allgemeiner Sprachgebrauch, zu sagen: ›Nein, es ist nicht der Fall, daß ich, wenn mir eine schwarze Katze über den Weg läuft, im Laufe des Tages Pech haben werde.‹ Gewöhnlich würden wir diesen Aberglauben ablehnen, indem wir sagen: ›Nein, es könnte mir eine schwarze Katze über den Weg laufen und ich könnte doch von Pech verschont bleiben‹ oder: ›Es könnte mir eine schwarze Katze über den Weg laufen, ohne mir Pech zu bringen‹ oder mit einer Verallgemeinerung der Ablehnung: ›Leute, denen schwarze Katzen über den Weg laufen, werden nicht notwendigerweise vom Pech heimgesucht.‹ Umgekehrt könnte die ursprüngliche abergläubische Behauptung auch mit den Worten gemacht werden: ›Es könnte mir nicht eine schwarze Katze über den Weg laufen, ohne daß ich dann im Laufe des Tages von Pech heimgesucht werden würde.‹ Zwischen der ›Wenn–dann‹- und der modalen Ausdrucksform besteht nur ein stilistischer Unterschied.

Es darf aber nicht vergessen werden, daß es auch noch andere Verwendungen von ›wenn‹, ›muß‹ und ›kann‹ gibt, für die diese Gleichsetzung nicht gilt. ›Wenn‹ heißt manchmal ›wenn auch‹. Es wird manchmal auch für bedingte Drohungen, Versprechungen und Wetten verwendet. ›Kann‹ und ›muß‹ werden manchmal als Träger nichttheoretischer Erlaubnisse, Befehle und Verbote gebraucht. Zwar gibt es Ähnlichkeiten zwischen der Erteilung und Verweigerung von Schlußerlaubnissen und der Erteilung und Verweigerung von Erlaubnissen anderer Dinge, aber es gibt auch große Unterschiede. Die ärztliche Anordnung ›Der Patient muß im Bett bleiben, er kann Briefe diktieren, aber muß das Rauchen unterlassen‹ könnte nicht als wahr oder als falsch bezeichnet werden; dagegen ist es durchaus natürlich, Sätze wie die folgenden als wahr oder falsch zu bezeichnen: ›Ein Syllogismus kann zwei allgemeine Prämissen haben.‹ ›Walfische können nicht dauernd unter Wasser leben‹, ›Ein frei fallender Körper muß Beschleunigung erfahren‹ und ›Leute, denen schwarze Katzen über den Weg laufen, brauchen während des Tages nicht Pech zu haben‹. Die moralischen Verwendungen von ›muß‹, ›darf‹ und ›darf nicht‹ haben Ähnlichkeit mit beiden. Wir sind bereit, über die Wahrheit von moralischen Aussagen zu diskutieren, die solche Wörter enthalten, aber der Sinn solcher Aussagen besteht darin, einen Teil des nicht aus Schlüssen bestehenden Verhaltens von Leuten zu regeln. Darin, daß sie beide Merkmale haben, ähneln sie eher den einem Arzt von seinen medizinischen Lehrbüchern erteilten Behandlungsempfehlungen als den einem Patienten von seinem Arzt erteilten Verhaltungsmaßregeln. Im Gegensatz zu besonderen, an Einzelpersonen gerichtete Anordnungen und Vorwürfen, sollten moralische Aussagen als Ermächtigungen angesehen werden, die an jeden möglichen Verbreiter von Anordnungen und Vorwürfen gerichtet sind und nicht an die tatsächlichen Adressaten dieser Anordnungen und Vorwürfe; d. h. also nicht als persönliche Anweisungen zum Handeln, sondern als unpersönliche Anweisungen für Anordnungen;

nicht Befehle, sondern ›Gesetze‹, die nur von solchen Dingen wie Befehlen und Bestrafungen erfüllt werden können. Genau wie Landesgesetze können sie nicht als Befehle, sondern müssen als Ermächtigungen, Befehle zu geben und ihre Ausführung zu erzwingen, ausgelegt werden.

Wir können nun, nach dieser allgemeinen Besprechung der von Modalsätzen bewältigten Aufgaben, zur Untersuchung gewisser besonderer Unterschiede zwischen einigen ausgewählten ›Kann‹-Sätzen zurückkommen, die zur Bezeichnung persönlicher Eigenschaften verwendet werden.

Wenn man von Müller behauptet, er könne schwimmen, so ist es nicht dasselbe, wenn man dies von einem jungen Hund behauptet. Denn von einem jungen Hund zu sagen, er könne schwimmen, ist durchaus damit vereinbar, daß er niemals Schwimmunterricht erhielt oder daß er niemals Schwimmen übte, während diese Behauptung bei einem Menschen bedeutet, daß er schwimmen gelernt und es nicht verlernt hat. Die Fähigkeit, unter Anleitung gewisse neue Fähigkeiten zu erwerben, ist keineswegs eine menschliche Besonderheit. Der kleine Hund kann angeleitet oder abgerichtet werden, Pfötchen zu geben, ganz ähnlich wie kleine Kinder angeleitet werden können, zu gehen oder einen Löffel zu gebrauchen. Aber gewisse Arten des Lernens, einschließlich der gebräuchlichsten Art, schwimmen zu lernen, beruhen auf dem Verständnis und der Anwendung mündlicher Anweisungen oder zumindest praktischer Vorführungen; und einem Lebewesen, das auf diese Art etwas erlernen kann, sprechen wir ohne Zögern Verstand zu, wogegen uns die Gelehrigkeit des Hundes oder Kleinkinds im Zweifel läßt, ob sie wohl wirklich alle Erfordernisse für dieses Zeugnis erfüllen.

Die Behauptung, Müller könne schwimmen (weil er schwimmen lernen kann), heißt, daß er imstande ist, solchen Anweisungen und Vorführungen zu folgen und sie zu verwerten, obwohl er noch nicht damit begonnen haben mag. Es wäre falsch, von ihm vorherzusagen, was man von einem Schwachsinnigen vorhersagen könnte, daß er, da er jetzt hilflos im Wasser herumzappelt, auch später noch, nach seinem Schwimmunterricht, genauso herumzappeln wird.

Die Behauptung, daß ich schwimmen kann (wenn ich mich bemühe), ist die Verwendung einer interessanten Mittelart von ›kann‹. Während Müller jetzt nicht versuchen muß zu schwimmen und Meier noch nicht schwimmen kann, wie sehr er sich auch bemüht, weiß ich, was ich tun muß, tue es aber nur, wenn ich ganz bei der Sache bin. Ich habe die Anweisungen und Vorführungen verstanden, muß mich aber noch in ihrer Anwendung üben. Auch diese durch absichtliches und vielleicht sogar schwieriges und angsterregendes Üben erlernte Fähigkeit, bestimmte Anweisungen zu befolgen, betrachten wir als etwas, das mit Verstand begabten Lebewesen eigen ist. Dieses Erlernen zeugt von gewissen Charaktereigenschaften. Es handelt sich allerdings um Eigenschaften einer anderen Kategorie als jene, die ein junger Hund an den Tag legt, der sich vielleicht sogar beim Spiel als ausdauernd und mutig erweist, da der Anfänger sich dazu zwingt, etwas Schwieriges und Beängstigendes zu tun, in der Absicht, seine Fähigkeiten weiterzuentwickeln. Die Aussage, daß er schwimmen kann, wenn er sich bemüht, heißt also sowohl, daß er Anweisungen folgen kann, als auch, daß er sich selbst absichtlich zu ihrer Anwendung abrichten kann.

Es ist nicht schwer, sich auf viele andere Verwendungen von ›kann‹ und ›fähig‹ zu besinnen. In ›Müller hat schon als Kind schwimmen können, aber jetzt kann er neue Schwimmstile erfinden‹ haben wir eine solche Verwendung. ›Kann erfinden‹ heißt nicht, ›hat erfinden gelernt und es nicht vergessen‹. Und es ist nicht im geringsten dem ›Kann‹ in ›kann niesen‹ ähnlich. Das ›Kann‹ in ›kann alle Schwimmer mit Ausnahme von Meisterschwimmern schlagen‹ hat nicht dieselbe Bedeutung wie das ›Kann‹ in ›kann schwimmen‹ oder das in ›kann erfinden‹. Es ist ein ›Kann‹, das auch auf Rennpferde zutrifft.

Ein weiteres Merkmal von ›kann‹ ist für unsere Hauptuntersuchung besonders aufschlußreich. Wir sagen oft, ein

Mensch oder ein dressiertes Tier könne etwas tun im Sinn von richtig oder geschickt tun. Daß ein Kind ein Wort buchstabieren kann, heißt nicht, daß es irgendwelche Buchstaben aufsagen kann, sondern die richtigen und in der richtigen Reihenfolge. Daß es einen Kreuzknoten knüpfen kann, heißt nicht bloß, daß es mit Bindfaden spielt und daß manchmal ein Kreuzknoten und manchmal ein andrer herauskommt, sondern daß immer oder fast immer ein Kreuzknoten herauskommt, wenn er verlangt wird, oder daß er fast immer herauskommt, wenn er verlangt wird und das Kind sich bemüht. Wenn wir, wie das oft vorkommt, den Ausdruck ›sagen können‹ für ›wissen‹ verwenden, meinen wir mit ›sagen‹ ›richtig sagen‹. Wir sagen nicht, ein Kind könne sagen, wie spät es ist, wenn es bloß auf gut Glück einige Tageszeiten aufsagen kann, sondern nur, wenn es regelmäßig die Zeit nach der Stellung der Uhrzeiger oder der Sonne ansagt, welche Stellungen sie auch einnehmen.

Viele von den Verrichtungszeitwörtern, mit denen wir Leute und manchmal mit Bedenken auch Tiere beschreiben, bezeichnen den Vorfall nicht einfach von Handlungen, sondern von passenden oder richtigen Handlungen. Sie bezeichnen Leistungen. Zeitwörter wie ›buchstabieren‹, ›fangen‹, ›lösen‹, ›finden‹, ›gewinnen‹, ›heilen‹, ›treffen‹, ›täuschen‹, ›überreden‹, ›ankommen‹ und unzählige andere zeigen nicht nur an, daß jemand etwas verrichtet hat, sondern auch, daß der Verrichtende etwas damit zustandegebracht hat. Sie sind Erfolgszeitwörter. Nun sind Erfolge manchmal dem Glück zuzuschreiben; ein Tennisspieler wird vielleicht manchmal einen Ball mit einem unüberlegten Schlag gerade noch und unerreichbar über das Netz schlagen. Wenn wir aber von jemandem sagen, er könne gewisse Dinge zustandebringen wie z. B. ein Kreuzworträtsel lösen oder Ischias heilen, so meinen wir, man könne sich darauf verlassen, daß er meistens auch ohne glücklichen Zufall Erfolg haben wird. Er weiß, wie man unter normalen Umständen etwas fertigbringt.

Wir verwenden auch entsprechende Zeitwörter des Mißerfolgs wie z. B. ›versäumen‹, ›sich verschreiben‹, ›sich versprechen‹, ›verlieren‹, ›versagen‹, ›verrechnen‹. Es ist eine wichtige Tatsache, daß es für jemand, der schreiben oder rechnen kann, auch möglich sein muß, sich zu verschreiben oder zu verrechnen; aber die Bedeutung von ›können‹ in ›schreiben können‹ und ›rechnen können‹ ist eine ganz andere als in ›sich verschreiben können‹ und ›sich verrechnen können‹. Das eine ist eine Fähigkeit, das andere eine Anfälligkeit. Für gewisse Zwecke müssen wir auch noch den Unterschied zwischen diesen beiden Bedeutungen von ›können‹ einerseits und einer weiteren Bedeutung andererseits berücksichtigen, in der es richtig ist zu sagen, daß jemand nicht ein Rätsel falsch lösen, ein Rennen erfolglos gewinnen, einen Schatz vergeblich finden oder einen Satz ungültig beweisen kann. Denn dieses ›Nicht-Können‹ ist ein logisches ›Nicht-Können‹. Es sagt nichts über menschliche Fähigkeiten oder ihre Grenzen aus, sondern nur, daß z. B. ›erfolglos gewinnen‹ ein sich selbst widersprechender Ausdruck ist. Wir werden später sehen, daß die Sehnsucht des Erkenntnistheoretikers nach einer garantiert irrtumsfreien Art von Beobachtung zum Teil davon herrührt, daß er nicht bemerkt, daß ›beobachten‹ in einer seiner Bedeutungen ein Erfolgszeitwort ist, so daß in diesem Sinn ›fehlerhafte Beobachtung‹ ein ebenso widerspruchsvoller Ausdruck ist wie ›ungültiger Beweis‹ oder ›erfolglose Heilung‹. Aber so wie die Ausdrücke ›ungültiges Argument‹ und ›erfolglose Behandlung‹ logisch zulässig sind, so sind auch die Ausdrücke ›ergebnislos‹ oder ›vergebliche Beobachtung‹ logisch zulässig, wenn ›beobachten‹ nicht als ein ›Finde‹-, sondern als ein ›Suche‹-Wort verwendet wird.

Es ist genug gesagt worden, um zu zeigen, daß es sehr viele Typen des Wortes ›können‹ gibt, und daß sich in dieser Klasse viele Arten von Fähigkeits- und Anfälligkeitsausdrücken befinden. Nicht alle von diesen Fähigkeits- und Anfälligkeitsausdrücken beziehen sich lediglich auf die Beschreibung von Menschen, aber sogar unter diesen Ausdrücken gibt es verschiedene Arten.

Tendenzen müssen von Fähigkeiten und Anfälligkeiten unterschieden werden. ›Würde, wenn ...‹ ist etwas anderes als ›könnte‹; und ›tut regelmäßig ... wenn ...‹ ist etwas anderes als ›kann‹. ›Kann‹ heißt ungefähr, daß es nicht sicher ist, daß etwas nicht der Fall ist, während ›neigt dazu‹, ›tut immer wieder‹ oder ›hat die Tendenz‹ heißt: man kann mit guten Aussichten darauf wetten, daß es der Fall war oder sein wird. ›Dazu neigen‹ schließt also ›können‹ ein, folgt aber nicht daraus. ›Fido heult meistens, wenn der Mond scheint‹ heißt mehr als ›Es ist nicht wahr, daß Fido still ist, wenn der Mond scheint‹. Der Hörer ist nicht nur berechtigt, sich nicht auf sein Stillschweigen zu verlassen, sondern positiv Gebell zu erwarten.

Es gibt aber viele Arten von Tendenzen. Fidos Tendenz, im Sommer die Räude zu kriegen (außer wenn er auf spezielle Diät gesetzt wird) ist nicht von der gleichen Art wie seine Tendenz, bei Mondschein zu heulen (außer wenn sein Herr ihn scharf ermahnt). Regelmäßig wiederkehrendes Zukken mit den Wimpern ist eine andere Art von Tendenz als eine gewisse Art, bei Verlegenheit zu blinzeln. Das letztere könnte man wohl eine Geziertheit nennen, das erstere nicht.

Wir unterscheiden zwischen verschiedenen Benehmenstendenzen, indem wir die einen ›reine Gewohnheit‹, andere ›Vorliebe‹, ›Interesse‹, ›Hang‹ und ›Hobby‹, wieder andere ›Arbeit‹ und ›Beruf‹ nennen. Es mag eine reine Gewohnheit sein, den rechten vor dem linken Socken anzuziehen, ein Hobby, bei gutem Wetter und genügend freier Zeit angeln zu gehen, und ein Beruf, Lastautos zu fahren. Selbstverständlich ist es leicht, Grenzfälle regelmäßigen Benehmens anzuführen, bei deren Einordnung wir Zweifel haben würden; Der Beruf mancher Leute ist ihr Hobby, und Beruf und Hobby anderer Leute sind fast reine Gewohnheiten. Aber die Unterschiede zwischen den Begriffen selbst sind ziemlich klar.

Etwas aus reiner Gewohnheit Getanes ist nicht etwas geflissentlich Getanes und ist etwas, worüber der Täter nicht einmal unmittelbar nach der Tat muß berichten können; seine Gedanken mögen bei etwas anderem gewesen sein. Was man im Rahmen seines Berufes tut, kann aus reiner Gewohnheit getan werden; trotzdem tut man es nicht, wenn man nicht gerade seinem Beruf nachgeht. Der Soldat marschiert nicht, wenn er zu Hause auf Urlaub ist, sondern nur, wenn er weiß, daß er marschieren muß oder soll. Er legt die Gewohnheit mit der Uniform ab und schlüpft mit ihr auch wieder in sie zurück.

Hobbys, Interessen und Vorlieben geht man, wie man sagt, ›zum Vergnügen‹ nach. Aber dieser Ausdruck kann irreführen, da er zu sagen scheint, daß dieses Nachgehen eine Art Kapitalanlage ist, von der man sich Dividenden verspricht. Das Gegenteil ist der Fall, nämlich daß wir diese Dinge tun, weil wir sie selbst gern tun oder sie selbst tun wollen. Wir investieren widerstrebend unser Kapital in der Hoffnung auf Dividenden, die die Anlage lohnend machen sollen, und wenn uns die Gelegenheit geboten würde, die Dividende ohne die Kapitalanlage zu bekommen, dann würden wir mit dem größten Vergnügen von der Kapitalanlage Abstand nehmen. Aber der Angler würde ein Angebot der Vergnügungen des Angelns ohne das Angeln weder annehmen noch verstehen. Es ist das Angeln selbst, was ihm Vergnügen macht, nicht die Wirkungen des Angelns.

Daraus, daß jemandem jetzt etwas Vergnügen oder Mißvergnügen bereitet, folgt, daß er jetzt darauf achtet. Es wäre ein Widerspruch zu sagen, daß er an der Musik Vergnügen fände, aber nicht auf das achte, was er hört. Selbstverständlich wäre es aber kein Widerspruch zu sagen, daß er der Musik wohl zuhöre, daß es ihm aber weder Vergnügen noch Mißvergnügen bereite. Demnach geht daraus, daß einer gern oder sehr gern angelt, nicht nur hervor, daß er dazu neigt, mit der Angel am Fluß zu sitzen, wenn er nicht gezwungen oder verpflichtet ist, es nicht zu tun, sondern auch daß er dazu neigt, beim Angeln bei der Sache zu sein, in Wachträume und Angelerinnerungen zu versinken und sich in Unterhaltungen und Bücher über diesen Stoff zu vertiefen. Aber das ist noch nicht alles. Ein gewissenhafter Berichterstatter neigt dazu, angespannt den Worten des Redners zu lauschen, obwohl er das nicht tun würde, wenn er dazu nicht verpflichtet wäre. Er tut es nicht, wenn er nicht Dienst hat. Er pflegt dann vielleicht zu angeln. Er muß sich nicht bemühen, sich aufs Angeln zu konzentrieren, wie er sich bemühen muß, sich auf eine Rede zu konzentrieren. Er konzentriert sich ohne Mühe. Das ist ein Großteil der Bedeutung des Ausdrucks ›Lust zu‹.

Neben reinen Gewohnheiten, Berufen und Interessen gibt es auch noch viele andere Typen von höheren Tendenzen. Manche Regelmäßigkeiten des Verhaltens bestehen im Einhalten von Vorsätzen oder allgemeinen Richtlinien, die der Handelnde sich selbst auferlegt hat; andere wieder im Einhalten von Gesetzes- oder Religionsvorschriften, die ihm von andern eingeprägt wurden. ›Süchtig‹, ›ehrgeizig‹, ›berufen‹, ›loyal‹, ›ergeben‹ und ›gleichgültig‹ bezeichnen sämtlich Verhaltenstendenzen, aber Tendenzen sehr verschiedener Art.

Zwei Beispiele mögen einige Unterschiede zwischen einem Vermögen und einer Neigung ans Licht bringen helfen. a) Sowohl Fertigkeiten wie auch Neigungen können vorgetäuscht werden, aber wir wenden Schimpfnamen wie ›Scharlatan‹ oder ›Pfuscher‹ auf die Betrüger an, die vorgeben, etwas zustande bringen zu können, während wir das Schimpfwort ›Heuchler‹ auf die Betrüger anwenden, die Motive und Gewohnheiten vortäuschen. b) Erkenntnistheoretiker verwikkeln sich und ihre Leser gern hinsichtlich der Unterscheidung von Wissen und Glauben in große Schwierigkeiten. Manche von ihnen vertreten die Ansicht, diese zwei seien bloß graduell verschieden, andere wieder, sie unterschieden sich darin, daß im Wissen ein introspektibler Bestandteil vorhanden sei, der dem Glauben fehlt oder umgekehrt. Zum Teil rührt ihre Verlegenheit daher, daß sie ›wissen‹ und ›glauben‹ für Vorfallsbezeichnungen halten, aber sogar wenn man sie als dispositionale Zeitwörter erkennt, muß man außerdem noch erkennen, daß sie dispositionale Zeitwörter völlig verschiedener Art sind. ›Wissen‹ ist ein Fähigkeitszeitwort, und zwar eines jener besonderen Art, die dazu verwendet werden, von der erwähnten Person zu sagen, sie könne etwas zustande oder in Ordnung bringen. ›Glauben‹ dagegen ist ein Neigungszeitwort und sagt nicht, daß etwas zustande oder in Ordnung gebracht wird. Der ›Glaube‹ kann durch Eigenschaftswörter gekennzeichnet werden wie z. B. ›hartnäckig‹, ›schwankend‹, ›fest‹, ›unerschütterlich‹, ›dumm‹, ›fanatisch‹, ›rückhaltlos‹, ›zeitweise‹, ›leidenschaftlich‹ und ›kindlich‹, Eigenschaftswörter, von denen einige oder alle auch auf gewisse Hauptwörter passen wie z. B. ›Vertrauen‹, ›Anhänglichkeit‹, ›Trieb‹, ›Widerwille‹, ›Hoffnung‹, ›Gewohnheit‹, ›Eifer‹ und ›Sucht‹. Glaube ähnelt der Gewohnheit darin, daß er eingefleischt sein, daß man in ihn hineingleiten oder ihn aufgeben kann; der Parteinahme, Hingabe und Hoffnung darin, daß er blind und quälend sein kann; dem Widerwillen und der fixen Idee darin, daß er uneingestanden sein kann; der Mode und Vorliebe darin, daß er ansteckend sein kann; der Anhänglichkeit und Feindseligkeit darin, daß er durch Kniffe herbeigeführt werden kann. Man kann jemanden drängen oder anflehen, etwas nicht zu glauben, und man kann mit oder ohne Erfolg versuchen, zu glauben aufzuhören. Manchmal kann jemand zu Recht sagen: ›Ich kann nicht umhin, dies und dies zu glauben.‹ Aber keine dieser Ausdrucksweisen oder ihre Verneinungen treffen auf Wissen zu, denn Wissen ist Ausgerüstetsein, etwas richtig zu machen, und keine Neigung, in einer gewissen Weise zu handeln oder zu reagieren.

Ungefähr könnte man es so ausdrücken: ›glauben‹ gehört zur selben Wortfamilie wie Motivwörter, ›wissen‹ zur selben wie Fertigkeitswörter; daher fragen wir, wie einer etwas weiß, aber nur, warum er es glaubt, so wie wir fragen, wie einer einen Schifferknoten knüpft, aber warum er ihn knüpfen will oder warum er immer Kreuzknoten knüpft. Fertigkeiten haben Methoden, wogegen Gewohnheiten und Neigungen Ursprünge haben. Ähnlich fragen wir, was Leute dazu bringt, etwas zu glauben oder zu fürchten, aber nicht, was sie dazu bringt, etwas zu wissen oder zu leisten.

Freilich operieren Glaube und Wissen – wenn es sich um das Wissen handelt [das dem Können im zweiten Kapitel gegenübergestellt wird][1] – grob gesprochen im selben Feld. Von den verschiedenen Arten von Dingen, von denen man sagen kann, daß man sie weiß oder nicht weiß, kann man auch sagen, daß man sie glaubt oder nicht glaubt, so ungefähr wie dieselben Arten von Dingen, die in Fabriken hergestellt, auch ausgeführt werden können. Wer glaubt, daß das Eis nicht fest ist, warnt andere, läuft vorsichtig auf dem Eis und beantwortet einschlägige Fragen genauso wie einer, der weiß, daß es nicht fest ist; und wenn man ihn fragt, ob er es denn auch mit Bestimmtheit wisse, so wird er vielleicht ohne Zögern behaupten, daß er es wisse, bis er durch die Frage in Verlegenheit gerät, wie er es herausgefunden habe.

Man könnte sagen, der Glaube sei dem Wissen darin ähnlich, aber dem Vertrauen zu einer Person, dem Eifer für eine Sache oder der Nikotinsucht darin unähnlich, daß er durch Aussagen ausgedrückt werden muß; das trifft zwar nicht sehr daneben, aber es ist zu eng. Gewiß besteht der Glaube, das Eis sei nicht fest, darin, daß man sich selbst und anderen ohne Zögern sagt, es sei nicht fest, daß man andere Bemerkungen dieses Inhalts ruhig hinnimmt, daß man gegen widersprechende Behauptungen Einspruch erhebt, daß man die logische Folgerung aus der ursprünglichen Behauptung zieht usw. Aber es besteht außerdem auch darin, vorsichtig Schlittschuh zu laufen, sich mögliche Unglücksfälle vorzustellen und dabei zusammenzuzucken und andere Schlittschuhläufer zu warnen. Es ist eine Neigung, nicht nur gewisse theoretische, sondern auch gewisse faktische und vorgestellte Schritte zu

1. Hinzufügung des Übersetzers.

unternehmen, sowie auch gewisse Gefühle zu haben. Aber all diese Dinge hängen gemeinsam am Nagel eines Aussagekerns. Der Ausdruck ›dünnes Eis‹ würde gleichermaßen in der Beschreibung des Zusammenzuckens, der Warnungen, des vorsichtigen Eislaufens, der Erklärungen, der Schlüsse, der Hinnahmen und der Einwände vorkommen.

Jemand, der weiß, daß das Eis dünn ist, und dem es außerdem nicht gleichgültig ist, ob es dick oder dünn ist, wird natürlich auch so handeln und reagieren. Aber wenn man sagt, daß er am Rande bleibt, weil er weiß, daß das Eis dünn ist, verwendet man einen ganz anderen Sinn von ›weil‹ oder gibt eine ganz andere Art von ›Erklärung‹, als wenn man sagt, er bleibt am Rande, weil er glaubt, das Eis sei dünn.

4. Geistige Ereignisse

Es gibt eine Fülle von Redewendungen um zu sagen, daß Leute jetzt dies unternehmen oder häufig das durchmachen, daß sie einige Minuten mit einer Tätigkeit verbracht oder ein Ergebnis langsam oder schnell erzielt haben. Eine wichtige Unterklasse solcher Ereignisse bilden jene, welche Charakter- und Verstandesqualitäten zur Schau stellen. Es muß hier gleich von Anfang an festgestellt werden, daß infolge einer unglücklichen Sprachmode die Behauptung, daß gewisse menschliche Handlungen Charakter- und Verstandeseigenschaften zur Schau stellen, von einer anderen klar getrennt werden muß, von der Behauptung nämlich, daß gewisse geistige Handlungen und Vorgänge geschehen. Die letztere Ausdrucksweise gehört traditionell zur Zweiweltengeschichte, zur Geschichte, daß einige Dinge ›in der physikalischen Welt‹ existieren oder geschehen, andere dagegen nicht in jener Welt existieren oder geschehen, sondern an einem anderen, metaphorischen Ort. Die Ablehnung dieser Geschichte ist durchaus mit der Beibehaltung der gebräuchlichen Unterscheidung zwischen Plappern und vernünftigem Reden oder zwischen Zucken und Zeichengeben vereinbar; außerdem klärt oder erhärtet die Annahme der Zweiweltengeschichte diese Unterscheidung nicht im geringsten.

Ich fange mit der Untersuchung einer langen Reihe von Begriffen an, die alle unter die nützliche, weil vage Überschrift ›Achtgeben‹ gebracht werden können. Sie könnten andererseits auch alle als ›Begriffe der Aufmerksamkeit‹ bezeichnet werden. Ich denke dabei an die Begriffe ›bemerken‹, ›sorgfältig sein‹, ›in Gedanken begleiten‹, ›nachdenken‹, ›sich konzentrieren‹, ›eifrig bei der Sache sein‹, ›auf das, was man tut, aufpassen‹, ›wachsam sein‹, ›interessiert sein‹, ›gespannt sein‹, ›studieren‹, ›sich bemühen‹. Der Ausdruck ›Geistesabwesenheit‹ dient zur Bezeichnung eines Zustandes, in dem Leute handeln oder reagieren, ohne auf das zu achten, was sie tun, oder zu bemerken, was vorgeht. Das Wort ›achtgeben‹ hat weiterhin manchmal auch noch die Bedeutung, daß einer, der auf das achtgibt, was er ißt, nicht nur bemerkt, was er ißt, sondern daß es ihm auch nicht gleichgültig ist, was er ißt. ›Gern tun‹ und ›ungern tun‹ implizieren ›merken‹, aber nicht umgekehrt. ›Gern tun‹ und ›ungern tun‹ gehören zu der großen Klasse von Zeitwörtern, zu deren Bedeutung das Achtgeben gehört. Es wäre absurd, von jemandem zu sagen, daß er geistesabwesend nachdenkt, forscht, testet, debattiert, plant, horcht oder genießt. Jemand kann geistesabwesend brummen oder laufen, aber wenn er etwas ausrechnet oder unter die Lupe nimmt, dann ist es überflüssig zu sagen, daß er auf das achtet, was er tut.

Achtgeben kann in allen seinen Abarten verschiedene Grade haben. Ein Kraftfahrer kann einen Wagen mit großer, mit der nötigen oder mit geringer Sorgfalt fahren, und ein Student kann sich sehr oder nicht sehr auf seine Arbeit konzentrieren. Man kann nicht immer mit Sicherheit sagen, ob man bei der Verrichtung einer Aufgabe völlig oder nur zum Teil bei der Sache war. Das Kind, das sich bemüht, ein Gedicht auswendig zu lernen, wird vielleicht denken, daß es sich sehr darauf konzentriert hat, denn es hatte die Augen auf das Buch geheftet, die Worte vor sich hingemurmelt, die Stirn gerunzelt und die Ohren zugestopft. Wenn aber keine Ablenkungen oder Unterbrechungen geschehen sind und es das Gedicht doch nicht aufsagen kann, nicht weiß, was darin vorkommt, Fehler im Aufsagen seiner Freunde nicht bemerkt, dann wird der Lehrer seinen Beteuerungen keinen Glauben schenken, und es wird vielleicht schließlich selbst nicht mehr daran glauben.

Einige der überlieferten Bewußtseinstheorien waren zumindest zum Teil Versuche, die Begriffe der Aufmerksamkeit zu klären, gewöhnlich durch das Programm, einen bestimmten, allen gemeinsamen Bestandteil zu isolieren. Dieser eine gemeinsame Bestandteil wurde gewöhnlich im Idiom der Kontemplation und Inspektion beschrieben, so als bestünde der Unterschied zwischen dem Haben eines Hustenreizes und dem Bemerken, daß man ihn hat, oder zwischen dem Lesen eines Absatzes und seinem Studium zum Teil darin, daß das Haben eines Hustenreizes bzw. das Lesen eines Absatzes sozusagen bei gutem Licht und unter den Augen der betroffenen Person vor sich geht. Aber nicht nur ist Aufmerksamkeit weit entfernt davon, eine Art Inspizieren oder Abhorchen zu sein, sondern im Gegenteil sind Inspizieren und Abhorchen selbst besondere Ausübungen der Aufmerksamkeit; denn gleichgültig ob jemand wörtlich oder metaphorisch als ein Zuschauer bezeichnet wird, ist es immer am Platz zu fragen, ob er ein aufmerksamer oder achtloser, ein wachsamer oder ein schläfriger Zuschauer war. Daß jemand einen Vogel auf der Wiese genau beobachtet hat, bedeutet nicht, daß er auch noch dazu sein Beobachten im metaphorischen Sinn ›beobachtet‹ hat; und daß er sich mit ganzem Herzen dem Zeichnen seiner Skizze widmete, bedeutet nicht, daß er bei der Arbeit seine Finger oder irgend etwas anderes beobachtet hat. Etwas mit Aufmerksamkeit tun besteht nicht in der Koppelung einer ausführenden Tätigkeit mit einem Stückchen Theoretisieren, Untersuchen, Erforschen oder Erkennen; denn sonst würde jede mit Aufmerksamkeit verrichtete Handlung die aufmerksame Verrichtung unendlich vieler Handlungen in sich schließen.

Die Motive für die falsche Beschreibung der Aufmerksamkeit im Idiom der Kontemplation stammen zum Teil aus der allgemeinen intellektualistischen Tradition, nach der die Ausübung von Theorie die wesentliche Funktion des Geistes und Kontemplation das Wesen dieser Tätigkeit ist. Es gibt aber noch ein anderes und achtbareres Motiv. Es ist durchaus richtig, daß jemand, der etwas getan oder erlitten und auf das achtgegeben hat, was er getan oder erlitten hat, darüber Auskunft geben kann, was er getan oder erlitten hat (vorausgesetzt, daß er die Kunst des Auskunftgebens erlernt hat); und er kann die Auskunft geben, ohne sich nach Anhaltspunkten umsehen zu müssen, ohne Schlüsse zu ziehen, ja ohne sich auch nur vorübergehend zu fragen, was er sagen solle. Es liegt ihm schon auf der Zunge, und er gibt ohne Zögern und ohne Nachforschung Auskunft, wie er eben über alles Auskunft gibt, was wohlbekannt oder offensichtlich ist. Und da unsere Muster für Offensichtlichkeit aus dem Bereich alltäglicher Dinge genommen sind, die man in gutem Licht aus günstigen Stellungen sieht, so sind wir natürlicherweise bereit, jede Fähigkeit, ohne Anstrengung oder Zögern Auskunft zu geben, von etwas dem Sehen Ähnlichem herzuleiten. Deshalb reden wir vom ›Sehen‹ logischer Zusammenhänge oder vom ›Sehen‹ einer Pointe. Aber obgleich man das Sehen von Alltagsdingen unter günstigen Umständen als Beispiele für die Begriffe der Vertrautheit und Offensichtlichkeit anführen kann, so sind sie damit noch nicht erklärt.

Später werden wir erwägen müssen, wieso die Fähigkeit, ohne weiteres zu sagen, wie wir gehandelt und reagiert haben, schon darin enthalten ist, daß wir dabei achtgegeben haben. Hier muß bloß erwähnt werden, daß die Fähigkeit, ohne weiteres Fragen über unsere Handlungen und Reaktionen zu beantworten, nicht die Aufmerksamkeit erschöpft, die wir ihnen schenken. Das sorgfältige Lenken eines Wagens verringert die Gefahr von Zusammenstößen ebenso wie es den Fahrer in die Lage versetzt, Fragen über seine Handlungen zu beantworten. Wenn wir mit unseren Gedanken bei einer Sache sind, können wir mehr als nur wahrhaftige Berichte über sie abgeben, und Geistesabwesenheit verrät sich in anderen Dingen als darin, daß man auf dem Zeugenstand in die Enge getrieben wird. Der Begriff der Aufmerksamkeit ist nur manchmal und nur nebenher ein Erkenntnisbegriff. Untersuchungen sind nicht die einzigen Beschäftigungen, in denen wir unsere Gedanken bei einer Sache haben.

Wir können uns nun einem neuen Merkmal des logischen Verhaltens von Aufmerksamkeitsbegriffen zuwenden. Wenn jemand auf dem Spaziergang singt, dann tut er zwei Dinge auf einmal, und er könnte das eine ohne das andere unterbrechen. Aber wenn wir von jemandem sagen, daß er auf das achtet, was er tut oder was er pfeift, dann sagen wir nicht, daß er zwei Dinge auf einmal tut. Er könnte nicht aufhören zu lesen, aber noch immer darauf achtgeben, oder jemand anders fahren lassen und doch weiter Vorsicht üben; obwohl er natürlich weiter lesen könnte ohne aufzupassen, oder weiter fahren könnte, ohne Vorsicht zu üben. Da die Verwendung von Paaren aktiver Zeitwörter wie z. B. ›lesen‹ und ›aufpassen‹ oder ›fahren‹ und ›Vorsicht üben‹ uns nahelegen könnte, daß zwei gleichlaufende, möglicherweise gepaarte Vorgänge immer nebeneinander herlaufen müssen, wenn beide Zeitwörter richtig verwendet werden, sollte man sich daran erinnern, daß es durchaus zulässig ist, das Aufmerksamkeitsverb durch ein Aufmerksamkeitsadverb zu ersetzen. Man spricht im allgemeinen davon, daß Leute aufmerksam lesen, vorsichtig fahren und eifrig büffeln, und dieser Sprachgebrauch hat den Vorteil, daß das Beschriebene nur eine Tätigkeit einer besonderen Art und nicht zwei Tätigkeiten bedeutet, die an verschiedenen ›Stellen‹ verrichtet werden und durch einen eigenartigen Draht verbunden sind.

Was aber ist diese besondere Art? Die Frage ist verwirrend, da die Art, wie Aufmerksamkeitsadverbien die ihnen zugehörigen aktiven Verben kennzeichnen, so ganz anders zu sein scheint als die Art, wie andere Adverbien ihre Verben kennzeichnen. Man kann von einem Pferd sagen, daß es schnell oder langsam läuft, ruhig oder unruhig, gerade oder krumm, und einfache Beobachtung oder ein Film setzt uns in die Lage zu entscheiden, wie das Pferd gelaufen ist. Wenn man aber von einem Menschen sagt, er fahre sorgfältig, pfeife aufmerksam oder esse zerstreut, dann scheint dem Beobachter, der Kamera und dem Diktaphon der besondere Charakter seiner Tätigkeit zu entgehen. Eine gerunzelte Stirn, Schweigsamkeit und ein starrer Blick mögen Anzeichen von Konzentration sein; aber sie können auch vorgetäuscht oder rein gewohnheitsmäßig sein. Aber wenn wir von jemandem sagen, daß er mit seinen Gedanken bei der Aufgabe ist, meinen wir ohnehin nicht, daß er während der Beschäftigung mit seiner Aufgabe dem Auge oder Ohr eines Beobachters so und so erscheint; wir würden die Behauptung, er habe sich konzentriert, nicht allein deswegen zurückziehen, weil seine Bemerkungen und Bewegungen ruhig waren. Wenn aber dieses besondere Merkmal unbeobachtbar ist, dann scheinen nur zwei Möglichkeiten zu bleiben: entweder daß das, was die Tätigkeit begleitet, etwas Verborgenes ist oder daß es eine bloß dispositionale Eigenschaft des Handelnden ist: entweder ist mit Aufmerksamkeit pfeifen ein Doppelereignis, dessen Teile an verschiedenen ›Stellen‹ vorfallen, oder, wenn man von jemandem sagt, er pfeife mit Aufmerksamkeit, erwähnt man einen beobachtbaren Vorfall und gibt außerdem noch ein offenes, d. h. wenig spezifiziertes, hypothetisches Urteil über seinen Urheber ab. Die erstere Alternative wäre ein Rückfall in die Zweiweltenlegende. Sie würde uns außerdem auch noch in die besondere Schwierigkeit verwickeln, daß Aufmerksamsein dann eine andere Tätigkeit sein müßte als die, auf die man aufmerksam ist, und daß also keine Erklärung gegeben werden könnte, warum dies Aufmerksamsein nicht allein vor sich gehen könnte, so wie das Singen ja auch ohne das Spazierengehen vor sich gehen kann. Andererseits würde uns die Dispositionalerklärung offensichtlich zu der Behauptung zwingen, daß wir zwar von jemandem sagen können, er pfeife jetzt, aber nicht, er konzentriere sich jetzt oder übe jetzt Sorgfalt; wir wissen jedoch recht gut, daß wir das sehr wohl sagen können. Aber dieser Punkt muß genauer untersucht werden.

Wenn wir herausfinden wollen, ob jemand auch in sich aufgenommen hat, was er gerade gelesen hat, sind wir gewöhnlich damit zufrieden, diese Frage mit Hilfe eines Kreuzverhörs nicht allzu lange nachher zu entscheiden. Wenn er uns dann nichts über die Hauptpunkte oder den Wortlaut dieses Kapitels sagen kann, wenn er nichts an späteren Stellen auszusetzen hat, die dem ursprünglichen Kapitel widersprechen, oder wenn er sich bei der Mitteilung von etwas, das schon in diesem Kapitel erwähnt war, überrascht zeigt, dann sind wir überzeugt, daß er das gelesene Kapitel nicht in sich aufgenommen hat oder jetzt überreizt oder übermüdet ist. Das, was man liest, in sich aufnehmen heißt u. a.: vorbereitet zu sein, solche Proben zu bestehen. Auf ähnliche Weise würden uns Zusammenstöße gewisser Art oder nur knapp vermiedene Zusammenstöße überzeugen, daß der Fahrer nicht genügend Vorsicht geübt habe. Vorsicht üben bedeutet eben auch, auf gewisse kritische Situationen gefaßt sein.

Aber das kann noch nicht alles sein. Erstens gibt es viele andere Vorgangszeitwörter, die ähnliche dispositionale Eigenschaften haben, obgleich sie nicht zu den Aufmerksamkeitsverben gerechnet werden können. ›Er kommt gerade zu sich‹, ›Er liegt im Sterben‹, ›Er wird immer schwächer‹, ›Er wird eben hypnotisiert‹, ›narkotisiert‹, ›unempfänglich gemacht‹ sind alles Vorfallsberichte, deren Wahrheit die Wahrheit einer Reihe überprüfbarer, hypothetischer Aussagen über seine Zukunft verlangt. Zweitens ist es nicht nur völlig richtig, von jemandem zu sagen, er achte jetzt auf das, was er sagt, es komme ihm hin und wieder die Härte des Sessels zu Bewußtsein, oder er beginne oder höre auf, sich zu konzentrieren, sondern es ist durchaus statthaft, jemandem zu befehlen oder von ihm zu verlangen, er solle seine Gedanken bei der Sache haben. Dagegen ist es nicht statthaft, ihm zu befehlen, er solle imstande sein, etwas zu tun oder es wahrscheinlich tun. Wir wissen außerdem, daß es ermüdender sein kann, etwas aufmerksam zu lesen, als es unaufmerksam zu lesen. Während wir also sicherlich bei der Anwendung von Aufmerksamkeitsbegriffen auf eine Person etwas Dispositionales sagen, sagen wir sicherlich auch etwas Episodisches. Wir sagen, daß er das, was er tat, in einer bestimmten Geistesverfassung tat, und während die nähere Kennzeichnung dieser Geistesverfassung die Angabe verlangt, wie er zu handeln und zu reagieren imstande, bereit und geneigt war, so ist doch das in dieser Geistesverfassung unternommene Handeln selbst ein mit der Uhr meßbarer Vorfall.

Formulieren wir das Problem noch einmal. Es ist möglich, wenn nicht allgemein üblich, daß zwei in verschiedenen Geistesverfassungen unternommene Handlungen nach Auskunft der Kamera und der Schallplatte so ähnlich wie nur möglich sind. Jemand, der ein bestimmtes Stück auf dem Klavier spielt, kann das zu seinem Vergnügen tun oder um seine Zuhörer zu unterhalten oder zur Übung oder zu Unterrichtszwecken oder unter Zwang oder als eine Parodie eines anderen Klavierspielers oder völlig geistesabwesend und ganz mechanisch. Da nun die Unterschiede zwischen diesen Vorführungen nicht immer auf dem Film oder der Schallplatte festgehalten werden können, sind wir versucht zu sagen, daß sie entweder darin bestehen, daß gleichzeitig gewisse seelische Handlungen oder Reaktionen vorfallen, die nur der Spieler selbst bemerken kann, oder aber darin, daß diese beobachtbaren Vorführungen verschiedene wenig spezifizierte hypothetische Urteile erfüllen. Mit andern Worten, wenn wir von einem Spieler, der »Home Sweet Home« spielt, sagen, er spiele es mustergültig, so hat diese Behauptung eine gewisse innere Komplexität, und zwar von der Art, daß seine Vorführung in einer Hinsicht von der eines Spielers verschieden ist, der einen andern parodiert, während jedoch beide Vorführungen hinsichtlich ihrer beobachtbaren Elemente völlig gleich sind. Sollen nun diese zusammengesetzten Behauptungen über äußerlich ähnliche Vorfälle als Behauptungen ausgelegt werden, daß ähnliche beobachtbare mit unähnlichen unbeobachtbaren Vorfällen verknüpft seien, oder in einer andern Weise? Behaupten sie zwei Tatsachen oder eine mit verschiedenen eingebauten Ableitungsvollmachten?

Keine der beiden Möglichkeiten scheint annehmbar, wenngleich die zweite einen unentbehrlichen Teil der richtigen Antwort enthält. Wie die meisten Zweiteilungen, so darf auch die logische Zweiteilung ›entweder kategorisch oder hypothetisch‹ nicht allzu ernst genommen werden. Wir haben es hier mit einer Klasse von Behauptungen zu tun, deren Aufgabe es ist, diese Kluft zu überbrücken. Mit Ausnahme derer, die auf Zweiteilungen versessen sind, wird wohl niemand etwas Unstatthaftes an der Idee finden, daß eine Behauptung in gewisser Beziehung wie eine nackte Tatsachenfeststellung sein kann und in anderer Beziehung wie eine Ableitungslizenz; oder daß sie in einem erzählend, erklärend und bedingt vorhersagend sein kann, ohne ein durch ›und‹ verbundenes Sammelsurium abtrennbarer Teilurteile zu sein. Jede Behauptung der Art, etwas sei so und so, weil etwas anderes der Fall ist, verlangt, um wahr zu sein, daß gewisse Sachverhalte zutreffen und außerdem, daß eine Vollmacht da ist, aus einem Sachverhalt auf den anderen zu schließen. Und kein Gegner dieser Ansicht könnte einwenden, daß ein Teil einer solchen Behauptung wahr, ein anderer falsch sei.

Die redensartliche Anklage ›Das sieht dir ähnlich, den letzten Zug zu versäumen‹ wirft dem Beschuldigten nicht nur vor, daß er den Zug versäumt hat, sondern stellt weiterhin auch noch fest, daß man dies von ihm habe erwarten können. Der Fehler, den er in der Tat begangen hat, ist nur eins der vielen Dinge, die man bei ihm hätte vorhersagen können. Ein solcher Mensch tut eben gerade so etwas. Die Anklage enthält eine teilweise erfüllte offene hypothetische Aussage. Sie ist nicht ganz erfüllt und könnte nicht ganz erfüllt werden, denn man hätte auch vorhersagen können, daß er, falls er zu einer Telephonzelle gegangen wäre (was er vielleicht nicht tat), nicht die richtigen Münzen gehabt hätte, und daß er, falls er einen Brief hätte einwerfen wollen, die letzte Leerung verpaßt hätte. Ich nenne Urteile wie ›Es sieht dir ähnlich, das zu tun, was du da getan hast‹, ›halbhypothetische‹ oder ›mischkategorische Urteile‹. Die meisten Beispiele, die man gewöhnlich für kategorische Urteile anführt, sind mischkategorisch.

Dementsprechend folgt aus der Behauptung, daß jemand etwas mit Aufmerksamkeit getan hat, nicht nur, daß er z. B. auf eine Reihe damit verknüpfter Aufgaben und Prüfungen vorbereitet war, die hätten auftauchen können, aber vielleicht nicht aufgetaucht sind; es folgt daraus auch, daß er auf jene Aufgabe vorbereitet war, die er schließlich bestand. Er war in der Stimmung oder Geistesverfassung, wenn nötig eine ganze Menge von Dingen zu tun, die vielleicht tatsächlich nicht nötig waren; und er war *eo ipso* in der Stimmung oder Geistesverfassung, mindestens jenes eine Ding zu tun, welches tatsächlich nötig war. In einer solchen Geistesverfassung sieht es ihm ähnlich, gerade das zu tun, was er getan hat, sowie auch, wenn nötig, eine Reihe von anderen Dingen, von denen nicht behauptet wird, er hätte sie getan. Ihn als einen Menschen beschreiben, der bei der Sache ist, ist ebensosehr ein erklärender Bericht eines tatsächlichen Ereignisses wie eine bedingte Vorhersage weiterer Ereignisse.

Urteile dieser Art sind nicht auf die Beschreibung höherer menschlicher Handlungen und Reaktionen beschränkt. Wenn man von einem Würfel Zucker sagt, er löse sich gerade auf, so wird etwas Episodischeres behauptet als wenn man sagt, er sei löslich; aber andererseits wird etwas Dispositionaleres behauptet, als wenn er als feucht beschrieben wird. Wenn es von einem Vogel heißt, er ziehe nach dem Süden, wird etwas Episodischeres behauptet als wenn man sagt, er sei ein Zugvogel, aber etwas Dispositionaleres als wenn man behauptet, er fliege in Richtung Afrika. *Es sieht* dem Zuckerwürfel und dem Vogel *ähnlich*, daß sie in dieser Lage gerade das tun, was sie tun, aber auch noch vieles andere, was näher zu spezifizieren ist, wenn gewisse näher zu spezifizierende Bedingungen gegeben sind, möglicherweise aber auch nicht.

Die Behauptung, ein Vogel ziehe nach dem Süden, hat größere Komplexität als die Behauptung, er fliege jetzt in Richtung Afrika, aber diese größere Komplexität besteht nicht in der Aufzählung einer größeren Anzahl von Vorfällen. Nur ein einziger Vorgang braucht sich abzuspielen, nämlich der, daß der Vogel gerade nach Süden fliegt. ›Er zieht jetzt nach dem Süden‹ erzählt nicht mehrere Geschichten, sondern eine inhaltsreichere Geschichte als die, die mit den Worten ›Er fliegt jetzt nach dem Süden‹ erzählt wird. Sie kann auf mehrere Arten falsch sein und ist auf mehrere Arten informativ.

Dieser Punkt hängt mit einer sehr verbreiteten Verwendung von ›weil‹ zusammen, einer, die von allen bisher erwähnten verschieden ist. Die beiden Behauptungen ›Der Vogel zieht jetzt‹ und ›Der Vogel fliegt jetzt nach dem Süden‹ sind episodische Berichte. Die Frage ›Warum fliegt der Vogel jetzt nach Süden?‹ könnte sehr wohl mit ›Weil er jetzt nach dem Süden zieht‹ beantwortet werden. Und doch ist der Zug eines Zugvogels nicht ein Vorgang, der von dem Südflug dieses Vogels verschieden ist; also ist er auch nicht die Ursache dieses Südflugs. Und da der Satz ›weil er jetzt nach dem Süden zieht‹ einen Vorfall berichtet, so besagt er auch nicht dasselbe wie der Satz ›weil er ein Zugvogel ist‹. Man muß also sagen: ›Er zieht jetzt nach dem Süden‹ beschreibt einen Flugvorgang, und zwar mit Hilfe von Ausdrücken, die zum Teil anekdotisch, zum Teil aber auch vorhersagend und erklärend sind. Er stellt nicht ein Gesetz auf, sondern beschreibt ein Ereignis mit Ausdrücken, die gesetzdurchtränkt sind. Das Zeitwort ›ziehen‹ trägt eine biologische Botschaft, so wie das Zeitwort ›sich auflösen‹ eine

Botschaft aus der Chemie trägt. ›Der Vogel zieht jetzt‹ ermächtigt zu dem Schluß ›Er ist ein Zugvogel‹, so wie ›Es löst sich jetzt auf‹ zu dem Schluß ›Es ist löslich‹ ermächtigt.

Wenn man nun fragt, warum jemand ein gewisses Buch liest, so ist es manchmal richtig zu erwidern, ›weil er sich für das, was er liest, interessiert‹. Aber daß man am Lesen dieses Buches interessiert ist, heißt nicht, daß man zwei Dinge tut oder erleidet derart, daß das Interesse die Ursache für das Lesen ist. Das Interesse erklärt das Lesen in derselben allgemeinen, wenn auch nicht in derselben besonderen Weise, wie das Ziehen den Südflug erklärt.

Ich habe schon auf ein Merkmal von Aufmerksamkeitsbegriffen hingewiesen, nämlich, daß es durchaus in Ordnung ist, jemandem zu befehlen oder von ihm zu verlangen, er solle sich in acht nehmen, Vorsicht üben, aufpassen, eifrig studieren und so weiter. Es ist ebenso in Ordnung, sich das selbst zu befehlen. Nun kann man offensichtlich nicht jemandem befehlen, bloß aufzupassen oder achtzugeben. Soll einem solchen Befehl Gehorsam geleistet oder verweigert werden können, muß mitverstanden sein, was mit Aufmerksamkeit getan werden soll. Ein Student, ein Korrekturleser oder ein Patient beim Augenarzt können z. B. alle aufgefordert werden, einen bestimmten Absatz sorgfältig zu lesen; der Student befolgt seine Anweisungen nicht, wenn er die Druckfehler, aber nicht die Fehlschlüsse bemerkt; der Korrekturleser befolgt seine Anweisungen nicht, wenn er auf die Argumente aufpaßt, aber die Druckfehler übersieht; der Patient dagegen soll weder über die Argumente noch die Druckfehler berichten, sondern nur über die Verwischtheit oder Schärfe, das Schwarz oder Grau, die Schiefheit oder Geradheit der Druckbuchstaben. Das gilt offensichtlich für Aufmerksamkeit im allgemeinen. Man kann nicht von jemandem bloß sagen, daß er sich interessiert, daß er vertieft ist oder sich bemüht; er muß z. B. einen Leitartikel mit Interesse lesen oder ins Angeln vertieft sein oder sich bemühen, auf einen Baum zu klettern. ›Vergnügen haben‹ und ›Mißfallen finden‹ müssen auch ähnlich ergänzt werden wie z. B. ›am Schwimmen‹ oder ›am Hören von Bach‹ oder ›am Nichtstun‹.

Wenn man von jemandem sagt, daß er sich auf eine solche spezifizierbare Handlung oder Erfahrung konzentriert, dann ist es auch richtig zu sagen, daß er in einem gewissen Sinn ›seine Gedanken bei der Sache hat‹ oder darauf ›achtgibt‹. Das bedeutet aber nicht, daß er das, was er tut oder erlebt, mit sich selbst besprechen muß. Er mag sich dabei, muß sich aber nicht Bemerkungen, Kritiken, Anweisungen, Ermunterungen oder Befunde zuflüstern, aber wenn er es tut, dann ist es wiederum eine rechtmäßige Frage, ob er auch an das denkt, was er sich zuflüstert. Manchmal denkt man sogar von einem Redesüchtigen, wie z. B. Hamlet, daß er seine Gedanken gerade deshalb nicht bei der gestellten Aufgabe hat, weil er sie bei der sekundären Aufgabe hat, seine primäre Aufgabe mit sich selbst zu besprechen; und manchmal bringt sich einer, der sich französisch unterhalten soll, von seiner eigentlichen Aufgabe dadurch ab, daß er sich auf deutsch mit sich selbst darüber unterhält, wie er sich dieser Aufgabe entledigt. Daran denken oder darauf achten, was man tut, heißt nicht: fortwährend oder immer wieder intelligente ›Prosaschritte‹ unternehmen. Im Gegenteil, ein intelligenter Prosaschritt ist bloß eines unter vielen Beispielen für Aufmerksamkeit, da er darin besteht, daß man etwas sagt und dabei darauf achtet, was man sagt. Er ist eine Art aufmerksamer Verrichtungen, nicht ihre kausale Bedingung. Gewiß ist aber die belehrende Unterweisung, mit Verstand erteilt und mit Verstand aufgenommen, oft ein unentbehrlicher Führer zur Ausführung. Wir können viele Dinge nicht tun oder doch nicht zufriedenstellend tun, wenn wir nicht passende und rechtzeitige Anweisungen beachten, auch wenn wir selbst die Urheber dieser Anweisungen sein müssen. In solchen Fällen impliziert ein Versuch, das Ding zu tun, sowohl den Versuch, sich selbst die richtigen Anweisungen rechtzeitig zu erteilen als auch den Versuch, ihnen zu folgen.

Wir müssen uns jetzt einem Handlungstypus zuwenden,

der zwar gar nicht erfinderisch ist, aber doch einen gewissen Grad von Aufmerksamkeit verlangt, wie ihn instinktive und rein gewohnheitsmäßige oder unwillkürliche Handlungen nicht aufweisen. Ein Soldat, der gehorsam sein Bajonett aufpflanzt, macht vielleicht genau dieselben Griffe wie einer, der es aus einem andern Grund aufpflanzt. ›Gehorsam‹ bedeutet nicht eine muskelmäßig eigenartige Handlungsweise. Andrerseits bezeichnet oder bedeutet es auch keine Selbstgespräche oder Selbstanweisungen. Denn dem Soldaten ist ja nicht befohlen worden, *das* zu tun, und wenn er es tut, so kann es noch immer nicht das Aufpflanzen seines Bajonetts wegerklären, da ja das Befolgen von Selbstanweisungen wiederum ein Fall von Gehorsam wäre. Und doch ist das gehorsame Aufpflanzen des Bajonetts ohne Zweifel das Aufpflanzen des Bajonetts zusammen mit dem Gedanken, in irgendeinem Sinn dieses Wortes, daß ihm das befohlen wurde. Er hätte es nicht getan, wenn der Befehl anders gelautet oder er sich verhört hätte, und wenn er gefragt würde, warum er es getan hätte, würde er ohne Zögern mit einem Hinweis auf den Befehl antworten.

Er tut auch nicht zwei Dinge, nämlich sowohl das Bajonett aufpflanzen wie einem Befehl gehorchen, genausowenig wie der Zugvogel sowohl nach Süden flog als auch noch etwas anderes tat oder erlitt. Der Soldat gehorcht dem Befehl, indem er sein Bajonett aufpflanzt. Die Frage: ›Hat er auf den Befehl geachtet?‹ kann völlig zufriedenstellend mit der Bemerkung ›Ja, er pflanzte sein Bajonett sofort auf, als der Befehl gegeben wurde‹ beantwortet werden. Es kann selbstverständlich vorkommen, daß er den Befehl nicht gehört hat und das Bajonett nur zum Spaß gerade im richtigen Augenblick aufpflanzte. In diesem Fall wäre es falsch zu sagen, daß er sein Bajonett auf Befehl aufgepflanzt hätte.

Man könnte sagen, es sei sein primäres Ziel gewesen, jeden Befehl seines Feldwebels zu befolgen. Wenn wir fragen: ›Worauf gab er acht?‹ so heißt die Antwort: ›Auf seine Befehle.‹ Er war nur entschlossen, sein Bajonett aufzupflanzen, wenn der Feldwebel eben gerade das befehlen sollte. Die Kennzeichnung seines Geisteszustandes enthält einen unmittelbaren Hinweis auf an ihn ergehende Befehle, aber nur einen verdeckten, da bedingten Hinweis auf das Aufpflanzen seines Bajonetts. Seine Handlung wird sozusagen unter Anführungszeichen verrichtet; er tut es als das gerade Befohlene. Er hätte etwas anderes getan, wenn der Befehl anders gelautet hätte. Er ist in der Geistesverfassung, gerade das zu tun, was ihm befohlen wird, einschließlich des Bajonettaufpflanzens. Sein Aufpflanzen läßt sich nachträglich bedingt vorhersagen und einer der Werte der variablen Bedingung ist tatsächlich erfüllt worden.

So ähnlich ist es mit einem Parodisten, der vielleicht nichts anderes als ein paar Bemerkungen oder Handbewegungen macht, aber er bringt gerade diese Bemerkungen und Handbewegungen nur als genaue Wiedergabe der Bemerkungen und Handbewegungen ihres ursprünglichen Urhebers hervor. Hätte der ursprüngliche Urheber anders gesprochen oder gehandelt, dann hätte es der Parodist ebenso getan. Er braucht weder sich selbst noch den anderen außerdem zu sagen, daß der ursprüngliche Urheber so gesprochen und sich so gebärdet habe. Die Darstellung seiner Rede und seines Achselzuckens braucht nicht von einem beschreibenden Kommentar eingeleitet oder begleitet zu werden; manchmal kann sie gar nicht so eingeleitet oder begleitet werden, denn Begabung in der Beschreibung ist oft schauspielerischer Begabung unterlegen. Der Parodist legt seine Worte und Gebärden als Kopien derjenigen der parodierten Person vor, er muß aber nicht laufend hinzufügen, daß es Kopien sind.

als

Was ist aber die Bedeutung dieses Wortes ›als‹, wenn wir sagen, daß ein Handelnder etwas *als* die befohlene Handlung oder *als* Kopie oder *als* eine Übung oder *als* Mittel zum Zweck oder *als* Erholung tut; oder allgemein gesprochen, *als* die Ausführung eines bestimmten Programms? Worin besteht der Unterschied zwischen bloß mechanischer Verrichtung gewisser Bewegungen und dem *Bemühen*, gewissen Anforderungen zu genügen, indem man vielleicht genau dieselben Bewegungen macht? Oder worin besteht der Unterschied zwischen dem Aufpflanzen des Bajonetts auf Befehl und dem Aufpflanzen des Bajonetts im Kampf?

Es ist zwar richtig, daß der Soldat sein Bajonett absichtlich aufpflanzt, nämlich mit der Absicht zu gehorchen oder sich zu verteidigen, aber das allein hilft uns nicht, denn unsere gegenwärtige Frage ist ja: Zugegeben, daß ›Der Vogel zieht nach dem Süden‹ und ›Der Soldat pflanzt gehorsam sein Bajonett auf‹ beides mischkategorische Urteile sind, worin besteht der Unterschied, den wir zwischen ihnen anzeigen, wenn wir sagen, daß der Soldat seine Gedanken bei der Sache hat oder absichtlich handelt, der Vogel aber nicht?

Zumindest ein kleiner Teil der Antwort liegt im folgenden. Die Behauptung, ein Stückchen Zucker sei in Auflösung begriffen, ein Vogel sei dabei, nach dem Süden zu ziehen oder ein Mann blinzle fortwährend mit den Augen, bedeutet nicht, der Zucker habe gelernt, sich zu verflüssigen, der Vogel, im Herbst südwärts zu fliegen, oder der Mann, wenn erschreckt, zu blinzeln. Aber die Behauptung, daß ein Soldat gehorsam oder zum Zweck der Selbstverteidigung sein Bajonett aufgepflanzt habe, bedeutet, daß er darin unterwiesen worden ist und es nicht vergessen hat. Der neue Rekrut, der den Befehl, das Bajonett aufzupflanzen, hört oder einen feindlichen Soldaten herannahen sieht, weiß nicht, was er mit seinem Bajonett tun soll, wie oder wann und wann nicht. Es kann sogar sein, daß er nicht weiß, wie er Befehle auslegen oder ausführen soll.

Nicht alle erworbenen Fähigkeiten oder Neigungen können als Geistesqualitäten angesprochen werden. Die Gewohnheit, auf der rechten Seite einzuschlafen, ist nicht eine Eigenschaft des Verstandes oder Charakters; die Gewohnheit, laut oder leise ›Plethi‹ zu sagen, wenn man das Wort ›Krethi‹ hört, ist eine Eigenheit, die wir erworben haben, wenn wir sie auch kaum als eine erlernte Eigenheit ansprechen würden. Sie ist an uns haften geblieben, aber wir haben uns nicht bemüht, sie uns anzueignen; und gewöhnlich wollen wir sie auch nicht gebrauchen oder anwenden. Kommt man dazu, etwas auswendig zu können, ohne sich darum zu bemühen, dann ist man an dem Punkt, an dem Lernen endet. Obgleich Verse auswendig lernen eine primitive Form des Lernens ist, so kann es doch, solange es nur mit Hingabe getan wird, wertvolle Ergebnisse haben, und zwar nicht nur die wertlose Fähigkeit, diese Verse aufzusagen, sondern die wertvollere Fähigkeit, alle möglichen anderen Dinge auswendig zu lernen sowie die noch wertvollere Fähigkeit, alle möglichen Fähigkeiten durch Studium zu erwerben. Es sind die Anfangsgründe, *allgemein* unterrichtbar zu werden.

Kinder, Halbgebildete, altmodische Soldaten und einige Erzieher neigen zu der Annahme, Unterricht und Anleitung bestünden ausschließlich darin, die Fähigkeit zu erwerben, das in den Unterrichtsstunden Vorgetragene genau wiederzugeben. Aber das ist ein Irrtum. Ein Kind hat gerade erst begonnen, das Einmaleins zu erlernen, wenn es nichts anderes kann, als es in der gewöhnlichen Reihenfolge vom Anfang bis zum Ende hersagen. Es hat das Einmaleins nicht richtig erlernt, wenn es nicht auf jede beliebige Multiplikationsaufgabe (niedriger als 12 × 13) ohne Zögern die richtige Antwort geben und seine Multiplikationen nicht auf praktische Probleme anwenden kann, wie z. B. wie viele Zehen sich in einem Zimmer befinden, in dem sechs Leute sitzen. Ebensowenig ist einer ein voll ausgebildeter Bergsteiger, der nur mit denselben Aufstiegen fertigwird, über die er beim Unterricht geschickt wurde, und unter genau denselben Bedingungen wie während des Unterrichts und dann nur, indem er genau dieselben Bewegungen und Handgriffe macht, die ihm damals gezeigt wurden. Lernen heißt: fähig werden, das Richtige oder Passende in jeder beliebigen Lage einer bestimmten allgemeinen Art zu tun. Es besteht darin, auf gewisse *variable* Anforderungen innerhalb eines Bereichs vorbereitet zu sein.

Die Behauptung, daß jemand jetzt etwas mit einem gewissen Grad von Aufmerksamkeit tut, heißt nicht nur, daß er eine solche Ausbildung genossen hat, sondern daß er tatsächlich einer konkreten Anforderung begegnet und ihr so begegnet, daß er einigen aller jener möglichen Anforderungen dieses Bereichs, die an ihn hätten herantreten können oder vielleicht noch herantreten werden, begegnet wäre oder begegnen wird. Er ist in dem Gemütszustand, ›bereit‹ zu sein, denn was er tut, tut er in der Bereitschaft, gerade das in gerade dieser Lage zu tun, und er ist bereit, noch manchen anderen aller jener Anforderungen zu genügen, die noch an ihn herantreten mögen. Die Behauptung, daß ein Fahrer Vorsicht übt, schließt nicht ein, daß er daran denkt, ein Esel könnte aus jener Seitengasse hervorbrechen. Er kann auf solche Zufälligkeiten vorbereitet sein, ohne sie vorhergesehen zu haben. Ja, er kann sie sogar vorhergesehen haben, ohne auf sie vorbereitet zu sein.

Weiter oben in diesem Kapitel unternahm ich es zu erklären, warum wir trotz der Tatsache, daß ›mit den Gedanken bei der Sache sein‹ nicht in der Koppelung einer Inspizier- oder Forschungshandlung mit der Ausführung dieser Sache besteht, dennoch erwarten, daß jemand, der mit den Gedanken bei der Sache ist, ohne weiteres Nachforschen imstande ist, darüber Auskunft zu geben, womit er beschäftigt war. Auf etwas achten ist nicht eine sekundäre Beschäftigung mit Theorie, und doch scheint es die Fähigkeit einzuschließen, ohne weiteres Antworten auf theoretische Fragen über die primäre Beschäftigung zu geben. Wie kann ich aber das wissen, was ich nicht geistesabwesend getan oder gefühlt habe, wenn etwas tun oder fühlen und dabei bei der Sache sein nicht zumindest ein gewisses Ausmaß von Studium dessen einschließt, was ich tue oder fühle? Wie könnte ich jetzt etwas beschreiben, was ich nicht vorher inspiziert habe?

Ein Teil der Antwort scheint dies zu sein. Nicht alles Sprechen, und gewiß nicht das elementarste, besteht in der Mitteilung dessen, was allgemein bekannt ist. Wir fangen z. B. nicht damit an, dem Kleinkind die Namen von Dingen mitzuteilen, an denen es im Augenblick kein Interesse hat. Wir fangen damit an, ihm die Namen jener Dinge zu sagen, an denen es gerade dann Interesse zeigt. Die Verwendung von Dingnamen wird also in ein schon bestehendes Interesse an diesen Dingen hineingestellt. In teilweise ähnlicher Weise geben wir dem Kind Anweisungen, Ratschläge, Vorführungen, Verweise und Aufmunterungen bezüglich jener Dinge, an denen es sich gerade versucht: wir warten nicht, bis es unbeschäftigt ist, bevor wir es lehren, wie etwas zu machen ist. Auch ist die Tatsache, daß das Eintrichtern neben der Tätigkeit selbst herläuft, nicht notwendigerweise eine Ablenkung von dieser Tätigkeit. Das Bemühen, mit dem Unterricht Schritt zu halten, gehört zum Bemühen, das Ding selbst zu erlernen, und im Lauf des Lernens lernt das Kind auch, den Unterricht besser zu verstehen und auszuwerten. Es lernt also auch, die Rolle von Lehrer und Schüler zu verdoppeln; es lernt sich selbst abzurichten und seiner eigenen Abrichtung zu folgen, d. h. also seine Taten seinen Worten anzupassen.

Der gute Schiedsrichter bläst nicht fortwährend in die Pfeife, noch hört der ausgebildete Spieler auf, auf das Spiel aufzupassen, wenn er auf die Schiedsrichterpfeife hört; er zeigt im Gegenteil, daß er nicht auf das Spiel aufpaßt, wenn er nicht auf die Pfeife hört. Bis zu einem gewissen Grad sind wir alle dazu ausgebildet, unsere eigenen Schiedsrichter zu sein, und wenn wir auch nicht fortwährend oder meistens pfeifen, so sind wir doch meistens bereit oder halbbereit, es zu tun, wenn die Lage es erfordert, und bereit, Folge zu leisten, wenn gepfiffen wird.

Die Einmischungen des Schiedsrichters in das Spiel sind meistens entscheidend und nicht beschreibend oder mitteilend. Er ist da, um den Lauf des Spiels zu lenken, nicht um die Berichterstatter auf dem laufenden zu halten. Seine Hauptaufgabe ist nicht zu berichten, sondern zu entscheiden und zurechtzuweisen. Aber die Bereitschaft, eine passende Entscheidung zu treffen, wenn der Stand des Spiels es verlangt, ist gleichzeitig auch die Bereitschaft, einen Bericht abzugeben, wenn die Berichterstatter danach verlangen. Er weiß, welche Anordnungen er zu treffen hat, daher weiß er auch, welche Tatsachen er zu berichten hat. Er braucht aber nicht seine Anordnungen zu studieren, um ein paar Tatsachen aufzulesen. Grob gesagt, braucht er bloß seinen Tonfall zu ändern – prosaisch zu sagen, was er sonst gebieterisch ausgerufen oder unerbittlich entschieden hätte. Etwas im Indikativ sagen heißt: es in der leidenschaftslosesten und daher verfeinertsten Form sagen.

So können wir bei entsprechender Schulung uns oft auch selbst die Verbote, Ratschläge und Entscheidungen erteilen, die mehr oder weniger zu dem, was uns gerade beschäftigt, dazugehören und dazu beitragen. Wenn wir davon, uns die passenden ermahnenden oder beurteilenden Dinge zu sagen, dazu übergehen, Fragestellern (und das mögen wir selbst sein) die richtigen beschreibenden Angaben zu machen, dann ist das dabei Erforderliche nicht Forschungsarbeit, sondern Formulierungsarbeit. Wissen, was man auf diese Anforderungen Passendes zu sagen hat, heißt auch wissen, was man auf andere Anforderungen Passendes zu sagen hat. Wo wir nicht viel zu uns selbst als Trainer oder Richter sprechen können, wie z. B. beim Erfinden von Witzen, beim Charakterdeuten oder Gedichtemachen, da können wir auch Fragestellern nicht viel über das erzählen, was wir tun. In solchen Fällen sprechen wir von ›Inspiration‹ und ›Intuition‹, und das befreit uns davon, Fragen beantworten zu müssen.

5. Leistungen

Eine andere Klasse von episodischen Wörtern, die für unsere Zwecke besondere Aufmerksamkeit verdienen, ist die, die ich anderswo ›Leistungswörter‹, ›Erfolgswörter‹ oder ›Geschafft-Wörter‹ und ihre Gegenstücke, die ich ›Mißerfolgswörter‹ oder ›Mißlungen-Wörter‹ genannt habe. Sie sind echte episodische Wörter, denn es ist durchaus statthaft, von jemandem zu sagen, er habe zu einem gewissen Zeitpunkt einen Punkt gewonnen, wiederholt Kreuzworträtsel aufgelöst oder sofort den Scherz verstanden oder das Pfand gefunden. Manche Wörter dieser Klasse bezeichnen mehr oder weniger plötzliche Höhepunkte oder Auflösungen; andere bezeichnen mehr oder weniger hingezogene Vorgänge. Das Pfand findet man, den Gegner setzt man schachmatt, den Wettlauf gewinnt man zu einem bestimmten Zeitpunkt; aber das Geheimnis wahren, den Feind hinhalten, die Führung behalten kann man durch eine lange Zeitspanne. Die Art Erfolg, die im Erspähen des Habichts besteht, unterscheidet sich auf diese Weise von der Art Erfolg, die darin besteht, ihn im Auge zu behalten.

Die Verben, mit deren Hilfe wir diese Fälle von Gelingen und Festhalten gewöhnlich ausdrücken, sind aktive Verben wie z. B. ›gewinnen‹, ›ausgraben‹, ›finden‹, ›heilen‹, ›überzeugen‹, ›beweisen‹, ›beschwindeln‹, ›aufsperren‹, ›beschützen‹ und ›verbergen‹; und dieser grammatikalische Umstand hat es mit sich gebracht, daß Leute im allgemeinen, mit Ausnahme von Aristoteles, dazu neigen, die Unterschiede im logischen Verhalten zwischen Verben dieser Klasse und anderen Tätigkeits- oder Vorgangsverben zu übersehen. Die Unterschiede z. B. zwischen schießen und treffen, behandeln und heilen, suchen und finden, greifen und festhalten, horchen und hören, sehen und erblicken, reisen und ankommen, sind, wenn sie überhaupt bemerkt wurden, als Unterschiede zwischen gleichartigen Typen von Tätigkeiten oder Vorgängen ausgelegt worden, wogegen sie tatsächlich von ganz anderer Art sind. Es ist um so leichter, diese Unterschiede zu übersehen, als wir, wenn die Erfolgsaussichten gut sind, oft Leistungswörter ausborgen, um die Ausführung der Tätigkeiten zu bezeichnen, die in den entsprechenden Leistungen enden sollen. Man kann von einem Läufer sagen, er sei vom Start an dabei gewesen, den Lauf zu gewinnen, wenn er ihn auch vielleicht zum Schluß nicht gewinnt; und ein Arzt kann behaupten, daß er gerade die Lungenentzündung seines Patienten heile, auch wenn die Behandlung schließlich nicht den erhofften Erfolg bringt. ›Hören‹ wird manchmal als Synonym von ›horchen‹ verwendet‹ und ›reparieren‹ als Synonym für ›die Reparatur versuchen‹.

Ein großer Unterschied zwischen der logischen Funktion eines Aufgabenzeitworts und dem des entsprechenden Leistungszeitwortes besteht darin, daß wir mit der Verwendung eines Leistungszeitworts das Bestehen eines Sachverhalts behaupten, der über den hinausgeht, der in der Verrichtung der die Leistung anstrebenden Tätigkeit besteht. Wenn ein Läufer gewinnen soll, muß er nicht bloß laufen, sondern auch früher am Zielband sein als seine Mitläufer; wenn ein Arzt eine Heilung erzielen soll, muß sein Patient nicht bloß behandelt, er muß auch wieder gesund werden; wenn ein Sucher ein Pfand finden soll, muß auch ein Pfand in dem Augenblick dort sein, wohin er zeigt, und wenn ein Mathematiker ein Theorem beweisen soll, muß das Theorem wahr sein und auch aus den Prämissen folgen, aus denen er es herzuleiten versucht. Ein autobiographischer Bericht der Bemühungen und Gefühle des Handelnden zeigt allein noch nicht an, ob er das, was er zustande zu bringen sucht, zustande gebracht hat. Er mag vorschnell den erwarteten Erfolg in Anspruch nehmen, aber er wird seinen Anspruch zurückziehen, wenn er entdeckt, daß trotz seiner größtmöglichen Anstrengungen etwas danebengegangen ist. Ich ziehe meinen Anspruch zurück, einen Druckfehler gesehen oder den Wähler überzeugt zu haben, wenn ich entdecke, daß kein Druckfehler da war oder daß der Wähler seine Stimme für meinen Gegner abgegeben hat.

Es ist eine Folge dieses allgemeinen Satzes, daß es immer sinnvoll, wenngleich natürlich nicht immer richtig ist, einen Erfolg teilweise oder ganz dem Zufall zuzuschreiben. Eine Uhr kann durch einen zufälligen Stoß repariert und der Schatz mit dem ersten Spatenstich ans Licht gebracht werden.

Es folgt auch, daß es Leistungen geben kann, denen keine sie erstrebende Tätigkeit vorangeht. Wir finden manchmal etwas ohne zu suchen, bekommen Stellungen ohne Bewerbung und gelangen zu wahren Folgerungen, ohne die Argumente erwogen zu haben. Dinge, die so ohne Arbeit erreicht werden, werden oft als ›geschenkt‹ bezeichnet. Ein leichter Fang ist ›geschenkt‹, ein schwierigerer ›bietet sich an‹, ein schwerer muß ›gemacht‹ werden.

Wenn man von jemandem sagt, er habe gekämpft und gesiegt oder er sei gereist und angekommen, dann heißt das nicht, er habe zwei Dinge getan, sondern ein Ding mit einem gewissen Ergebnis. Einer, der gezielt und gefehlt hat, ist nicht von einer Beschäftigung zu einer andern übergegangen; er hat etwas getan, was ein Mißerfolg war. Während wir also von jemandem, der etwas zu leisten versucht hat, erwarten, er werde uns ohne weiteres sagen können, worum er bemüht war, erwarten wir von ihm nicht notwendigerweise, er werde ohne weiteres imstande sein, uns zu sagen, ob er es geleistet habe. Leistungen und Fehlschläge sind nicht Ereignisse, die Objekte dessen sein können, was oft, wenn auch irreführend, ›unmittelbare Erkenntnis‹ genannt wird. Sie sind nicht Taten, Bemühungen, Operationen oder Verrichtungen, sondern, abgesehen von glücklichen Zufällen, einfach das Faktum, daß gewisse Taten, Bemühungen, Operationen oder Verrichtungen gewisse Ergebnisse gezeitigt haben.

Deswegen können wir sinnvoll sagen, daß jemand mit oder ohne Erfolg gezielt hat, aber nicht, daß er das Ziel mit oder ohne Erfolg getroffen hat; daß er seinen Patienten mit oder ohne Ausdauer behandelt hat, aber nicht, daß er ihn mit oder ohne Ausdauer geheilt hat; daß er die Hecke langsam oder schnell, systematisch oder aufs Geratewohl gemustert hat, aber nicht, daß er das Nest langsam oder schnell, systematisch oder aufs Geratewohl gesehen hat. Adverbien, die auf Aufgabenverben passen, passen nicht allgemein auf Leistungsverben; im besonderen können Aufmerksamkeitsadverbien wie z. B. ›sorgfältig‹, ›aufmerksam‹, ›eifrig‹, ›wachsam‹,

›gewissenhaft‹ und ›hartnäckig‹ nicht dazu verwendet werden, Erkenntnisverben wie ›entdecken‹, ›beweisen‹, ›lösen‹, ›ertappen‹ oder ›sehen‹ zu bestimmen, genausowenig wie sie Zeitwörter wie z. B. ›ankommen‹, ›wiederherstellen‹, ›kaufen‹ oder ›besiegen‹ bestimmen können.

Viele episodische Zeitwörter werden zur Beschreibung von Einzelheiten aus dem Gebiet menschlicher Wißbegier verwendet, und das Übersehen der Tatsache, daß manche von ihnen Leistungs-, während andere Aufgabenzeitwörter sind, ist die Quelle einiger unnötiger Rätsel und so auch einiger mysteriöser Theorien. Besondere Erkenntnisakte und -operationen sollen Zeitwörtern wie ›sehen‹, ›hören‹, ›schmecken‹, ›deduzieren‹ und ›sich erinnern‹ in derselben Weise entsprechen, wie wohlbekannte Akte und Operationen solchen Verben wie ›stoßen‹, ›laufen‹, ›schauen‹, ›horchen‹, ›zanken‹ und ›sagen‹ entsprechen; als entspräche die Behauptung, jemand schaue und sehe, der Behauptung, er spaziere und singe, statt der Behauptung, er fische und fange oder suche und finde. Aber Verben der Wahrnehmung können nicht, wie Verben des Suchens, durch Adverbien wie z. B. ›erfolgreich‹, ›ohne Erfolg‹, ›methodisch‹, ›unwirksam‹, ›eifrig‹, ›gehorsam‹, ›bedächtig‹ oder ›zuversichtlich‹ näher bestimmt werden. Sie beziehen sich nicht auf Verrichtungen oder Arten des Beschäftigtseins; daher können sie sich nicht auf geheime Verrichtungen oder Arten des heimlich Beschäftigtseins beziehen. Grob gesprochen gehören sie nicht zum Wortschatz des Spielers, sondern zu dem des Schiedsrichters. Sie sind nicht Bemühungen, sondern Dinge, die durch Bemühungen oder durch Zufall erreicht werden.

Erkenntnistheoretiker haben manchmal eingestanden, daß sie die vorgeblichen Erkenntnistätigkeiten des Sehens, Hörens und Schließens merkwürdig unfaßbar finden. Wenn ich einen Habicht erspähe, dann finde ich den Habicht, aber ich finde nicht mein Sehen des Habichts. Mein Habichtsehen scheint eine sonderbar durchsichtige Art von Vorgang zu sein, durchsichtig insofern, als man beim Entdecken des

Habichts nichts entdeckt, was dem Zeitwort in ›einen Habicht sehen‹ entsprechen könnte. Das Rätsel löst sich jedoch, wenn wir begreifen, daß ›sehen‹, ›erspähen‹ und ›finden‹ nicht Vorgangswörter, Erlebniswörter oder Handlungswörter sind. Sie beziehen sich nicht auf verwirrend unentdeckbare Handlungen oder Reaktionen, genausowenig wie sich ›siegen‹ auf ein verwirrend unentdeckbares Stück Laufen bezieht, oder ›aufschließen‹ auf ein Stück unberichtetes Schlüsseldrehen. Der Grund, warum ich mich nicht beim Sehen oder Folgern ertappen kann, ist der, daß diese Zeitwörter nicht zu der Art gehören, mit der man die Redensart ›sich bei ... ertappen‹ vervollständigen kann. Die Frage: ›Was machst du da?‹ oder ›Was wird da mit ihm gemacht?‹ kann nicht mit ›sehen‹ oder ›folgern‹ oder ›schachmattsetzen‹ beantwortet werden.

Die Unterscheidung zwischen Aufgaben- und Leistungs-, ›Versuchs‹- und ›Geschafft‹-Zeitwörtern, befreit uns von einem anderen theoretischen Ärgernis. Lange schon ist erkannt worden, daß Verben wie ›wissen‹, ›erkennen‹, ›lösen‹, ›beweisen‹, ›wahrnehmen‹ und ›beobachten‹ (zumindest in manchen Normalverwendungen von ›beobachten‹) aus einem wichtigen Grund nicht von Adverbien wie ›irrtümlich‹ und ›unrichtig‹ bestimmt werden können. Da manche Erkenntnistheoretiker diese und verwandte Wörter automatisch als Bezeichnungen von besonderen Operationen und Erfahrungen auslegen, fühlen sie sich genötigt zu postulieren, daß wir gewisse besondere Untersuchungsverfahren besitzen, in deren Befolgung wir den Gefahren des Irrtums nicht ausgesetzt sind. Diese müssen, ja können wir nicht sorgfältig benützen, weil diese Verfahren uns keinen Spielraum für Sorgfalt lassen. Die logische Unmöglichkeit einer erfolglosen Entdeckung oder eines ungültigen Beweises ist als die quasikausale Unmöglichkeit des Fehlgehens mißdeutet worden. Wenn wir nur der richtigen Straße folgten, oder nur dem richtigen Vermögen freien Lauf ließen, dann könnten unwiderlegliche Beobachtungen und selbstverbürgende Intuitionen gar nicht ausbleiben. Menschen sind also manchmal unfehlbar. Wenn in ähnlicher Weise ein Schuß ins Schwarze als eine besondere Art des Zielens oder eine Heilung als eine besondere Art der Behandlung ausgelegt würde, dann würde folgen, da die Logik in beiden Fällen Fehlerlosigkeit garantiert, daß es gewisse unfehlbare Arten des Zielens und Behandelns gibt. Es gäbe dann einige zeitweilig unfehlbare Schützen und einige gelegentlich unfehlbare Ärzte.

Andere Erkenntnistheoretiker, die mit Recht den Gedanken auch nur vorübergehender menschlicher Unfehlbarkeit zurückweisen, haben einen ebenso unhaltbaren Standpunkt eingenommen. Auch sie mißdeuten Leistungszeitwörter automatisch als besondere Arten von Operationen oder Erfahrungen, aber sie sagen, daß die Operationen und Erfahrungen, die sie bezeichnen, schließlich doch nicht gegen Fehler gefeit sind. Wir können also etwas wissen, was gar nicht wahr ist, etwas ungültig beweisen, ein Problem irrig lösen und etwas sehen, was nicht da ist. Das ist aber, als ob man sagte, man könne mit einem Fehlschuß ins Schwarze treffen, einen Patienten dadurch heilen, daß man sein Leiden verschlimmert, oder einen Wettlauf gewinnen, ohne als erster durchs Ziel zu gehen. Es ist natürlich logisch möglich, einen Wettlauf zu verlieren und dann Anspruch zu erheben, ihn gewonnen zu haben, oder ein Leiden zu verschlimmern und dann zu prahlen, daß man es geheilt habe. Aus der bloßen Behauptung ›Ich sehe einen Habicht‹ folgt nicht, daß ein Habicht da ist, aber aus der Wahrheit der Behauptung ›Ich sehe einen Habicht‹ folgt es.

Diese Anpassung gewisser sogenannter Erkenntniszeitwörter an die allgemeine Klasse der Leistungszeitwörter erklärt natürlich nicht alles. Die Tatsache, daß das logische Verhalten von ›deduzieren‹ in gewissen Beziehungen dem von ›gewinnen‹, ›mattsetzen‹ oder ›aufschließen‹ ähnelt, bedeutet natürlich nicht, daß es irgendeinem von ihnen in jeder Beziehung ähnelt; auch entspricht das Ankommen bei einem Resultat nicht in jeder Beziehung dem Ankommen in Paris. Mein Argument hatte den hauptsächlich negativen Zweck darzulegen, warum es falsch und doch naheliegend ist, gewisse rätselhafte Handlungen und Reaktionen zu postulieren, die gewissen wohlbekannten biographischen Episodenwörtern entsprechen sollen.

SECHSTES KAPITEL

Selbstkenntnis

1. Vorwort

Ein natürliches Gegenstück zur Theorie, daß der Geist eine von ›der physikalischen Welt‹ verschiedene Welt ausmacht, ist die Theorie, daß es Wege gibt, den Inhalt dieser andern Welt zu entdecken, als Gegenstücke zu den Wegen, den Inhalt der physikalischen Welt zu entdecken. In der Sinneswahrnehmung stellen wir fest, was im Raum existiert und geschieht; es muß also das, was im Geist existiert oder geschieht, auch in einer Wahrnehmung festgestellt werden, aber in einer Wahrnehmung von anderer und verfeinerter Art, einer, die nicht die Arbeit grober Körperorgane erfordert.

Ja, man hielt es für notwendig zu zeigen, der Geist besitze Vermögen, seine eigenen Zustände und Tätigkeiten zu erfassen, Vermögen, die denen überlegen sind, mit welchen er die Tatsachen der äußeren Welt erfaßt. Wenn ich etwas über die Dinge, die außer mir existieren oder geschehen, wissen, glauben, erraten oder sogar tragen soll, dann, so hieß es, muß ich im Genuß eines andauernden und gegen Fehler gefeiten Erfassens eben dieser meiner Erkenntnisakte stehen.

Es wird daher oft behauptet, 1. daß der Geist nicht umhin kann, fortwährend alles dessen, was vorgeblich auf seiner Privatbühne vorfällt, gewahr zu sein, und 2. daß er auch vorsätzlich durch eine Art nichtsinnlicher Wahrnehmung wenigstens einige seiner Zustände und Akte genau prüfen kann. Dazu kommt noch, daß sowohl dieses andauernde Gewahrsein (im allgemeinen ›Bewußtsein‹ genannt) als auch diese nichtsinnliche innere Wahrnehmung (gewöhnlich ›Introspektion‹ genannt) allgemein als irrtumsfrei angenommen wird. Der Geist hat zu seinem eigenen Tun doppelten privilegierten Zugang, der seiner Selbstkenntnis im Vergleich zu seinem Begreifen anderer Dinge sowohl überlegene Qualität als auch Priorität der Entstehung verbürgt. Das Zeugnis meiner Sinne kann ich anzweifeln, aber nicht die Offenbarungen des Bewußtseins oder der Introspektion.

Eine Beschränkung der Fähigkeit des Geistes, Seelenzustände und -vorgänge zu erkennen, ist immer eingeräumt worden, nämlich die, daß ich zwar unmittelbare Kenntnis meiner eigenen Zustände und -vorgänge haben kann, aber nicht der des andern. Ich bin mir meines ganzen eigenen Empfindens, Wollens, Fühlens und Denkens bewußt, und ich kann einiges davon unter die introspektive Lupe nehmen. Aber ich kann die Vorgänge in der Seele des andern nicht introspektiv beobachten, noch mir ihrer bewußt werden. Ich kann mich davon, daß er überhaupt einen Geist hat, nur durch komplizierte und schwache Schlüsse aus dem, was sein Körper tut, überzeugen.

Diese Theorie des doppelten privilegierten Zugangs hat sich in der Denkweise der Philosophen, Psychologen und vieler Laien so sehr festgesetzt, daß es heutzutage oft als völlig hinreichend angesehen wird, wenn man zur Verteidigung des Dogmas, der Geist sei eine zweite Bühne, einfach anführt, sein Bewußtsein und seine Introspektion decke die sich in ihm abspielenden Szenen auf. Nach der Ansicht, für die ich argumentiere, können Bewußtsein und Introspektion nicht das sein, wofür sie offiziell ausgegeben werden, da ihre vermeintlichen Objekte Mythen sind; aber die Vorkämpfer des Dogmas vom Gespenst in der Maschine werfen gewöhnlich dagegen ein, daß die beschuldigten Bewußtseinsobjekte doch wohl existieren müßten, da wir uns ihrer ja bewußt sind und sie introspektiv beobachten können. Die Existenz dieser Objekte ist durch die ehrwürdigen Empfehlungsschreiben dieser vermeintlichen Entdeckungsmethoden garantiert.

In diesem Kapitel will ich also zu zeigen versuchen, daß die offiziellen Theorien des Bewußtseins und der Introspektion logische Verwirrungen sind. Ich versuche aber selbstverständlich nicht zu zeigen, daß wir etwa das, was es über uns selbst zu wissen gibt, nicht wissen oder nicht wissen können. Im Gegenteil, ich werde zu zeigen versuchen, wie wir dieses Wissen erwerben, aber erst nachdem ich bewiesen habe, daß es nicht mit Hilfe von Bewußtsein oder Introspektion erlangt wird, wie diese vermeintlichen privilegierten Zugänge meistens genannt werden. Sollte ein Leser bei dem Gedanken verzagen, seines zweifachen privilegierten Zugangs zu seinem vermeintlichen inneren Selbst beraubt zu werden, soll zum Trost erwähnt werden, daß durch die hier gegebene Erklärung der Selbstkenntnis wieder annähernde Gleichheit zwischen Kenntnis anderer und Selbstkenntnis hergestellt wird. Das, was ich über mich selbst herausfinden kann, ist von derselben Art wie das, was ich über andere herausfinden kann, und die Methoden, es herauszufinden, sind ungefähr dieselben. Ein kleiner restlicher Unterschied in der Beibringung der nötigen Anhaltspunkte hat gewisse unbedeutende Unterschiede zur Folge zwischen dem, was ich über mich selbst und dem, was ich über den anderen wissen kann, aber diese Unterschiede begünstigen nicht durchwegs die Selbstkenntnis. In gewissen wichtigen Hinsichten ist es leichter für mich herauszufinden, was ich über einen anderen wissen will, als Sachen derselben Art über mich selbst herauszufinden. In gewissen anderen wichtigen Hinsichten ist es schwieriger. Aber Müllers Methoden, etwas über Müller herauszufinden, sind grundsätzlich, im Gegensatz zu einzelnen konkreten Fällen, dieselben wie Müllers Methoden, etwas über Meier herauszufinden. Die Hoffnung auf privilegierten Zugang fallenlassen, heißt auch: die Angst vor erkenntnistheoretischer Selbsteinriegelung fallenlassen; mit den Süßigkeiten schwinden auch die Bitterkeiten des Solipsismus.

2. *Bewußtsein*

Bevor wir die Diskussion des philosophischen Begriffs oder der philosophischen Begriffe des Bewußtseins beginnen, ist es ratsam, einige Arten der Verwendung der Wörter ›bewußt‹ und ›Bewußtsein‹ zu betrachten, wie sie im täglichen Leben vorkommen, unbeeinflußt von besonderen Theorien.

a) Man redet manchmal auf folgende Weise; man sagt: ›Mir war bewußt, daß die Möbel umgestellt worden waren‹ oder ›Mir war bewußt, daß er weniger freundlich als gewöhnlich war‹. In solchen Zusammenhängen wird ›bewußt‹ an Stelle der Wörter ›herausfinden‹, ›bemerken‹, ›entdekken‹ verwendet, um eine gewisse merkbare Nebelhaftigkeit und eine sich daraus ergebende Undeutlichkeit der Wahrnehmung anzudeuten. Die Möbel sahen irgendwie anders aus, aber der Beobachter hätte nicht sagen können, worin der Unterschied bestand; oder die Haltung des Mannes war in verschiedenen Belangen ungefällig, aber der Sprecher hätte sie nicht aufzählen oder genauer kennzeichnen können. Obwohl es philosophisch interessante Probleme bezüglich der Undeutlichkeit sowie der Unausdrückbarkeit des absolut Nebelhaften gibt, so folgt doch aus dieser Verwendung des Wortes ›bewußt‹ nicht die Existenz irgendwelcher besonderer Fähigkeiten, Methoden oder Erkenntniskanäle. Das, wessen wir uns in diesem Sinn bewußt sind, kann eine Tatsache der physikalischen Welt oder eine Tatsache über den Geisteszustand eines anderen sein.

b) Man verwendet die Wörter ›bewußt‹ (conscious) und ›selbstbewußt‹ (self-conscious) oft zur Beschreibung der von manchen, besonders jungen Leuten an den Tag gelegten Unsicherheit. Diese sind besorgt um den Eindruck, den ihre charakterlichen oder geistigen Eigenschaften bei andern hinterlassen. Schüchternheit und Anmaßung sind Benehmensformen, in denen sich oft Selbstbewußtsein (self-consciousness) in diesem Sinn äußert[1].

c) ›Selbstbewußtsein‹ oder ›Bewußtheit seiner selbst‹ wird manchmal in einem allgemeineren Sinn verwendet, um anzuzeigen, daß jemand die Entwicklungsstufe erreicht hat, seinen eigenen charakterlichen oder geistigen Eigenschaften Beach-

1. Diese Nuancen von ›conscious‹ und ›self-conscious‹ sind im Deutschen nicht wiederzugeben. [Anm. des Übersetzers.]

tung zu schenken, gleichgültig ob es ihm etwas ausmacht, daß andere Leute diese schätzen oder nicht. Wenn ein Junge bemerkt, daß er Arithmetik lieber hat oder weniger an Heimweh leidet als die meisten seiner Freunde, dann fängt er an, in diesem erweiterten Sinn, sich seiner selbst bewußt zu sein.

Bewußtsein seiner selbst in diesem erweiterten Sinn ist selbstverständlich für unsere Lebensführung von allergrößter Bedeutung, und der Begriff ist daher für die Ethik wichtig; aber aus seiner unbefangenen Verwendung folgt keine besondere Lehre über die Art, wie jemand Beurteilungen seiner eigenen charakterlichen und geistigen Eigenschaften aufstellt und überprüft, oder wie er sie mit denen seiner Bekannten vergleicht.

Die Freudschen Ausdrücke ›das Unbewußte‹ und ›das Vorbewußte‹ sind eng mit dieser Verwendung von ›bewußt‹ verknüpft; denn zumindest ein Teil dessen, was wir darunter verstehen, wenn wir Eifersucht, Angstzustände oder erotische Triebe als ›unbewußt‹ beschreiben, ist das, daß ihr Opfer nicht nur ihre Stärke, ja vielleicht sogar ihr Bestehen nicht erkennt, sondern in einem gewissen Sinn nicht erkennen *will*. Er drückt sich um einen Teil der Aufgabe, zu verstehen, welche Art von Mensch er ist, oder aber er verfälscht systematisch seine Selbsturteile. Die Freudsche Darstellung der Verursachung, Diagnose, Vorhersage und Heilung der Tendenz, diesen Urteilen auszuweichen oder sie zu verfälschen, braucht keine bestimmte Theorie für die erkenntnistheoretische Frage, wie einer zu seinen Urteilen oder Fehlurteilen über seine eigenen Neigungen kommt, vorauszusetzen.

d) Ganz verschieden von den gerade besprochenen Verwendungen von ›bewußt‹, ›selbstbewußt‹ und ›unbewußt‹ ist die Verwendung, gemäß der eine kältestarre oder lokal betäubte Person das Bewußtsein in den Füßen bis hinauf zu den Knien verloren hat. In dieser Verwendung heißt ›bewußt‹ dasselbe wie ›empfindungsfähig‹ oder ›empfindend‹ und ›unbewußt‹ heißt betäubt oder fühllos. Wir sagen von jemand, daß er sein Bewußtsein verloren hat oder bewußtlos ist, wenn er gegenüber Schlägen, Geräuschen, Stichen oder Gerüchen völlig unempfindlich geworden ist.

e) Anders, wenn auch mit dieser letzten Verwendung eng verwandt, ist die Bedeutung, in der man von jemandem sagen kann, daß er sich einer Empfindung nicht bewußt ist, wenn er ihr keine Aufmerksamkeit schenkt. Ein in eine hitzige Debatte verwickelter Spaziergänger mag sich der Empfindungen in seiner mit Blasen bedeckten Ferse in diesem Sinne nicht bewußt sein, und der Leser dieser Zeilen war sich wahrscheinlich beim Lesen des Satzanfanges der Muskel- und Hautempfindungen in seinem Nacken oder seinem linken Knie nicht bewußt. Jemand kann sich auch nicht bewußt oder dessen nicht gewahr sein, daß er die Stirn runzelt, vor sich hin murmelt oder den Takt zur Musik klopft.

›Bewußt‹ in diesem Sinn heißt ›mit Aufmerksamkeit‹; und es ist sinnvoll zu sagen, daß man eine Empfindung kaum bemerkt, obwohl sie ziemlich stark ist, dann nämlich, wenn die Aufmerksamkeit des Opfers völlig auf etwas anderes gelenkt ist. Umgekehrt kann jemand sehr scharf auf sehr schwache Empfindungen aufpassen; wenn er z. B. vor Blinddarmentzündung Angst hat, dann werden ihm Magenstiche, die gar nicht stark sind, sehr stark zum Bewußtsein kommen. In diesem Sinn kann sich auch einer seiner Gefühle, wie z. B. bohrender Angst oder nagender Ungewißheit, klar bewußt oder kaum bewußt oder ganz unbewußt sein.

Die Tatsache, daß jemand auf seine organischen Empfindungen und Gefühle aufpaßt, bedeutet nicht, daß er nun irrtumssicher über sie ist. Er kann Irrtümer über ihre Ursache und ihre Lage begehen. Er kann überdies darüber im Irrtum sein, ob sie wirklich oder eingebildet sind, wie es Hypochonder tun. ›Aufpassen‹ bezeichnet nicht ein eigentümliches Rohr, durch das Gewißheiten der Erkenntnis geleitet werden.

Philosophen haben immer schon, aber besonders seit Descartes, in ihren Theorien der Erkenntnis und des Verhaltens mit einem Bewußtseinsbegriff gearbeitet, der verhältnismäßig wenig Ähnlichkeit mit dem oben beschriebenen aufweist.

Da sie mit der Idee des Geistes als eines zweiten Theaters arbeiten, dessen Vorführungen den vermeintlichen Status des Psychischen und demgemäß nicht den vermeintlichen Status des Physischen haben, haben es Denker der verschiedensten Überzeugungen als die grundlegende positive Eigenschaft dieser Vorführungen ausgegeben, daß sie, wenn sie ablaufen, bewußt ablaufen. Die Zustände und Tätigkeiten des Geistes sind Zustände und Tätigkeiten, deren er notwendigerweise in irgend einem Sinn von ›gewahr‹ gewahr wird, und dieses Gewahrsein kann unmöglich trügen. Die Dinge, die der Geist tut oder erfährt, erschließen sich ihm von selbst, und das soll eine Eigenschaft sein, die diese Akte und Gefühle nicht nur manchmal, sondern immer kennzeichnet. Es gehört zur Definition des Mentalen, daß sein Geschehen zur logischen Folge hat, daß es selbsterschließend ist. Wenn ich denke, hoffe, mich erinnere, will, bedaure, ein Geräusch höre oder einen Schmerz empfinde, dann muß ich eo ipso wissen, daß ich das tue. Ja sogar wenn ich träume, daß ich einen Drachen sehe, muß ich von meinem Drachensehen unterrichtet sein, obwohl ich, wie oft eingeräumt wird, nicht wissen muß, daß ich träume.

Wenn man die Existenz des zweiten Theaters leugnet, dann ist es natürlich schwierig zu erklären, was einer damit meint, wenn er die Vorfälle, die darin vorkommen sollen, als selbsterschließend beschreibt. Aber einige Punkte sind völlig klar. Es wird nicht angenommen, daß ich, wenn ich z. B. darüber nachdenke, wie ein gewisses Rätsel zu lösen sei und dies, eo ipso, bewußt tue, gleichlaufend zwei Aufmerksamkeitsakte ausführe, einen auf das Rätsel abzielend, den andern auf mein Nachdenken darüber. Noch wird angenommen, um diesen Punkt zu verallgemeinern, daß mein Akt des Nachdenkens und seine Selbsterschließung an mich zwei unterscheidbare, aber untrennbar aneinandergeschmiedete Akte oder Vorgänge sind. Es wird eher angenommen, um notgedrungen wieder in ein Gleichnis zu verfallen, daß psychische Vorgänge phosphoreszieren, so wie tropisches Meerwasser, das sich bei dem von ihm ausgestrahlten Licht selbst sichtbar macht. Oder psychische Vorgänge werden, um ein anderes Gleichnis anzubringen, von der Psyche ›abgehört‹, deren Vorgänge sie sind, etwa so wie ein Sprecher die Worte abhört, die er selbst ausspricht.

Als der erkenntnistheoretische Begriff des Bewußtseins erstmals in England populär wurde, scheint er zum Teil eine umgeformte Anwendung des protestantischen Begriffs des Gewissens gewesen zu sein. Die Protestanten mußten glauben, ein Mensch könne den moralischen Stand seiner Seele und die Wünsche Gottes ohne die Hilfe von Beichtvätern und Theologen kennen; sie sprachen daher von dem gottgegebenen ›Licht‹ des Privatgewissens. Als Galileis und Descartes' Darstellungen der mechanischen Welt die Rettung des Geistes vor der Mechanisierung zu fordern schienen, und zwar dadurch, daß er als eine zweite Welt bildend dargestellt wurde, da wurde das Bedürfnis verspürt zu erklären, wie der Inhalt dieser Geisterwelt ausfindig gemacht werden könne, und zwar wieder ohne die Hilfe der Sinneswahrnehmung. Die Metapher vom ›Licht‹ schien besonders geeignet, da ja die Galileische Wissenschaft vorwiegend mit der optisch entdeckten Welt befaßt war. ›Bewußtsein‹ wurde also eingeführt, um in der psychischen Welt dieselbe Rolle zu spielen, die das Licht in der mechanischen spielte. In diesem metaphorischen Sinn hielt man also den Inhalt der geistigen Welt für selbstleuchtend oder lichtwiderspiegelnd.

Dasselbe Modell wurde auch wieder von Locke in seiner Beschreibung der beobachtungsartigen Prüfung verwendet, der der Geist zeitweilig seine laufenden Zustände und Vorgänge unterziehen kann. Er nannte diese vermeintliche innere Wahrnehmung ›Reflexion‹ (unsere ›Introspektion‹), wobei er das Wort ›Reflexion‹ dem wohlbekannten optischen Phänomen der Widerspiegelung von Gesichtern in Spiegeln entnahm. Der Geist kann seine eigenen Operationen in dem von ihnen selbst abgegebenen ›Licht‹ ›sehen‹ oder ›betrachten‹. Der Mythos vom Bewußtsein ist ein Stück Paraoptik.

Die Gleichnisse vom ›Abhören‹, ›Phosphoreszieren‹ und ›Selbstleuchten‹ deuten eine andere Unterscheidung an, die gemacht werden muß. Es ist gewiß richtig, daß ich, wenn ich etwas tue, fühle oder beobachte, gewöhnlich meine Aufmerksamkeit auf das, was ich gerade getan, gefühlt oder beobachtet habe, zurücklenken könnte und oft zurücklenke. Ich führe oft Buch oder Rechnung darüber, was mich beschäftigt, und zwar so, daß ich auf die Frage, was ich gerade gehört, gesehen oder gesagt habe, gewöhnlich eine richtige Antwort geben könnte. Ich kann natürlich nicht immer auf die unmittelbare Vergangenheit zurückhorchen; denn sonst würde ich mich ja innerhalb weniger Sekunden vom Zeitpunkt des am Morgen Gewecktwerdens daran erinnern, daß ich mich daran erinnerte, daß ich mich daran erinnerte ... daß ich das Klopfen an der Tür gehört habe; ein Ereignis würde dann eine endlose Reihe von Erinnerungen von Erinnerungen ... daran hervorrufen und mir gar keine Gelegenheit geben, auf irgendein nachfolgendes Ereignis aufzupassen. In einem völlig richtigen Sinn kann ich aber von mir im allgemeinen sagen, was meine Aufmerksamkeit oder Halbaufmerksamkeit gerade gefesselt hat, daß ich nämlich im allgemeinen einen Erinnerungsbericht darüber abgeben könnte, wenn sich die Gelegenheit dazu böte. Das schließt die Möglichkeit nicht aus, daß ich manchmal einen falschen Bericht gebe, denn sogar kurzfristige Rückblicke in die Vergangenheit sind nicht gegen Achtlosigkeit und Parteilichkeit gefeit.

Ich erwähne diese Tatsache, daß wir im allgemeinen, wenn nötig, darüber Bericht erstatten könnten, was unsere Aufmerksamkeit auf sich gelenkt hat, weil das Bewußtsein, so wie es die vorherrschende Ansicht beschreibt, von dieser Art von Buchführung in einigen wichtigen Belangen abweicht. Erstens, der Theorie gemäß sind nämlich Seelenvorgänge nicht in dem Sinn bewußt, daß wir über sie nachher tatsächlich berichten oder doch berichten könnten, sondern in dem Sinn, daß die Eröffnungen ihres eigenen Vorfallens Merkmale dieser Vorfälle sind und so nicht nach ihnen kommen können.

Die angeblichen Bewußtseinsoffenbarungen würde man, wenn sie sich überhaupt in Worte kleiden lassen, in der Gegenwart, nicht in der Vergangenheit ausdrücken. Zweitens, da ich mir meiner gegenwärtigen psychischen Zustände und Handlungen bewußt bin, wird angenommen, daß ich weiß, und zwar in einem nichtdispositionalen Sinn weiß, was ich gerade erlebe und tue; das heißt also, daß ich nicht bloß mir oder einem anderen sagen könnte, was ich erlebe und tue, wenn es die Situation erfordert, sondern daß ich es aktiv erkenne. Obwohl kein Doppelakt der Aufmerksamkeit vorfällt, ist es doch so, daß ich, wenn ich das Stehenbleiben meiner Uhr entdecke, gleichzeitig auch entdecke, daß ich das Stehenbleiben meiner Uhr entdecke; eine Wahrheit über mich selbst geht mir im selben Augenblick auf, in dem ich eine Wahrheit über meine Uhr ausfindig mache.

Ich werde also darzulegen versuchen, daß Bewußtsein, so verstanden, ein Mythos ist, und werde also wahrscheinlich dahin ausgelegt werden, als versuchte ich darzulegen, daß psychische Vorgänge in irgendeinem demütigenden Sinn unbewußt seien, vielleicht so wie ich oft nichts über meine eigenen gewohnheitsmäßigen und unwillkürlichen Bewegungen sagen kann. Um mich gegen diese Mißdeutung zu schützen, sage ich ganz allgemein, erstens, daß wir meistens wissen, was wir tun, und daß keine Phosphoreszenzgeschichte nötig ist, um zu erklären, wie wir es erfahren; zweitens, daß wissen, was wir tun, nicht impliziert, daß wir ununterbrochen tatsächlich unser eigenes Fühlen und Tun belauschen oder begucken, sondern bloß, daß wir unter anderm dazu neigen, es zu bekennen, wenn wir in der Laune dazu sind; und drittens, daß die Tatsache, daß wir im allgemeinen wissen, was wir tun, nicht impliziert, daß wir irgendwelchen geisterhaften Geschehnissen begegnen müssen.

Der grundlegende Einwand gegen die Theorie, daß der Geist wissen muß, was er tut, da seelische Ereignisse definitionsgemäß bewußt oder metaphorisch selbstleuchtend sind, ist der, daß es keine solchen Ereignisse gibt; es gibt keine

Ereignisse, die in einer Welt zweiter Art stattfinden, da es keine solche zweite Art und keine solche Welt gibt und folglich keinen Bedarf für besondere Methoden, um die Bekanntschaft der Bewohner einer solchen Welt zu machen. Es gibt aber auch noch andere Einwände, deren Annahme nicht von der Ablehnung des Dogmas vom Gespenst in der Maschine abhängt.

Erstens, und das soll nicht mehr als ein Argument zur Auflockerung sein, versucht niemand, der nicht einer philosophischen Theorie verschrieben ist, irgendeine seiner Tatsachenfeststellungen durch die Behauptung zu rechtfertigen, er habe sie ›aus dem Bewußtsein‹ oder ›als eine direkte Offenbarung des Bewußtseins‹ oder ›durch unmittelbares Gewahrsein‹ herausbekommen. Er wird einige solcher Behauptungen durch die Bemerkung stützen, er selbst sehe, höre, fühle, rieche oder schmecke so und so; er wird andere dieser Aussagen etwas weniger verbindlich mit den Worten stützen, er erinnere sich, es gesehen, gehört, gefühlt, gerochen oder geschmeckt zu haben. Wenn man ihn aber fragt, ob er etwas wirklich weiß, glaubt, schließt, fürchtet, riecht oder sich daran erinnert, dann erwidert er niemals ›O ja, gewiß tue ich das, denn ich bin mir bewußt, sogar sehr lebhaft bewußt, es zu tun‹. Und doch sollte nach der Lehre gerade solch eine Erwiderung seine letzte Instanz sein.

Zweitens wird angenommen, daß mein Bewußtsein meiner psychischen Zustände und Tätigkeiten entweder darin besteht, daß ich sie weiß oder daß darin der notwendige und hinreichende Grund für dieses Wissen liegt. Aber so etwas sagen heißt: die Logik und sogar die Grammatik des Zeitworts ›wissen‹ mißbrauchen. Es ist Unsinn, davon zu reden, daß einer diesen Donnerschlag oder diese Schmerzempfindung, diese farbige Oberfläche oder diesen Akt des Schließens oder Pointesehens wisse oder nicht wisse; solche Akkusative passen nicht zum Zeitwort ›wissen‹. Wissen und in Unkenntnis sein, heißt: wissen und nicht wissen, daß etwas der Fall ist, z. B. daß dieses Krachen ein Donnerschlag ist oder daß diese farbige Oberfläche eine Käserinde ist. Und gerade hier hilft die Metapher vom Licht nicht. Gute Beleuchtung hilft uns, die Käserinde zu sehen, aber wir könnten nicht sagen ›das Licht war mir zu schwach, um die Käserinde zu wissen‹, da Wissen nicht so etwas ist wie Anschauen, und Gewußtes nicht so etwas wie Beleuchtetes. Zwar können wir sagen ›Ich konnte wegen der Dunkelheit das, was ich sah, nicht als Käserinde erkennen‹, aber erkennen, was ich sehe, ist keine zweite optische Verrichtung. Wir bitten nicht um eine Taschenlampe, damit wir etwas sehen können, und um eine andere, um erkennen zu können, was wir sehen. Wenn also sogar eine gewisse Ähnlichkeit bestünde zwischen der Tatsache, daß etwas beleuchtet ist, und der Tatsache, daß ein Geistesvorgang bewußt ist, so würde daraus doch nicht folgen, daß das Subjekt des Vorgangs diesen Vorgang als das, was er ist, erkennen müßte. Diese Ähnlichkeit könnte möglicherweise erklären, wie Geistesvorgänge wahrnehmbar sind, aber sie könnte unmöglich erklären, wie wir Wahrheiten ermitteln und Irrtümer vermeiden oder berichtigen.

Drittens ist es kein Widerspruch zu sagen, daß einer seinen Gemütszustand verkannt habe; in der Tat ist es wohlbekannt, daß man das fortwährend tut. Man nimmt irrtümlich an, etwas zu wissen, was tatsächlich falsch ist; man täuscht sich über seine eigenen Beweggründe; man ist überrascht zu bemerken, daß die Uhr aufgehört hat zu ticken, ohne, wie man glaubt, ihres Tickens gewahr gewesen zu sein; man weiß nicht, was man träumt, während man träumt, und manchmal ist man nicht sicher, daß man nicht träumt, wenn man wach ist; und man leugnet in gutem Glauben ab, verärgert oder gespannt zu sein, wenn man in der ersteren oder letzteren Art erregt ist. Wenn Bewußtsein wirklich so beschaffen wäre, wie es beschrieben wird, dann wären solche Fehlurteile logisch unmöglich.

Schließlich, selbst wenn die angeblich jedem psychischen Zustand oder Vorgang innewohnende Selbstoffenbarung nicht so hingestellt wird, als bedürfe sie eines besondern Akts der Aufmerksamkeit oder als wäre sie selbst eine besondere Erkenntnishandlung, so ist doch das, wessen ich mir beim Vorgang etwa einer Ableitung bewußt bin, von dem verschieden, wovon das Ableiten eine Erkenntnis ist. Das, wessen ich mir bewußt bin, ist der Vorgang einer Ableitung, aber das, was ich ableite, sagen wir aus geometrischen Prämissen, ist vielleicht ein geometrisches Theorem. Der verbale Ausdruck meiner Ableitung mag so lauten: ›Weil das ein gleichseitiges Dreieck ist, muß jeder Winkel 60 Grad betragen‹, aber der verbale Ausdruck dessen, wessen ich mir bewußt bin, mag so lauten: ›Nun bin ich also dabei, dies und dies von dem und dem zu deduzieren.‹ Wenn dem aber so ist, dann müßte es sinnvoll sein zu fragen, ob ich mir gemäß der Lehre nicht auch bewußt bin, des Schließens bewußt zu sein, also in der Lage zu sagen: ›Nun bemerke ich gerade die Tatsache, daß ich jetzt gerade dies und dies von dem und dem deduziere.‹ Und dann gäbe es kein Ende; dann müßte es eine unendliche Anzahl von Bewußtseinszwiebelschalen geben, die jeden möglichen Geisteszustand und -vorgang einhüllen. Wenn diese Schlußfolgerung abgelehnt wird, dann muß zugegeben werden, daß es gewisse Bestandteile unserer Geistesvorgänge gibt, deren wir uns nicht bewußt sein können, nämlich jene Bestandteile, die die angeblichen äußersten Selbstoffenbarungen psychischer Vorgänge ausmachen; und dann könnte ›bewußt‹ nicht mehr als Teil der Definition von ›psychisch‹ beibehalten werden.

Das Argument also, psychische Ereignisse seien authentisch, weil die Offenbarungen des Bewußtseins unmittelbares und unanfechtbares Zeugnis ihrer Existenz ablegen, muß zurückgewiesen werden: ebenso das zum Teil parallele Argument, das von den Erkenntnissen der Introspektion ausgeht.

3. *Introspektion*

›Introspektion‹ ist ein Fachausdruck, und zwar einer, für den man bei der Selbstbeschreibung untheoretischer Leute wenig Verwendung findet. Nützlicher ist das Eigenschaftswort ›introspektiv‹, das gewöhnlich in einem harmlosen Sinn zur Beschreibung von Menschen verwendet wird, die den theoretischen und praktischen Problemen, welche ihren eigenen Charakter, ihre Fähigkeiten, Minderwertigkeiten und Schrullen betreffen, größere Aufmerksamkeit als der Durchschnitt zuwenden; manchmal steckt darin auch noch die zusätzliche Andeutung, daß sie sich über diese Dinge außergewöhnliche Sorgen machen.

Der Fachausdruck ›Introspektion‹ wird zur Bezeichnung einer vermeintlichen Art von Wahrnehmung verwendet. Es wurde angenommen, daß so wie jemand zu einem gegebenen Zeitpunkt einer Flöte lauschen, einen Wein kosten oder einen Wasserfall betrachten kann, er auch in einem nichtoptischen Sinn einen seiner eigenen laufenden psychischen Zustände oder Vorgänge ›betrachten‹ kann. Der Zustand oder Vorgang wird dann absichtlich und aufmerksam unter die Lupe genommen und kann damit unter den von der Person beobachteten Gegenständen angeführt werden. Andrerseits wird Introspektion aber als von der Sinneswahrnehmung in wichtigen Belangen verschieden hingestellt. Angeschaute oder belauschte Dinge sind öffentliche Gegenstände, die grundsätzlich von jedem beliebigen, passend aufgestellten Beobachter gesehen werden können, wogegen nur der Eigentümer eines psychischen Zustands oder Vorgangs imstande sein soll, ihn introspektiv unter die Lupe zu nehmen. Sinneswahrnehmung schließt außerdem das Arbeiten eines körperlichen Organs ein, wie des Auges, des Ohrs oder der Zunge, während Introspektion das Arbeiten keiner solchen körperlichen Organe einschließt. Schließlich ist Sinneswahrnehmung nie gegen die Möglichkeit der Unschärfe oder sogar der Täuschung gefeit, wogegen jedenfalls nach den kühneren Theorien das Vermögen, die eigenen Geistesvorgänge zu beobachten, immer vollkommen ist; man hat vielleicht nicht gelernt, dieses Vermögen auszunützen oder seine Befunde richtig zu ordnen oder auseinanderzuhalten, aber man ist gegen jedes Gegenstück zu Taubheit, Schwachsichtigkeit, Farbenblindheit, Blendung oder

Flirren gefeit. Nach diesen Theorien liefert die innere Wahrnehmung ein Ideal der wahrheitlichen Wahrnehmung, an das die Sinneswahrnehmung nie heranreichen kann.

Die Ergebnisse der Introspektion sollen sich wenigstens in einer Weise von den angeblichen Offenbarungen des Bewußtseins unterscheiden; Introspektion ist eine aufmerksame Operation und wird nur hie und da ausgeführt, wogegen Bewußtheit ein dauernder Bestandteil aller geistigen Vorgänge sein soll, dessen Enthüllungen nicht durch besondere Aufmerksamkeitsakte aufgenommen zu werden brauchen. Wir introspizieren außerdem in der Absicht, die Lösung zu bestimmten Problemen zu finden, während wir bewußt sind, ob wir es wollen oder nicht; jedermann ist fortwährend bewußt, wenn er wach ist, aber nur jene Leute introspizieren, die sich von Zeit zu Zeit für das, was in ihrem Innern vorgeht, interessieren.

Es wird nicht abgestritten, daß nur Leute mit Sonderschulung von ›Introspektion‹ sprechen, aber in solchen Ausdrücken wie z. B. ›Er ertappte sich beim Nachdenken darüber, wie er dies und dies tun müsse‹ oder ›Wenn ich mich dabei ertappe, in eine Panik zu geraten, so tue ich das und das‹, soll auch der gewöhnliche Mensch zumindest einen Teil dessen ausdrücken, was mit dem Wort gemeint ist.

Nehmen wir nun an (und es ist das negative Ziel dieses Buches, es zu widerlegen), daß es Ereignisse dieser postulierten Geisterart gäbe, dann gäbe es noch immer Einwände gegen die anfänglich plausible Annahme, es gäbe auch eine besondere Art von Wahrnehmung, die diese Ereignisse als ihre ausschließlichen Objekte besitzt. Erstens würde das Vorkommen eines solchen Akts der inneren Wahrnehmung verlangen, daß der Beobachter auf zwei Dinge auf einmal achtgeben könnte. Er würde z. B. sowohl sich vornehmen, früh aufzustehen, als auch nebenher seine Vorsatzhandlung beobachten; würde auf seinen Plan, rechtzeitig aufzustehen, achten und wahrnehmenderweise auf seine Planbeachtung achten. Dieser Einwand ist vielleicht logisch nicht unwiderlegbar, da man anführen könnte, daß manche Leute ja, jedenfalls mit der Übung, z. B. Aufmerksamkeit beim Steuern eines Autos mit Aufmerksamkeit auf die Unterhaltung vereinen können. Daß wir von ungeteilter Aufmerksamkeit sprechen, scheint zu bedeuten, daß die Teilung der Aufmerksamkeit eine Möglichkeit ist, wenn auch manche Leute die Aufmerksamkeitsteilung als ein rasches Hinundherschalten der Aufmerksamkeit beschreiben würden und nicht als ihre gleichzeitige Aufteilung. Aber viele, die anfangs zuversichtlich behaupten, sie introspizierten im gerade erklärten Sinn des Worts, fangen an daran zu zweifeln, wenn sie sich davon überzeugt haben, daß sie bei einer Introspektion zweimal aufmerken müßten. Sie sind sicherer, daß sie nicht bei einer Introspektion zweimal aufmerken, als daß sie tatsächlich introspizieren.

Aber auch wenn man zugäbe, daß man bei der Introspektion zweimal auf einmal aufmerke, so wird doch eingeräumt werden, daß die Zahl der gleichzeitig möglichen Aufmerksamkeitsakte beschränkt ist, woraus folgt, daß es psychische Vorgänge geben muß, die nicht introspektibel sind, nämlich jene Akte der Introspektion, die schon die größtmögliche Zahl gleichzeitiger Aufmerksamkeitsakte enthalten. Es würde sich dann für die Anhänger der Theorie die Frage erheben, wie man das Vorfallen dieser Handlungen erkennt, denn wenn dieses Wissen nicht introspektiv erworben wird, dann könnte jemandes Wissen von seinen eigenen psychischen Vorgängen nicht immer auf Introspektion beruhen. Wenn dieses Wissen jedoch nicht immer auf Introspektion beruht, dann erhebt sich die Frage, ob es jemals darauf beruht. Diesem Einwand könnte durch Berufung auf die andere Form des privilegierten Zugangs begegnet werden; wir wissen, daß wir introspizieren nicht dadurch, daß wir unsere eigenen Introspektionen introspizieren, sondern durch die unmittelbaren Offenbarungen des Bewußtseins. Den Gästen der Scylla erscheint Charybdis als die gastlichere Zuflucht.

Als Psychologen noch weniger vorsichtig waren als sie

es heutzutage sind, behaupteten sie gewöhnlich, Introspektion wäre die Hauptquelle für empirische Auskunft über das Arbeiten des Geistes. Verständlicherweise gerieten sie bei der Entdeckung in Verlegenheit, daß die von einem Psychologen berichteten Erfahrungstatsachen manchmal mit den von einem anderen berichteten nicht übereinstimmten. Sie warfen einander, oft mit Recht, vor, durch Introspektion seien offenkundig nur die psychischen Erscheinungen gefunden worden, die nach ihren vorgefaßten Theorien zu erwarten waren. Auch heute kommen noch Kontroversen vor, die sich endgültig durch Introspektion beilegen lassen sollten, wenn die zusammengehörigen Theorien vom Innenleben und von der inneren Wahrnehmung wahr wären. Theoretiker streiten z. B. darüber, ob es Gewissensregungen gibt, die von denen des Verstandes und den gewohnheitsmäßigen Tabubefolgungen verschieden sind. Warum schauen sie nicht einfach in ihr Inneres? Oder wenn sie es tun, warum stimmen dann ihre Berichte nicht überein? Ferner erklären viele Leute, die über menschliches Verhalten spekulieren, daß sich gewisse einzigartige Vorgänge ereignen, die dem Ausdruck ›Willensakt‹ entsprechen; ich habe schon zu zeigen versucht, daß es keine solchen Vorgänge gibt. Warum streiten wir über die Existenz dieser Vorgänge, wenn die Streitfrage so leicht entscheidbar sein sollte wie die Frage, ob es in der Speisekammer nach Zwiebeln riecht?

Ein letzter Einwand, der gegen die Behauptung der Introspektion erhoben werden muß, ist der Einwand, den schon Hume gemacht hat. Es gibt Gemütszustände, die nicht kühl unter die Lupe genommen werden können, da die Tatsache, daß wir uns in ihnen befinden, impliziert, daß wir nicht kühl sind, und da die Tatsache, daß wir kühl sind, impliziert, daß wir uns nicht in diesen Zuständen befinden. Niemand könnte den Zustand der Panik oder Wut introspektiv unter die Lupe nehmen, da die zu wissenschaftlicher Beobachtung notwendige Leidenschaftslosigkeit, nach der Definition von ›Panik‹ und ›Wut‹, nicht der Gemütszustand eines Opfers dieser Stürme sein kann. Da ein Ausbruch der Heiterkeit ebensowenig zum Gemütszustand des nüchternen Experimentalisten gehört, ist das an einem Witz genossene Vergnügen auch kein introspektibles Ereignis. Gemütszustände wie diese mehr oder weniger heftigen Gemütsbewegungen können nur im Rückblick untersucht werden. Und doch folgt nichts Verhängnisvolles aus dieser Beschränkung. Wir wissen über Panik oder Belustigung nicht weniger als über andere Gemütszustände. Wenn uns die Retrospektion Einzelheiten geben kann, die wir für die Kenntnis einiger unserer Gemütszustände brauchen, so ist nicht einzusehen, warum sie das nicht für alle tun sollte. Und gerade das scheint auch mit der Ausdrucksform ›sich bei ... ertappen‹, angedeutet zu sein. So wie wir etwas verfolgen und erreichen, ertappen wir uns nur bei etwas, was uns schon davonläuft. Ich ertappe mich dabei, wie ich über einen Gebirgsausflug wachträume, nachdem, vielleicht sehr kurz nachdem ich den Wachtraum begonnen habe; oder ich ertappe mich beim Summen einer bestimmten Melodie erst nachdem ich die ersten Töne schon gesummt habe. Die sofortige oder verzögerte Retrospektion ist ein echter Vorgang, der den Schwierigkeiten entgeht, die aus der Annahme vielfach geteilter Aufmerksamkeit folgen; er ist auch von den Schwierigkeiten frei, die aus der Annahme folgen, heftige Gemütserregungen könnten der Gegenstand kühler, gleichzeitiger Selbstbeobachtung sein.

Ein Teil dessen, was man im Sinn hat, wenn man gewöhnlich von Introspektion spricht, ist dieser authentische Vorgang der Retrospektion. Retrospektion hat aber nichts eigentlich Geisterhaftes an sich. So wie ich mich bei einem Wachtraum ertappen kann, kann ich mich auch beim Kratzen ertappen; so wie ich mich bei einem Stück stillen Selbstgesprächs ertappen kann, kann ich mich auch dabei ertappen, wie ich etwas laut sage.

Es ist wahr und wichtig, daß das, woran ich mich erinnere, immer in einer Form ausgedrückt werden kann, bei der ein Verb benutzt wird, das vom Subjekt des Erinnerns abhängt.

Ich erinnere mich nicht an einen Donnerschlag, sondern daran, einen Donnerschlag gehört zu haben; oder ich ertappe mich beim Fluchen, aber ich ertappe nicht im selben Sinn einen andern beim Fluchen. Die Gegenstände meiner Retrospektion gehören zu meiner Autobiographie. Aber wenn sie auch persönlich sind, brauchen sie doch nicht private oder stille Einzelheiten in dieser Autobiographie zu sein, obwohl sie es sein können. Ich kann mich daran erinnern, etwas gesehen, wie daran, mir etwas vorgestellt zu haben, an meine offenen Handlungen genauso wie an meine Sinnesempfindungen. Ich kann die Berechnungen berichten, die ich im Kopf gemacht habe, aber auch die auf dem Löschpapier.

Die Erinnerung ist imstande, einen Teil der Last zu tragen, für die die Introspektion zum Träger ernannt wurde. Aber sie kann nicht die ganze Last tragen und besonders nicht die vielen philosophisch preziösen oder zerbrechlichen Pakete. Abgesehen davon, daß sogar die unmittelbare Erinnerung sowohl der Verdunstung als auch der Verdünnung ausgesetzt ist, kann es mir mißlingen, so genau ich mir auch eine bestimmte Handlung oder ein bestimmtes Gefühl ins Gedächtnis zurückrufe, deren Natur zu erkennen. Ob der gestrige Stich, der mir heute ins Gedächtnis zurückkommt, ein echter Stich des Mitleids oder aber ein Gewissensbiß war, braucht mir nicht im geringsten deswegen klar zu sein, weil meine Erinnerung daran lebhaft ist. Chroniken erklären nicht, was in ihnen aufgezeichnet ist.

Daß die Erinnerung autobiographisch ist, bedeutet nicht, daß sie uns einen privilegierten Zugang zu Tatsachen einer besonderen Art gibt. Aber sie gibt uns selbstverständlich eine Menge von Anhaltspunkten für die Beurteilung unseres eigenen Verhaltens und unserer Geistesqualitäten. Ein Tagebuch ist nicht eine Chronik geisterhafter Episoden, sondern eine wertvolle Quelle der Information über den Charakter, den Verstand und den Lebenslauf des Tagebuchschreibers.

4. Selbstkenntnis ohne privilegierten Zugang

Wir haben nun von verschiedenen Ausgangspunkten her dafür argumentiert, daß wir, wenn wir von jemandes Geist oder Seele sprechen, nicht von einem zweiten Schauplatz von Vorfällen einer besonderen Art sprechen, sondern von gewissen Weisen, in denen manche Vorfälle seines einen Lebens geordnet sind. Sein Leben ist nicht eine Doppelreihe von Ereignissen, die sich in zwei verschiedenartigen Materien abspielen; es ist nur eine Verkettung von Ereignissen verschiedener Gattungen, deren Unterschiede hauptsächlich darin bestehen, daß logisch verschiedene Typen von Gesetzesaussagen und gesetzähnlichen Aussagen auf sie anwendbar beziehungsweise unanwendbar sind. Behauptungen über den Geist eines Menschen sind daher Behauptungen einer besonderen Art über diesen Menschen. Fragen über die Beziehungen zwischen einem Menschen und seinem Geist sind daher, genau wie solche über die Beziehungen zwischen dem Körper und dem Geist eines Menschen, unzulässige Fragen. Sie sind unzulässig auf ähnliche Weise wie die Frage: ›Welche Verhandlungen finden zwischen dem Unterhaus und der britischen Verfassung statt?‹

Es ist daher ein logischer Fehler, davon zu sprechen, wie Theoretiker das oft tun, daß der Geist eines Menschen dieses weiß oder jenes entscheidet. Er selbst weiß das und entscheidet jenes, wenngleich die Tatsache, daß er es tut, wenn man will, unter die psychischen Tatsachen über ihn eingereiht werden kann. In ähnlicher Art ist es unpassend, davon zu reden, daß meine Augen dieses sehen, meine Nase jenes riecht; wir sollten vielmehr sagen, daß ich dieses sehe und jenes rieche und daß diese Behauptungen gewisse Tatsachenbehauptungen hinsichtlich meiner Augen und Nase in sich schließen. Aber die beiden Fälle sind nicht vollkommen parallel, denn während meine Augen und meine Nase Sinnesorgane sind, bezieht sich ›mein Geist‹ nicht auf ein weiteres Organ. Der Ausdruck bezeichnet meine Fähigkeit und Neigung, gewisse Dinge zu tun, und nicht ein Stück persönlicher Maschinerie, ohne das ich sie nicht tun könnte oder würde. So ist auch die britische Verfassung nicht eine weitere britische politische Institution, die neben dem Civil Service, dem Richterstand, der Staatskirche, dem Parlament und der Königlichen Familie ihre eigene Arbeit verrichtet. Noch ist sie die Summe dieser Einrichtungen oder ein Verbindungsstab zwischen ihnen. Wir können sagen, daß Großbritannien zur Wahlurne gegangen ist; aber wir können nicht sagen, daß die britische Verfassung zur Wahlurne gegangen ist, obgleich die Tatsache, daß Großbritannien zur Wahlurne gegangen ist, als eine konstitutionelle Tatsache über Großbritannien bezeichnet werden kann.

Wenn es auch nicht immer angebracht ist, die Wörter ›Geist‹ und ›Seele‹ zu vermeiden, so sind doch beträchtliche logische Gefahren mit ihrer Verwendung verknüpft. Der Sprachgebrauch macht es uns dann allzu leicht, logisch unzulässige Konjunktionen, Disjunktionen und Ursache–Wirkungs-Sätze zu bilden, wie z. B. ›Dies und dies fand nicht in meinem Körper, sondern in meiner Seele statt‹, ›Mein Geist führte meine Hand‹, ›Körper und Geist eines Menschen wirken aufeinander ein‹ und so weiter. Wo logische Unparteilichkeit von uns verlangt wird, dort sollten wir dem von Romanschriftstellern, Biographen und Tagebuchschreibern gesetzten Beispiel folgen und nur von Personen reden, die Dinge tun und erleben.

Die Fragen: ›Was kann jemand vom Arbeiten seines eigenen Geistes wissen?‹ und: ›Wie kann er solches Wissen erwerben?‹ deuten durch ihre bloße Formulierung auf absurde Antworten. Sie deuten an, daß jemand, um zu wissen, daß er faul ist oder daß er sorgfältig addiert hat, einen Blick in eine fensterlose Kammer werfen muß, die von einem seltsamen Licht erhellt ist und zu der nur er Zugang hat. Und wenn die Frage so ausgelegt wird, dann scheinen die parallelen Fragen: ›Was kann einer vom Arbeiten des Geistes eines andern wissen?‹ und ›Wie kann er solches Wissen erwerben?‹

schon durch ihre bloße Formulierung eine Antwort überhaupt auszuschließen; denn sie geben zu verstehen, daß jemand nur wissen könnte, daß ein anderer faul sei oder richtig addiert habe, indem er in eine andere geheime Kammer blickte, zu der er aber ex hypothesi keinen Zugang hat.

In Wirklichkeit ist das Problem nicht von dieser Art. Vielmehr handelt es sich einfach um die methodologische Frage, wie wir gewisse Arten gesetzähnlicher Aussagen über das offene und stille Benehmen von Leuten beweisen und anwenden. Ich lerne die Meisterschaft und Strategie eines Schachspielers schätzen, indem ich ihn beim Schachspiel mit anderen beobachte, und ich finde heraus, daß einer meiner Schüler faul, ehrgeizig und witzig ist, indem ich seiner Arbeit folge, seine Ausreden bemerke, seiner Unterhaltung zuhöre und seine Leistungen mit denen anderer vergleiche. Und es ist nicht wesentlich anders, wenn ich selbst dieser Schüler bin. Ich kann dann allerdings seinen Unterhaltungen öfter zuhören, da ich selbst der Angesprochene bei seinen unausgesprochenen Selbstgesprächen bin; ich bemerke mehr von seinen Ausreden, da ich nie abwesend bin, wenn er sie macht. Andrerseits ist mein Vergleich seiner Leistungen mit denen anderer schwieriger, da der Prüfer selbst die Prüfung ablegt, was Objektivität erschwert und gute Beobachtung des Kandidaten während der Befragung unmöglich macht.

Um einen schon früher erwähnten Punkt zu wiederholen: die Frage ist nicht die Rahmenfrage: ›Wie entdecke ich, daß wir, du und ich, eine Seele haben?‹, sondern eine ganze Reihe besonderer Fragen der Form: ›Wie entdecke ich, daß ich selbstloser bin als du; daß ich gut dividiere, aber im Lösen von Differentialgleichungen schwach bin; daß du an gewissen Angstzuständen leidest und gewisse Arten von Tatsachen hartnäckig übersiehst; daß ich mich leichter ärgere als der Durchschnitt, aber weniger zu Angst, Schwindel und krankhafter Gewissenhaftigkeit neige?‹ Neben solchen rein dispositionalen Fragen haben wir auch noch den ganzen Bereich von Ausführungs- und Ereignisfragen der Form: ›Wie finde ich heraus, daß ich den Witz verstanden habe, du aber nicht; daß zu deiner Tat mehr Mut gehörte als zu meiner; daß der Dienst, den ich dir leistete, aus Pflichtbewußtsein und nicht aus Geltungsbedürfnis geleistet wurde; daß ich das, was gesagt wurde, zwar nicht sofort völlig verstand, daß ich es aber völlig verstand, als ich es im Geist noch einmal überdachte, während du es sofort verstandest; daß ich gestern Heimweh hatte?‹ Fragen dieser Art sind keine Rätsel; wir wissen recht wohl, wie wir uns nach den dazugehörigen Antworten umsehen müssen; und obwohl wir sie oft nicht restlos beantworten können und uns mit bloßen Mutmaßungen begnügen müssen, sind wir dennoch nicht im Zweifel, welche Art von Information unsere Zweifel beheben würde, wenn wir sie nur bekommen könnten; und wir wissen, was es hieße, sie zu bekommen. Nachdem jemand z. B. einem Argument zugehört hat, sagt er, er habe es völlig verstanden; er mag sich aber täuschen oder mich zu täuschen versuchen. Wenn wir uns dann auf ein paar Tage trennen, bin ich nicht mehr in der Lage zu prüfen, ob er es wirklich völlig verstanden hat. Trotzdem weiß ich, welche Prüfungen das Problem gelöst hätten. Wenn er das Argument in seine eigenen Worte gekleidet oder es ins Französische übersetzt hätte; wenn er passende konkrete Beispiele für die Verallgemeinerungen und Abstraktionen des Arguments gefunden hätte; wenn er einem Kreuzverhör standgehalten hätte; wenn er richtig weitere Schlußfolgerungen aus den verschiedenen Stufen des Arguments gezogen und Punkte aufgezeigt hätte, wo die Theorie mit andern Theorien unvereinbar war; wenn er richtig aus der Natur des Arguments auf die Verstandes- und Charaktereigenschaften seines Erfinders geschlossen und die Weiterentwicklung seiner Theorie vorhergesagt hätte, dann hätte ich keine weiteren Belege dafür verlangt, daß er es völlig verstanden hat. Und genau dieselbe Art von Prüfung würde mich überzeugen, daß ich selbst es völlig verstanden habe; der einzige Unterschied wäre der, daß ich wahrscheinlich meine Deduktionen, Beispiele usw. nicht laut in Worte gekleidet, sondern sie mit größerer Nachlässigkeit in stillem Selbstgespräch zu mir selbst gesprochen hätte; und ich wäre wahrscheinlich schneller von der Vollständigkeit meines eigenen Verständnisses überzeugt gewesen als von dem des anderen.

Kurz gesagt gehört es zur Bedeutung von ›er hat es verstanden‹, daß er dies und dies hätte tun können und daß er es getan hätte, wenn das und das der Fall gewesen wäre, und die *Probe*, ob er es verstanden hat, ist eine Reihe von Verrichtungen, die die Nachsätze dieser allgemeinen Bedingungssätze erfüllen. Man bemerke einerseits, daß es keine einzelne Kernverrichtung gibt, ob nun offen oder im Kopf, die bestimmen könnte, ob er das Argument verstanden hat. Sogar wenn er behauptete, er habe ein Aufleuchten oder Einschnappen des Verstehens erlebt, und wenn das tatsächlich so wäre, so würde er trotzdem die Behauptung zurückziehen, das Argument verstanden zu haben, wenn er fände, er könnte es nicht in seine eigenen Worte kleiden, mit Beispielen erläutern, erweitern oder umformulieren; und er würde jemand anders Verständnis zugestehen, wenn er alle Prüfungsfragen darüber beantworten kann, jedoch kein Einschnappen des Verstehens zu berichten hat. Man bemerke aber auch andererseits, daß es zwar keine genaue Liste der Teilproben gibt, die einer bestehen muß, wenn es heißen soll, er habe das Argument völlig verstanden, daß das aber nicht bedeutet, keine endliche Klasse von Teilproben sei je genügend. Um zu bestimmen, ob ein Junge dividieren kann, verlangen wir von ihm nicht, daß er sich an einer Million, an tausend, ja nicht einmal an hundert Divisionsaufgaben versucht. Mit einem einzigen Erfolg wären wir nicht ganz zufrieden, aber wir wären es nach zwanzig, vorausgesetzt, daß die Beispiele gut gewählt waren und er sie nicht schon vorher ausgerechnet hatte. Ein guter Lehrer, der nicht nur die richtigen und falschen Ergebnisse des Jungen aufgeschrieben, sondern auch seine Rechenmethoden überwacht hat, wird schon wesentlich früher zufrieden sein, und er wäre noch viel früher zufrieden, wenn er den Jungen die von ihm ausgearbeiteten Zwischenoperationen beschreiben und rechtfertigen ließe, wenn es natürlich auch viele Jungen gibt, die dividieren, aber nicht die von ihnen dabei verwendeten Methoden beschreiben und rechtfertigen können.

Ich entdecke meine oder des anderen Motive auf ähnliche, wenn auch nicht auf ganz dieselbe Art, wie ich meine oder seine Fähigkeiten entdecke. Der große praktische Unterschied besteht darin, daß ich mein Untersuchungsobjekt während meiner Untersuchung seiner Neigungen sich nicht so vorführen lassen kann, wie ich das bei meiner Untersuchung seiner Fähigkeiten tun kann. Um festzustellen, wie eitel oder patriotisch der andere ist, muß ich auch sein Betragen, seine Bemerkungen, sein Verhalten und seinen Tonfall beobachten, aber ich kann ihn keinen Prüfungen oder Versuchen unterziehen, die er als solche erkennt. Denn er hätte dann ein besonderes Motiv, auf solche Experimente in einer besonderen Weise zu reagieren. Er würde vielleicht aus reiner Eitelkeit versuchen, sich selbstlos zu benehmen, oder vielleicht eitel erscheinen wollen aus reiner Bescheidenheit. Nichtsdestoweniger genügt im allgemeinen die gewöhnliche alltägliche Beobachtung, um solche Fragen im Nu zu beantworten. Eingebildet sein heißt: dazu neigen, über seine eigenen Vorzüge zu prahlen, die Schwächen anderer zu bemitleiden oder zu verspotten, eingebildeten Siegen nachzuträumen, in der Erinnerung an wirkliche Siege zu schwelgen, schnell der Unterhaltungen müde zu werden, die einen in unvorteilhaftem Licht erscheinen lassen, seine Zeit großzügig der Gesellschaft berühmter Leute zu widmen und beim Zusammensein mit Nichtberühmten mit ihr zu knausern. Die Proben, ob jemand eingebildet ist, sind die Handlungen, die er unter solchen Umständen begeht und die Reaktionen, die er an den Tag legt. Der gewöhnliche Beobachter braucht für seine Entscheidung nicht viele Anekdoten, viel Hohn oder viele Schmeicheleien von seiten seines Untersuchungsobjekts, außer wenn Prüfling und Prüfer identisch sind.

Die Ermittlung der geistigen Fähigkeiten und Neigungen einer Person ist ein induktiver Vorgang, eine Induktion aus beobachteten Handlungen und Reaktionen auf gesetzähnliche Aussagen. Wenn wir diese langfristigen Eigenschaften ermittelt haben, dann erklären wir eine bestimmte Handlung oder Reaktion, indem wir das Ergebnis einer solchen Induktion auf das neue Beispiel anwenden, außer wenn uns offene Bekenntnisse die Erklärung ohne Nachforschung ermöglichen. Diese Induktionen werden natürlich nicht unter Laboratoriumsbedingungen ausgeführt oder mit einem statistischen Apparat, genausowenig wie die Wetterkunde des Bauern oder das Erkennen der Konstitution eines bestimmten Patienten durch einen Hausarzt. Aber sie sind meistens verläßlich genug. Es ist eine Tautologie, daß die Charakterbewertungen und die Erklärungen des Betragens, die von einem kritischen, vorurteilslosen und menschenfreundlichen Beobachter mit großer Erfahrung und großem Interesse für seinen Gegenstand abgegeben werden, meistens schnell und verläßlich sind; diejenigen von schlechteren Richtern dagegen sind meistens langsamer und weniger verläßlich. Ähnlich sind die Noten, die von erfahrenen und interessierten Prüfern erteilt werden, die ihre Prüflinge gut kennen und ihnen wohlgesinnt sind, im allgemeinen richtig; diejenigen schlechterer Prüfer dagegen weichen mehr von der richtigen Rangordnung ab. Diese Tautologien sollen uns daran erinnern, daß wir im wirklichen Leben durchaus mit den Methoden vertraut sind, wie man Personen beurteilt und ihre Handlungsweise erklärt, obwohl es nach der herrschenden Theorie keine solchen Methoden geben könnte.

Die Eigenschaften und Gemütsverfassungen einer gewissen Klasse von Personen sind aber besonders schwer zu beurteilen, nämlich jener Personen, die Eigenschaften vortäuschen, die sie nicht besitzen, und Eigenschaften verbergen, die sie besitzen. Ich beziehe mich auf Heuchler und Scharlatane, auf die Leute, die Motive und Stimmungen, und auf die Leute, die Fähigkeiten vortäuschen; das heißt also, auf die meisten von uns zu gewissen Zeiten und auf manche von uns meistens. Es ist immer möglich, Motive und Fähigkeiten, die man nicht hat, oder Stärke von Motiven und Fähigkeitsgraden, die man nicht besitzt, vorzutäuschen. Das Theater könnte nicht bestehen, wenn es nicht möglich wäre, diese Dinge vorzutäuschen und es glaubhaft zu tun. Es ist außerdem immer möglich, daß einer andere oder sich selbst dadurch hereinlegt, daß er eine Rolle spielt (was den Zuschauern im Theater nicht widerfahren kann, da sie ja gezahlt haben, um Leute spielen zu sehen, die sich als Schauspieler ankündigen). Auf den ersten Blick scheint es also, als ob niemand richtige Kenntnis seiner eigenen Seele oder der eines andern erwerben könnte, da es keine Art von beobachtbarem Benehmen gibt, von der wir sagen könnten, ›niemand könnte das bloß spielen‹. Gewiß fühlen wir uns im praktischen Leben durch diese Möglichkeit nicht in Verlegenheit gesetzt, aber manche Leute verspüren eine theoretische Verlegenheit, denn wenn jede beliebige Handlung oder Reaktion Verstellung sein kann, können dann nicht alle Handlungen oder Reaktionen Verstellung sein? Könnten nicht alle unsere Bewertungen des Betragens anderer und unser selbst durchweg der Täuschung unterliegen? Wir fühlen manchmal eine ähnliche Verlegenheit in bezug auf die Sinneswahrnehmung, denn da jede beliebige einzelne sinnliche Erscheinung bloßer Schein sein könnte, so scheint kein Grund zu bestehen, warum sie nicht alle bloß Schein sein sollten.

Trotzdem ist die Angst vor universeller Verstellung unbegründet. Wir wissen, worin Verstellung besteht. Sie besteht darin, sich absichtlich so zu benehmen wie andere Leute sich benehmen, die sich nicht verstellen. Zerknirschung vortäuschen heißt Gebärden, Tonfall, Worte und Taten von wirklich Zerknirschten annehmen. Sowohl der Heuchler wie auch die von ihm Getäuschten müssen also wissen, wie es aussieht, wenn einer wirklich zerknirscht ist und es nicht vorgibt. Wenn wir nicht zerknirschte Leute gewöhnlich richtig als zerknirscht einschätzten, dann hätte uns der Heuchler nicht vormachen können, er wäre zerknirscht. Außerdem wissen wir, worin Heuchelei besteht, nämlich in dem Versuch, so zu erscheinen, als wäre man von einem anderen als seinem wirklichen Motiv beseelt. Wir kennen die Kniffe, die der Heuchler verwenden muß. Die Kriterien, mit deren Hilfe wir beurteilen, ob jemand diese Kniffe anwendet oder nicht und ob er sie geschickt oder ungeschickt anwendet, sind uns bekannt, obwohl wir sie nicht immer anwenden können. Darum also können wir manchmal Heucheleien aufdecken und manchmal nicht; aber auch wenn wir es nicht können, wissen wir doch, welche Arten von zusätzlichen Anhaltspunkten den Heuchler verraten würden, wenn wir ihrer nur habhaft werden könnten. Wir würden z. B. gerne sehen, wie er reagieren würde, wenn die Sache, für die er solche Hingabe beteuert, die Hälfte seines Vermögens oder gar sein Leben kostete. Das einzige, was wir brauchen, wenn wir es auch oft nicht haben können, ist ein experimentum crucis, so wie ein Arzt zur Entscheidung zwischen zwei Befunden oft ein experimentum crucis braucht, aber es nicht herbeiführen kann. Der Erweis von Heuchelei und Quacksalberei ist eine induktive Aufgabe, die sich von den gewöhnlichen induktiven Aufgaben der Motiv- und Fähigkeitsbeurteilung nur darin unterscheidet, daß sie eine Induktion zweiter Ordnung ist. Sie ist der Versuch zu entdecken, ob jemand versucht, das Benehmen jener Leute nachzuahmen, über das er und wir induktiv herausgefunden haben, daß es das Benehmen von Leuten ist, die sich nicht verstellen. Wenn wir und der Heuchler gelernt haben, Heuchelei zu entlarven, dann bekommen wir es vielleicht mit dem Heuchler zweiter Ordnung, dem Doppelschwindler, zu tun, der gelernt hat, sich nicht wie ein gewöhnlicher einfacher Heuchler aufzuführen. Es liegt kein Rätsel über der Verstellung, wenn es auch eine Tautologie ist, daß geschickte Verstellung schwer aufzudecken ist und erfolgreiche Verstellung gar nicht entdeckt wird.

Wir haben bisher hauptsächlich jene Arten von Selbstkenntnis und Kenntnis anderer betrachtet, die in der mehr oder weniger wohlerwogenen Beurteilung langfristiger Neigungen und Fähigkeiten bestehen, und auch die Anwendung dieser Beurteilungen in der Erklärung einzelner Vorfälle. Wir haben untersucht, wie wir verschiedene Handlungsweisen auslegen oder verstehen. Es bleibt aber noch eine andere Bedeutung von ›wissen‹, in der man von jemandem sagen kann, er wisse, was er in diesem Augenblick tut, denkt, fühlt usw., eine Bedeutung, die dem näher kommt, was die Phosphoreszenztheorie des Bewußtseins, wenn auch ohne Erfolg, zu beschreiben trachtete. Um die logische Funktion dieser Bedeutung von ›wissen‹ zu isolieren, müssen wir zuerst eine Anzahl von Situationen betrachten, in denen jemand zugibt, er habe zu jenem Zeitpunkt nicht gewußt, was er tue, obwohl das, was er tat, keine mechanische, sondern eine mit Intelligenz ausgeführte Tat war. Bei der Auflösung eines Kreuzworträtsels stößt jemand auf ein Anagramm; nach einer kurzen oder langen Pause fällt ihm die Lösung ein, aber er leugnet, sich bewußt gewesen zu sein, irgendwelche bestimmten Schritte unternommen zu haben oder irgendeiner Methode gefolgt zu sein, um die Lösung zu finden. Er mag sogar sagen, er habe über einen andern Teil des Rätsels nachgedacht und gewußt, daß er das tue. Er ist bis zu einem gewissen Grad überrascht zu finden, daß er nun die Lösung des Anagramms hat, denn er war sich nicht bewußt, irgendwelche Buchstabenverschiebungen vorgenommen oder irgendwelche unrichtigen Umstellungen der Buchstaben erwogen zu haben. Und doch ist seine Lösung richtig, und es kann sein, daß er diese Art von Erfolg mehrere Male im Zug der Lösung des ganzen Rätsels erzielt. Unsere Stegreifwitze überraschen uns oft in derselben Weise.

Nun sind wir aber gewöhnlich nicht überrascht, wenn wir uns beim Pfeifen, Planen oder bei der Vorstellung von etwas ertappen. Auf Befragen sagen wir, wir seien nicht überrascht, weil wir wußten, daß wir diese Dinge taten, während wir sie taten. Was fügen wir also hinzu, wenn wir sagen: ›Ich tat dies und dies und wußte dabei, daß ich es tat‹? Man ist versucht, zu sagen: ›Nun, während ich das tat, muß es mir durch den Kopf geschossen oder aufgedämmert sein, daß ich es tat; oder wenn die Handlung in die Länge gezogen war, muß es mir immer wieder durch den Kopf geschossen oder aufgedämmert sein, daß ich es tat.‹ Und doch empfinden wir bei diesen Metaphern des Schießens und Dämmerns ein gewisses Unbehagen, denn wir erinnern uns gewöhnlich an keine solchen Geschehnisse, auch wenn wir ganz sicher sind, während unseres Handelns gewußt zu haben, was wir taten. Und wenn solche Schüsse und Dämmerungen auch stattgefunden hätten, würde sich dieselbe Frage doch von neuem erheben. Wußte man, daß man diese Erleuchtungen bekam, wenn sie kamen, und daß man sie nicht bekam, wenn sie nicht kamen? Dämmerte es einem auf, daß es einem aufdämmerte, daß man pfiff? Oder besteht das Wissen, daß etwas vorgeht, nicht immer darin, daß einem etwas aufdämmert?

Wenn man von jemandem sagt, daß er nicht überrascht war, als etwas stattfand, dann kann man auch von ihm sagen, daß er es erwartet hatte oder daß er darauf vorbereitet war. Aber wir verwenden ›erwarten‹ in mindestens zwei völlig verschiedenen Weisen. Manchmal meinen wir, daß er zu einem bestimmten Zeitpunkt den Satz, daß das Ereignis stattfinden oder wahrscheinlich stattfinden würde, erwogen und angenommen habe; für diesen Sinn gäbe es eine Antwort auf die Frage: ›Wann genau hast du diese Vorhersage gemacht?‹ Manchmal aber meinen wir, daß er, ganz gleichgültig, ob er diese Überlegung und diese Vorhersage tatsächlich gemacht hat oder nicht, doch fortwährend darauf vorbereitet war, daß es geschehen würde. Der Gärtner, der in diesem Sinn Regen erwartet, braucht nicht fortwährend seine Aufmerksamkeit von der Gartenarbeit auf stille oder laute Regenprognosen abzulenken; er läßt eben bloß seine Gießkanne im Geräteschuppen, hat seinen Regenmantel bei der Hand, verpflanzt mehr Setzlinge und so weiter. Er erwartet Regen, nicht indem er gelegentliche oder unaufhörliche Weissagungen ausstößt, sondern indem er entsprechende Gartenarbeit verrichtet. Den ganzen Nachmittag lang ist er auf den Regen vorbereitet und bereitet auf ihn vor. Es wird vielleicht eingewendet werden: ›Aber er muß doch die ganze Zeit den Satz, daß es regnen wird, erwogen haben. Darum hat er seinen Regenmantel bei der Hand und die Wasserkanne im Schuppen.‹ Aber die Antwort darauf ist einfach: ›Sag mir, zu welchen bestimmten Zeitpunkten er sich oder anderen mitteilte, daß es regnen würde, und dann sag mir, ob er in den Zeiträumen zwischen diesen Vorhersagen Regen erwartete.‹ Er sagte dann und dann Regen voraus, weil er die ganze Zeit Regen erwartete; und aus demselben Grund hatte er seinen Regenmantel zur Hand und die Gießkanne im Schuppen. In diesem Sinn bedeutet ›erwarten‹ nicht einen Vorfall, sondern einen Dauerzustand oder eine Gemütsverfassung. Den ganzen Nachmittag lang ist er in der Gemütsverfassung, unter gewissen Umständen gewisse Dinge im Futurum zu sagen, so wie auch seine Gartenarbeit auf gewisse Art einzurichten, seinen Mantel bei der Hand zu behalten usw. Etwas in diesem Sinn erwarten heißt: seiner gewärtig sein; und private oder öffentliche Warnungen sind eine Art von Vorsichtsmaßnahmen unter anderen. Wenn wir also sagen, daß der Gärtner nicht vom Regen überrascht wurde oder daß er sicher war, es würde regnen, oder daß er auf den Regen vorbereitet war, dann beziehen wir uns nicht, außer per accidens, auf irgendwelche inneren Blitze der Voraussicht oder irgendwelche stillen oder lauten Aussagen im Futurum. Alle seine Tätigkeiten des Nachmittags, gärtnerischer wie auch sprachlicher Natur, wurden in einer regengewärtigen Gemütsverfassung verrichtet.

Diese Lehre kann auf unser Problem angewendet werden. Wir sind von Zeit zu Zeit mit Aufgaben beschäftigt, deren Bewältigung andauernde Aufmerksamkeit erfordert; der zweite Schritt setzt den ersten voraus. Manchmal verhalten sich die früheren zu den späteren Schritten wie Mittel zum Zweck, so wie wir den Tisch decken, um eine Mahlzeit einzunehmen. Manchmal stehen die früheren Schritte zu den späteren in einem anderen Verhältnis; wir essen nicht den ersten Gang, um den zweiten zu essen, noch fangen wir ein Lied zu summen an, um es zu Ende zu summen. Sehr oft kann ein Unternehmen, auch wenn es fortdauernde Aufmerksamkeit erfordert, nur willkürlich in Schritte oder Stufen aufgeteilt werden, aber es ist noch immer sinnvoll zu sagen, daß es unterbrochen wurde, als erst die Hälfte oder Dreiviertel davon vollendet war. Wenn nun der Handelnde eine solche gegliederte Tätigkeit auch nur mit dem geringsten Grad von Aufmerksamkeit verrichtet, muß er doch bei jedem Schritt in einem gewissen Sinn daran denken, was jetzt geschehen soll und was schon geschehen ist; er muß sich gemerkt haben, wie er an die gegenwärtige Stelle gelangt ist, und er muß gewärtig sein, vielleicht sogar beabsichtigen, das nächste Stadium zu erreichen. Das wird manchmal durch die Behauptung ausgedrückt, daß der Handelnde, zumindest in den mit Intelligenz ausgeführten gegliederten Unternehmungen, von allem Anfang an einen Plan oder ein Programm darüber, was er tun soll, gehabt und diesen Plan im Zug der Ausführung fortwährend zu Rate gezogen haben muß. Und so etwas kommt oft vor. Aber es kann nicht immer vorkommen, und sogar dann, wenn es vorkommt, ist diese Aufstellung und Zurateziehung von Programmen nicht genug, um die konsequente und methodische Verfolgung des Unternehmens zu erklären, da Pläne machen und zu Rate ziehen selbst gegliederte Tätigkeiten sind, die intelligent und konsequent ausgeführt werden können, und es wäre absurd zu behaupten, daß der intelligenten Ausführung jeder gegliederten Tätigkeit eine unendliche Reihe gegliederter Tätigkeiten vorangehen muß. Die nur gelegentliche Heranziehung des Plans kann wieder nicht erklären, wie wir zwischen solchen Beratungen wissen können, wie wir weitermachen sollen, welche Einzelheiten des Plans gerade auf den verschiedenen Entwicklungsstufen heranzuziehen seien, oder ob das, was wir jetzt tun, mit dem kurz vorher eingesehenen Plan übereinstimmt.

Der primäre Sinn, in dem jemand, der mit einer nicht unversehens an ihn herangetretenen Aufgabe beschäftigt ist, dessen gewärtig ist, was in späteren Stadien zu geschehen hat, ist der, daß er bereit ist, den dritten Schritt dann zu machen, wenn es die Gelegenheit verlangt, nämlich dann, wenn der zweite Schritt vollendet ist; und wenn er, was dazugehört, bereit ist, sich selbst und der Welt zu sagen, was er getan hätte, wenn er nicht daran verhindert worden wäre. Während er noch mit einem gegebenen Schritt beschäftigt ist, ist er auch schon auf das vorbereitet, was folgen sollte oder könnte, und er ist nicht erstaunt, wenn es schließlich eintrifft. In diesem Sinn kann er während der ganzen Zeit seiner Tätigkeit bei der Sache sein, selbst wenn seine ganze Aufmerksamkeit auf seine Aufgabe gerichtet und nicht zwischen ihr und irgendwelchen Betrachtungen oder Aufzeichnungen über die Ausführung der Aufgabe geteilt ist.

In anderen Fällen, wie z. B. wenn er plötzlich und ohne zu überlegen eine witzige Bemerkung macht, ist er über sein Tun erstaunt und würde nicht von sich sagen, er habe während seines Handelns gewußt, was er tue, nicht einmal, daß er einen Witz zu machen versucht habe. Dasselbe gilt auch für andere unvermittelte Taten, die man, der ersten Eingebung gehorchend, vollbringt. Die Tat mag sehr wohl gerade richtig gewesen sein, aber der Täter weiß nicht, wie er dazu kam, sie zu vollbringen, da er auf sie unvorbereitet war. Daß er darauf unvorbereitet ist, ist nicht die Wirkung oder die Ursache seines Nichtwissens, was er tut; es ist dasselbe anders ausgedrückt.

Anders als der Mann, der sich erstaunt bei der Erzählung eines Stegreifwitzes ertappt, weiß der Mann, der ein neues Argument verfolgt, gewöhnlich, was er tut. Er mag von dem Schluß überrascht sein, zu dem er gelangt ist, aber er ist nicht überrascht zu finden, daß er zu einem Schluß gelangt ist. Seine fortschreitende Tätigkeit des Durchdenkens ist der Ausdruck seiner Bemühungen, zu einem Schluß zu gelangen. So wußte er, was er tat, nicht in dem Sinn, daß er die Untersuchung seiner Prämissen mit weiteren Untersuchungsakten dieser Untersuchung hätte verdünnen müssen – solche Nebenprobleme brauchen ihm nicht durch den Kopf geschossen oder aufgedämmert zu sein –, sondern in dem Sinn, daß er nicht nur auf die Denkschritte, die er noch machen würde, vorbereitet war, sondern auch noch auf eine Reihe anderer Möglichkeiten, die zum Großteil nie eintrafen, wie z. B. gefragt zu werden, was er tat oder welche Rechtfertigung er dafür hatte, diese Richtung und nicht jene einzuschlagen, und so weiter. Die Phosphoreszenztheorie des Bewußtseins war teilweise ein Versuch, Begriffe der Gemütsverfassungen wie z. B. ›vorbereitet‹, ›bereit‹, ›sich merken‹, ›würde mich nicht überraschen‹, ›erwarten‹, ›einsehen‹ und ›aufmerksam auf‹ als Begriffe besonderer innerer Vorkommnisse auszulegen.

Dieselbe Art von Erklärung trifft auch auf das Nichtvergessen zu. Wenn jemand, der in eine Unterhaltung vertieft ist, die Mitte eines Satzes erreicht, hat er im allgemeinen nicht vergessen, wie der Satz anfing. In einem gewissen Sinn hält er sich fortwährend über das, was er schon gesagt hat, auf dem laufenden. Und doch wäre es absurd anzunehmen, daß er jedes Wort, das er ausspricht, mit einer inneren Wiederholung aller seiner Vorgänger begleitet. Abgesehen von der physischen Unmöglichkeit, die siebzehn vorangegangenen Worte gerade in dem Augenblick auszusprechen, in dem auf das achtzehnte das neunzehnte Wort folgt, ist der Vorgang der Wiederholung selbst eine gegliederte Tätigkeit, so daß die Ausführung seiner späteren Teile wieder verlangen würde, daß sein Urheber sich über die früheren Teile auf dem laufenden gehalten hat. Nicht-vergessen-haben kann nicht in der Art tatsächlicher Rückerinnerungen beschrieben werden; im Gegenteil, Rückerinnerungen sind nur eine Art der Ausübung des Zustands des Nicht-vergessen-Habens. Sich etwas merken heißt nicht, es sich ins Gedächtnis zurückrufen; es macht, unter anderm, solches Zurückrufen möglich.

So bedeutet die intelligente Ausführung gegliederter Tätigkeiten, daß der Ausführende während des Fortschritts der

Operation immer sowohl über das, was er schon vollendet hat, wie auch das, was noch zu tun bleibt, auf dem laufenden ist, aber es bedeutet nicht, daß die Ausführung solcher Operationen von einer Ausführung zweiter Ordnung oder einem Abhorchen der Ausführung erster Ordnung gestützt wird. Freilich kann einer auf Verlangen hie und da sich selbst oder der Welt zurufen: ›Holla, jetzt pfeife ich also »Home Sweet Home«!‹ Seine Fähigkeit, das zu tun, ist ein Teil dessen, was wir darunter verstehen, wenn wir sagen, daß er in jener besonderen Gemütsverfassung ist, die wir ›wissen, was wir tun‹ nennen. Aber nicht nur ist die tatsächliche Abgabe einer solchen Ankündigung nicht die logische Folge der Tatsache, daß er sich auf das Pfeifen seiner Melodie konzentriert, sondern diese Konzentration würde jedesmal durch einen solchen Kommentar unterbrochen werden.

Bisher habe ich das, was ich unter einer gegliederten Verrichtung verstehe, mit solch verhältnismäßig kurzen Vorgängen wie dem Pfeifen einer Melodie oder dem Aussprechen eines Satzes erläutert. Aber in einem etwas lockereren und elastischeren Sinn kann eine ganze Konversation eine gegliederte Tätigkeit sein; und auch die Ausführung einer Arbeit und einer Erholung an einem Tag oder in einem Jahr kann eine solche sein. Kaffee trinken ist eine nicht-plötzliche Verrichtung, aber frühstücken ist es auch; eine Vorlesung halten ist eine gegliederte Verrichtung, aber einen Vorlesungszyklus halten ist es auch.

Nun kann aber einer in fast genau demselben Sinn, in dem er weiß, was er selbst tut, auch wissen, was ein anderer tut. In der gegliederten Tätigkeit, einem Satz oder einer Vorlesung eines anderen zuzuhören, vergißt der Zuhörer, ebenso wie der Sprecher, nicht völlig das schon Gesagte, aber er braucht sich ebensowenig dessen Einzelheiten fortwährend ins Gedächtnis zurückzurufen, und er ist bis zu einem gewissen Grad auf das, was kommt, vorbereitet, obwohl er sich nicht sagen muß, wie er sich die Vollendung des Satzes oder der Vorlesung vorstellt. Gewiß ist seine Geistesverfassung von der des Sprechers beträchtlich verschieden, da der Sprecher manchmal schöpferisch oder erfinderisch ist, der Hörer dagegen nur passiv und aufnahmebereit; der Hörer mag es manchmal schwer finden, dem Lauf der Sätze und Beweisführungen zu folgen, während der Sprecher vorhat, gewisse, ziemlich bestimmte Dinge zu sagen, kann sein Zuhörer nur ungefähr vorhersehen, welche Punkte zur Besprechung kommen werden.

Aber das sind Grad-, nicht Artunterschiede. Daß der Sprecher besser weiß, was er tut, als der Zuhörer, bedeutet nicht, daß er privilegierten Zugang zu Tatsachen einer bestimmten Art hat, die dem Zuhörer notwendig unzugänglich sind, sondern nur, daß er in einer sehr günstigen Lage ist zu wissen, was zu wissen der Zuhörer oft in einer sehr ungünstigen Lage ist. Die Eigenheiten der Unterhaltung eines Mannes erschrecken oder verwirren seine Frau nicht so, wie sie einst seine Verlobte überrascht und verblüfft haben, und alte Kollegen brauchen einander nicht alles so ausführlich auseinanderzusetzen, wie sie das für ihre neuen Schüler tun müssen.

Zur besseren Verständlichkeit habe ich zwei verwandte Dinge getrennt behandelt, nämlich einerseits die Art, wie man gewöhnlich weiß, womit man sich zu einem bestimmten Zeitpunkt beschäftigt, und andererseits die Art, wie ein objektiv eingestellter Mensch bei der Einschätzung des Charakters und der Erklärung der Handlungen anderer und seiner selbst vorgeht. Es sind da gewiß viele große Unterschiede. Einschätzung oder Untersuchung verlangen besondere Anlagen, Interessen, Schulung, Erfahrung, Gaben des Vergleichens und der Verallgemeinerung und Unparteilichkeit; während bloßes Gewahrsein, was man pfeift oder wohin man geht, wohl zu den Fähigkeiten eines gewöhnlichen Kindes gehört. Nichtsdestoweniger geht das naivste Wissen von dem, was man tut, unmerklich in die verfeinertsten Würdigungen besonderer Leistungen über, ähnlich wie das kindliche Interesse an einem Rotkehlchen im Vogelkalender in Ornithologie übergeht. Ein Junge, der ein Rechenproblem ausarbeitet, ist in der primitivsten Art dessen gewahr, was er tut; denn während er über Zahlen nachdenkt (und nicht über das Nachdenken über Zahlen), vergißt er die früheren Stadien seines Rechnens nicht, behält die Multiplikationsregeln im Gedächtnis und ist nicht überrascht, wenn er schließlich die Lösung findet. Aber er unterscheidet sich nur im Grad der Wachsamkeit, Vorsicht und Subtilität von einem Jungen, der seine Ergebnisse mit Hilfe einer Proberechnung überprüft, oder von einem, der herauszufinden versucht, wo er den Fehler gemacht hat, oder von einem, der die Fehler in der Rechnung eines anderen entdeckt und erklärt; dieser letzte Junge wieder unterscheidet sich nur graduell vom helfenden Vater, vom professionellen Lehrer oder vom Prüfer. Der Junge, der gerade erst addieren gelernt hat, kann wahrscheinlich noch nicht genau erklären, was er tut oder warum er die Schritte unternimmt, die er gerade unternimmt; der Prüfer andererseits kann die tatsächlichen Leistungen der Prüflinge mit Hilfe eines ziemlich genauen und hochformalisierten Punktesystems bewerten. Aber auch hier geht das unartikulierte Wissen des Anfängers von dem, was er tut, durch eine Reihe von Nuancen in den numerischen Bewertungsschlüssel des Prüfers über.

Was einer über sich selbst oder andere weiß, mag über viele grob unterscheidbare Abstufungen verteilt sein, die entsprechend zahlreiche, grob unterscheidbare Bedeutungen von ›wissen‹ abgeben. Er kann z. B. gewahr sein, daß er ›Tipperary‹ pfeift, und nicht wissen, daß er es nur tut, um sich den Schein einer Kaltblütigkeit zu geben, die er nicht fühlt. Oder er weiß vielleicht, daß er Kaltblütigkeit vortäuscht, ohne zu wissen, daß das Zittern, das er zu verbergen sucht, von der Beunruhigung durch ein schlechtes Gewissen herrührt. Er mag wissen, daß sein Gewissen beunruhigt ist, und nicht wissen, daß das die Folge einer bestimmten Verdrängung ist. Aber in keiner der Bedeutungen, in der wir uns gewöhnlich fragen, ob einer etwas über sich selbst weiß oder nicht, ist das Postulat eines privilegierten Zugangs für die Erklärung nötig oder nützlich, wie er dieses Wissen erworben hat oder haben könnte. In mancher Hinsicht ist es für mich leichter, solches Wissen über mich selbst als über einen anderen zu erwerben; in manch anderer Hinsicht ist es schwieriger. Diese Unterschiede in der Leichtigkeit leiten sich aber nicht aus einer Artverschiedenheit zwischen unserem Wissen über uns selbst und dem über andere her, noch führen sie zu einem solchen Unterschied. Es existiert kein metaphysischer Eiserner Vorhang, der uns dazu verurteilt, einander auf ewig fremd zu bleiben, obwohl die gewöhnlichen Verhältnisse, durch bewußte Nachhilfe unterstützt, uns helfen, einen vernünftigen Abstand zu wahren. Ebensowenig existiert ein metaphysischer Spiegel, der uns auf ewig zwingt, vor uns selbst völlig entblößt und erklärt dazustehen, wenn wir auch aus der alltäglichen Führung unseres geselligen und ungeselligen Lebens lernen, mit uns selbst in vernünftiger Weise vertraut zu sein.

5. Enthüllung in unüberdachter Rede

Unsere Kenntnis anderer und unserer selbst hängt davon ab, daß wir ihr und unser Benehmen beachten. Ein Gebiet des menschlichen Benehmens ist dabei aber vor andern ausgezeichnet. Wenn der zu untersuchende Mensch reden gelernt hat und wenn er eine uns wohlbekannte Sprache spricht, dann verwenden wir einen gewissen Teil seiner Rede als primäre Quelle der Information über ihn, nämlich jenen Teil, der spontan, offen und unvorbereitet ist. Es ist natürlich jedermann bekannt, daß Leute oft zugeknöpft sind und manches zurückhalten, statt sich darüber auszulassen. Es ist außerdem wohlbekannt, daß Leute oft unaufrichtig sind und in einer Weise reden, die einen falschen Eindruck erzeugen soll. Aber die bloße Tatsache, daß Äußerungen vorsichtig und überdacht sein können, bedeutet, daß auch unvorsichtige und unüberdachte Äußerungen möglich sind. Zurückhaltend sein heißt, sich davor zurückhalten, offen zu sein, und heuchlerisch sein heißt, sich davor zurückhalten zu sagen, was einem durch den Kopf geht, während man vorgibt, freimütig Dinge zu sagen, die man nicht meint. In einem gewissen Sinn von ›natürlich‹ ist es durchaus natürlich, kein Blatt vor den Mund zu nehmen, und es ist angelernt, eines vor den Mund zu nehmen oder gar vorzugeben, man nehme sich keines vor den Mund, wenn man es wirklich tut. Überdies ist unüberdachte Rede nicht nur natürlich und nicht-angelernt, sie ist auch die normale Art zu reden. Wir müssen uns nur deswegen besonders bemühen, etwas zurückzuhalten, weil es unsere normale Reaktion ist, uns darüber auszulassen; und wir entdecken die Schliche der Unaufrichtigkeit nur auf Grund der Vertrautheit mit den ungezwungenen Gesprächsarten, die vorgetäuscht werden sollen. Das soll aber nicht der menschlichen Natur einen moralischen Lorbeerkranz aufs Haupt drücken. Unüberdachte Äußerungen zeugen nicht von Ehrlichkeit oder Freimut. Ehrlichkeit ist eine hochentwickelte Disposition, denn sie ist die Disposition, sich der Unaufrichtigkeit zu enthalten, so wie Freimut die Disposition ist, sich der Zurückhaltung zu enthalten. Es könnte einer nicht ehrlich oder freimütig sein, der nie Unaufrichtigkeit oder Zurückhaltung gekannt hat, genausowenig wie einer nicht unaufrichtig oder zurückhaltend sein kann, der nie treuherzige und offene Äußerungen gekannt hat.

Wir werden später noch einige der anderen Arten überdachter Äußerungen besprechen müssen, die nicht zur üblichen gesellschaftlichen Unterhaltung gehören, sondern nur zu ernsteren Angelegenheiten. Der Arzt, Richter, Priester, Politiker, Astronom und Geometer mag seine Ratschläge, Urteile, Predigten, Theorien und Formeln mündlich geben, aber er redet dann nicht im Sinn von ›plaudern‹, sondern im Sinn von ›vortragen‹ oder ›auseinandersetzen‹. Er wird dann vielleicht seine Worte vorbereiten, zumindest aber wird er sie abwägen. Er sagt nicht das erste beste, was ihm in den Sinn kommt, denn seine Rede ist diszipliniert. Was er sagt, könnte im Unterschied zu spontanem Plaudern geschrieben, vielleicht sogar gedruckt werden. Es ist nicht extemporiert oder spontan, fallengelassen oder herausgeplatzt, sondern vorgetragen. Der Autor überlegt, was er und wie er es sagen soll, um gerade den richtigen Effekt zu erzielen. Diese Redeart ist buchstäblich Prosa.

Wir müssen normale unüberdachte Rede sowohl gegen überdachte Rede zur Unterhaltung wie auch gegen überdachte Rede zu anderen Zwecken abgrenzen, denn sie ist die Grundlage für beide. Wir gebrauchen unüberdachte Unterhaltungsrede nicht nur, bevor wir uns vorsichtig und unaufrichtig zu unterhalten und gewichtig vorzutragen lernen; wir füllen auch weiterhin einen Großteil unseres Sprechtages damit, das erste beste zu sagen, was uns in den Sinn kommt. Tarnung und Würde sind nur vorübergehende Notwendigkeiten.

Wir reden nicht nur in unseren unverlegenen, unberechneten Gesprächen mit anderen frisch von der Leber weg; wir tun das auch in den ungezwungenen, unverblümten Gesprächen, die wir meistens schweigend mit uns selbst halten.

In unüberdachtem Geplauder reden wir über das, woran wir im Augenblick hauptsächlich interessiert sind. Dieses Interesse konkurriert nicht mit einem anderen. Wir reden über den Garten aus denselben Beweggründen, aus denen wir den Garten besichtigen und in ihm umherwandeln, nämlich aus Interesse am Garten. Wir plaudern über unser Mittagessen, nicht weil wir nicht daran interessiert sind, sondern weil wir es sind. Wir mögen über unser Mittagessen reden, weil wir hungrig sind, geradeso wie wir es essen, weil wir hungrig sind; und wir finden es nicht leicht, nicht über die Steilheit des Bergs zu reden, aus demselben Grund, aus dem wir es nicht leicht finden, beim Aufstieg nicht zu erlahmen. Spontane Äußerung ist nicht ein zusätzliches, konkurrierendes Interesse, sie ist eine Hilfstätigkeit bei jeglicher Interessenahme.

Jemand, der über seinen verknoteten Schnürsenkel verärgert ist, wird, wenn er reden gelernt hat, auch in der Stimmung sein, einen verbalen Ausdruck seines Ärgers zu gebrauchen. Er redet darüber in einem verdrießlichen Tonfall. Was er sagt, zusammen mit der Art, wie er es sagt, enthüllt uns seine Gemütsverfassung gerade deswegen, weil seine unüberdachte Verwendung dieses Ausdrucks etwas ist, wozu er gestimmt ist. Verdrießlich an seinem Schnürsenkel zu zerren könnte ein anderer Ausdruck für dieselbe Stimmung sein. Er ist über den Knoten hinreichend aufgebracht, um aufgebracht darüber zu reden.

Einerseits sind unüberdachte Äußerungen keine Wirkungen der Gemütsverfassungen, in denen sie gemacht werden, da Gemütsverfassungen ja keine Vorfälle sind; aber andererseits sind sie auch keine Berichte über diese Gemütsverfassungen. Wenn der Lastautofahrer dringlich fragt: ›Wo geht es denn hier nach London?‹, so verrät er sein Verlangen, es herauszufinden, aber er macht keine autobiographische oder psychologische Mitteilung darüber. Was er sagt, sagt er nicht aus einem Verlangen, uns oder sich selbst über sich Auskunft zu geben, sondern aus einem Verlangen, die richtige Straße nach London zu finden. Unüberdachte Äußerungen sind nicht Selbsterläuterungen, obwohl sie, wie wir in Kürze sehen werden, unser primäres Beweismaterial darstellen, wenn wir einmal anfangen, uns für Selbsterläuterungen zu interessieren.

Viele unüberdachte Äußerungen enthalten jedoch Wendungen, die ausdrücklich ein Interesse ankündigen oder was ich woanders ›Bekenntnisse‹ genannt habe, wie z. B. ›ich möchte‹, ›ich hoffe‹, ›ich beabsichtige‹, ›ich habe es ungern‹, ›ich bin niedergeschlagen‹, ›es wundert mich‹, ›ich denke mir‹ und ›ich habe Hunger‹; und ihre Grammatik macht es verlockend, alle Sätze, in denen sie vorkommen, als Selbstbeschreibungen zu mißdeuten. Aber ›ich möchte . . .‹ wird in seiner primären Verwendung nicht zur Information gebraucht, sondern um ein Ansuchen oder eine Forderung zu machen. Es liefert genausowenig einen Beitrag zu unserem Allgemeinwissen wie ›bitte‹. Darauf zu antworten: ›Wirklich?‹ oder ›Woher weißt du das?‹, wäre denkbar unpassend. Ebensowenig werden ›ich verabscheue...‹ und ›ich beabsichtige ...‹ in ihrer primären Verwendung dazu gebraucht, den Zuhörern Tatsachen über den Sprecher mitzuteilen; denn sonst wären wir nicht überrascht, sie in dem kühlen, auskunftsmäßigen Tonfall zu hören, in dem wir ›er verabscheut...‹ und ›sie beabsichtigen ...‹ sagen. Wir erwarten im Gegenteil, daß sie in einem empörten beziehungsweise entschlossenen Tonfall gesprochen werden. Sie sind die Äußerungen von Personen in empörten und entschlossenen Gemütsverfassungen. Sie sind etwas, was in Abscheu und Entschlossenheit gesagt wird, und nicht um biographische Kenntnisse über Fälle von Abscheu und Entschlossenheit zu vergrößern.

Jemand, der die unüberdachten Äußerungen eines Sprechers beobachtet, sei es nun er selbst oder ein anderer, ist, wenn sein Interesse an dem Sprecher die richtige Richtung hat und wenn er die Sprache beherrscht, in der die Äußerungen gemacht werden, in einer besonders günstigen Lage, etwas über die Geistesqualitäten und -verfassungen ihres Urhebers auszusagen. Obgleich sorgfältige Beobachtung des übrigen Benehmens des Sprechers, wie etwa seiner anderen sichtbaren Handlungen, seines Zögerns, seiner Tränen und seines Gelächters, ihm vieles verraten können, ist dieses Benehmen nicht von Amts wegen dazu gemacht, leicht als Zeuge vernommen oder leicht interpretiert zu werden. Aber Sprechen ist von Amts wegen zum Zweck des Gehört- und Interpretiertwerdens eingerichtet. Reden lernen heißt sich verständlich machen lernen. Ich brauche keine kriminalistischen Fähigkeiten, um den Worten und dem Tonfall der unüberdachten Rede des andern oder sogar meiner eigenen die Gemütsverfassung des Redners zu entnehmen.

Wenn Worte vorsichtig gewählt werden – und oft, ja sogar bei den Bekenntnissen, die wir uns selber machen, wissen wir nicht, ob dem so ist oder nicht –, dann müssen allerdings kriminalistische Fähigkeiten zum Einsatz gebracht werden. Nun müssen wir von dem, was tatsächlich gesagt und getan wurde, auf das schließen, was gesagt und getan worden wäre, wenn der Sprecher nicht auf der Hut gewesen wäre, sowie auf die Motive seiner Behutsamkeit. Herausfinden, was auf den Seiten eines offenen Buches steht, ist einfach eine Sache des Lesens; herausfinden, was auf den Seiten eines versiegelten Buches steht, erfordert Hypothesen und Belege. Aber die Tatsache, daß in Verhüllungen eingedrungen werden muß, impliziert nicht, daß in Nichtverhüllungen eingedrungen werden muß.

Unter ›Bewußtheit seiner selbst‹ verstehen wir unter anderm die Beachtung unserer eigenen unüberdachten Äußerungen, einschließlich unserer ausdrücklichen Bekenntnisse, ob sie nun deutlich ausgesprochen, vor uns hingemurmelt oder bloß lautlos zu uns selbst gesprochen werden. Wir belauschen unsere eigenen lauten Äußerungen sowie unsere eigenen stillen Selbstgespräche. Wenn wir diese letzteren beachten, bereiten wir uns darauf vor, etwas Neues zu tun, nämlich die Gemütsverfassungen zu beschreiben, die diese Äußerungen enthüllen. Es ist aber nichts an dieser Tätigkeit, was seiner Natur nach mir allein vorbehalten ist. Ich kann genauso auf das aufpassen, was ich den anderen sagen höre, wie auf das, was ich mich sagen höre, obgleich ich seine lautlosen Aussprachen mit sich selbst hören kann. Ebensowenig kann ich sein Tagebuch lesen, wenn er es chiffriert oder weggesperrt hat. Ja es ist nicht nur so, daß dieses Selbststudium von derselben Art ist wie zuerst das Studium der unüberdachten und später auch der vorsichtigen Äußerungen anderer, sondern wir lernen dieses Studium unserer eigenen Rede zuerst aus der Teilnahme an der öffentlichen Besprechung der Rede irgend jemandes anderen sowie auch aus der Lektüre von Romanen, in denen die Verfasser ihre Helden in aufschlußreichen Gesprächen darstellen und dann Erklärungen darüber abgeben.

Kritische Leser werden vielleicht fragen, warum ich nicht das Zeitwort ›denken‹ verwendet habe statt der unbedeutenden Zeitwörter ›reden‹, ›plaudern‹, ›sich unterhalten‹ und ›sich auslassen‹, da doch die von mir erwähnten Äußerungen selbstverständlich gewöhnlich treffende Äußerungen sind, deren Urheber meinen, was sie sagen; ich habe sinnvolle und verständliche Rede und nicht Gewieher, Lallen oder Plappern erwähnt. Ich habe dafür zwei, und zwar eng verknüpfte Gründe. Erstens gehören die von mir betrachteten Äußerungen zum geselligen Austausch einer Unterhaltung zwischen einem Sprecher und einem Hörer, die ein und dieselbe Person sein können. Ihr Zweck ist der Zweck einer Unterhaltung. Da viele der Äußerungen, die eine Unterhaltung ausmachen, nicht im Indikativ stehen, sondern Fragen, Befehle, Klagen, Sticheleien, Ausscheltungen, Glückwünsche usw. sind, können wir in solchen Fällen nicht von jenen erkenntnistheoretischen Lieblingskindern, den ›Gedanken‹, ›Urteilen‹ oder ›Satzinhalten‹ sprechen, die von den Äußerungen ausgedrückt werden. Zweitens neigen wir dazu, das Zeitwort ›denken‹ auf die Verwendungen jener überdachten und peinlichst eingeübten Äußerungen zu beschränken, aus denen sich eine Theorie und eine Politik zusammensetzt. Wir lernen das Plaudern in der Kinderstube, aber wir müssen zur Schule gehen, bevor wir auch nur die Anfangsgründe des Theoretisierens erlernen. Die Methoden des Theoretisierens werden in dazu bestimmten Unterrichtsstunden gelernt, während die Unterhaltungsrede fast ausschließlich in der Unterhaltung erlernt wird. So ist also die Verwendung von Sätzen und besonders die Verwendung gewisser Indikativsätze für die besonderen Zwecke des Vortragens, d. h. der Prämissenherstellung und Schlußgewinnung, eine späte und verwickeltere Verwendung und kommt notwendigerweise nach der Verwendung von Sätzen und Ausdrücken in der Unterhaltung. Wenn eine Theorie oder ein Teil einer Theorie laut hergesagt wird, statt in ihrer gewöhnlichen Umgebung, im Druck, zu erscheinen, zögern wir, dafür den Ausdruck ›Rede‹ zu gebrauchen und wir würden uns weigern, es ›Plaudern‹ oder ›Unterhaltung‹ zu nennen. Es ist didaktisch, nicht gesellig gemeint. Es ist eine Art von Arbeit, während unüberdachtes Plaudern keine Arbeit ist, auch nicht leichte oder angenehme Arbeit.

6. Das Ich

Nicht nur Theoretiker, sondern auch ganz einfache Leute, Kinder eingeschlossen, finden gewisse Schwierigkeiten in dem Begriff des ›Ich‹. Kinder zerbrechen sich manchmal den Kopf über solche Fragen wie: ›Wie würde es sein, wenn ich du wäre und du ich?‹ und ›Wo war ich, bevor ich entstand?‹ Theologen haben sich über die Frage ereifert: ›Worin besteht das an einem Einzelwesen, was der Erlösung oder der Verdammung zugeführt wird?‹ und Philosophen haben darüber spekuliert, ob ›Ich‹ eine besondere und selbständige Substanz bezeichnet und worin meine unzerteilbare und fortdauernde Identität besteht. Nicht alle diese Rätsel rühren von der unwissentlichen Annahme der paramechanischen Hypothese her, und ich will mich in diesem Abschnitt darauf beschränken, einer einzigen Familie solcher Rätsel gerecht zu werden, deren Darstellung und Lösung vielleicht von einem gewissen allgemeineren theoretischen Interesse sein wird.

Die Rätsel, an die ich denke, drehen sich alle um das, was ich das ›systematische Entweichen‹ oder die ›systematische Flüchtigkeit‹ des Begriffs ›Ich‹ nennen werde. Wenn ein Junge, der wie Kim bei Kipling nicht theoretisch festgelegt noch ausgerüstet ist, sich zum ersten Mal die Frage stellt: ›Wer oder was bin ich?‹, dann fragt er das nicht aus dem Verlangen, seinen eigenen Zunamen, sein Alter, sein Geschlecht, seine Staatszugehörigkeit und vielleicht seine Stellung in der Klasse zu erfahren. Er weiß schon alle seine gewöhnlichen Personalien. Er fühlt, daß da noch etwas im Hintergrund ist, für das sein ›Ich‹ steht, ein Etwas, das noch zu beschreiben wäre, auch wenn alle seine gewöhnlichen Personalien schon verzeichnet sind. Er fühlt auch sehr vage, daß das, was immer auch sein ›Ich‹ bezeichnen möge, jedenfalls etwas sehr Wichtiges und Einzigartiges ist, einzigartig in dem Sinn, daß weder es noch irgend etwas anderes ihm Ähnliches irgend jemand anderem gehöre. Es *kann* davon nur eines geben. Fürwörter wie ›du‹, ›sie‹ und ›wir‹ machen einen ganz unrätselhaften Eindruck, während ›ich‹ rätselhaft scheint. Und es macht wenigstens teilweise deswegen einen rätselhaften Eindruck, weil es dem Kind, je mehr es versucht, seinen Finger auf das zu legen, wofür ›ich‹ steht, um so weniger gelingt. Das Kind kann nur seine Rockschöße fassen; das ›Ich‹ selbst ist immer und hartnäckig einen Schritt seinen Rockschößen voran. Wie der Schatten des eigenen Kopfes wartet es nicht, daß man darauf springen kann. Und doch ist es nie sehr weit voran; ja manchmal scheint es überhaupt nicht dem Verfolger voraus zu sein. Es weicht dem Einfangen dadurch aus, daß es sich innerhalb der Muskeln des Verfolgers selbst einquartiert. Es ist zu nahe, um in Reichweite des Arms zu sein.

Theoretiker haben sich oft in derselben Weise vom Ich-Begriff genarrt gefunden. Sogar Hume bekennt, daß er, wenn er versuchte, all die Einzelheiten seiner Erfahrung aufzuzeichnen, nichts dabei fand, was dem ›Ich‹ entsprechen könnte, und doch war er nicht überzeugt, daß nicht doch etwas, das über das Gefundene hinausgeht und wichtig ist, übrigbleibt, ohne welches die von ihm entworfene Skizze seiner Erfahrung nicht gerecht wird.

Andere Erkenntnistheoretiker haben ähnliche Bedenken verspürt. Ist es richtig, mein erkennendes Ich auf die Liste der Dinge zu setzen, die ich erkennen kann? Wenn ich ›nein‹ sage, dann scheint das mein erkennendes Ich auf ein theoretisch unfruchtbares Rätsel zu reduzieren. Wenn ich aber ›ja‹ sage, dann scheint es das Fischnetz auf einen der Fische zu reduzieren, den es selbst einfängt. Sowohl die Bejahung wie auch die Verneinung, daß der Richter auf die Anklagebank gesetzt werden kann, scheint gefährlich zu sein.

Ich werde binnen kurzem dieses systematische Entweichen der Ich-Idee zu erklären versuchen und mit ihr die anscheinende Verschiedenheit der Idee vom ›Ich‹ von den Ideen vom ›Du‹ und ›Er‹. Aber es ist nützlich, zuerst einige Punkte zu untersuchen, die alle persönlichen Fürwörter in derselben Weise angehen.

Manche, Philosophen nicht ausgeschlossen, neigen dazu, ihre Fragen darüber, was das Ich ausmacht, so zu stellen, daß sie fragen, wovon die Wörter ›ich‹ und ›du‹ Namen sind. Man ist mit dem Fluß vertraut, der den Namen ›Themse‹ trägt, und mit dem Hund namens ›Fido‹. Man ist auch mit den Leuten vertraut, deren Zunamen die Zunamen ihrer Bekannten und ihre eigenen Zunamen sind. Man hat dann das vage Gefühl, daß ›ich‹ und ›du‹, da sie nicht öffentliche Zunamen sind, Namen einer anderen und wunderlichen Art und folglich die Namen irgendwelcher zusätzlicher Individuen sein müssen, die hinter oder in den Menschen versteckt liegen, welche in der Öffentlichkeit unter ihren Vor- und Zunamen bekannt sind. Da Fürwörter nicht im Polizeiregister erscheinen, müssen ihre Eigentümer irgendwie von den Eigentümern der Vor- und Zunamen verschieden sein, die dort verzeichnet sind. Aber diese Art der Fragestellung ist von vornherein falsch. Gewiß sind ›ich‹ und ›du‹ nicht reguläre Eigennamen wie ›Fido‹ und ›Themse‹, aber sie sind auch nicht irreguläre Eigennamen. Sie sind gar keine Eigennamen oder überhaupt Namen, genausowenig wie ›heute‹ ein Eintagsname des laufenden Tages ist. Grundloses Rätselraten beginnt in dem Augenblick, wo wir uns nach den von unseren Fürwörtern benannten Personen umzusehen beginnen. Sätze, die Fürwörter enthalten, nennen freilich identifizierbare Menschen, aber die Art, in der die erwähnten Menschen von Fürwörtern identifiziert werden, ist ganz anders als die Art, in der sie von Eigennamen identifiziert werden.

Dieser Unterschied kann vorderhand in folgender Weise erklärt werden. Es gibt eine Klasse von Wörtern (die zur leichteren Bezugnahme ›Indexwörter‹ genannt werden sollen), die der Hörer oder Leser auf das besondere Ding, die besondere Episode oder Person, den besonderen Ort oder Augenblick hinweisen sollen, auf welche Bezug genommen wurde. So ist ›jetzt‹ ein Indexwort, welches der Hörer des Satzes ›Der Zug fährt jetzt über die Brücke‹ auf den besonderen Augenblick des Überfahrens hinweisen soll. Das Wort ›jetzt‹ kann selbstverständlich zu jedem Augenblick jedes Tages oder jeder Nacht verwendet werden, aber es heißt nicht dasselbe wie ›zu jedem beliebigen Augenblick jedes beliebigen Tages oder jeder beliebigen Nacht‹. Es weist auf jenen besonderen Augenblick hin, in dem der Hörer das Wort ›jetzt‹ hören soll. Der Augenblick, in dem der Zug die Brücke überfährt, ist der, auf den durch die in diesem Augenblick erfolgende Äußerung des Wortes ›jetzt‹ hingewiesen wird. Der Augenblick, in dem ›jetzt‹ ausgesprochen wird, ist der Augenblick, auf den es hinweist. In teils ähnlicher Weise wird das Wort ›das‹ oft verwendet, um auf die bestimmte Sache hinzuweisen, auf die der Zeigefinger des Sprechers weist, wenn er das Wort ›das‹ ausspricht. ›Hier‹ weist manchmal auf die besondere Stelle hin, von der aus der Sprecher den Laut ›hier‹ in die Luft der Umgebung verbreitet; und die Buchseite, auf die durch die Worte ›diese Seite‹ hingewiesen wird, ist die Seite, auf der das Wort ›diese‹ steht. Andere Indexwörter weisen indirekt hin. ›Gestern‹ zeigt den Tag an, vor dem es geäußert oder in einer Zeitung gedruckt wird; ›damals‹ weist auf einen Augenblick oder Zeitraum hin, der in einer bestimmten erklärten Beziehung zu dem steht, in dem es zu hören oder zu lesen ist.

Fürwörter wie ›ich‹ und ›du‹ sind nun, jedenfalls manchmal, direkte Indexwörter, während andere wie ›er‹ und ›sie‹ und in gewissen Verwendungen ›wir‹ indirekte Indexwörter sind. ›Ich‹ kann auf die Person hinweisen, von der der Laut ›ich‹ oder das geschriebene Zeichen ›ich‹ ausgeht; ›du‹ kann auf die eine Person hinweisen, die mich ›du‹ sagen hört, oder auf die Person, wer immer es auch sein mag (und es können mehrere sein), die das Wort ›ich‹ liest, das ich schreibe oder drucken lasse. In allen Fällen ist das physische Vorkommen eines Indexwortes körperlich an das geknüpft, worauf es hinweist. ›Du‹ ist also nicht ein wunderlicher Name, den ich und andere dir manchmal geben; es ist ein Indexwort, welches in seinem besonderen Rahmen der Unterhaltung dir anzeigt, an wen ich meine Bemerkungen richte. ›Ich‹ ist nicht ein zusätzlicher Name eines zusätzlichen Wesens; es weist, wenn ich es ausspreche oder schreibe, auf denselben Menschen hin, der auch mit seinem Eigennamen ›Gilbert Ryle‹ angesprochen werden kann. ›Ich‹ ist nicht ein Deckname für ›Gilbert Ryle‹; es weist auf die Person hin, die ›Gilbert Ryle‹ heißt, wenn Gilbert Ryle ›ich‹ verwendet.

Das ist aber noch lange nicht alles. Es muß nun erwähnt werden, daß wir sowohl unsere Fürwörter wie auch unsere Eigennamen in einer Fülle von verschiedenen Arten verwenden. Weitere Mystifikationen sind dadurch entstanden, daß mehrere Unterschiede zwischen solchen verschiedenen Verwendungen von ›ich‹ und in geringerem Ausmaß von ›du‹ und ›er‹ aufgedeckt, aber nicht verstanden wurden.

In dem Satz ›Ich wärme mich vor dem Feuer‹, könnte das Wort ›mich‹ durch die Worte ›meinen Körper‹ ersetzt werden, ohne daß dadurch der Sinn zerstört würde; aber das Fürwort ›ich‹ könnte nicht durch die Worte ›mein Körper‹ ersetzt werden, ohne aus dem Satz Unsinn zu machen. Ähnlich sagt der Satz ›Laßt mich einäschern, wenn ich nicht mehr bin‹ nichts, was sich selbst aufhebt, da das ›mich‹ und das ›ich‹ in verschiedenen Bedeutungen verwendet sind. So ist es also manchmal möglich und manchmal unmöglich, das erste persönliche Fürwort durch ›mein Körper‹ zu ersetzen. Es gibt sogar einige Fälle, in denen ich über einen Körperteil reden kann, aber nicht ›ich‹ oder ›mich‹ dafür verwenden kann. Wenn mein Haar bei einem Feuer versengt worden wäre, dann könnte ich sagen: ›Ich bin nicht versengt worden, nur mein Haar‹, aber ich könnte nie sagen: ›Ich bin nicht versengt worden, sondern nur mein Gesicht und meine Hände.‹ Ein fühlloser und nicht nach dem eigenen Willen beweglicher Körperteil gehört zwar mir, aber er ist nicht ein Teil von mir. Umgekehrt können mechanische Körperhilfen, so wie Kraftfahrzeuge oder Spazierstöcke, durch ›ich‹ und ›mich‹ bezeichnet werden; wie z. B. ›Ich fuhr gegen einen Telegraphenmast‹, was soviel heißt wie ›Das Auto, das ich lenkte (oder das mir gehörte und in meiner Anwesenheit von jemand anders gelenkt wurde), fuhr gegen einen Telegraphenmast‹.

Betrachten wir nun einige Zusammenhänge, in denen ›ich‹ und ›mich‹ sicherlich nicht durch ›mein Körper‹ oder ›mein Bein‹ ersetzt werden können. Wenn ich sage: ›Ich bin wütend, daß ich beim Zusammenstoß verletzt wurde‹, so werde ich vielleicht nichts dagegen einzuwenden finden, wenn für ›ich wurde verletzt‹ ›mein Bein‹ eingesetzt wird, aber ich würde sicherlich Einspruch erheben, wenn ›ich bin wütend‹ in dieser Weise rekonstruiert werden sollte. Es wäre ebenso absurd, davon zu reden, daß sich mein Kopf erinnere oder daß mein Gehirn nun dividiere oder daß mein Körper mit der Müdigkeit kämpfe. Vielleicht hat die Absurdität solcher Zusammenstellungen Leute dazu getrieben zu behaupten, eine Person wäre die Vereinigung eines Körpers mit einem Nichtkörper.

Wir sind aber noch nicht am Ende unserer Liste von Mehrdeutigkeiten in der Verwendung von ›ich‹ und ›mich‹; denn wir finden weitere Unterschiede innerhalb der Verwendungen des ersten persönlichen Fürworts, die nicht durch bloße Bezugnahmen auf den Körper umschrieben werden können. Es ist vollkommen sinnvoll zu sagen, daß ich mich dabei ertappte, wie ich gerade anfing zu träumen, aber nicht, daß ich meinen Körper dabei ertappte, oder daß mein Körper mich dabei ertappte; und es ist sinnvoll zu sagen, daß ein Kind sich selbst ein Märchen erzählte, aber Unsinn, seinen Körper zum Erzähler oder Zuhörer zu machen.

Unterschiede dieser Art, vielleicht allen voran die Unterschiede, die in den Beschreibungen der Selbstbeherrschung angepriesen werden, haben viele Prediger und manche Denker dazu gebracht, so zu reden, als ob eine gewöhnliche Person wirklich eine Art Ausschuß oder Mannschaft von Personen sei, die alle unter einer Haut zusammengebunden sind; so als ob das verbietende ›Ich‹ eine Person und das habsüchtige oder faule ›Ich‹ eine andere sei. Aber diese Art von Bild ist offensichtlich unnütz. Wenn wir von einer Person reden, so meinen wir zum Teil jemanden, der imstande ist, sich dabei zu ertappen, wie er gerade anfängt zu träumen, der sich Märchen erzählen und seine Habsucht im Zaum halten kann. Die vorgeschlagene Reduktion einer Person auf eine Mannschaft von Personen würde bloß die Zahl der Personen vervielfachen, ohne zu erklären, wie es möglich ist, daß ein und dieselbe Person sowohl Erzähler wie auch Zuhörer, sowohl wachsam wie auch träumerisch, sowohl versengt wie auch über seine Versengungen verwundert sein kann. Der Anfang der erforderlichen Erklärung besteht darin, daß in einer Behauptung wie ›Ich ertappte mich dabei, wie ich anfing zu träumen‹ die zwei Fürwörter nicht die Namen zweier verschiedener Personen, ja überhaupt nicht Namen, sondern Indexwörter sind, die in verschiedenen Zusammenhängen verschieden verwendet werden, so wie wir es bei der Behauptung ›Ich wärme mich vor dem Feuer‹ gesehen haben (obwohl hier der Unterschied zwischen den Fürwörtern im selben Satz verschieden ist vom Unterschied dort). Sollte die Behauptung unglaubhaft erscheinen, daß innerhalb eines einzigen Satzes das zweimal verwendete persönliche Fürwort der ersten Person sowohl dieselbe Person anzeigen wie auch zwei verschiedene Bedeutungen haben kann, so genügt es für den Augenblick zu erwähnen, daß das auch bei gewöhnlichen Eigennamen und persönlichen Titeln vorkommen kann. Der Satz: ›Nach ihrer Hochzeit wird Miss Jones nicht mehr Miss Jones sein‹ behauptet nicht, daß diese Frau aufhören wird, sie selbst zu sein, oder dieselbe Art von Person zu sein, die sie jetzt ist, sondern nur, daß sie ihren Namen und ihren Stand geändert haben wird; und der Satz: ›Nach seiner Rückkehr nach Frankreich war er nicht mehr

Napoleon‹ heißt vielleicht nur, daß sich seine militärischen Führerfähigkeiten verringert hatten, und dieser Satz ist offensichtlich dem wohlbekannten Ausspruch: ›Ich bin nicht mehr ich selbst‹ ähnlich. Die Behauptungen: ›Ich begann gerade zu träumen‹ und: ›Ich ertappte mich dabei, wie ich gerade zu träumen begann‹ gehören zu logisch verschiedenen Typen, und daraus folgt, daß das Fürwort ›ich‹ in den zwei Sätzen mit verschiedenem logischem Gehalt verwendet wird.

Bei der Untersuchung spezifisch menschlichen Benehmens – das heißt also Benehmens, das von Tieren, Kleinkindern und Schwachsinnigen nicht erreicht wird – sollten wir aus verschiedenen Gründen von der Tatsache Kenntnis nehmen, daß manche Arten von Handlungen in der einen oder der anderen Weise mit anderen Handlungen zu tun haben. Wenn einer einem anderen etwas heimzahlt, wenn er ihn verspottet, ihm antwortet oder mit ihm Verstecken spielt, dann haben seine Handlungen in einer gewissen Weise mit Handlungen des anderen zu tun; in einem später zu erklärenden Sinn impliziert die Ausführung der ersteren den Gedanken an die letzteren. Die Handlung eines Handelnden könnte nicht Spionage oder Applaus sein, wenn sie nicht mit den Handlungen eines anderen zu tun hätte; und ich könnte mich nicht als Käufer verhalten, wenn sich nicht ein anderer als Verkäufer verhielte. Ein Mann muß eine Aussage machen, wenn ein anderer ihn einem Kreuzverhör unterziehen soll; manche Leute müssen auf der Bühne auftreten, wenn andere Theaterkritiker sein sollen. Es wird manchmal nützlich sein, den Titel ›Handlungen höherer Ordnung‹ zur Bezeichnung jener Handlungen zu verwenden, deren Beschreibung die verdeckte Erwähnung anderer Handlungen verlangt.

Einige, wenn auch nicht alle Handlungen höherer Ordnung beeinflussen den von ihnen betroffenen Handelnden. Wenn ich mich bloß hinter dem Rücken eines anderen über seine Handlungen auslasse, dann haben meine Bemerkungen mit seinen Handlungen in dem Sinn zu tun, daß die Ausführung meiner Handlung den Gedanken an die Ausführung der seinen impliziert; aber sie verändert seine Handlung nicht. Das ist besonders einleuchtend, wenn der Kommentator oder Kritiker nach dem Tod des Handelnden arbeitet, über dessen Taten er Urteile abgibt. Der Geschichtsschreiber kann Napoleons Vorgehen in der Schlacht von Waterloo nicht abändern. Andererseits hat der Augenblick und die Methode meines Angriffs Einfluß auf den Zeitpunkt und die Methoden der Verteidigung des anderen, und was ich verkaufe, hat viel damit zu tun, was ein anderer kauft.

Dazu kommt, daß ich, wenn ich sage, die Handlungen eines Handelnden hätten mit denen eines anderen zu tun, nicht jene Handlungen ausschließe, die unter dem irrigen Eindruck ausgeführt werden, der andere täte etwas, das er nicht wirklich tut. Das Kind, das meine Geschicklichkeit, mich schlafend zu stellen, beklatscht, obwohl ich wirklich eingeschlafen bin, tut etwas, was in dem verlangten Sinn voraussetzt, daß ich simuliere; und Robinson Crusoe führt eine wirkliche Unterhaltung mit seinem Papagei, wenn er glaubt oder halb glaubt, der Vogel folge dem, was er sagt, auch wenn dieser Glaube falsch ist.

Schließlich gibt es noch viele Arten von Handlungsbeziehungen, die mit nachfolgenden oder bloß möglichen oder wahrscheinlichen Handlungen zu tun haben. Wenn ich jemanden besteche, für mich zu stimmen, dann hat seine Stimmzettelabgabe noch nicht stattgefunden und wird vielleicht nie stattfinden. Eine Bezugnahme auf seine Stimmabgabe gehört zur Beschreibung meiner Bestechung, aber die Bezugnahme muß die Form ›damit du für mich stimmst‹ haben und nicht die Form ›weil du für mich gestimmt hast‹ oder ›weil ich dachte, du hättest für mich gestimmt‹. In derselben Weise setzt die Tatsache, daß ich zu ihm spreche, nur insofern die Tatsache voraus, daß er mich versteht und mit mir übereinstimmt, als ich zu ihm spreche, damit er mich versteht und mit mir übereinstimmen kann.

Wenn Müller also etwas von Meier Getanes bekämpft, aufdeckt, berichtet, parodiert, ausnützt, beklatscht, verhöhnt, unterstützt, nachmacht oder auslegt, dann würde eine Beschreibung seiner Handlung eine verdeckte Erwähnung des von Meier Getanen oder seiner künftigen Handlungen enthalten müssen; dagegen braucht keine solche Beschreibung des Benehmens von Müller in die Beschreibung des Benehmens von Meier aufgenommen zu werden. Bemerkungen über Müllers Aufdeckung oder Verhöhnung würden auch Aussagen über das, was er aufdeckt und verhöhnt hat, enthalten, aber nicht umgekehrt. Und das meint man, wenn man sagt, daß Müllers eine Handlung höherer Ordnung ist als die Meiers. Unter ›höher‹ verstehe ich nicht ›erhabener‹. Die Erpressung eines Deserteurs ist von höherer Ordnung als seine Fahnenflucht und Reklame von höherer Ordnung als Verkaufen. Die Erinnerung an eine Wohltat ist nicht edler als die Wohltat, aber sie ist von höherer Ordnung.

Es wird vielleicht heilsam sein, sich daran zu erinnern, daß Handlungsberichte oder -kommentare hinter dem Rücken der Handelnden zwar Gattungen von Handlungen höherer Ordnung sind, daß sie aber keine besondere Vorzugsstellung gegenüber anderen Methoden einnehmen, mit diesen Handlungen zu verfahren. Die bloße akademische Verbuchung dessen, was Meier tut, ist nur eine Art, in der Müller Schritte in Antwort auf Meiers Schritte unternimmt. Die Formulierung und öffentliche oder private Verwendung von Indikativsätzen ist nicht, wie Intellektualisten gerne glauben, Müllers unentbehrlicher erster oder sein utopischer, letzter Zug. Aber dieser Punkt zwingt uns, den Sinn zu untersuchen, in dem die Verrichtung einer Handlung höherer Ordnung ›den Gedanken an‹ die entsprechende Handlung niederer Ordnung ›impliziert‹. Es heißt z. B. nicht, daß ich, wenn ich jemandes Gebärden nachahmen will, zwei Dinge tun muß, nämlich sowohl mir selbst seine Gebärden mit Worten beschreiben als auch Gebärden machen, die den in meiner Beschreibung verwendeten Ausdrücken entsprechen. Mir selbst über seine Gebärden erzählen, würde selbst eine Verrichtung höherer Ordnung sein, und zwar eine, die genauso den Gedanken an seine Gebärden erfordert. Die Wendung ›impliziert den Gedanken an . . .‹ bedeutet nicht eine kausale Beziehung oder das Zusammentreffen eines Vorganges einer Art mit einem Vorgang anderer Art. So wie eine Besprechung seiner Gebärden, um eine Besprechung zu sein, selbst in einer gewissen Weise schon ein Denken an seine Gebärden sein muß, so muß ihre Nachahmung, um eine Nachahmung und nicht eine bloße Wiederholung zu sein, schon in gewisser Weise selbst ein Denken an seine Gebärden sein. Selbstverständlich ist das aber eine erweiterte Bedeutung von ›denken‹; es bedeutet weder eine Art von Nachsinnen noch die Verkündigung irgendwelcher Urteile. Es bedeutet, daß ich wissen muß, was ich tue, und da das, was ich tue, Nachahmen ist, muß ich wissen, welche Gebärden er gemacht hat, und muß dieses Wissen anwenden, und zwar auf eine nachahmende und nicht auf eine berichtende oder besprechende Art.

Handlungen höherer Ordnung sind nicht instinktiv. Jede von ihnen kann geschickt oder ungeschickt, angemessen oder unangemessen, klug oder dumm ausgeführt werden. Kinder müssen sie ausführen lernen. Sie müssen Widerstand leisten, parieren und heimzahlen, zuvorkommen, ausweichen und zusammenarbeiten, tauschen und feilschen, belohnen und bestrafen lernen. Sie müssen lernen, Witze über andere zu machen und Witze über sich selbst zu verstehen, Befehlen zu gehorchen und sie zu geben, Bitten zu stellen und sie zu gewähren, Noten zu bekommen und sie zu geben. Sie müssen lernen, Berichte, Beschreibungen und Besprechungen abzugeben und ihnen zu folgen; kritische Beurteilungen zu verfassen und zu verstehen, Urteile anzunehmen, zurückzuweisen, zu verbessern und zu verfassen, ausgefragt zu werden und auszufragen. Nicht zuletzt (aber auch nicht zuerst) müssen sie lernen, alles mögliche für sich zu behalten, was sie gerne preisgeben würden. Verschwiegenheit ist von höherer Ordnung als Nichtverschwiegenheit.

Jetzt zeigt sich der Grund, warum ich auf diese Binsenwahrheiten des Spiel- und Klassenzimmers hinweise. In einem gewissen Stadium erlernt das Kind den Kniff, Akte höherer Ordnung auf seine eigenen Akte niederer Ordnung zu richten. Nachdem es abwechselnd Opfer und Urheber von Scherzen, Nötigungen, Befragungen, Beurteilungen und Nachahmungen gewesen ist, entdeckt es, wie es beide Rollen zugleich spielen kann. Es hat schon vorher Geschichten zugehört, und es hat schon vorher Geschichten erzählt, aber nun erzählt es seinem eigenen entzückten Ohr eine Geschichte. Es ist bei Unaufrichtigkeit ertappt worden und hat andere dabei ertappt, aber nun wendet es die Methoden der Aufdeckung auf seine eigenen Unaufrichtigkeiten an. Es findet, daß es sich selbst Befehle mit solcher Autorität geben kann, daß es ihnen manchmal gehorcht, auch wenn es das widerstrebend tut. Selbst-Zureden und -Abraten werden mehr oder weniger wirksam. In der Jugend lernt es, die meisten dieser Methoden höherer Ordnung, mit Kindern umzugehen, die regelmäßig von Erwachsenen angewendet werden, auf sein eigenes Benehmen anzuwenden. Es heißt dann, daß es erwachsen wird.

Dazu kommt, daß es so, wie es früher nicht nur die Fähigkeit, sondern auch die Neigung erworben hatte, Handlungen höherer Ordnung auf die Handlungen anderer zu richten, nun auch dazu neigt und nicht nur dazu fähig ist, dasselbe mit seinem eigenen Benehmen zu tun; und wie es früher gelernt hatte, nicht nur mit den Einzelhandlungen anderer fertig zu werden, sondern auch mit ihren Dispositionen, Einzelhandlungen auszuführen, so wird es nun auch bis zu einem gewissen Grad fähig und bereit, theoretische wie praktische Schritte hinsichtlich seiner eigenen Gewohnheiten, Motive und Fähigkeiten zu unternehmen. Ebensowenig sind seine eigenen Handlungen höherer Ordnung oder seine Dispositionen, sie auszuführen, in irgendeiner Weise von derselben Behandlung ausgenommen. Hinsichtlich jeder Handlung jeder beliebigen Ordnung ist es immer möglich, daß eine Handlung höherer Ordnung auf sie gerichtet wird. Wenn ich etwas von einem anderen oder etwas von mir Getanes lächerlich mache, dann kann ich, wenn ich es auch gewöhnlich nicht tue, einen verbalen Kommentar über meine Heiterkeit abgeben, mich für sie entschuldigen oder andere einweihen; und dann kann ich dazu übergehen, mich dafür zu loben oder zu tadeln, und in mein Tagebuch eintragen, daß ich das getan habe.

Es zeigt sich also, daß das, was hier besprochen worden ist, viel von dem einschließt, was ›Bewußtheit seiner selbst‹ wie auch von dem, was gewöhnlich ›Selbstkontrolle‹ genannt wird, obwohl es auch noch vieles andere einschließt. Tatsächlich kann und muß einer manchmal als Berichterstatter über seine eigenen Tätigkeiten auftreten und manchmal als Vorgesetzter, der sein eigenes Verhalten regelt, aber diese Selbstbehandlungen höherer Ordnung sind bloß zwei Arten neben unzähligen anderen, genauso wie die entsprechenden interpersonellen Beziehungen nur zwei Arten neben unzähligen anderen sind.

Es darf auch nicht angenommen werden, daß die Berichte, die einer sich selbst über sein eigenes Tun macht, oder die Schranken, die er seinem eigenen Verhalten auferlegt, unweigerlich von jedem Vorurteil und jeder Nachlässigkeit frei sein müssen. Meine Berichte über mich selbst haben Fehler von derselben Art, wie meine Berichte über einen anderen, und die Ermahnungen, Verbesserungen und Verbote, die ich mir selbst erteile, können mich als ebenso unfähig oder unbesonnen bloßstellen, wie meine Befehligung anderer. Bewußtheit seiner selbst, wenn das Wort überhaupt verwendet werden soll, darf nicht nach dem altehrwürdigen paraoptischen Modell als eine Fackel dargestellt werden, die sich durch die Strahlen ihres eigenen Lichts erleuchtet, die von einem Spiegel in ihrem eigenen Innern reflektiert werden. Im Gegenteil, es ist einfach ein Sonderfall des gewöhnlichen mehr oder minder wirksamen Umgehens mit einem mehr oder weniger ehrlichen und intelligenten Zeugen. Ähnlich darf Selbstkontrolle nicht mit der Führung eines teilweise disziplinierten Untergebenen durch einen Vorgesetzten mit vollkommenem Wissen und unbestrittener Autorität verglichen werden; sie ist einfach ein Sonderfall der Führung eines gewöhnlichen Menschen durch einen gewöhnlichen Menschen, nämlich der Fall, in dem Müller beide Rollen spielt. Wahr ist nicht, daß Handlungen höherer Ordnung vorkommen, die über aller Kritik stehen, sondern vielmehr, daß jede beliebige Handlung höherer Ordnung selbst wieder kritisiert werden kann; nicht, daß etwas nicht noch weiter zu verbessern wäre; nicht, daß irgendeine Handlung von der höchstmöglichen Ordnung ist, sondern vielmehr, daß es für jede beliebige Handlung jeder beliebigen Ordnung Handlungen noch höherer Ordnung gibt.

7. *Die systematische Flüchtigkeit von ›Ich‹*

Wir sind nun in der Lage, die systematische Flüchtigkeit der Ich-Idee zu erklären, sowie die teilweise Unähnlichkeit zwischen ihr und der Idee des ›Du‹ und ›Er‹. Sich in jeglicher Weise, theoretisch oder praktisch, mit sich selbst befassen ist die Ausführung einer Tätigkeit höherer Ordnung, genauso wie es auch das Sich-Befassen mit einem andern ist. Der Versuch zu beschreiben, was man gerade getan hat oder tut, ist die Besprechung eines Schritts, der nicht selbst, außer per accidens, eine Besprechung ist. Aber die Besprechung ist und kann nicht der Schritt sein, den sie bespricht. Ebensowenig kann ein Akt der Verspottung sein eigenes Ziel sein. Eine Handlung höherer Ordnung kann nicht die Handlung sein, auf die sie gerichtet ist. Es muß also meine Besprechung meiner Tätigkeiten immer über eine Tätigkeit schweigen, nämlich über sich selbst, und diese Tätigkeit kann nur der Gegenstand einer anderen Besprechung sein. Selbstbesprechung, Selbstverspottung und Selbstermahnung sind logisch verdammt, immer die vorletzten zu sein. Und doch ist nichts, was von jeder einzelnen Besprechung oder Ermahnung ausgelassen worden ist, dadurch privilegiert, auf ewig der Besprechung oder Ermahnung zu entgehen. Im Gegenteil, es kann schon der Gegenstand der nächsten Besprechung oder des nächsten Verweises sein.

Der Punkt kann in dieser Weise erläutert werden. Ein Gesanglehrer wird vielleicht die Betonung oder die Töne eines Schülers kritisieren, indem er jedes Wort, das der Schüler gesungen hat, übertrieben nachahmt; und wenn der Schüler langsam genug singt, könnte der Lehrer jedes von dem Schüler gesungene Wort noch vor dem Singen des nächsten Wortes parodieren. Später aber, in einer Demutslaune, versucht der Gesanglehrer sein eigenes Singen in derselben Weise zu kritisieren und noch dazu jedes Wort, das er ausspricht, einschließlich der in Selbstparodie ausgesprochenen, übertrieben nachzuahmen. Es ist sofort klar, erstens, daß er nie über das allererste Wort seines Gesanges hinauskommen kann und zweitens, daß er in jedem beliebigen Augenblick einen Ton erzeugt hat, den er noch nachahmen muß – und es ist gleichgültig, wie schnell er seinen Tönen mit deren Nachahmungen nachjagt. Er kann grundsätzlich nie mehr als die Rockschöße des verfolgten Objekts einfangen, da kein Wort eine Parodie von sich selbst sein kann. Nichtsdestoweniger bleibt kein von ihm gesungenes Wort unparodiert; er kommt immer einen Tag zu spät zur Messe, aber jeden Tag kommt er an den Ort der gestrigen Messe. Es gelingt ihm nie, auf den Schatten seines eigenen Kopfes zu springen, aber er ist immer nur einen Sprung hintan.

Ein gewöhnlicher Rezensent mag ein Buch rezensieren, während ein Rezensent höherer Ordnung Rezensionen des Buches kritisiert. Aber die Rezension höherer Ordnung ist nicht eine Kritik ihrer selbst. Sie selbst kann nur in einer Rezension dritter Ordnung kritisiert werden. Bei unbeschränkter Langmut eines Herausgebers könnte jede beliebige Rezension jeder beliebigen Ordnung veröffentlicht werden, obwohl in keinem Stadium alle Rezensionen kritische Besprechungen erhalten haben. Ebensowenig können alle Taten eines Tagebuchführers Gegenstand einer Eintragung in seinem Tagebuch sein; denn die letzte in seinem Tagebuch verzeichnete Eintragung verlangt noch immer, daß ihre Verzeichnung nun ihrerseits verzeichnet werde.

Ich glaube, das erklärt das Gefühl, daß mein vorjähriges oder mein gestriges Ich grundsätzlich restlos beschrieben und erklärt werden könnte und daß dein gegenwärtiges oder vergangenes Ich restlos von mir beschrieben oder erklärt werden könnte, daß aber mein heutiges Ich fortwährend aus jedem Griff entschlüpft, in den ich es zu bekommen trachte. Es erklärt auch den offenbaren Unterschied zwischen der Idee vom ›Ich‹ und vom ›Du‹, ohne daß das stets entweichende Überbleibsel als ein unfaßbares Rätsel ausgelegt werden müßte.

Es erklärt aber auch noch etwas anderes. Wenn Leute das Problem der Willensfreiheit überdenken und sich ihre eigene Laufbahn als der von Uhren und Wasserläufen ähnlich vorstellen wollen, dann neigen sie dazu, vor der Vorstellung zurückzuschrecken, daß ihre eigene unmittelbare Zukunft schon unabänderlich festgelegt und vorhersagbar sein sollte. Die Annahme scheint absurd zu sein, daß das, was ich nun in Kürze denken, fühlen oder tun werde, schon im vorhinein festgesetzt ist, obwohl man imstande ist, keine solche Absurdität in der Annahme zu finden, daß die Zukunft anderer Leute schon derart festgesetzt ist. Das sogenannte ›Gefühl der Spontaneität‹ ist eng mit dieser Unfähigkeit verknüpft, sich vorzustellen, daß das, was ich denken oder tun werde, schon vorhergesehen werden kann. Wenn ich andererseits erwäge, was ich gestern gedacht oder getan habe, so scheint keine Absurdität in der Annahme zu liegen, daß es hätte vorhergesagt werden können, noch bevor ich es getan habe. Nur während meiner Versuche, meinen eigenen nächsten Schritt vorherzusagen, fühlt sich diese Aufgabe ungefähr so an wie der Versuch eines Schwimmers, die vor ihm hergesandten Wellen zu überholen.

Die Lösung ist dieselbe wie vorher. Die Vorhersage einer Tat oder eines Gedankens ist eine Handlung höherer Ordnung, deren Ausführung nicht unter den in der Aufstellung der Vorhersage erwogenen Daten sein kann. Aber da meine Geistesverfassung vor einer Tat von mir diese Tat beeinflussen kann, so folgt, daß ich zumindest eines der für meine Vorhersage relevanten Daten beiseite lassen muß. Ähnlich kann ich jemandem den genauestmöglichen Ratschlag, was er tun sollte, erteilen, aber ich muß immer ein Stückchen Anweisung weglassen, da ich ihm ja nicht im selben Atemzug raten kann, wie er meinen Ratschlag aufnehmen soll. Es ist daher kein Paradoxon: während ich es gewöhnlich nicht im mindesten überraschend finde, daß ich gerade das tue und denke, was ich tue und denke, straft doch bei aller meiner Anstrengung, vorauszusehen, was ich tun und sagen werde, der tatsächliche Verlauf meine Erwartungen wahrscheinlich Lügen. Mein Vorgehen bei meiner geistigen Zukunftsvorstellung kann den Verlauf meines nachfolgenden Benehmens in einer Richtung und in einem Ausmaß verändern, die meine Prognose nicht berücksichtigen kann. Auf eines kann ich mich nicht vorbereiten, nämlich auf den nächsten Gedanken, den ich denken werde.

Die Tatsache, daß meine eigene unmittelbare Zukunft vor mir dergestalt systematisch entweicht oder flüchtig ist, kann natürlich nicht beweisen, daß mein Lebenslauf grundsätzlich auch für andere Propheten unvorhersagbar ist, oder auch nur, daß er nach der Hitze der Tat für mich unerklärlich ist. Ich kann auf alles andere mit meinem Zeigefinger zeigen, und andere Leute können auf diesen Zeigefinger zeigen. Aber er kann nicht der Gegenstand sein, auf den er selbst zeigt. Noch kann ein Geschoß sein eigenes Ziel sein, obgleich alles andere nach ihm geworfen werden kann.

Diese allgemeine Folgerung, daß jede beliebige Verrichtung der Gegenstand einer Verrichtung höherer Ordnung, aber nicht ihr eigener Gegenstand sein kann, hängt mit dem zusammen, was früher über die besondere Verwendungsart von Indexwörtern wie ›jetzt‹, ›du‹ und ›ich‹ gesagt worden ist. Ein ›Ich‹-Satz weist dadurch auf die Person hin, über die er etwas aussagt, daß er selbst von dieser Person ausgesprochen oder niedergeschrieben wird. ›Ich‹ weist auf die Person hin, die es ausspricht. Wenn einer also einen ›Ich‹-Satz ausspricht, so mag dann sein Aussprechen Teil einer Handlung höherer Ordnung sein, nämlich vielleicht eines Selbstberichts, einer Selbstermunterung oder Selbstbemitleidung, und diese Handlung selbst wird nicht in ihr selbst behandelt. Sogar wenn er sich aus irgendwelchen spekulativen Gründen vorübergehend auf das Ich-Problem konzentriert, so ist es ihm doch mißlungen, und er weiß, daß es ihm nicht gelungen ist, mehr als die Rockschöße des von ihm Verfolgten zu erhaschen. Sein Wild war der Jäger.

Zum Abschluß sei betont, daß nichts Rätselhaftes und Okkultes an jenen Handlungen und Einstellungen höherer Ordnung ist, die meistens unzulänglich durch den Oberbegriff der Bewußtheit seiner selbst zusammengefaßt werden. Sie sind von derselben Art wie die Handlungen und Einstellungen höherer Ordnung, die in den Beziehungen von Leuten untereinander vorkommen. Ja, die ersteren sind nur besondere Anwendungen der letzteren und müssen auf dem Umweg über sie erlernt werden. Wenn ich die Operation dritter Ordnung verrichte, eine gewisse Handlung zweiter Ordnung zu besprechen, nämlich mein Lachen über meine eigene Ungeschicklichkeit bei einer gewissen Handarbeit, dann werde ich tatsächlich das persönliche Fürwort der ersten Person auf zwei verschiedene Arten verwenden. Ich sage zu mir selbst oder zur Umgebung: ›Ich habe wegen meiner unbeholfenen Hände über mich selbst gelacht.‹ Das ist aber weit davon entfernt zu zeigen, daß zwei ›Ichs‹ in meiner Haut stecken, um noch gar nichts von dem dritten zu sagen, das sie bespricht. Es zeigt nur, daß wir auch hier, wenn jemand etwas über sich selbst sagt, die Zwei-Fürwörter-Redeweise verwenden, in der wir etwa sagen, daß sie (das Mädchen) über ihn (den Jungen) lacht; und ich verwende diese Redeweise auch hier, weil ich auch hier die Methode des interpersonellen Verkehrs anwende, zu deren Beschreibung diese Redeweise gewöhnlich verwendet wird.

Vor Abschluß dieses Kapitels soll noch erwähnt werden, daß ein wichtiger Unterschied zwischen dem persönlichen Fürwort der ersten Person und allen anderen besteht. Wenn ich selbst ›ich‹ verwende, weist es immer nur auf mich hin. ›Du‹, ›er‹ und ›sie‹ weisen zu verschiedenen Gelegenheiten auf verschiedene Leute hin. ›Ich‹ ist wie mein eigener Schatten. Es ist nichts Rätselhaftes um diese Beständigkeit, aber ich erwähne das, weil sie ›ich‹ mit einer verwirrenden Einzigartigkeit und Beharrlichkeit ausstattet. ›Jetzt‹ gibt einem ein ähnliches Gefühl der Unentrinnbarkeit.

SIEBENTES KAPITEL

Empfindung und Beobachtung

1. Vorwort

Eines der negativen Hauptziele dieses Buchs ist es, zu zeigen, daß ›psychisch‹ nicht einen solchen Status eines Dings oder Ereignisses bezeichnet, daß man darüber sinnvoll fragen könnte, ob es psychisch oder physisch, ob es ›in der Seele‹ oder ›in der Außenwelt‹ sei. Von jemandes Geist oder Seele reden heißt nicht: von einem Behälter reden, in dem Gegenstände untergebracht werden dürfen, die in etwas, was man ›die materielle Welt‹ nennt, nicht untergebracht werden dürfen; es heißt vielmehr: von seinen Fähigkeiten, Schwächen und Neigungen, gewisses zu tun oder zu erleiden, reden, und zwar vom Tun und Erleiden dieser Dinge in der gewöhnlichen Welt. In der Tat ist es sinnlos, so zu reden, als gäbe es zwei oder elf Welten. Es kommt nichts als Verwirrung dabei heraus, wenn man Welten mit den Namen besonderer Beschäftigungen versieht. Sogar die feierliche Formel ›die physikalische Welt‹ ist, philosophisch gesehen, so unnütz wie die Formel ›die numismatische Welt‹, ›die Welt der Kurzwaren‹ oder ›die botanische Welt‹.

Es wird aber zur Rechtfertigung der Lehre, daß ›psychisch‹ einen Status bezeichnet, eingewendet werden, daß ein Sonderplatz für Empfindungen, Gefühle und Vorstellungen geschaffen werden muß. Die Laboratoriumswissenschaften geben uns Beschreibungen und Beziehungen von Dingen und Vorgängen der verschiedensten Arten, aber unsere Eindrücke und Vorstellungen bleiben in diesen Beschreibungen unerwähnt. Sie müssen daher woanders hingehören. Und da das Vorkommen einer Empfindung offensichtlich eine Tatsache über die Person ist, die den Schmerz fühlt oder unter dem grellen Licht leidet, so muß die Empfindung in der Person sein. Das ist aber eine besondere Bedeutung von ›in‹, da der

Chirurg die Empfindung nicht unter der Epidermis dieser Person finden könnte. So muß also die Empfindung in der Seele der Person sein.

Außerdem sind Empfindungen, Gefühle und Vorstellungen Dinge, deren sich ihr Eigentümer bewußt sein muß. Was immer sonst noch in seinem Bewußtseinsstrom enthalten ist, zumindest seine Empfindungen, Gefühle und Vorstellungen sind Teile dieses Stroms. Sie bilden zumindest zum Teil den Stoff, aus dem der Geist gemacht ist, wenn sie ihn nicht völlig bilden.

Verfechter dieses Arguments vertreten es im allgemeinen mit der größten Zuversicht bei Vorstellungen, z. B. bei dem, was ›ich mit meinem geistigen Auge sehe‹ oder was ›mir dauernd durch den Kopf geht‹. Sie haben gewisse Bedenken, die Empfindungen allzu gründlich von den Körperzuständen zu trennen. Magenschmerzen, Kitzel und Ohrenklingen haben physiologische Begleiterscheinungen, die die Reinheit des Quells der psychischen Erfahrungen zu trüben drohen. Aber die Szenen, die ich sehe, auch wenn meine Augen geschlossen sind, und die Musik und die Stimmen, die ich hören kann, auch wenn alles still ist, sind vortreffliche Anwärter auf Einlaß in das Reich des Geistes. Ich kann sie innerhalb gewisser Grenzen nach meinem Willen heraufbeschwören, fortschicken und abändern, und der Aufenthaltsort, die Stellung und der Zustand meines Körpers scheinen in keinem Zusammenhang mit ihrem Auftreten und ihren Eigenschaften zu stehen.

Dieser Glaube an den geistigen Status von Vorstellungen bringt eine angenehme Folge mit sich. Wenn jemand still über etwas nachdenkt, so zeigt ihm die Rückerinnerung gewöhnlich, daß zumindest ein Teil des Vorgefallenen eine Folge von Worten war, die er in seinem Kopf hörte, so als hätte er sie selbst gesprochen. Die ehrwürdige Lehre, daß stille Selbstgespräche das eigentümliche Geschäft des Geistes sind, stützt also die Lehre und wird von der Lehre gestützt, daß der Apparat des reinen Denkens nicht zur groben Welt der physischen Geräusche gehört, sondern aus jenem mehr ätherischen Stoff besteht, aus dem Träume gemacht sind.

Bevor wir aber mit der Besprechung von Vorstellungen anfangen können, muß noch eine ganze Menge über Empfindungen gesagt werden, und dieses Kapitel ist gänzlich den Begriffen der Empfindung und Beobachtung gewidmet. Der Begriff der Vorstellung wird im nächsten Kapitel besprochen werden.

Aus Gründen, die im letzten Abschnitt entwickelt werden sollen, bin ich mit diesem Kapitel nicht recht zufrieden. Ich habe mich der offiziellen Meinung angeschlossen, daß Wahrnehmen Empfindungen impliziert. Es handelt sich hier aber um eine sehr gekünstelte Verwendung des Wortes ›Empfindung‹. Im allgemeinen verwenden wir das Hauptwort ›Empfindung‹ oder das Zeitwort ›fühlen‹ nicht so. Wir verwenden diese Wörter gewöhnlich für eine besondere Familie von Wahrnehmungen, nämlich für Tast-, kinästhetische und Temperaturwahrnehmungen sowie für lokalisierbare Schmerzen und Unbehagensempfindungen. Sehen, Hören, Schmecken und Riechen implizieren keine Empfindungen in diesem Sinne des Worts, genausowenig wie Sehen Hören impliziert, oder das Verspüren eines kalten Zugs das Schmecken von etwas impliziert. In dieser gekünstelten Verwendung scheint ›Empfindung‹ ein halb physiologischer und halb psychologischer Ausdruck zu sein, dessen Anwendung mit gewissen pseudowissenschaftlichen, cartesischen Theorien verbunden ist. Dieser Begriff kommt nicht in den Bemerkungen vor, die Kindermädchen und die Verfasser von Romanen, Biographien und Tagebüchern über Leute machen, noch in dem, was Ärzte, Zahnärzte oder Augenärzte ihren Patienten sagen.

In seiner gewöhnlichen ungekünstelten Verwendung bezeichnet ›Empfindung‹ keinen Bestandteil der Wahrnehmung, sondern eine Art von Wahrnehmung. Aber auch in seiner gekünstelten Verwendung bedeutet es nicht einen Teilbegriff, der in dem Begriff der Wahrnehmung enthalten ist. Man konnte schon über das Sehen, Hören und Fühlen von

Dingen reden, bevor man irgendwelche physiologischen und psychologischen Hypothesen über die Verständigung zwischen dem Geist und seinem Körper gelernt oder von irgendwelchen theoretischen Schwierigkeiten dabei gehört hatte.

Ich weiß nicht, mit welchen Ausdrücken man über diese Dinge eigentlich zu reden hätte, aber ich hoffe, daß meine in den herkömmlichen Ausdrücken vorgetragene Besprechung wenigstens die Wirksamkeit einer Fünften Kolonne haben wird.

2. *Empfindungen*

Für gewisse Zwecke ist es praktisch, die Empfindungen in jene einzuteilen, die *von Amts wegen* in Sinneswahrnehmungen auftreten, und jene, die das nicht tun; das heißt, grob gesprochen, in jene, die mit den einzelnen Sinnesorganen verbunden sind, nämlich mit Augen, Ohren, Zunge, Nase und Haut, und jene, die mit den anderen empfindungsfähigen Organen des Körpers verbunden sind, die keine Sinnesorgane sind. Aber diese Einteilung ist ein wenig willkürlich. Wenn unser Auge geblendet wird und wenn es uns in der Nase sticht, dann neigen wir dazu, diese Empfindungen zusammen mit den organischen Empfindungen von Schmerzen und Prickeln einzureihen, und umgekehrt, wenn wir gewisse Empfindungen in der Kehle oder im Magen haben, sagen wir wohl oft, daß wir die Gräte oder den schweren Pudding fühlen. Eine spezifische Muskelempfindung kann sowohl als eine Müdigkeitsempfindung oder als das Fühlen des Gewichts oder des Widerstands eines Klotzes beschrieben werden, und ein Lauschender kann einem Freund berichten, er habe einen Zug weit in der Ferne gehört, während er einem anderen berichtete, daß er das Geräusch kaum von dem gewöhnlichen Pochen oder Klingen in seinen Ohren unterscheiden konnte.

Aus einleuchtenden Gründen müssen wir uns fortwährend

auf die Empfindungen beziehen, die mit den Sinnesorganen verbunden sind, denn wir müssen fortwährend erwähnen, was wir sehen und nicht sehen, was wir hören, riechen, schmecken und fühlen. Aber wir reden von diesen Empfindungen selten allein; gewöhnlich erwähnen wir sie nur unter Bezugnahme auf die Dinge oder Ereignisse, die wir beobachten oder zu beobachten versuchen oder behaupten. Man redet davon, einen flüchtigen Anblick zu haben, aber nur in solchen Zusammenhängen wie, einen flüchtigen Anblick von etwas, das sich bewegt, zu haben. Und man bricht auch nicht mit dieser Gewohnheit, wenn man aufgefordert wird zu beschreiben, wie etwas aussah, klang oder schmeckte; man wird gewöhnlich sagen, daß es wie ein Heuschober aussah, daß es wie etwas Summendes klang oder daß es schmeckte, als ob Pfeffer drin wäre.

Dieses Verfahren, Empfindungen unter Bezugnahme auf gewöhnliche Gegenstände wie Heuschober, summende Dinge und Pfeffer zu beschreiben, ist von großer theoretischer Bedeutung. Ein Heuschober z. B. ist etwas, über dessen Beschreibung sich alle einigen könnten. Ein Heuschober ist etwas, was jeder beliebige Beobachter beobachten könnte, und wir würden erwarten, daß ihre Berichte sich decken oder doch zumindest so lange verbessert werden könnten, bis sie sich dekken. Lage, Form, Größe, Gewicht, Zeitpunkt der Errichtung, Zusammensetzung und Zweck des Heuschobers sind Tatsachen, die jedermann mit den gewöhnlichen Methoden der Beobachtung und Nachforschung feststellen könnte. Mehr noch, diese Methoden würden auch erweisen, wie sich der Heuschober dem Gesichts-, Geruchs- und Tastsinn eines normalen Beobachters unter normalen Beobachtungsbedingungen darbieten würde. Wenn ich sage, daß etwas wie ein Heuschober aussieht (wenn es auch tatsächlich eine Wolldecke an der Wäscheleine sein mag), so beschreibe ich, wie es aussieht, in Ausdrücken, die nach jedermanns Erwartung auf den Anblick eines Heuschobers passen, wenn er unter einem günstigen Winkel, unter günstigem Licht und gegen einen günstigen

Hintergrund beobachtet wird. Ich vergleiche also, wie die Wolldecke meinem Auge jetzt und hier erscheint, nicht mit irgendeinem besonderen Anblick, den ich oder irgendeine andere Person in irgendwelchen besonderen Umständen gehabt hat, sondern mit einer Art von Anblick, wie ihn zu haben jeder gewöhnliche Beobachter in Umständen gewisser Art erwarten kann, nämlich wenn er sich bei Tageslicht in der Nähe von Heuschobern befindet.

Ähnlich besagt auch die Behauptung, etwas schmecke nach Pfeffer, daß es meinem Geschmackssinn jetzt so vorkommt, wie irgendwelche gepfefferten Speisen dem Geschmackssinn jedes beliebigen Menschen vorkommen würden. Man hat oft vorgebracht, ich könne nie wissen, ob Pfefferkörner in verschiedenen Leuten ähnliche Empfindungen hervorrufen, aber im Augenblick genügt die Feststellung, daß unsere gewöhnlichen Methoden der Auskunftserteilung über unsere Empfindungen in bestimmten Arten von Bezugnahmen auf das bestehen, wovon wir glauben, daß es mit jedermanns Beobachtung allgemein bekannter Gegenstände erwiesen werden könnte. Wir beschreiben das, was unserer Person eigentümlich ist, mit neutralen oder unpersönlichen Ausdrücken. Ja, unsere Beschreibungen würden nichts mitteilen, wenn sie nicht in solchen Ausdrücken abgefaßt wären. Das sind schließlich und endlich die Begriffe, die wir im Unterricht von anderen gelernt haben. Wir beschreiben Heuschober nicht mit Begriffen von dieser oder jener Gruppe von Empfindungen und können sie so nicht beschreiben. Wir beschreiben unsere Empfindungen durch bestimmte Arten der Bezugnahme auf Beobachter und Gegenstände wie Heuschober.

Wir verwenden dieselbe Methode bei der Beschreibung organischer Empfindungen. Wenngleich ein Leidender, der seinen Schmerz als stechend, bohrend oder brennend beschreibt, nicht notwendigerweise glaubt, daß ihm sein Schmerz durch einen Dolch, einen Bohrer oder eine glühende Kohle zugefügt wurde, so sagt er doch, welche Schmerzensart es ist, indem er sie jenen Schmerzensarten vergleicht, die jemandem durch solche Werkzeuge verursacht würden. Dasselbe gilt auch für solche Beschreibungen wie ›ich habe ein Klingen im Ohr‹, ›mir erstarrt das Blut‹ und ›es flimmert mir vor den Augen‹. Selbst wenn man sagt, man sehe alles verschleiert, vergleicht man sein Gesichtsfeld mit der Art, wie allgemein bekannte Gegenstände dem Auge jedes beliebigen normalen Beobachters erscheinen, wenn er sie durch einen Schleier hindurch betrachtet.

Diese Methoden, unsere Empfindungen zu beschreiben, finden gerade hier Erwähnung, weil gezeigt werden soll, wieso und warum es eine sprachliche Schwierigkeit in der Erörterung der Logik der Empfindungsbegriffe gibt. Wir verwenden keinen ›reinen‹ Empfindungswortschatz. Wir beschreiben einzelne Empfindungen, indem wir uns darauf beziehen, wie gewöhnliche Gegenstände dem Auge, Ohr und Tastsinn eines beliebigen normalen Beobachters erscheinen.

Erkenntnistheoretiker verwenden gerne Wörter wie z. B. ›Schmerzen‹, ›Jucken‹, ›Stechen‹, ›Glühen‹ und ›Schwindel‹, als wären sie ›reine‹ Empfindungsnamen. Aber diese Praxis ist doppelt irreführend. Nicht nur erhalten die meisten dieser Wörter ihre Bedeutung aus Situationen, in denen solche Alltagsdinge erscheinen wie Flöhe, Messer und Heizkörper, sondern sie bedeuten außerdem, daß der, welcher die Empfindungen hat, sie gern oder ungern hat, oder sie jedenfalls sehr wohl gern oder ungern haben könnte. Ein Schmerz in meinem Knie ist eine unangenehme Empfindung; also ist ›unbemerkter Schmerz‹ ein absurder Ausdruck, wogegen ›unbemerkte Empfindung‹ nicht absurd ist.

Dieser Punkt kann auch bei einer begrifflichen Unterscheidung behilflich sein, die sich in Kürze als von grundlegender Bedeutung entpuppen wird, nämlich die zwischen dem Haben einer Empfindung und einer Beobachtung. Wenn es von jemandem heißt, er sei dabei, etwas zu überwachen, zu mustern oder es anzusehen, es anzuhören oder es zu kosten, dann ist teilweise, aber nur teilweise, damit gemeint, daß er Gesichts-, Gehörs- oder Geschmacksempfindungen hat. Aber um etwas zu beobachten, muß der Beobachter auch zumindest versuchen, etwas herauszufinden. Seine Musterung kann daher als sorgfältig oder oberflächlich, als flüchtig oder eindringlich, als methodisch oder aufs Geratewohl, als genau oder ungenau, sachkundig oder stümperhaft beschrieben werden. Beobachtung ist eine Aufgabe, die ziemlich anstrengend sein kann, und wir können darin mehr oder weniger geschickt sein. Aber keine dieser Arten, die Ausübungen von jemandes Beobachtungsgabe zu beschreiben, kann auf das Haben von Gesichts-, Gehörs- oder Geschmacksempfindungen angewendet werden. Man kann sorgfältig zuhören, aber nicht sorgfältig ein Klingen in den Ohren haben; man kann etwas systematisch anschauen, man kann nicht systematisch Flimmerempfindungen haben; man kann versuchen, Aromata zu unterscheiden, aber man kann nicht versuchen, Geschmacksempfindungen zu haben. Wir beobachten oft aus Neugierde oder aus Gehorsam, aber einen Kitzel haben wir nicht aus diesem oder irgendeinem anderen Motiv. Wir beobachten absichtlich, aber wir haben nicht absichtlich Empfindungen. Wir können bei einer Beobachtung Fehler machen, aber es ist Unsinn, bei Empfindungen vom Fehlermachen oder -vermeiden zu reden; Empfindungen können weder richtig noch unrichtig, wahrheitsgetreu noch -ungetreu sein. Sie sind weder Erkenntnisse noch Irrtümer. Beobachten besteht darin, etwas herauszufinden oder zu versuchen, es herauszufinden, aber eine Empfindung haben besteht weder im Herausfinden von irgend etwas, noch in einem Versuch, noch in einem Mißlingen, es herauszufinden.

Diese Unterschiede ermöglichen uns nun die Feststellung, daß zwar die Erwähnung der Schärfe, der Methoden und der Objekte von jemandes Beobachtung zur Beschreibung seines Charakters und seiner Fähigkeiten gehört, daß aber die Erwähnung der Qualitäten seiner Sinnesorgane und seiner tatsächlichen Empfindungen nicht dazugehört. Es ist, könnte man fast sagen, nichts ›Geistiges‹ an Empfindungen. Taubheit ist nicht eine Art Dummheit, noch Schielen eine Art Verworfenheit; die Spürnase des Spürhunds beweist nicht seine Intelligenz; und wir versuchen nicht, Kindern ihre Farbenblindheit durch Übung oder Beschämung abzugewöhnen, noch betrachten wir sie deswegen als geistesschwach. Es ist nicht die Aufgabe des Moralisten oder Psychiaters, sondern des Augenarztes, Sehfehler festzustellen und etwas dagegen zu verschreiben. Eine Empfindung haben ist nicht die Ausübung einer Verstandes- oder Charaktereigenschaft. Deshalb sind wir nicht zu stolz, auch Reptilien Empfindungen zuzusprechen.

Gleichgültig welche Reihe von Empfindungen ein intelligenter Mensch auch haben mag, es ist immer denkbar, daß ein bloß empfindungsfähiges Geschöpf genau dieselbe Reihe hat; und wenn ›Bewußtseinsstrom‹ ›Reihe von Empfindungen‹ hieße, dann ließe sich aus einem bloßen Inventar der Bestandteile eines solchen Stroms nicht entscheiden, ob das Geschöpf, das diese Empfindungen hat, ein Tier oder ein Mensch, ein Vollidiot, ein Wahnsinniger oder ein normaler Mensch, geschweige denn, ob er ein ehrgeiziger und streitsüchtiger Philologe oder ein einfältiger, aber fleißiger Gerichtsbeamter ist.

Diese Erwägungen werden freilich jene Theoretiker nicht zufriedenstellen, die den Strom der Empfindungen, Gefühle und Vorstellungen eines Menschen zum Stoff seines Geistes machen und auf diese Art das Dogma von dem besonderen Status und dem besonderen Stoff des Geistes stützen wollen. Sie werden mit vollem Recht anführen, daß Augen- und Zahnärzte zwar die Empfindungen ihrer Patienten durch Anwendung chemischer oder mechanischer Behandlung beeinflussen können, daß sie aber doch von der Beobachtung der Empfindungen selbst ausgeschlossen sind. Sie können beobachten, was physiologisch mit den Augen und Gaumen des Patienten nicht in Ordnung ist, aber sie müssen sich auf sein Zeugnis verlassen, wenn sie etwas über das wissen wollen, was er sieht und fühlt. Nur der Träger weiß, wo der Schuh drückt. Daraus wird glaubhaft, aber fälschlich geschlossen, es bestünde wirklich der altehrwürdige Gegensatz zwischen der öffentlichen, materiellen und der privaten, psychischen

Welt, zwischen den Dingen und Ereignissen, die jeder, und den Dingen und Ereignissen, die nur der Besitzer beobachten kann. Planeten, Mikroben, Nerven und Trommelfelle sind öffentlich beobachtbare Dinge in der Außenwelt; Empfindungen, Gefühle und Vorstellungen sind privat beobachtbare Bestandteile unserer verschiedenen Privatwelten.

Ich will zeigen, daß dieser Gegensatz ein Hirngespinst ist. Es ist wahr, daß der Schuster das Zwacken nicht beobachten kann, das ich fühle, wenn mich der Schuh drückt. Aber es ist falsch, daß ich es beobachte. Der Grund, warum das Zwacken nicht von ihm beobachtet werden kann, ist nicht, daß ein eiserner Vorhang jedermann außer mir an dieser Beobachtung hindert, sondern daß es nicht zu der Art von Dingen gehört, von denen man sinnvoll sagen könnte, daß sie überhaupt beobachtet werden oder nicht beobachtet werden, auch von mir. Ich spüre oder habe dieses Zwacken, aber ich entdecke es nicht und sehe es nicht an; es ist nicht etwas, was ich dadurch herausfinde, daß ich es überwache, belausche oder koste. In dem Sinn, in dem jemand ein Rotkehlchen unter Beobachtung haben kann, wäre es Unsinn zu sagen, er habe ein Zwacken unter Beobachtung gehabt. Bei einem Autounfall kann es einen oder mehrere Zeugen geben; beim Brechreiz kann es nicht mehrere oder auch nur einen einzigen Zeugen geben.

Wir wissen, wie es ist, wenn man Beobachtungshilfen, z. B. Fernrohre, Stethoskope und Taschenlampen zur Beobachtung von Planeten, Herzschlägen und Nachtfaltern benützt und benötigt, aber wir wissen nicht, wie wir solche Instrumente auf unsere Empfindungen anwenden sollten. Und obwohl wir recht gut wissen, welche Arten von Hindernissen unsere Beobachtung gewöhnlicher Dinge erschweren oder verhindern, nämlich Hindernisse wie Nebel, Prickeln in den Fingern oder Klingen im Ohr, so können wir uns nicht analoge Hindernisse ausdenken, die wie ein Prickeln oder ein Klingen im Ohr zwischen uns und die Empfindungen kommen könnten.

Wenn ich sage, daß Empfindungen nicht so beschaffen sind,

daß sie beobachtet werden könnten, so meine ich nicht, daß sie so unbeobachtbar sind, wie es inframikroskopische Bakterien, Geschosse im Flug oder die Berge auf der anderen Seite des Mondes sind, oder daß sie so unbeobachtbar sind wie die Planeten für einen Blinden. Ich meine ungefähr folgendes. Jedes Wort, das niedergeschrieben werden kann, mit Ausnahme von Wörtern, die bloß aus einem einzigen Buchstaben bestehen, kann buchstabiert werden. Manche Wörter sind schwieriger zu buchstabieren als andere, und manche haben mehrere Schreibweisen. Doch auf die Frage, wie man die Buchstaben des Alphabets buchstabiere, müßten wir antworten, daß man sie überhaupt nicht buchstabieren könne. Aber dieses ›nicht können‹ heißt nicht, daß die Aufgabe von unüberwindlicher Schwierigkeit ist, sondern nur, daß die Frage: ›Aus welchen und wie angeordneten Buchstaben besteht ein bestimmter Buchstabe?‹ eine unzulässige Frage ist. So wie Buchstaben weder schwer noch leicht zu buchstabieren sind, so, behaupte ich, sind Empfindungen weder beobachtbar noch unbeobachtbar. Genausowenig aber wie die Tatsache, daß wir nicht einmal fragen können, wie ein Buchstabe buchstabiert wird, uns daran hindert zu fragen, wie ein Buchstabe geschrieben wird, hindert uns die Tatsache, daß wir nicht von der Beobachtung von Empfindungen sprechen können, daran, über die Beachtung oder Aufmerksamkeit zu sprechen, die man seinen Empfindungen schenken kann, oder über die Mitteilungen oder Berichte, die man über die von einem beachteten Empfindungen machen kann. Kopfschmerzen können nicht beobachtet, aber sie können beachtet werden, und während es unangebracht ist, jemandem zu raten, nicht auf seinen Kitzel hinzusehen, ist es völlig in Ordnung, ihm zu raten, ihn nicht zu beachten.

Wir haben gesehen, daß das Beobachten das Haben von Empfindungen impliziert; man könnte von jemandem nicht sagen, daß er ein Rotkehlchen beobachtet, wenn er noch keinen Anblick davon erhascht hat, oder daß er einen Käse röche, wenn er noch keinen Duft davon gewittert hat. (Ich tue hier so, obgleich das nicht richtig ist, als ob Wörter wie ›Anblick‹ und ›Duft‹ für Empfindungen stünden. Die Tatsache, daß ein Anblick als ›klar‹ oder ›unklar‹ gekennzeichnet werden kann, zeigt, daß es sich um ein Beobachtungs- und nicht um ein ›reines‹ Empfindungswort handelt.) Ein Gegenstand der Beobachtung, wie z. B. ein Rotkehlchen oder ein Käse, muß so beschaffen sein, daß es für Beobachter möglich ist, Anblicke oder Duftwölkchen davon zu erhaschen. Aber viele Theoretiker verlangen, wir sollten uns von solchen allgemein bekannten Gegenständen wie Rotkehlchen und Käsen ab- und uns solchen Dingen wie Anblicken und Duftwölkchen zuwenden und sollten behaupten, daß ich, aber kein anderer, die Anblicke und Duftwölkchen, die ich erhasche, beobachten kann und daß ich sie im selben Sinn beobachten kann, in dem jedermann das Rotkehlchen und den Käse beobachten kann. Aber das hieße folgendes zugeben: wenn ich beim Erhaschen eines Anblicks des Rotkehlchens diesen Anblick beobachten kann, dann muß ich dabei etwas wie einen Anblick oder ein Duftwölkchen vom Anblick des Rotkehlchens erhaschen. Wenn Empfindungen passende Objekte der Beobachtung sind, dann muß ihre Beobachtung das Haben von Empfindungen von diesen Empfindungen einschließen, in Analogie zu den Anblicken vom Rotkehlchen, ohne die ich das Rotkehlchen nicht hätte beobachten können. Und das ist offensichtlich absurd. Es existiert nichts, was den Ausdrücken ›Ein Düftchen von einem Schmerz‹ oder ›Der Klang eines Zwickens‹ oder ›Das Prickeln eines Prickelns‹ entspräche, und wenn es so etwas gäbe, dann würde die Reihe unaufhörlich weitergehen.

Wenn jemand einem Pferderennen zuschaute, dann ist die Frage angebracht, ob er von seinem Platz gut oder schlecht sehen konnte, ob er aufmerksam oder unaufmerksam zusah und ob er versuchte, soviel wie möglich zu sehen. Wenn es also richtig wäre zu sagen, daß einer seine Empfindungen beobachtet, dann wäre auch die Frage am Platz, ob seine Besichtigung eines Kitzels behindert oder unbehindert, genau oder oberflächlich war und ob er mehr davon hätte erkennen können, wenn er sich mehr Mühe gegeben hätte. Niemand stellt solche Fragen, genausowenig wie jemand fragt, wie der erste Buchstabe von ›London‹ buchstabiert wird. Solche Fragen kann man nicht stellen. Diese Tatsache ist zum Teil dadurch verschleiert, daß das Wort ›beobachten‹, wenn es auch im allgemeinen auf Vorgänge wie Zuschauen, Lauschen und Kosten oder auf Leistungen wie Erblicken und Entdekken angewendet wird, doch auch manchmal als gleichbedeutend mit ›aufpassen auf‹ und ›beachten‹ gebraucht wird. Beobachten und Erblicken schließen Beachten ein, aber Beachten schließt Beobachten nicht ein.

Es folgt daraus, daß es von Anfang an falsch war, die gewöhnlichen Gegenstände, die jedermann beobachten kann, wie z. B. Rotkehlchen und Käse, jenen vermeintlichen Gegenständen meiner privilegierten Beobachtung gegenüberzustellen, nämlich meinen Empfindungen, da Empfindungen überhaupt nicht Gegenstände der Beobachtung sind. Wir brauchen also nicht ein Theater, die ›Außenwelt‹, zu errichten, um darin die gemeinsamen Gegenstände von jedermanns Beobachtung unterzubringen, und ein anderes, den ›Geist‹, um darin die Gegenstände irgendeiner Monopolbeobachtung unterzubringen. Der Gegensatz zwischen ›öffentlich‹ und ›privat‹ war teilweise eine Mißdeutung des Gegensatzes zwischen Gegenständen, die angeschaut, angefaßt und gekostet werden können, und Empfindungen, die man hat, aber nicht anschauen, anfassen oder kosten kann. Es ist wahr und sogar tautologisch, daß der Schuster nicht fühlen kann, wie mich der Schuh drückt, außer wenn ich selbst der Schuster bin, aber nicht darum, weil er nicht an einen Guckkasten herankann, an den ich allein herankann, sondern weil es sinnlos wäre zu sagen, daß er meinen Schmerz fühlt, und daher sinnlos zu sagen, daß er das Zwicken bemerkte, das ich hatte.

Es folgt noch anderes. Die Eigenschaften, die wir durch Beobachtung oder jedenfalls nicht ohne Beobachtung als die Eigenschaften der gemeinsamen Gegenstände von jedermanns

Beobachtung ermitteln, können Empfindungen nicht sinnvoll zugeschrieben oder abgesprochen werden. Empfindungen haben keine Größe, Form, Lage, Temperatur, Farbe oder Geruch. In dem Sinn, in dem es immer eine Antwort auf die Frage geben muß, ›Wo ist?‹ oder ›Wo war das Rotkehlchen?‹, gibt es keine Antwort auf die Frage: ›Wo ist?‹ oder ›Wo war dein (von dir erhaschter) Anblick des Rotkehlchens?‹ Es gibt tatsächlich einen Sinn, in dem man völlig richtig sagen kann, daß ein Kitzel ›in meinem Fuß‹ oder ein Brennen ›in meiner Nase‹ ist. Das ist aber ein anderer Sinn als der, in dem Knochen in meinem Fuß sind oder Pfefferkörner in meiner Nase. In dem verworrenen Sinn von ›Welt‹ also, in dem man sagt, daß die ›Außenwelt‹ oder die öffentliche ›Welt‹ Rotkehlchen und Käse enthält, deren Aufenthaltsorte und Beziehungen in dieser Welt ermittelt werden können, gibt es nicht noch eine andere Welt oder Gruppe von Welten, in der die Aufenthaltsorte und Beziehungen von Empfindungen ermittelt werden können; ebensowenig besteht daher das vermeintliche Problem, wie man feststellen könnte, welche Beziehungen zwischen den Bewohnern der öffentlichen Welt und denen einer solchen privaten Welt bestehen könnten. Während außerdem ein gemeinsamer Gegenstand, wie z. B. eine Nadel, innerhalb oder außerhalb eines andern, wie z. B. eines Heuhaufens, sein kann, gibt es keinen entsprechenden Gegensatz von ›innerhalb‹ und ›außerhalb‹, der auf Empfindungen zuträfe. Mein Zwacken ist nicht vor dem Schuster verborgen, weil es innerhalb von mir ist, vielleicht wörtlich innerhalb meiner Haut oder vielleicht metaphorisch an einem Ort, zu dem er keinen Zugang hat. Im Gegenteil, es kann überhaupt nicht so wie eine Nadel als innerhalb oder außerhalb eines öffentlichen Gegenstands, wie ich selbst es bin, beschrieben werden, noch als verborgen oder unverborgen. Ebensowenig können Buchstaben als Hauptwörter oder Zeitwörter oder Eigenschaftswörter klassifiziert werden, und man kann von ihnen nicht sagen, daß sie den Regeln der deutschen Syntax gehorchen oder nicht gehorchen. Es ist natürlich wahr und wichtig, daß ich die einzige Person bin, die einen Bericht erster Hand von dem Zwacken geben kann, das mir mein zu enger Schuh verursacht, und daß ein Optiker, der meine Sprache nicht versteht, ohne seine beste Quelle der Information über meine Gesichtsempfindungen ist. Aber die Tatsache, daß ich allein Berichte erster Hand über meine Empfindungen abgeben kann, bedeutet nicht, daß ich das habe, was andern fehlt, nämlich die Gelegenheit, diese Empfindungen zu beobachten.

In diesem Zusammenhang müssen zwei weitere Feststellungen gemacht werden. Es gibt erstens einen vom philosophischen Gesichtspunkt nicht aufregenden, wenn auch wichtigen Sinn von ›privat‹, in dem meine Empfindungen selbstverständlich privat und mein Eigentum sind. Nämlich so, wie es logisch unmöglich ist, daß der andere meine Tore schießt, meinen Wettlauf gewinnt, meine Mahlzeiten ißt, meine Stirne runzelt, meine Träume träumt, so ist es auch unmöglich, daß er mein Zwacken hat oder meine Nachbilder. Ebensowenig kann Venus die Satelliten des Saturn haben oder Polen die Geschichte Bulgariens. Das gehört einfach zum logischen Gehalt jener Sätze, in denen das Objekt eines transitiven Zeitworts ein inneres Objekt ist. Solche transitiven Zeitwörter bezeichnen keine Beziehungen. ›Ich schoß mein Tor‹ stellt nicht zwischen mir und meinem Torschuß eine Beziehung fest, die ebensogut zwischen diesem Torschuß und jemand anders als mir hätte bestehen können. Es ist nicht wie ›Ich hielt mein Fahrrad an‹; ein anderer hätte mir beim Anhalten meines Fahrrads durchaus zuvorkommen können.

Dazu kommt noch, daß ich mit der Behauptung ›Ich hatte ein Reißen‹ nicht eine Beziehung aufstelle, so wie mit ›Ich hatte einen Hut‹. Damit will ich sagen, daß der Ausdruck ›mein Reißen‹ nicht eine Art *Ding* oder *Gegenstand* bezeichnet. Er bezeichnet nicht einmal einen Vorfall, obgleich ›Ich hatte ein Reißen‹ behauptet, ein Vorfall habe stattgefunden. Das ist zum Teil der Grund, warum es unsinnig ist, vom Beobachten, Besichtigen, Bezeugen oder Mustern von Empfindungen zu reden, da die zu diesen Zeitwörtern gehörigen Objekte Dinge und Vorfälle sind.

Und doch sind wir beim Nachdenken über Empfindungen sehr stark versucht, von ihnen so zu reden, als seien sie uns entweichende Dinge oder Vorfälle. Wir gehen unabsichtlich nach solchen Modellen vor wie dem, daß jemand allein in seinem Zelt steht und Lichtpunkte und -flecken sieht und Einbeulungen auf der Innenseite der Zeltleinwand fühlt. Er wünscht sich dann vielleicht, er könnte die Taschenlampen und die Schuhe sehen und fühlen, die diese Lichtflecken und diese Einbeulungen hervorgebracht haben. Aber leider kann er nie diese Taschenlampen sehen, nie diese Schuhe fühlen, da die Zeltleinwand immer im Weg ist. Nun ist aber eine angeleuchtete und eingebeulte Zeltleinwand ein Ding; und die vorübergehenden Beleuchtungen und Einbeulungen der Leinwand sind Vorfälle. Sie sind also Gegenstände jener Art, von denen man mit Recht sagt, sie würden von einem in seinem Zelt befindlichen Mann beobachtet, gemustert und entdeckt; und es ist auch durchaus passend, von ihnen zu sagen, sie seien da, aber unbeobachtet und unentdeckt. Außerdem könnte ein Mann, der eine beleuchtete oder eingebeulte Leinwand beobachten und entdecken kann, auch Taschenlampen und Schuhe beobachten, wenn sie eben nicht von der Leinwand verdeckt wären. Die Lage eines Mannes, der Empfindungen hat, ist daher nicht mit der des Mannes im Zelt zu vergleichen. Empfindungen haben heißt nicht: Gegenstände beobachten oder entdecken; und Dinge und Vorfälle beobachten und entdecken heißt nicht: sie haben, in dem Sinn, in dem man Empfindungen hat.

3. Die Theorie von den Sinnesdaten

Dies ist der Ort, eine Theorie zu besprechen, die manchmal die ›Theorie von den Sinnesdaten‹ genannt wird. Diese Theorie ist in erster Linie ein Versuch, die Begriffe der sinnlichen

Wahrnehmung aufzuklären, eine Aufgabe, die zum Teil in der Aufklärung der Begriffe der Gesichts-, Gehörs-, Geruchs-, Geschmacks- und Tastempfindungen besteht.

Unsere alltäglichen Zeitwörter wie ›sehen‹, ›hören‹ und ›schmecken‹ werden nicht zur Bezeichnung von ›reinen‹ oder ›unvermischten‹ Empfindungen verwendet, denn wir reden vom Sehen von Pferderennen, Hören von Zügen und Schmecken von guten Weinen; und Pferderennen, Züge und Weine sind keine Empfindungen. Pferderennen hören nicht auf, wenn ich meine Augen schließe, und gute Weine werden nicht vernichtet, wenn ich Schnupfen habe. Wir brauchen daher anscheinend Sprechweisen, um über das zu reden, was aufhört, wenn ich meine Augen schließe, und was vernichtet wird, wenn ich verschnupft bin, Sprechweisen also, die von der Erwähnung gewöhnlicher Ereignisse und Flüssigkeiten unabhängig sein sollen. Eine anschließend passende Gruppe von Hauptwörtern ist zur Hand, da es durchaus mit unserem Sprachgebrauch übereinstimmt zu sagen, daß meine Schau des Rennens unterbrochen wird, wenn ich meine Augen schließe, daß der Anblick oder die Erscheinung der Pferde sich ändert, wenn meine Tränen fließen, daß der Geschmack des Weines durch Schnupfen ausgelöscht wird, und daß das Zuggeräusch gedämpft wird, wenn ich meine Ohren zuhalte. Wir können, so heißt es, über ›reine‹ Empfindungen reden, wenn wir über ›Aussehen‹, ›Erscheinung‹, ›Klang‹, ›Geschmack‹, ›Duft‹, ›Prickeln‹ usw. reden. Es heißt auch, daß wir solche Sprechweisen annehmen müssen, um jene Beiträge zur Beobachtung gewöhnlicher Dinge, die von Empfindungen geleistet werden, von jenen unterscheiden zu können, die von der Erziehung, der Schlußfolgerung, dem Gedächtnis, der Mutmaßung, der Gewohnheit, der Vorstellung und der Assoziation geleistet werden.

Nach der Theorie kann man also sagen, eine visuelle Empfindung zu haben bestehe darin, einen momentanen Anblick oder eine visuelle Erscheinung von etwas zu bekommen, und eine Geruchsempfindung zu haben darin, den momentanen Duft von etwas zu bekommen. Aber was bedeutet: einen momentanen Anblick oder einen momentanen Duft bekommen? Und welcher Art ist der Anblick oder der Duft, den man bekommt? Erstens ist der Anblick eines Pferderennens nicht ein sportliches Ereignis auf einem Rennplatz. So wie jedermann Zeuge eines Pferderennens sein kann, kann nicht jedermann Zeuge des momentanen Anblicks sein, den ich vom Rennen bekomme. Ein andrer kann nicht den Anblick bekommen, den ich bekomme, genausowenig wie er das Zwicken spüren kann, das ich spüre. Ein Sinnesdatum, also ein momentaner Anblick, Duft, Prickeln oder Klingen ist Eigentum eines einzigen Wahrnehmenden. Weiter wird der Blick auf ein Pferderennen (den wir erhaschen) als kurzlebiges Flickwerk von Farbflecken in jemandes Gesichtsfeld beschrieben. Das muß aber durch die Erklärung eingeschränkt werden, daß es nur in einem bestimmten Sinn eine Kombination von Farbflecken ist. Wenn man von Kombinationen von Farbflecken redet, bezieht man sich normalerweise auf gewöhnliche Gegenstände von jedermanns Beobachtung, wie z. B. Steppdecken, Gobelins, Ölgemälde, Kulissen und wetterverfärbten Verputz, das heißt also, auf die mehr oder weniger ebenen Oberflächen von Dingen vor unseren Augen. Aber die visuelle Erscheinung von Dingen oder der Anblick, welche als Farbflecken beschrieben werden, die vorübergehend bestimmte Gesichtsfelder einnehmen, dürfen nicht als die Oberflächen gewöhnlicher flacher Dinge angesehen werden; sie sind einfach Flecken von Farbigkeit, nicht Flecken farbigen Verputzes oder farbiger Leinwand. Sie füllen den privaten visuellen Raum ihres Eigentümers, wenn er auch natürlich dauernd der Versuchung ausgesetzt ist, sie irgendwie den Oberflächen öffentlicher Dinge im gewöhnlichen Raum wiedereinzuverleiben.

Schließlich wäre noch zu sagen, daß die Vertreter der Theorie von den Sinnesdaten zwar darin übereinstimmen, daß das Aussehen, Riechen und Prickeln, welches ich bekomme, allen andern unzugänglich ist, aber nicht darin, daß daraus folgt, es sei psychischer Natur oder ›in meinem Geiste‹. Es scheint seinen Ursprung den physikalischen und physiologischen, aber nicht notwendigerweise auch den psychologischen Zuständen seines Empfängers zu verdanken.

Nachdem sie also, wie sie glauben, gezeigt haben, daß es solch kurzlebige und private Gegenstände wie Anblicke, Duftwölkchen, Klänge und so weiter gibt, gehen die Vertreter dieser Theorie sodann an die Frage heran: ›Worin besteht nun der Umstand, daß ihr Empfänger sie hat oder bekommt?‹ Und ihre Antwort auf diese Frage ist einfach. Nach einigen Fassungen dieser Theorie soll er sie wahrnehmen oder beobachten, und zwar in einer Bedeutung von ›wahrnehmen‹ und ›beobachten‹, in der man sinnvoll sagen kann, er sehe Farbflecken, höre Klänge, rieche Duftwölkchen, schmecke einen Geschmack und fühle Kitzel. Ja, die Behauptung, daß Leute nicht wirklich Pferderennen sehen oder Weine schmekken, wird oft nicht nur als zulässig, sondern geradezu als aufschlußreich hingestellt; sie sehen wirklich nur Farbflecke und schmecken nur Geschmäcker; oder es wird als ein Zugeständnis an gewöhnliche Sprachgepflogenheiten eingeräumt, daß es tatsächlich eine volkstümliche Bedeutung von ›sehen‹ und ›schmecken‹ gibt, nach der es zulässig ist zu sagen, man sehe ein Rennen oder schmecke einen Wein, aber daß wir diese Zeitwörter für theoretische Zwecke in einer anderen und verfeinerten Bedeutung verwenden, und also stattdessen sagen sollten, wir sähen Farbflecke und schmeckten einen Geschmack.

In jüngster Zeit ist es aber Mode geworden, eine neue Gruppe von Zeitwörtern zu verwenden. Einige Vertreter der Theorie ziehen es nun vor zu sagen, wir hätten die Intuition von Farbflecken, würden die Gerüche direkt gewahr, hätten unmittelbare Bekanntschaft mit Geräuschen, stünden in direkten Erkenntnisbeziehungen zu Kitzeln, oder allgemein gesprochen, wir empfänden Sinnesdaten. Was bedeuten nun diese imposanten Redewendungen wirklich? Ihre tatsächliche Funktion ist folgende. Manche Zeitwörter wie z. B.

›raten‹, ›entdecken‹, ›folgern‹, ›wissen‹, ›glauben‹ und ›zweifeln‹ werden nur mit solchen Ergänzungen verwendet wie z. B. ›... daß morgen Sonntag ist‹, oder ›... ob das rote Tinte ist‹. Andere Zeitwörter dagegen, wie z. B. ›begucken‹, ›belauschen‹, ›beobachten‹, ›erspähen‹ und ›begegnen‹, haben als zulässige Ergänzungen Ausdrücke wie ›... dieses Rotkehlchen‹, ›... den Trommelwirbel‹ und ›... Meier‹. Die Sinnesdatentheorie, nach welcher Anblicke, Klänge usw. besondere Gegenstände oder Ereignisse sind, muß daher Erkenntniszeitwörter der zweiten Art verwenden, um solche Verben wie ›bekommen‹ und ›haben‹ in Ausdrücken wie z. B. ›einen Blick bekommen‹ oder ›einen Kitzel haben‹ zu interpretieren. Sie hat den gewöhnlichen logischen Gehalt von Zeitwörtern wie ›beobachten‹, ›mustern‹ und ›kosten‹ für ihre feierlichen Zeitwörter ›Anschauung haben‹, ›erkennen‹ und ›empfinden‹ ausgeborgt[1]. Der Unterschied besteht darin, daß Laien davon sprechen, ein Rotkehlchen zu beobachten und eine Seite der »Times« zu überfliegen, während diese Theorie davon spricht, Farbflecken zu intuieren und direkte Erkenntnis von Gerüchen zu haben.

Man behauptet nicht, daß diese Erklärung dessen, was es heißt, z. B. visuelle Empfindungen zu haben – nämlich, daß es darin besteht, eine private Kombination von Farben zu intuieren oder zu erspähen –, allein das gesamte Problem unserer Erkenntnis gewöhnlicher Dinge löst. Man streitet noch über die Zusammenhänge, die zwischen Pferderennen, die wir nicht ›strenggenommen‹ oder ›unmittelbar‹ sehen, und ihrem Anblick bestehen, den wir ›strenggenommen‹ oder ›unmittelbar‹ sehen, der aber nicht auf Rennplätzen ist. Aber die Anhänger der Theorie hoffen, daß ihre Erläuterung dessen, was Sinnesempfindung wirklich ist, zu einer

1. Ryle nennt die Verben ›feierlich‹ und ›imposant‹ (›solemnized‹), weil sie künstliche Wörter sind (to intuit, to cognize, to sense). Im folgenden wird versucht, diese im Deutschen nachzuahmen. [Anm. des Übersetzers.]

Erläuterung dessen führen wird, was die Beobachtung eines Pferderennens wirklich ist.

Im besonderen wird behauptet, die Theorie löse Paradoxe in der Beschreibung von Sinnestäuschungen. Wenn der Schielende berichtet, er sehe zwei Kerzen, wo nur eine ist, und wenn der Trunksüchtige sagt, er sehe weiße Mäuse, wo keine sind, so können ihre Aussagen jetzt in die neue Sprache übersetzt werden. Von dem Schielenden können wir nun sagen, er sehe wirklich zwei ›Kerzenerscheinungen‹, und der Trunksüchtige sehe wirklich ›Weiße-Mäuse-Erscheinungen‹. Ihr einziger Irrtum, wenn sie überhaupt irren, liegt in ihrer Annahme, es existierten auch noch zwei körperliche Kerzen oder körperliche weiße Mäuse. Ferner, wenn jemand, dem ein kreisförmiger vorwärtsgekippter Teller vorgehalten wird, sagt, er sähe einen elliptischen Gegenstand, so befindet er sich im Irrtum, wenn er meint, die Küche enthielte ein elliptisches Stück Geschirr, aber er hat völlig Recht mit der Behauptung, er finde etwas elliptisch; denn es gibt wirklich in seinem Blickfeld einen elliptischen weißen Flecken, und er gewahrt oder ›intuiert‹ ihn wirklich dort. Der Schluß aus dem, was er in seinem Blickfeld findet, auf das, was in der Küche existiert, ist immer gewagt und in diesem Falle falsch. Aber was er in seinem Blickfeld findet, das ist wirklich dort und ist wirklich elliptisch.

Ich werde zu beweisen versuchen, daß diese ganze Theorie auf einem logischen Schnitzer beruht, nämlich der Angleichung des Begriffs der Empfindung an den Begriff der Beobachtung; und ich werde zu zeigen versuchen, daß diese Angleichung sowohl aus dem Empfindungs- als auch dem Beobachtungsbegriff Unsinn macht. Die Theorie besagt, daß jemand, wenn er z. B. beim Erhaschen eines Blicks auf ein Pferderennen eine visuelle Empfindung hat, sein Haben dieser Empfindung eben darin besteht, daß er einen Sinneseindruck erkennt oder intuiert, nämlich eine Kombination von Farben. Das heißt, daß das Haben eines Blicks auf ein Pferderennen in Begriffen des Habens eines Blicks auf etwas anderes erklärt wird, nämlich einer Farbenkombination. Wenn aber das Haben eines Blicks auf ein Pferderennen das Haben mindestens einer Empfindung impliziert, muß das Haben eines Blicks auf Farbflecken auch das Haben mindestens einer passenden Empfindung in sich schließen, die wiederum in das Empfinden eines noch früheren Sinnesdatums analysiert werden muß, usw. ad infinitum. Eine Empfindung haben wird immer wieder als eine Art Erspähen eines seltsamen Etwas ausgelegt, welches manchmal würdevoll ›ein sensibles Objekt‹ geheißen wird, und dieses Erspähen muß immer wieder das Haben einer Empfindung in sich schließen. Die Verwendung Ehrfurcht einjagender Wörter wie ›Intuition‹ befreit uns keineswegs von der Verpflichtung zu sagen, daß jemand sinnlich affiziert werden muß, wenn er etwas erkennen, bei etwas zuschauen oder zuhören, auf etwas hinsehen oder etwas kosten soll; und sinnlich affiziert werden heißt: mindestens eine Empfindung haben. Ob wir also, wie wir gewöhnlich denken, Pferderennen sehen oder ob wir, wie wir zu denken angehalten werden, Farbflecken intuieren, das Erspähen dessen, was wir erspähen, was immer es auch sein mag, erfordert, daß wir mindestens eine Empfindung haben. Und Empfindungen haben ist nicht schon an und für sich Erspähen, genausowenig wie Ziegelsteine Häuser sind oder Buchstaben Wörter.

Wie früher gezeigt wurde, besteht ein wichtiger logischer Zusammenhang zwischen dem Begriff der Empfindung und dem der Beobachtung oder Wahrnehmung, ein Zusammenhang, der allein schon impliziert, daß sie Begriffe verschiedener Art sind. Es ist ein Widerspruch zu sagen, daß jemand bei etwas zuschaut oder darauf starrt, aber nicht einmal einen Anblick davon erhascht; oder zu sagen, daß jemand jemandem zuhört, aber keine Gehörsempfindungen bekommt. Mindestens eine Empfindung haben gehört zum logischen Gehalt von ›Wahrnehmen‹, ›Zuhören‹, ›Schmecken‹ und den übrigen. Es folgt, daß eine Empfindung haben nicht selbst eine Art Wahrnehmen, Erkennen oder Erspähen sein kann.

Sind alle Kleider Verkettungen von Stichen, so ist die Behauptung absurd, daß alle Stiche selbst wieder nur winzig kleine Kleider sind.

Es ist schon früher in diesem Kapitel bemerkt worden, daß mehrere hervorstechende Unterschiede zwischen den Begriffen der Empfindung und der Beobachtung, Musterung, Untersuchung usw. sich dadurch zeigen, daß die verschiedenen Dinge nicht mit denselben Beiwörtern beschrieben werden können. So können wir wohl von den Motiven sprechen, aus denen jemand zuhört, aber nicht von den Motiven, aus denen er eine Gehörsempfindung hat; er kann im Ausspähen Fertigkeit, Geduld und Methodik an den Tag legen, aber nicht im Haben von Sehempfindungen. Umgekehrt kann ein Kitzel und ein Aroma verhältnismäßig stark sein, aber Besichtigungen und Entdeckungen können nicht so gekennzeichnet werden. Man kann sinnvoll davon reden, daß einer davon Abstand nimmt, dem Rennen zuzusehen, oder aufhört, das Krokodil zu beobachten, aber es ist Unsinn zu sagen, jemand nehme davon Abstand, einen Schmerz zu empfinden, oder er breche das Prickeln in der Nase ab. Wenn das Haben eines Prickelns das Betrachten eines besonderen Objekts wäre, wie es die Theorie behauptet, dann ist nicht klar, warum dieses oder jedes beliebige andere Ungemach nicht einfach durch Abbruch seines Betrachtens aus der Welt geschafft werden kann.

Eine Empfindung ist also nicht ein Wahrnehmen, Beobachten oder Erkennen; sie ist nicht ein Aufdecken, Mustern oder Besichtigen; sie ist nicht ein Gewahren, Intuieren, Kognoszieren oder Wissen. Eine Empfindung haben heißt nicht: in einer Erkenntnisbeziehung zu einem sensiblen Gegenstand stehen. Es gibt keine solchen Gegenstände. Es gibt auch nicht solche Beziehungen. Wie früher gezeigt wurde, ist nicht nur die Behauptung falsch, Empfindungen könnten Gegenstände der Beobachtung sein; es ist auch falsch, daß sie selbst Beobachtungen von Gegenständen sind.

Ein Verfechter der Sinnesdatentheorie könnte vielleicht

zugeben, daß jemand, um von sich sagen zu können, er horche auf einen Zug, zumindest einen Laut aufgefangen und daher mindestens eine Gehörsempfindung gehabt haben müsse, und er könnte dennoch abstreiten, er habe mit diesem Zugeständnis seinen Fuß notwendigerweise auf die angedeutete schiefe Ebene gesetzt; er braucht nicht zuzugeben, daß er, soll er von sich sagen können, er höre einen Ton, er bei seinem Empfinden jenes Sinnesdatums noch eine weitere vorangehende Empfindung haben müsse. ›Eine Empfindung haben‹ sei bloß eine naive Art, die einfache Intuition eines besonderen sensiblen Objekts zu berichten, und zu sagen, daß jemand ein solches Objekt ›intuiert‹, impliziert nicht, daß er in irgendeiner Weise sinnlich affiziert ist. Er könne ein engelsgleicher und unempfindlicher Betrachter von Tönen und Farbflecken sein, und diese mögen von jedem beliebigen Grad der Intensität sein, ohne daß irgend etwas in ihm als mehr oder weniger stark beschrieben zu werden verdiente. Er könne Kitzeln begegnen, ohne selbst gekitzelt zu werden, und die Arten, in denen er mit Gerüchen oder Schmerzen bekannt wird, brauchen nicht zu implizieren, daß er in irgendeiner anderen Weise empfindlich ist als der, daß er der einfachen Entdeckung oder Besichtigung dieser Dinge mächtig ist.

Eine solche Verteidigung bedeutet im wesentlichen eine Erklärung des Habens von Empfindungen als eines *Nicht*habens von Empfindungen. Sie vermeidet den behaupteten Regreß durch den heroischen Einfall, die Empfindung von Sinnesdaten sei ein Erkenntnisvorgang, der nicht verlangt, daß sein Eigentümer als reizempfänglich oder als mehr oder minder empfindlich zu beschreiben ist. Indem sie Empfindung als die einfache Beobachtung von besonderen Objekten auslegt, läßt sie zuerst gerade den Begriff unter den Tisch fallen, den sie zu erklären vorgab, und macht in ihrem zweiten Schritt aus dem Begriff der Beobachtung selbst Unsinn, da dieser Begriff den Begriff von Empfindungen voraussetzt, die nicht selbst wieder Beobachtungen sind.

Mit einem anderen Argument kann die Theorie der Sinnesdaten so verteidigt werden: Man könnte sagen, gleichgültig welche logischen Regeln die Begriffe der Empfindung und Beobachtung regieren, bleibe es eine unumstößliche Tatsache, daß mir beim Sehen direkt eine Kombination von Farben dargeboten ist, die mein Blickfeld auf kurze Zeit ausfüllen, daß mir beim Hören direkt Geräusche dargeboten sind, beim Riechen Gerüche, und so weiter. Daß Sinnesdaten empfunden werden, sei außer Frage und von jeder Theorie unabhängig. Zweidimensionale Farbflecke sehe ich im strengsten Sinn des Wortes ›sehen‹; und sie sind nicht Pferde und Jockeys, sondern bestenfalls der Anblick oder die visuelle Erscheinung von Pferden und Jockeys. Wenn nicht zwei Kerzen existieren, dann sehe der Schielende nicht wirklich zwei Kerzen, er sehe aber sicherlich zwei helle Etwas, und die können nichts anderes sein als zwei private ›Kerzenerscheinungen‹ oder Sinnesdaten. Die Theorie der Sinnesdaten erfinde keine Scheinwesen, sie lenke bloß unsere Aufmerksamkeit auf die unmittelbaren Sinnesobjekte, die wir infolge unserer gewöhnlichen Voreingenommenheit für die gewöhnlichen Dinge des Alltags gewohnheitsmäßig aus unseren Gesprächen verdrängen. Wenn logische Erwägungen zu verlangen scheinen, daß eine Empfindung haben nicht von derselben Art ist wie Habichte erspähen oder bei Pferderennen zuschauen, dann mache das diese Erwägung nur um so zweifelhafter, da eine visuelle Empfindung haben sicherlich ein nicht abgeleitetes Erkennen eines besonderen sensiblen Objekts ist.

Untersuchen wir also den vielerörterten Fall, daß jemand auf einen runden, von ihm weggekippten Teller blickt, den er deshalb als elliptisch aussehend bezeichnen kann; und sehen wir, was uns dazu zwingt, falls uns wirklich etwas zwingt zu sagen, daß er ein Etwas erblickt, das wirklich elliptisch ist. Es herrscht allgemeine Übereinstimmung, daß der Teller nicht elliptisch, sondern rund ist, und vorläufig wollen wir zugeben, daß der Zuschauer wahrheitsgetreu berichtet, der Teller sehe elliptisch aus (obwohl runde Teller, gleichgültig wie sehr sie auch gekippt werden, gewöhnlich nicht elliptisch aussehen). Die Frage ist nun, ob das Wahrsein seines Berichts, daß der Teller elliptisch aussieht, impliziert, daß er wirklich einen Gegenstand der Sinne erspäht oder betrachtet, der elliptisch ist, etwas, das, da es ja nicht der Teller selbst ist, darauf Anspruch erheben kann, ›der Anblick‹ oder ›eine visuelle Erscheinung des Tellers‹ genannt zu werden. Wir wollen auch noch zugeben, daß dann, wenn wir sagen müssen, es sei ihm ein Gegenstand der Sinne begegnet, der wirklich elliptisch und eine visuelle Erscheinung des Tellers ist, dieses elliptische Objekt ein zweidimensionaler Farbfleck von kurzer Existenzdauer und Privateigentum eines einzigen Wahrnehmers ist, d. h. also, daß es ein Sinnesdatum ist und daß es daher Sinnesdaten gibt.

Es ist nun so, daß jemand, der keine Theorien hat, gar keine Bedenken gegen die Aussage verspürt, der Teller könnte elliptisch aussehen. Noch würde er irgendwelche Bedenken gegen die Behauptung hegen, der runde Teller sähe so aus, als sei er elliptisch. Aber er würde gegen den Vorschlag Bedenken erheben, er solle sagen, er sehe das elliptische Aussehen[1] eines runden Tellers. Obwohl er in gewissen Zusammenhängen ganz ohne Hemmungen vom Aussehen von Dingen spricht, und in andern Zusammenhängen ohne Zögern davon redet, daß er Dinge sieht, so sagt er gewöhnlich nicht, er sehe oder mustere das Aussehen von Dingen, starre auf Ansichten von Pferderennen, blicke auf Blicke von Habichten oder erblicke die visuellen Erscheinungen von Baumwipfeln. Er hätte das Gefühl, daß er, wenn er seine Zutaten auf diese Weise vermischte, dieselbe Art von Unsinn spräche, wie wenn zuerst vom Zigarettenrauchen die Rede wäre, und dann davon, daß er an seiner Zigarette lange Züge nehme, und er schließlich dazu überginge, vom Rauchen dieser langen Züge zu reden. Und er hätte völlig recht. Er kann nicht sinnvoll sagen, er rauche die Züge und

1. ›Anblick‹ und ›Aussehen‹ stehen für engl. ›look‹.

nicht die Zigaretten, da ›Zug‹ schon ein Hauptwort für rauchen ist, und er kann nicht sinnvoll sagen, er sehe das Aussehen des Tellers und nicht den Teller, weil ›Aussehen‹ schon ein Hauptwort zu sehen ist.

Wenn jemand sagt, daß der schräggestellte Teller ein elliptisches Aussehen hat oder so aussieht, als sei er elliptisch, so meint er, daß er so aussieht wie ein elliptischer, nicht schräggestellter Teller aussehen würde. Schräggestellte runde Dinge sehen manchmal fast oder genauso aus wie nicht schräggestellte elliptische; gerade Stöcke, die halb ins Wasser getaucht sind, sehen manchmal fast so aus wie nicht eingetauchte geknickte Stöcke; dreidimensionale ferne Berge sehen manchmal so ähnlich aus wie zweidimensionale Wandgemälde dicht vor unseren Augen. Wenn man sagt, der Teller sehe elliptisch aus, kennzeichnet man nicht einen weiteren Gegenstand, nämlich ›ein Aussehen‹, als elliptisch, man behauptet eine Ähnlichkeit zwischen dem, wie der schräggestellte runde Teller tatsächlich aussieht, und dem, wie nicht schräggestellte elliptische Teller tatsächlich aussehen oder aussehen würden. Man sagt nicht: ›Ich sehe einen flachen elliptischen Fleck von Weiß‹, sondern: ›Vielleicht sehe ich ein elliptisches und nicht schräggestelltes Stück weißes Porzellan.‹ Wir können sagen, daß das nähere Flugzeug schneller aussieht als das weiter entfernte, aber wir können nicht sagen, es habe ›ein schnelleres Aussehen‹. ›Sieht schneller aus‹ heißt ›sieht aus, als flöge es schneller‹. Über die anscheinenden Geschwindigkeiten von Flugzeugen reden heißt nicht: über die Geschwindigkeiten der Erscheinungen von Flugzeugen reden.

Mit anderen Worten, der grammatisch einfache Satz ›Der Teller hat ein elliptisches Aussehen‹ drückt nicht, wie die Theorie annimmt, eine jener grundlegenden relationalen Wahrheiten aus, die in der Theorie so verehrt und im Leben so selten angewendet werden. Er drückt vielmehr eine ziemlich komplizierte Aussage aus, von der ein Teil sowohl allgemein wie auch hypothetisch ist. Er wendet auf das tatsächliche Aussehen des Tellers eine Regel oder ein Rezept für das typische Aussehen nicht schräggestellter elliptischer Teller an, gleichgültig ob solche Stücke Porzellan existieren oder nicht. Der Satz ist ein mischkategorisches Urteil, wie ich das in einem früheren Kapitel genannt habe. Er ist der Aussage ähnlich, daß jemand wohlüberlegt handelt oder wie ein Pädagoge spricht. Der Schielende, der weiß, daß er schielt, und der berichtet, daß es genauso aussieht, als ob zwei Kerzen auf dem Tisch seien, oder daß das Gesehene zwei Kerzen sein könnten, beschreibt, wie die eine Kerze aussieht, indem er sich darauf bezieht, wie nichtschielenden Beschauern Kerzenpaare gewöhnlich erscheinen; und wenn er nicht weiß, daß er schielt, und sagt, er sehe zwei Kerzen auf dem Tisch, dann wendet er in diesem Fall genau dasselbe allgemeine Rezept an, aber falsch. Die Ausdrücke ›es sieht ... aus‹, ›es sieht aus, als ob ...‹, ›es hat das Aussehen von ...‹, ›das Gesehene könnte ... sein‹ und viele andere derselben Familie haben die Funktion einer offenen hypothetischen Vorschrift gewisser Art, die auf einen vorliegenden Fall angewendet wird. Wenn wir von jemandem sagen, er habe ein pendantisches Aussehen, so wollen wir damit nicht sagen, daß es zwei Arten pendantischer Wesen gibt, nämlich Menschen und Erscheinungen von Menschen. Wir wollen damit sagen, daß er so aussieht, wie viele Pedanten aussehen. Ebensowenig gibt es zwei Arten elliptischer Gegenstände, nämlich Schüsseln und Aussehen davon; es gibt nur Schüsseln, die elliptisch sind und andere, die aussehen, als seien sie elliptisch.

Im täglichen Leben sind wir oft durchaus bereit, in gewisser Weise von Farbflecken und -klecksen zu reden. Eine Hausfrau wird vielleicht auf die Idee kommen, ihr Wohnzimmer brauche ein bißchen Rot, ohne zu sagen, ob es rotes Papier, rote Blumen, rote Decken oder rote Vorhänge sein sollen. Sie wird dann vielleicht ihren Mann bitten, ›etwas Rotes‹ zu kaufen, und es ihm überlassen, das unbestimmte ›Etwas‹ durch ›Geranien‹, ›Ölfarbe‹, ›Plüsch‹ oder etwas anderes zu ersetzen, was ihren Erfordernissen genügt. Ähnlich mag einer, der durch eine Öffnung in einer Hecke späht, sagen, er sehe eine Fläche von gelbem ..., aber nicht imstande sein, näher anzugeben, ob das, was er sieht, gelbe Narzissen, gelber Löwenzahn, gelbe Leinwand oder irgendein gewöhnliches Ding anderer Art sei. Um seinen Satz zu beenden, könnte er nur sagen: ›Ich sah etwas Gelbes.‹

Im Gegensatz zu dieser normalen Verwendung von Ausdrücken der Unbestimmtheit wie z. B. ›eine Fläche von etwas Gelbem‹ oder ›ein bißchen Rot‹ befürwortet die Sinnesdatentheorie eine andere Sprechweise, nach der wir sagen sollen ›ich sehe einen Fleck Weiß‹ (und nicht ›ich sehe einen weißen Fleck‹ oder ›ich sehe etwas Weißes‹) oder ›er erblickte eine zweidimensionale elliptische Fläche Blau‹ (und nicht ›ein flach und elliptisch aussehendes blaues *Etwas*‹).

Ich leugne nun, daß eine visuelle Empfindung eine Art Beobachtung ist, die als das Empfinden oder die Intuition von Farbflecken beschrieben werden kann. Jedoch leugne ich nicht, daß eine Frau ihren Mann bitten kann, ihr etwas Grünes zu kaufen, oder daß ein Fußgänger durch ein Loch im Zaun eine Fläche eines gelben Etwas sehen könne. Die Theorie der Sinnesdaten hat versucht, einen ätherischen Saft aus diesen gewöhnlichen unbestimmten Beschreibungen gemeiner Gegenstände zu pressen; hat versucht, so zu reden, als hätte sie Dinge einer neuen Art entdeckt, wo sie bloß eine Reihe wohlbekannter Aussagen mißdeutet hat, die erwähnen, wie nicht näher gekennzeichnete gewöhnliche Dinge aussehen.

Über Aussehen, Klang und Geruch zu reden, über Flächen, Formen und Farben, ist, genauso wie über Perspektive, Dunst, Brennpunkt und Zwielicht zu reden, eine Art, über gewöhnliche Dinge zu reden, da es in der Anwendung von Wahrnehmungsrezepten, die für die typischen Erscheinungen gewöhnlicher Gegenstände erlernt wurden, auf das besteht, was man gerade zu erkennen versucht. Die Behauptung, daß jemand einen Blick erhascht oder einen Ton gehört hat, ist schon mehr als die nackte Beschreibung der visuellen und auditiven Empfindungen, denn sie ist schon eine Einordnung dessen, womit er gerade befaßt ist, unter ziemlich allgemeine Wahrnehmungsrezepte.

Dieser Punkt kann unter Bezugnahme auf die wohlbekannte Lehre von den sekundären Qualitäten erhellt werden. Wenn ein gewöhnlicher Gegenstand, so wurde halbrichtig bemerkt, als grün, bitter, kalt, beißend oder schrill beschrieben wird, so heißt das, daß das Objekt einem empfindungsfähigen Beobachter so vorkommt, als sähe es so und so aus, schmeckte so und so, fühlte sich so und so an und röche oder klänge so und so; es wurde auch richtig bemerkt, daß Umstände, die auf sein Empfindungsvermögen einwirken, darauf Einfluß haben, wonach die Dinge ihm aussehen, schmekken, klingen oder sich anfühlen. Wie laut ein Zug klingt, hängt zum Teil von der Entfernung des Beobachters vom Zuge ab, vom Grad seiner Schwerhörigkeit, von der Richtung, in die sein Kopf gedreht ist, ob seine Ohren bedeckt sind und so weiter. Ob sich Wasser einer gewissen Thermometertemperatur kalt oder lau anfühlt, hängt von der vorherigen Thermometertemperatur seiner Hände ab. Von solchen Tatsachen machte man den theoretischen Sprung zu der Lehre, daß die Aussage, ein Ding sei grün, etwas über die Sehempfindungen des bestimmten Berichterstatters aussage, der berichtet, es sei grün. Man nahm an, ›grün‹, ›bitter‹, ›kalt‹ und so weiter seien Eigenschaftswörter, die rechtmäßig auf Empfindungen und nur unrechtmäßig auf gewöhnliche Gegenstände angewendet werden. Aber da es offensichtlich absurd ist zu sagen, eine Empfindung sei ein grünes, ein elliptisches oder ein kaltes Ding, schien es notwendig, den Empfindungen ihre eigenen, ihnen eigentümlichen Objekte zuzuweisen, damit ›grün‹ angemessenerweise nicht auf das Haben von Empfindungen, sondern auf ein eigentümliches Objekt angewendet werden kann, das von dieser Empfindung innerlich aufgezogen und ernährt wird. Das Verbot, gewöhnliche Dinge aus jedermanns Erfahrung mit Adjektiven sekundärer Qualitäten zu belegen, führte zur Erfindung von ihnen entsprechenden privaten Gegenständen, die die Träger dieser Adjektive sein sollten. Weil Adjektive sekundärer Qualitäten nur wie Prädikate in Beobachtungsberichten verwendet werden konnten, mußten Empfindungen selbst als Beobachtungen besonderer Gegenstände ausgelegt werden.

Aber wenn ich einen gewöhnlichen Gegenstand als grün oder bitter beschreibe, dann berichte ich nicht eine Tatsache über meine gegenwärtige Empfindung, obwohl ich sage, wie er aussieht oder schmeckt. Ich sage, daß es für jeden Beliebigen, der in der Verfassung und Lage ist, richtig zu sehen oder zu schmecken, so und so aussehen und schmecken würde. Daher widerspreche ich mir nicht, wenn ich sage, daß die Wiese grün ist, obwohl sie meinem Auge im Augenblick graublau vorkommt; oder daß die Trauben wirklich sauer sind, obwohl sie mir ganz geschmacklos erscheinen. Und sogar wenn ich sage, daß das Gras, das zwar in Wirklichkeit grün ist, mir graublau erscheint, so beschreibe ich meine augenblickliche Empfindung nur dadurch, daß ich sie daran angleiche, wie gewöhnliche, wirklich graublaue Gegenstände allen jenen erscheinen, die ordentlich sehen können. Adjektive sekundärer Qualitäten werden ausschließlich zur Berichterstattung öffentlich ermittelbarer Tatsachen über gewöhnliche Objekte verwendet; denn es ist eine öffentlich ermittelbare Tatsache über eine Wiese, daß sie grün ist, d. h. also, daß sie jedermann, der in der entsprechenden Stellung ist, um sie richtig zu sehen, so und so erscheinen würde. Was könnten Leute, die anderen das Sprechen beibringen, ihnen sonst über die Verwendung dieser Adjektive beibringen? Es muß hier bemerkt werden, daß die Formel ›sie würde jedermann so und so erscheinen‹ nicht durch die Formel ›sie würde jedermann grün erscheinen‹ umschrieben werden kann; denn die Behauptung, daß etwas grün aussieht, heißt, daß es so aussieht, wie es aussähe, wenn es grün wäre und die Umstände normal wären. Wir können nur *sagen*, wie etwas aussieht oder aussehen würde, indem wir die ermittelbaren Eigenschaften gewöhnlicher Gegenstände erwähnen und dann sagen, daß dies jetzt so aussieht, wie man es von jenem erwarten könnte.

Während es also richtig ist, daß der Satz ›Die Wiese ist grün‹ gewisse Sätze über Beobachter mit gewissen optischen Fähigkeiten und Gelegenheiten impliziert, ist es nicht richtig, daß er eine Anekdote über seinen Autor erzählt. Er ist dem Satz ›Das Fahrrad kostet 120 Mark‹ ähnlich, der auch hypothetische Aussagen über jeden beliebigen tatsächlichen oder möglichen Käufer impliziert, aber keinen kategorischen Satz über seinen Autor aufstellt oder impliziert. Daß eine Ware einen Preis hat, ist eine Tatsache über Waren und über Kunden, aber es ist nicht eine Tatsache über eine Ware und einen bestimmten Kunden; viel weniger noch ist es bloß eine Tatsache über einen bestimmten Kunden.

Jemand, der sagt: ›Der Scheinwerfer blendet‹, braucht nicht selbst geblendet zu sein; trotzdem spricht er auf eine andere Weise über die Unannehmlichkeit, geblendet zu werden, obwohl es eine Redeweise ist, die auch den Scheinwerfer hereinbringt. Es ist ein Trugschluß zu behaupten, daß man von einem Scheinwerfer nicht sagen kann, daß er, wenn man nicht selbst von ihm geblendet ist, blendet, und daß das Blenden daher nicht eine Eigenschaft des Scheinwerfers, sondern eine Eigenschaft der Sinnesdaten des Individuums ist. Die Behauptung, der Scheinwerfer blende, besagt nicht, daß er jetzt jemanden blendet; sie besagt nur, daß er jeden Normalsichtigen blenden würde, der ihn aus einer gewissen Entfernung ohne Schutz betrachtet. Meine Aussage: ›Der Scheinwerfer blendet‹ berichtet ebensowenig eine Empfindung, die ich habe, wie meine Aussage ›Das Fahrrad kostet 120 Mark‹ vom Geld berichtet, das ich in der Hand habe. Im gewöhnlichen Sinn von ›subjektiv‹ sind sekundäre Qualitäten nicht subjektiv, wenn es auch wahr bleibt, daß im Land der Blinden Farbadjektive keine Verwendung hätten, während Form-, Größe-, Entfernungs-, Richtungsadjektive und so weiter dieselbe Verwendung hätten wie bei uns.

Tatsächlich drehen sich Argumente für die Subjektivität der sekundären Qualitäten meistens um einen interessanten Worttrick. Eigenschaftswörter wie ›grün‹, ›süß‹ und ›kalt‹

werden an Eigenschaftswörter des Unbehagens und ihr Gegenteil, wie z. B. ›blendend‹, ›schmackhaft‹, ›brühend‹ und ›frostig‹ angeglichen. Wie wir aber schon gesehen haben, folgt der erwähnte Schluß nicht. Die Behauptung: ›Die Luft ist quälend stickig‹ heißt nicht, daß der Sprecher oder irgend jemand anders sich gequält fühlt. Aber auf eine indirektere Art bezieht sie sich darauf, daß man sich gequält fühlt. Und da Sich-gequält-Fühlen ein Gemütszustand ist, nämlich ein Zustand des Unbehagens, können wir sagen, daß ›quälend stickig‹ indirekt und unter anderm auf einen Gemütszustand anspielt. Aber daraus folgt nicht, daß ›Die Luft ist lau‹ und ›Der Himmel ist blau‹ auch nur in dieser indirekten Art auf einen Gemütszustand anspielen. ›Lau‹ und ›blau‹ sind nicht Adjektive des Unbehagens oder der Befriedigung. Ein Weg kann als langweiliger als ein zweiter Weg und als länger als ein dritter Weg beschrieben werden; aber in der Weise, in der die erste Beschreibung auf gelangweilte Wanderer anspielt, spielt die zweite Beschreibung überhaupt nicht auf Stimmungen von Wanderern an.

Es ist eine linguistische Folge all dieser Überlegungen, daß wir keine Verwendung für solche Ausdrücke wie ›Sinnesobjekt‹, ›sensibles Objekt‹, ›Sensum‹, ›Sinnesdatum‹, ›Sinnesfeld‹ und ›Sensibilia‹ haben; das transitive Zeitwort der Erkenntnistheoretiker, ›sinnlich empfinden‹[1] und ihr einschüchterndes ›direktes Gewahrsein‹ und ›Bekanntsein‹ können wieder eingemottet werden. Sie erinnern an nichts als den Versuch, den Begriffen der Empfindung die Aufgaben der Begriffe der Beobachtung zu übertragen, ein Versuch, der unabwendbar in der Postulierung von Sinnesdaten als Gegenstücken zu den gewöhnlichen Objekten unserer Beobachtung enden mußte.

Es folgt auch, daß wir keine Privattheater errichten müssen, um Bühnen für diese postulierten Sonderobjekte zu beschaffen, noch uns darüber den Kopf zerbrechen müssen,

1. engl. Wort: to sense.

wie wir die unbeschreiblichen Beziehungen zwischen diesen postulierten Objekten und den Dingen des Alltags beschreiben sollen.

4. *Empfindung und Beobachtung*

Es ist nicht der Zweck dieses Buches, die Reihe der Werke über Erkenntnistheorie im allgemeinen oder Wahrnehmungstheorie im besondern zu verlängern. Im Gegenteil, es soll u. a. beweisen, daß viele unter diesem Namen verbreitete Theorien unerwünschte paramechanische Hypothesen sind oder enthalten. Wenn Theoretiker solche mechanistischen Fragen stellen wie: ›Wie werden vergangene Erlebnisse im Geist aufbewahrt‹, ›Wie kann der Geist durch die Schranken der Empfindungen hindurch die äußere physikalische Wirkung erfassen?‹, ›Wie subsumieren wir die Sinnesdaten unter Begriffe und Kategorien?‹, dann stellen sie diese Probleme meistens so, als handelte es sich dabei um die Existenz und Verkoppelung der verborgenen Stücke eines Geisterapparats. Sie reden so, als betrieben sie etwas wie spekulative Anatomie oder sogar Gegenspionage.

Da wir aber die Tatsache, daß jemand eine Empfindung hat, nicht als eine Tatsache über seinen Geist ansehen, wogegen die Tatsache, daß er etwas beobachtet, und die Tatsache, daß er dazu neigt, Dinge gewisser Art nicht zu bemerken, zur Beschreibung seiner geistigen Tätigkeiten und Fähigkeiten gehört, ist es hier am Platz, etwas mehr über den Unterschied zu sagen.

Wir verwenden das Verb ›beobachten‹ auf zwei Arten. In einer Verwendung heißt die Behauptung, jemand beobachte etwas, daß er mit oder ohne Erfolg versucht, etwas darüber zu ermitteln, indem er es zumindest ein wenig beschaut, behorcht, kostet, beschnüffelt oder betastet[1]. In einer anderen

1. ›Beobachten‹ (›observe‹) wird im Deutschen normalerweise nur visuell gebraucht.

Verwendung sagt man von jemandem, daß er etwas beobachtet hat, wenn seine Forschung erfolgreich gewesen ist, d. h. also, wenn er mit Hilfe solcher Methoden etwas ermittelt hat. Zeitwörter der Wahrnehmung wie z. B. ›sehen‹, ›hören‹, ›entdecken‹, ›unterscheiden‹ und viele andere werden im allgemeinen dazu verwendet, um Beobachtungserfolge zu verzeichnen, während Zeitwörter wie ›verfolgen‹, ›lauschen‹, ›prüfen‹, ›mustern‹ und ›kosten‹ zur Verzeichnung von Beobachtungsunternehmungen verwendet werden, deren Erfolg noch in Frage stehen mag. Es ist daher in Ordnung zu sagen, jemand verfolge etwas sorgfältig und erfolgreich, aber nicht, er sehe es sorgfältig und erfolgreich, er prüfe es systematisch, aber nicht, er entdecke es systematisch, und so weiter. Die einfach scheinende Aussage: ›Ich sehe einen Fink‹ behauptet einen Erfolg, wogegen: ›Ich versuche zu erkennen, was sich dort bewegt‹ bloß von einer Nachforschung berichtet.

In unserer gegenwärtigen Untersuchung wird es manchmal nützlich sein, das zweideutige Wort ›beobachten‹ zu verwenden, gerade weil es sowohl für Entdeckung als auch für Forschung verwendet werden kann. Die Worte ›Wahrnehmung‹ und ›wahrnehmen‹, die in solchen Untersuchungen oft als grundlegend benützt werden, sind zu bestimmt, da sie nur Leistungen einschließen, wie das auch die spezifischen Zeitwörter der Wahrnehmung tun, nämlich ›sehen‹, ›hören‹, ›schmecken‹ und, in einer Bedeutung, ›fühlen‹.

Es ist schon bemerkt worden, daß Beobachten das Haben mindestens einer Empfindung voraussetzt, aber nicht umgekehrt. Wir können nun fragen: ›Was ist sonst noch am Beobachten, außer daß man mindestens eine Empfindung hat?‹ Aber diese Formulierung der Frage ist irreführend, weil sie andeutet, die visuelle Beobachtung eines Rotkehlchens bestehe darin, daß man sowohl eine visuelle Empfindung hat als auch noch etwas anderes tut oder hat, bestehe also in zwei miteinander verbundenen Zuständen oder Vorgängen, wie z. B. Singen mit Spazierengehen verbunden werden kann; und das braucht nicht der Fall zu sein. Wie schon im fünften

Kapitel (Paragraph 4) argumentiert wurde, besteht ein entscheidender Unterschied zwischen einer Handlung, die mit Aufmerksamkeit und einer, die etwa in Geistesabwesenheit verrichtet wird, aber dieser Unterschied besteht nicht darin, daß Aufpassen eine Begleithandlung ist, die an einem anderen ›Ort‹ geschieht. So sollten wir also nicht fragen: ›Was tut ein Beobachter noch außer Empfindungen haben?‹, sondern: ›Was enthält die Behauptung, jemand sei ein Beobachter, außer der Behauptung, daß er diese Empfindungen hat?‹ Dieser Punkt wird in Kürze wichtig werden.

Wir sollten damit beginnen, ein Modell aus unserer Vorstellung zu verbannen, das in der einen oder anderen Form viele Spekulationen über die Wahrnehmung beherrscht. Die beliebte Scheinfrage: ›Wie kann jemand über seine Empfindungen hinaus an die äußere Wirklichkeit herankommen?‹ wird oft gestellt, als sei unsere Lage wie folgt. Es lebt eingemauert in eine fensterlose Zelle ein Gefangener, der dort seit Geburt in Einzelhaft schmachtet. Das einzige, was aus der Außenwelt zu ihm dringt, ist ein flackerndes Licht, das auf die Wand seiner Zelle fällt, und ein Klopfen, das er durch die Steine hindurch hört; jedoch aus der Beobachtung dieses Leuchtens und Klopfens schöpft er Nachricht oder scheint er Nachricht zu schöpfen über unbeobachtete Fußballspiele, Blumengärten und Sonnenfinsternisse. Wie also lernt er, diese Signale zu entziffern, ja, wie findet er auch nur heraus, daß es etwas zu entziffern gibt? Wie kann er die Botschaften auslegen, die er irgendwie entziffert, wenn wir annehmen, daß diese Botschaften in der Sprache des Fußballs und der Astronomie und nicht in der des Flackerns und Klopfens abgefaßt sind?

Dieses Modell ist selbstverständlich das vertraute Bild vom Geist als einem Gespenst in einer Maschine, über dessen allgemeine Unzulänglichkeiten kein weiteres Wort zu verlieren ist. Aber gewisse besondere Mängel müssen doch hervorgehoben werden. Die Verwendung eines Modells dieser Art verlangt die ausdrückliche oder stillschweigende Annahme, daß, so wie der Gefangene Lichtstrahlen sehen und Klopfen hören, aber Fußballspiele leider weder sehen noch hören kann, auch wir unsere visuellen und anderen Empfindungen, aber leider keine Rotkehlchen beobachten können. Das heißt aber den Begriff der Beobachtung auf doppelte Weise mißbrauchen. Wie gezeigt worden ist, ist es einerseits Unsinn, davon zu reden, daß einer Zeuge einer Empfindung ist, und andererseits ist die normale Verwendung von Zeitwörtern wie ›beobachten‹, ›erspähen‹, ›betrachten‹ usw. gerade in solchen Zusammenhängen zu finden wie ›ein Rotkehlchen beobachten‹, ›einen Marienkäfer erspähen‹ und ›ein Buch betrachten‹. Fußballspiele gehören gerade zu jenen Dingen, von denen wir Anblicke erhaschen; und Empfindungen gehören zu jenen Dingen, von denen es absurd wäre zu sagen, man hätte von ihnen einen Anblick erhascht. Das Gefangenengleichnis legt uns mit anderen Worten nahe, daß wir, um etwas über Fußballspiele und Rotkehlchen herauszufinden, ungefähr so etwas tun müssen, wie aus unseren Empfindungen, die wir beobachten, auf Vögel und Spiele, die wir nie beobachten könnten, Schlüsse zu ziehen. Tatsächlich aber sind es Vögel und Spiele, die wir beobachten, und Empfindungen, die wir nie beobachten könnten. Die Frage: ›Wie kommen wir von der Entdeckung oder Besichtigung von Empfindungen dazu, etwas über Rotkehlchen und Fußballspiele zu erfahren?‹ ist eine unzulässige Wie-Frage.

Das eine und zentrale Problem der Wahrnehmung gibt es nun aber nicht. Es gibt eine Reihe von teilweise sich dekkenden Fragen, von denen die meisten aufhören, interessant zu erscheinen, sobald einige von ihnen entwirrt worden sind. Wir können gewisse zu dieser Reihe gehörige Probleme in folgender Weise erläutern. Von jemandem sagen, daß er ein Pfand findet, heißt: etwas über die visuellen, taktuellen oder auditiven Empfindungen aussagen, die er hat, aber es heißt mehr als das. Ähnlich besagt die Behauptung, jemand versuche zu erkennen, ob das von ihm Gesehene ein Rotkehlchen oder ein Buchfink, ein Stock oder ein Schatten, eine Fliege auf der Fensterscheibe oder einer der vor dem Auge treibenden Punkte sei, etwas über seine visuellen Empfindungen, aber sie besagt mehr als das. Schließlich scheint die Aussage, jemand ›sehe‹ weiße Mäuse, die nicht da sind, oder höre ›Stimmen‹, wo alles still ist, etwas über seine Vorstellungen, wenn nicht über seine Empfindungen, zu sagen, aber sie sagt mehr als das. Was sonst noch? Oder worin besteht der spezifische Gehalt solcher Beschreibungen, bezüglich dessen sie sich sowohl voneinander wie auch von ›reinen‹ Beschreibungen von Empfindungen unterscheiden, angenommen, daß wir solche Beschreibungen machen könnten? Die Fragen sind also nicht Fragen der paramechanischen Form: ›Wie sehen wir Rotkehlchen?‹ sondern der Form, ›Wie verwenden wir Beschreibungen wie: er sah ein Rotkehlchen?‹

Wenn wir von jemandem sagen, er habe eine Mücke im Zimmer entdeckt, was sagen wir sonst noch, außer daß er eine gewisse Art von Summen im Ohr hatte? Wir antworten zuerst, daß er nicht nur ein Summen in seinen Ohren hatte, sondern daß er es auch als das Geräusch einer ziemlich nahen Mücke erkannte oder identifizierte; und wir sind geneigt, in allgemeinerer Form zu sagen, daß er nicht nur ein Summen in den Ohren hatte, sondern auch gewisse Gedanken dachte; vielleicht daß er das Summen unter einen Begriff subsumierte; oder daß er einen intellektuellen Vorgang mit dem Zustand seiner Sinne verband. Aber wenn wir so etwas sagen, haben wir zwar einen Fuß auf der richtigen Spur, aber wir haben auch einen auf der falschen. Wir begeben uns auf die falsche Spur, wenn wir sagen, daß diese und diese begrifflichen oder diskursiven Vorgänge stattgefunden haben müssen; da das in der Wirkung, wenn nicht in der Absicht, auf dasselbe hinauskommt wie die Behauptung, daß die Entdeckung der Mücke nicht hätte vorfallen können, wenn sich nicht gewisse besondere, aber unbeobachtete gespenstische Räder gedreht hätten, Räder, deren Dasein und Funktionen nur Erkenntnistheoretiker klug genug sind ausfindig zu machen. Andererseits sind wir mit einer solchen Behauptung auch auf dem rechten Weg. Es ist gewiß wahr, daß ein Mensch nicht eine Mücke entdecken könnte, wenn er nicht wüßte, was Mücken sind und wie sie sich anhören; oder wenn er aus Geistesabwesenheit, vor Schreck oder aus Dummheit dieses Wissen nicht auf die gegenwärtige Lage anwendete; denn das ist ein Teil der Bedeutung von ›entdecken‹.

Wir wollen, heißt das, keine Neuigkeiten oder Hypothesen über irgendwelche anderen Dinge, die der, der die Mücke gehört hat, heimlich getan oder erlitten haben mag. Ja, wenn auch drei oder siebzehn solche Zwischenfälle stattgefunden hätten, würden Informationen darüber noch immer nicht erklären, wie die Entdeckung einer Mücke sich davon unterscheidet, ein Klingen in den Ohren zu haben. Was wir wissen wollen ist, wie das logische Verhalten von ›er entdeckte eine Mücke‹ sich von dem von ›er hatte ein Klingen in den Ohren‹, von dem von ›er versuchte vergeblich zu erkennen, was das Geräusch hervorbrachte‹ und von dem von ›er hielt es fälschlich für das Schwirren des Windes in den Telegraphendrähten‹ unterscheidet.

Betrachten wir einen etwas anderen Fall, in dem man von jemand sagen würde, er höre nicht bloß etwas und horche nicht bloß auf etwas und versuche nicht bloß, etwas, das er hört, zu erkennen, sondern er identifiziere oder erkenne auch das, was er hört, nämlich den betreffenden Fall eines Menschen, der eine Melodie erkennt. Wenn eine solche Situation vorliegen soll, müssen Töne so gespielt werden, daß er sie hören kann, also darf er nicht taub, unter Narkose oder im tiefen Schlaf sein. Erkennen, was er hört, schließt Hören ein. Es schließt auch Aufpassen ein; der geistesabwesende oder zerstreute Mensch folgt der Melodie nicht. Aber darüber hinaus muß er der Melodie auch schon vorher begegnet sein; und er muß ihr nicht nur begegnet sein, er muß sie auch gelernt und nicht vergessen haben. Wenn er diese Melodie nicht schon in diesem Sinne kennt, könnte man von ihm nicht sagen, daß er sie jetzt beim Zuhören erkenne.

Was heißt es also, daß jemand eine Melodie kennt, d. h.,

sie gelernt und nicht vergessen hat? Es impliziert gewiß nicht, daß er imstande ist, ihren Namen zu nennen, denn sie mag keinen Namen haben; und sogar, wenn er ihr den falschen Namen gäbe, könnte es sein, daß er sie doch kennt. Es impliziert auch nicht, daß er imstande ist, die Melodie in Worten zu beschreiben oder sie in Noten niederzuschreiben, denn wenige von uns können das, doch die meisten können Melodien erkennen. Er braucht nicht einmal imstande zu sein, sie zu pfeifen oder zu summen, obwohl er sie bestimmt kennt, wenn er es tun kann, und obwohl wir, wenn er viele andere Melodien pfeifen oder summen kann, aber diese selbst mit Nachhilfe nicht zustande bringt, den Verdacht schöpfen, daß er sie nicht kennt. Beschreibt man ihn als einen, der die Melodie kennt, dann sagt man wenigstens, er sei imstande, sie zu erkennen, wenn er sie hört; und man wird von ihm sagen, daß er sie, wenn er sie hört, erkennt, wenn er das eine oder das andere oder alle der folgenden Dinge tut: wenn er, nachdem er ein paar Takte gehört hat, diejenigen erwartet, die dann wirklich folgen; wenn er nicht irrtümlich erwartet, daß die früheren Takte wiederholt werden; wenn er Auslassungen oder Irrtümer in der Aufführung entdeckt; wenn er, nachdem die Übertragung auf einige Augenblicke abgestellt worden ist, erwartet, die Musik werde ungefähr dort fortfahren, wo sie wirklich fortfährt; wenn er, wenn mehrere Leute verschiedene Melodien pfeifen, jene Person finden kann, die diese Melodie pfeift; wenn er den Takt schlagen kann; wenn er richtig und im Takt die Begleitung pfeifen oder summen kann, und so weiter. Und wenn wir sagen, er erwarte die Töne, die kommen sollen, und nicht die, die nicht kommen sollen, so verlangen wir nicht, daß er tatsächlich vorausdenken soll. Angenommen, daß er überrascht, empört oder belustigt ist, wenn die entsprechenden Töne nicht zur entsprechenden Zeit einsetzen, dann ist es wahr zu sagen, daß er sie erwartete, auch wenn es falsch ist zu sagen, daß er irgendeinen Vorgang des Vorhersehens durchlaufen hat.

Kurz, er erkennt jetzt die Melodie oder folgt ihr jetzt,

wenn er weiß, wie sie geht, und dies Wissen jetzt anwendet; und er wendet dies Wissen an, indem er die Melodie nicht bloß hört, sondern sie in einer besondern Geistesverfassung hört, nämlich in der, darauf vorbereitet zu sein, sowohl das zu hören, was er jetzt hört, als auch das, was er hören wird oder doch hören würde, wenn der Klavierspieler weiterspielte und richtig spielte. Er weiß, wie die Melodie geht, und er hört jetzt die einzelnen Töne als den Ablauf der Melodie. Er hört sie gemäß dem Rezept der Melodie in dem Sinn, daß das, was er hört, das ist, was er zu hören erwartet. Aber die Komplexität dieser Beschreibung, wonach er die Töne sowohl hört, wie sie kommen, als auch den Tönen, die noch kommen werden oder kommen würden, lauscht oder sie erwartet, impliziert nicht, daß er einen Komplex von Handlungen ausführt. Er braucht z. B. nicht mit seinem Hören der Melodie irgendwelche stillen oder gemurmelten Prosaschritte zu verbinden oder, was er hört, ›unter den Begriff der Melodie zu subsumieren‹. Ja, wenn man ihm auftrüge, den Gedanken »Donauwalzer« zu denken, ohne die Melodie zu erzeugen, sie sich vorzustellen oder ihr tatsächlich zuzuhören, dann würde er sagen, daß nichts für ihn zu denken übrigbliebe; und wenn man ihm sagte, die Tatsache, daß er die Melodie erkennen könne, sogar wenn sie auf die verschiedensten Arten in den verschiedensten Situationen gespielt wird, bedeute, daß er einen Begriff oder eine abstrakte Idee des »Donauwalzers« habe, so würde er mit Recht antworten, daß er nicht wisse, worin die Erwägung oder Anwendung der abstrakten Idee des »Donauwalzers« bestehen könne, außer wenn das nicht mehr hieße als, er könne die Melodie erkennen, wenn er sie höre, Fehler und Auslassungen in ihr entdecken, Stücke aus ihr pfeifen und summen und so fort.

Das versetzt uns nun in die Lage, das früher Gesagte erneut zu erwägen, nämlich daß jemand, der erkennt, was er hört, nicht nur Gehörsempfindungen hat, sondern auch denkt. Es ist nicht wahr, daß jemand, der einer ihm bekannten Melodie folgt, Gedanken der Art denken muß, man müsse auf die Frage antworten können: ›Welche Gedanken hat er gedacht?‹ oder sogar auf die: ›Welche Allgemeinbegriffe hat er angewendet?‹ Es ist nicht wahr, daß er nachgedacht oder Sätze auf Englisch oder Deutsch zu sich selbst oder seiner Umgebung gesagt haben muß; und es ist nicht wahr, daß er mit irgendwelchen Gesichts- oder Gehörsvorstellungen operiert haben muß. Wahr ist dagegen, daß er zu einem gewissen Grad aufmerksam gewesen sein muß, und daß die Töne, die er gehört hat, so gekommen sein müssen, wie er sie erwartet hat, oder ihn durch ihr Anderskommen überrascht haben müssen. Er hat nicht bloß zugehört, wie einer einer unbekannten Melodie zuhören mag, noch hat er sein Zuhören notwendigerweise mit irgendeinem anderen Vorgang verkoppelt; er hat bloß dem Rezept gemäß zugehört.

Um die Bedeutungen weiter zu erklären, worin einer bekannten Melodie folgen ›denken‹ ist und es auch nicht ist, wollen wir den Fall eines Zuhörers untersuchen, der zum erstenmal einen bestimmten Walzer hört. Er weiß nicht, wie diese Melodie geht, aber da er weiß, wie manche anderen Walzermelodien gehen, so weiß er, welche Art von Rhythmus er erwarten muß. Er ist teilweise, aber nicht ganz auf die nachfolgenden Takte vorbereitet, und er kann teilweise, aber nicht völlig die schon gehörten und gerade jetzt gehörten Töne einordnen. Er fragt sich, wie die Melodie genau geht, und indem er darüber nachdenkt, versucht er die Anordnung der Noten zu ergänzen. In keinem Augenblick ist er völlig auf den Ton vorbereitet, der kommen soll. Das heißt, er denkt in dem besondern Sinn von ›denken‹, der gleichbedeutend ist mit ›versuchen, ein Problem zu lösen‹.

Im Gegensatz dazu folgt aber derjenige, der die Melodie schon kennt, dieser Melodie, ohne raten zu müssen, wie die Melodie geht. Es ist ihm die ganze Zeit völlig klar. Es bedarf in diesem Fall keiner Tätigkeit, nicht einmal einer besonders schnellen und leichten Tätigkeit, Ungewißheiten zu beseitigen zu versuchen, denn es sind keine Ungewißheiten da. Er hört nicht in einer angestrengten Art zu; er hört einfach zu. Und doch hört er nicht bloß Töne, denn er hört den »Donauwalzer«. Nicht nur sind die Töne für ihn klar hörbar (vielleicht sind sie es auch nicht), sondern die Melodie ist ihm vertraut; und die Vertrautheit der Melodie ist nicht eine Tatsache hinsichtlich seiner Gehörsempfindlichkeit, sie ist eine Tatsache hinsichtlich dessen, was er gelernt und nicht vergessen hat, und seiner gegenwärtigen Anwendung dieser Kenntnisse.

Schließlich verlangt das Verfolgen einer bekannten Melodie nicht, daß man irgendwelche Operationen des Rückerinnerns vollführt, wenn es auch in sich einschließt, daß man sich mit ihr vertraut gemacht hat. Es brauchen einem nicht Erinnerungen an vergangene Hörerlebnisse dieser Melodie aufzusteigen oder ins Gedächtnis zurückgerufen zu werden. Der Sinn von ›denken‹, in dem man von jemandem, der einer vertrauten Melodie folgt, sagen kann, daß er an das denkt, was er hört, ist nicht der, daß ihm vergangenes Anhören wieder einfällt. Er hat nicht vergessen, wie sie geht, aber er ruft sich nicht ins Gedächtnis, wie sie bei früheren Gelegenheiten gegangen ist.

Grob gesprochen heißt wissen, wie eine Melodie geht: eine Gruppe von auditiven Erwartungsdispositionen erworben haben, und eine Melodie wiedererkennen oder ihr folgen heißt einen erwarteten Ton nach dem andern hören. Und das schließt nicht das Geschehen irgendwelcher anderer Äußerungen der Erwartung ein, als daß man das zu hören erwartet hat, was man schon gehört hat, und daß man das zu hören erwartet, was noch zu hören ist. Die Beschreibung eines Menschen, der erwartete Töne hört, ist in der Tat von der eines Menschen verschieden, der unerwartete Töne hört, und von der eines Menschen, der Töne ohne alle Erwartung hört (wie z. B. jemand, der hört ohne zuzuhören); aber das bedeutet nicht, daß im ersten Menschen etwas Zusätzliches vorgeht, was im zweiten oder dritten nicht vorgeht. Es bedeutet, daß das Hören auf eine verschiedene Art vor sich geht, ein Unterschied, dessen Beschreibung nicht den Bericht von zusätzlichen Geschehnissen verlangt, sondern die Kennzeichnung dieses Hörens als ein geschultes Hören. Daß jemand einer Melodie folgt, ist, wenn man will, eine Tatsache hinsichtlich seiner Ohren und seines Geistes; aber es ist nicht eine Verbindung einer Tatsache hinsichtlich seiner Ohren und einer anderen Tatsache hinsichtlich seines Geistes, oder ein Bericht eines Vorfalls in seinem Sinnesleben, der mit dem Bericht eines anderen Vorfalls in seinem Verstandesleben verbunden ist. Es handelt sich vielmehr um das, was ich ein ›halbhypothetisches‹ oder ›mischkategorisches Urteil‹ genannt habe.

Wir können nun dazu übergehen, einige Wahrnehmungsepisoden jener Arten zu betrachten, die normalerweise als die Grundmodelle der Wahrnehmungserkenntnis angesehen werden. Wir werden sehen, daß sie in vielen wichtigen Belangen zur selben Gruppe gehören wie das Erkennen einer Melodie. Ich habe mit dem Beispiel von jemand begonnen, der einer vertrauten Melodie folgt, weil es sich hier um eine länger dauernde Beschäftigung handelt. Wir können einen Torpfosten blitzartig sehen, aber wir können nicht den »Donauwalzer« blitzartig hören. Es besteht deshalb keine Versuchung, das Vorfallen blitzartiger intellektueller Vorgänge zu postulieren, Vorgänge, die zu schnell sind, um bemerkt zu werden, aber intellektuell genug, um all die Herkulesarbeiten zu verrichten, die von den Erkenntnistheoretikern verlangt werden.

Die Aussage, jemand habe das Pfand, sagen wir einen Fingerhut, gesehen, sagt zum Teil, daß er wenigstens eine visuelle Empfindung gehabt hat, aber sie sagt auch noch mehr. Theoretiker legen das meistens so aus, daß die Behauptung, einer habe den Fingerhut gesehen, sowohl bedeutet, daß er wenigstens eine visuelle Empfindung gehabt, als auch, daß er sonst noch etwas getan oder erlitten habe; dementsprechend stellen sie die Frage: ›Was hat der Finder des Fingerhuts sonst noch getan oder erlitten, das so beschaffen ist, daß er den Fingerhut nicht gefunden hätte, wenn er nicht diese zusätzlichen Dinge getan oder erlitten hätte?‹ Ihre Fragen beantworten sie dann mit Geschichten über äußerst schnelle und unbemerkte Schlüsse, oder daß Begriffe heraufgeholt und visuellen Daten über den Kopf gestülpt werden. Sie nehmen also an, daß die Aussage ›er erblickte den Fingerhut‹ eine beträchtliche Verflechtung von Vorgängen berichtet, weil sie eine beträchtliche logische Verflochtenheit besitzt. Und weil man vom Ablauf dieser Vorgänge nichts bemerkt, wird postuliert, daß sie an einem Ort vor sich gehen müssen, wo sie nicht beobachtet werden können, nämlich im Bewußtseinsstrom des Finders.

Unsere Analyse dessen, was wir damit meinen, jemand kenne eine Melodie, kann auf diesen neuen Fall angewendet werden. Gewiß erkennt einer, der den Fingerhut erblickt, was er sieht, und das setzt nicht nur voraus, daß er eine visuelle Empfindung hat, sondern auch, daß er schon gelernt und noch nicht vergessen hat, wie Fingerhüte aussehen. Er hat genug von dem Rezept für das Aussehen von Fingerhüten erlernt, um Fingerhüte zu erkennen, wenn er sie bei normaler Beleuchtung und Stellung aus normaler Entfernung und unter normalen Beobachtungswinkeln sieht. Wenn er den Fingerhut bei dieser Gelegenheit erspäht, wendet er das Gelernte an; er tut tatsächlich, was er zu tun gelernt hat. Da er weiß, wie ein Fingerhut aussieht, ist er bereit, vorherzusehen, wie er bei Annäherung oder Entfernung aussehen wird, obwohl er das nicht tatsächlich tun muß; und wenn er sich dann ohne solches tatsächliche Vorhersehen dem Fingerhut nähert oder sich von ihm entfernt, so hat er genau das Aussehen, auf das er vorbereitet war. Wenn die Blicke vom Fingerhut, die er tatsächlich erhascht, in Übereinstimmung mit dem Fingerhutrezept erhascht werden, dann befriedigen sie seine erworbenen Erwartungsdispositionen; und darin besteht sein Erspähen des Fingerhuts.

Wie bei der Melodie, so auch beim Fingerhut; wenn das Erkennen durch keine Hindernisse erschwert ist, wenn also der Fingerhut von allem Anfang an für den Beobachter klar erkenntlich ist, dann ist kein zusätzliches Sinnen oder Grübeln, kein Austüfteln oder Erinnern nötig. Er braucht nichts auf deutsch oder englisch zu sich selbst oder zur Welt zu sagen; er braucht nicht mit Erinnerungs- oder Phantasievorstellungen zu operieren; er braucht nicht zu überlegen, zu mutmaßen oder Vorsichtsmaßnahmen zu treffen; er braucht sich keine Vorfälle der Vergangenheit ins Gedächtnis zu rufen; er braucht nichts zu tun, was als das Denken von Gedanken bezeichnet werden könnte, obwohl man von ihm bei entsprechender sprachlicher Ausbildung erwarten darf, daß er bei gegebener Gelegenheit bereit wäre, einige dieser Dinge zu tun. Der Sinn, in dem man sagen kann, er denke und habe nicht nur eine Gesichtsempfindung, ist der, daß er eine Gesichtsempfindung in einem fingerhutsehenden Geisteszustand hat. Genau wie jemand, der eine Melodie nach den ersten paar Takten erkennt, sowohl im Rückblick auf die schon früher oder gerade jetzt gehörten als auch, vorwärtsblickend, auf die noch zu hörenden Takte vorbereitet ist, wenngleich er keine zusätzlichen Vorbereitungsakte durchführt, so ist jemand, der eine Kuh auf den ersten Blick erkennt, auf eine große Vielfalt von Anblicken, Lauten und Gerüchen vorbereitet, von welchen ihm keiner tatsächlich einfallen muß.

Man wird es vielleicht als eine Schwierigkeit empfinden, daß, selbst wenn eine solche Erklärung der visuellen Vertrautheit von Fingerhüten und der auditiven Vertrautheit von Melodien richtig ist, die wirkliche Frage unbeantwortet bleibt. Wie erfahren wir, daß es überhaupt Fingerhüte gibt? Wie kann ein Mensch, der mit bloßen Empfindungen beginnt, je das Stadium erreichen, in dem er die Existenz physikalischer Gegenstände entdeckt? Aber das ist eine seltsame Wie-Frage, da wir sie alle, wenn wir sie in einer bestimmten Weise interpretieren, beantworten können. Wir wissen sehr wohl, wie kleine Kinder lernen, daß manche Töne zu Melodien gehören, manche nicht; daß manche melodielosen Lautfolgen, wie z. B. Kinderreime, erkennbare Rhythmen haben; andere, wie z. B. Uhrgeräusche, erkennbare Gleichförmigkeiten; während wieder andere, wie z. B. Klappergeräusche, planlos und unregelmäßig sind. Wir kennen auch die verschiedenen Spiele und Übungen, mit denen Mütter und Ammen ihren Kindern Unterricht dieser Art geben. Die Beschreibung, wie Kinder Wahrnehmungsrezepte lernen, bringt kein größeres erkenntnistheoretisches Rätsel mit sich als die Beschreibung, wie Jungen radfahren lernen. Sie lernen durch die Praxis, und wir können die Arten von Übungen angeben, die den Lernvorgang fördern.

Nun wird man sicherlich den Eindruck haben, daß Auskunft darüber, wie man durch die Praxis lernt, nicht die Antwort auf die obige Wie-Frage gibt. Diese Frage war nicht als eine Frage nach den Stufen gemeint, auf welchen sich solche Fähigkeiten und Interessen entwickeln, oder nach den Hilfen und Hindernissen bei ihrer Entwicklung. Was also war gemeint? Vielleicht würde der Fragesteller etwa wie folgt erwidern: ›Es besteht möglicherweise kein philosophisches Rätsel, wie Kinder Melodien erlernen oder sie erkennen, wenn sie sie einmal erlernt haben. Noch besteht vielleicht ein solches Rätsel bei analogem Lernen von Rezepten hinsichtlich von Anblicken, Geschmäcken und Gerüchen. Es besteht aber ein ungeheurer Unterschied zwischen dem Erlernen einer Melodie und der Entdeckung, daß es Dinge wie Geigen, Fingerhüte, Kühe und Torpfosten gibt. Um herauszufinden, daß es materielle Objekte gibt, muß man im Unterschied zum Erlernen von Melodien über Geräusche, Anblicke, Geschmäcke und Gerüche hinaus zu öffentlichen Entitäten kommen, die von unseren persönlichen Empfindungen verschieden und von ihnen unabhängig sind. Und unter dem metaphorischen Ausdruck ›darüber hinauskommen‹ versteht man einfach, die Kenntnis erlangen, daß solche Objekte existieren, und zwar auf der Grundlage, daß man ursprünglich nur wußte, daß diese Empfindungen existieren. Unser Problem besteht also darin: Nach welchen Prinzipien und aus welchen Prämissen kann einer gültig zu dem Ergebnis kommen, daß Kühe und Türpfosten existieren? Oder wenn er auf Grund eines glücklichen Instinkts das alles ohne Schlußfolgerungen richtig glaubt, durch welche Schlüsse kann er diesen instinktiven Glauben rechtfertigen? Unsere Wie-Frage ist also als eine Sherlock-Holmes-Frage zu deuten, und zwar von dem Typ: ›Welche Beweismaterialien hatte der Detektiv angesammelt, die ihn in die Lage versetzten, seinen Mordverdacht gegen den Förster zu bestätigen?‹ Wenn wir die Frage aber so deuten, dann zeigt sich sofort, daß sie eine unstatthafte Frage ist. Wenn wir von den vom Detektiv gesammelten Beweismaterialien sprechen, dann denken wir an jene Dinge, die er oder seine Gewährsleute beobachtet haben oder bei denen sie dabei waren, wie z. B. an Fingerabdrücke auf Gläsern oder belauschte Gespräche. Aber eine Empfindung ist nicht etwas, was ihr Eigentümer beobachtet oder bei deren Vorfall er dabei ist. Es ist nicht ein Anhaltspunkt oder eine Spur. Ein Gespräch belauschen impliziert auditive Empfindungen haben, denn Belauschen ist aufmerksames Hören, und Hören verlangt das Bekommen auditiver Empfindungen. Aber Empfindungen haben heißt nicht, Spuren finden. Wir entdecken Spuren oder finden Anhaltspunkte, indem wir Gespräche belauschen oder Fingerabdrücke anschauen. Wenn wir nicht manche Dinge beobachten könnten, dann hätten wir keine Anhaltspunkte für andere Dinge, und Gespräche sind gerade Dinge der Art, die wir belauschen, so wie Fingerabdrücke und Torpfosten gerade Dinge der Art sind, die wir anschauen.

Diese unstatthafte Wie-Frage ist zum Teil so verlockend, weil wir dazu neigen, fälschlich anzunehmen, daß alles Lernen Erkenntnis durch Schlußfolgerung aus vorher ermittelten Anhaltspunkten ist, und dann einem Prozeß der direkten Wahrnehmung von Sinnesdaten die Rolle zuteilen, die anfänglichen Anhaltspunkte zu ermitteln. Aber wie man aus schon ermittelten Tatsachen etwas ableitet, lernen wir in Wirklichkeit genauso, wie wir Schach spielen, radfahren oder Torpfosten zu erkennen lernen, nämlich durch die Praxis, vielleicht unterstützt durch einige Belehrung. Die Anwendung von Schlußregeln ist nicht eine Bedingung des Lernens durch die Praxis; es ist bloß eins der unzähligen Dinge, die wir durch die Praxis erlernen.

Wie schon gezeigt wurde, sind Lauschen und Schauen nicht bloß das Haben von Empfindungen; aber genausowenig sind sie Vorgänge, die sich aus dem Vorgang der Empfindungsbeobachtung und der des Schließens auf gewöhnliche Gegenstände zusammensetzen. Jemand, der lauscht oder schaut, tut etwas, was er nicht täte, wenn er taub oder blind wäre; oder, was etwas ganz anderes ist, wenn er geistesabwesend, zerstreut oder völlig uninteressiert wäre; oder, was wieder etwas ganz anderes ist, wenn er nicht gelernt hätte, seine Ohren und Augen zu gebrauchen. Beobachten heißt: seine Ohren und Augen gebrauchen. Aber seine Augen und Ohren zu gebrauchen impliziert nicht, seine visuellen und auditiven Empfindungen als Anhaltspunkte zu benützen. Es ist sinnlos, von der ›Benützung‹ von Empfindungen zu sprechen. Es ist nicht einmal zulässig zu sagen, daß ich bei der Beobachtung einer Kuh ›mittels‹ visueller Empfindungen etwas über die Kuh ausfindig mache, da auch das andeuten würde, daß Empfindungen Werkzeuge sind, Objekte, die genauso gehandhabt werden können wie Dinge, die man hört und sieht. Und das wäre noch irreführender als zu sagen, daß das Gebrauchen eines Hammers das vorgängige Gebrauchen meiner Finger einschließt oder daß ich den Hammer kontrolliere, indem ich meine Finger kontrolliere.

Es gibt noch ein anderes beliebtes Modell für die Beschreibung von Empfindungen. Wie Mehl, Zucker, Milch, Eier und Rosinen die Zutaten ausmachen, aus denen ein Konditor Kuchen bäckt, oder wie Ziegel und Bauholz zu den Grundstoffen für den Baumeister gehören, so hört man oft von Empfindungen als dem Rohmaterial, aus denen wir die uns bekannte Welt aufbauen. Als eine Kritik an noch irreführenderen Geschichten hatte diese Geschichte wichtige Vorzüge. Aber die Vorstellungen von Sammeln, Lagern, Sortieren,

Auspacken, Behandeln, Zusammensetzen und Ordnen, die auf die Zutaten zu Kuchen und die Baustoffe für Häuser passen, passen nicht auf Empfindungen. Wir können fragen, woraus ein Kuchen gemacht ist, aber nicht, woraus Wissen gemacht ist; wir können fragen, was aus diesen Rohstoffen gemacht werden soll, aber nicht, was aus den Gesichts- und Gehörsempfindungen, die das Kind kürzlich gehabt hat, zusammengebraut oder aufgebaut werden soll.

Abschließend können wir also sagen, daß kein prinzipieller Unterschied zwischen dem Erkennen von Melodien und dem von Türpfosten besteht, wenn es auch eine Unzahl von Unterschieden in den Einzelheiten gibt. Ein solcher Unterschied soll vor dem Verlassen dieses Themas noch erwähnt werden. In verhältnismäßig frühem Kindesalter lernen wir z. B. Anblicksrezepte und Tastrezepte von Dingen, wie z. B. Klappern und Kätzchen, koordinieren; und nachdem wir ein wenig darüber gelernt haben, wie solche Dinge erwartungsgemäß aussehen, sich anhören und anfühlen, fangen wir dann auch an zu lernen, wie sie sich verhalten; wann z. B. das Kätzchen oder die Klapper ein Geräusch macht und wann nicht. Wir beobachten dann Dinge in einer experimentellen Weise. Aber das verhältnismäßig kontemplative Geschäft des Melodielernens allein benötigt nicht viel Koordinierung von Aussehen und Laut, noch gibt es viel Gelegenheit zum Anstellen von Versuchen. Aber das ist ein Unterschied im Grad, nicht in der Art.

Ein oder zwei restliche Überlegungen sollten noch erwähnt werden. Erstens ist bei der Besprechung von Personen, die Wahrnehmungsrezepte lernen, nicht davon die Rede, daß sie Kausalgesetze entdecken, wie z. B. die der Physiologie, Optik oder Mechanik. Die Beobachtung gewöhnlicher Gegenstände kommt vor der Entdeckung allgemeiner Zusammenhänge zwischen besonderen Arten gewöhnlicher Gegenstände. Zweitens schreibe ich jemandem, wenn ich von ihm sage, daß er ein Wahrnehmungsrezept kennt, also z. B. weiß, wie öffentliche Gegenstände aussehen, klingen und sich anfühlen sollten, nicht die Fähigkeit zu, dieses Rezept zu formulieren oder einem andern mitzuteilen. Ähnlich wie die meisten Leute ein paar verschiedene Knoten knüpfen können, aber ganz unfähig sind, diese Knoten zu beschreiben und gesprochenen oder gedruckten Anweisungen dafür zu folgen, so können wir alle eine Kuh erkennen, lange bevor wir imstande sind, der Welt irgend etwas über die sichtbaren Merkmale zu erzählen, an denen wir sie erkennen, und ziemlich lange, bevor wir Bilder von Kühen zeichnen oder auch nur erkennen können. Ja wenn wir nicht lernten, Dinge auf den ersten Blick oder beim ersten Hören zu erkennen, bevor wir gelernt haben, über sie zu sprechen, könnten wir gar nicht zu sprechen anfangen. Reden und Verständnis von Reden setzt voraus, daß man Worte erkennt, wenn man sie ausspricht oder hört.

Obwohl ich die meisten Beispiele vom Sehen nach Wahrnehmungsrezepten Fällen von richtiger Beobachtung entnommen habe, wie z. B. einen Türpfosten erblicken, wo einer ist, so gilt doch dasselbe für Fälle irriger Beobachtung, wie z. B. einen Jäger ›erblicken‹, wo wirklich ein großer Torpfosten steht, einen Stock ›erkennen‹, wo wirklich ein Schatten ist, oder weiße Mäuse auf der Daunendecke sehen, wenn in Wirklichkeit nichts auf der Daunendecke ist. Etwas richtig oder etwas falsch herausbekommen, impliziert beides den Gebrauch einer Technik. Unachtsam ist man nicht, wenn man keine Methode gelernt hat, sondern wenn man eine gelernt hat und sie nicht ordentlich anwendet. Nur einer, der sich im Gleichgewicht halten kann, kann sein Gleichgewicht verlieren; nur jemandem, der argumentieren kann, können Trugschlüsse unterlaufen; nur einer, der Jäger von Torpfosten unterscheiden kann, kann einen Torpfosten für einen Jäger halten; und nur einer, der weiß, wie weiße Mäuse aussehen, kann sich einbilden, weiße Mäuse zu sehen, ohne zu wissen, daß er sich nur etwas einbildet.

5. *Phänomenalismus*

Es ist von Interesse, hier einige Worte über eine zeitgenössische Theorie, den sogenannten ›Phänomenalismus‹, einzufügen. Diese Theorie vertritt die Ansicht, daß einerseits, wie etwa über eine Fußballmannschaft reden in gewisser Weise über die elf Spieler reden heißt, aus denen sie sich zusammensetzt, daß andererseits über einen gewöhnlichen Gegenstand wie z. B. einen Torpfosten reden in gewisser Weise über die Sinnesdaten reden heißt, welche Beobachter bekommen oder bekommen könnten, wenn sie sie sehen, hören und fühlen. Genau wie es nichts in der Geschichte einer Fußballmannschaft zu berichten gibt außer einer gewissen Auswahl der Handlungen und Erlebnisse ihrer Mitglieder während ihrer Spiele, Reisen, Mahlzeiten und Unterhaltungen als Mannschaft, so, heißt es, gibt es auch nicht mehr über den Torpfosten zu sagen als wie er tatsächlich aussieht, sich anhört oder anfühlt usw. oder aussehen würde usw. Ja sogar davon reden, wie *er* aussieht usw., ist irreführend; denn ›er‹ ist einfach eine bündige Art, alle die Erwähnungen des Aussehens, Sichanhörens usw. zusammenzufassen, deren Zusammenfassung angemessen ist. Es wird eingeräumt, daß dieses Programm nicht tatsächlich durchgeführt werden kann. Während wir, wenn wir Langatmigkeit in Kauf nähmen, das Schicksal einer Mannschaft erzählen könnten, indem wir Berichte über die Tätigkeit in der Mannschaft, die Gewohnheiten und Meinungen ihrer verschiedenen Mitglieder zusammenstellten, so könnten wir nicht tatsächlich alles sagen, was wir über den Torpfosten wissen, indem wir die einschlägigen Empfindungen beschrieben, die Beobachter haben oder haben könnten. Wir haben kein ›reines‹ Empfindungsvokabular. Ja, wir können unsere Empfindungen nur dadurch angeben, daß wir gewöhnliche Gegenstände, einschließlich Menschen, erwähnen. Aber es wird eingewendet, das sei eine zufällige Sprachunvollkommenheit, die in einer Sprache beseitigt werden könnte, welche die Befriedigung der Ansprüche völliger logischer Durchsichtigkeit zum Ziel hat.

Ein löbliches Motiv dieser Theorie war das Verlangen, ohne okkulte Instanzen und Prinzipien auszukommen. Ihre Verfechter fanden, daß die verbreiteten Wahrnehmungstheorien unbeobachtbare Wesenheiten und Faktoren postulierten, um solche Dinge wie Torpfosten mit Eigenschaften auszustatten, die Empfindungen unmöglich enthüllen konnten. Ein Torpfosten ist beständig, während Empfindungen flüchtig sind; er ist jedermann zugänglich, während sie Privateigentum sind; er folgt kausalen Regelmäßigkeiten, während sie regellos sind; er ist eine Einheit, während Empfindungen eine Vielheit sind. Es bestand also eine Tendenz zu sagen, daß hinter dem, was sich den Sinnen zeigt, höhere und äußerst wichtige Merkmale des Türpfostens liegen, nämlich, daß er eine fortbestehende Substanz ist, ein Ding an sich, eine Quelle der Kausalität, eine objektive Einheit und noch manche anderen gelehrten Erhabenheiten. Der Phänomenalismus versucht, ohne diese nutzlosen Geheimmittel der Theorie auszukommen, aber er versucht es, wie ich zu zeigen hoffe, ohne die Krankheiten zu erkennen oder zu heilen, zu deren Bekämpfung sie so erfolglos eingesetzt wurden.

Der Phänomenalismus entspringt aber auch einem anderen, weniger löblichen Motiv; es ist ein Motiv, dem auch jene Theorien entsprangen, gegen die sich der Phänomenalismus auflehnte. Er nahm nämlich an, daß eine Empfindung haben selbst ein Ermitteln von etwas sei oder daß etwas in der Empfindung ›enthüllt‹ werde. Er nahm das Prinzip der Sinnesdatentheorie an, daß eine Empfindung haben selbst ein Stück Beobachtung ist, ja die einzige Art von Beobachtung, die den Titel ›Beobachtung‹ verdient, da sie allein gegen Fehler gefeit ist. Wir können durch Beobachtung wirklich nur Tatsachen über jene Objekte herausfinden, die direkt in der Empfindung gegeben sind, d. h. also solche Dinge wie Farbflecke, Geräusche, Prickeln und Düfte. Nur Aussagen über solche Objekte seien durch Beobachtung verifizierbar.

Es schien zu folgen, daß wir Torpfosten nicht wirklich beobachten können und daher nicht durch Beobachtung jene Dinge herausfinden können, die wir über Torpfosten sehr wohl wissen.

So können wir jetzt sehen, daß sowohl der Phänomenalismus als auch die von ihm bekämpfte Theorie von Anfang an auf einem Irrweg waren. Die letztere besagt, daß wir nur Sinnesdaten oder Sinnesobjekte beobachten können und daß Torpfosten daher zum Teil aus Elementen bestehen müssen, die wir nicht beobachten können. Der Phänomenalismus sagt, daß wir nur Sinnesobjekte beobachten können und daß Aussagen über Torpfosten daher in Aussagen über Sinnesobjekte übersetzbar sein müssen. Die Wahrheit ist, daß ›Sinnesobjekte‹ ein sinnloser Ausdruck ist, also ist auch der Ausdruck ›Aussage über Sinnesobjekte‹ sinnlos; und es ist nicht nur unwahr, daß wir Torpfosten nicht beobachten können. ›Torpfosten‹ ist geradezu ein Musterbeispiel einer Ergänzung, die ein Satzgefüge wie ›Meier betrachtet ...‹ sinnvoll machen. Solche Tatsachen wie die, daß Torpfosten lange bestehen, besonders wenn sie gut mit Schutzfarbe angestrichen sind, daß sie, anders als Rauchwölkchen, hart und fest sind, daß sie, anders als Schatten, von jedermann bei Tag oder Nacht angetroffen werden können, daß sie das Gewicht von Toren und Türen tragen, aber möglicherweise abbrennen, werden durch Beobachtung und Versuche herausgefunden. In derselben Weise kann auch herausgefunden werden, daß Torpfosten Bäumen und Menschen sehr ähnlich sehen können; und daß es unter gewissen Bedingungen sehr leicht ist, sich über ihre Größe und Entfernung zu irren. Gewiß werden solche Tatsachen über Torpfosten nicht den Sinnen direkt gegeben oder in der Empfindung direkt enthüllt; aber nichts wird auf diese Art gegeben oder enthüllt, denn eine Empfindung haben ist nicht ein Herausfinden.

Das zeigt auch, warum es uns die Sprache nicht möglich macht, jene Aussagen zu formulieren, in die alle Aussagen über Torpfosten dem Phänomenalismus zufolge übersetzbar sein sollten. Der Grund ist nicht, daß unser Wortschatz unzulänglich ist, sondern daß es keine solchen Objekte gibt, für die solche zusätzlichen Ausdrucksweisen erwünscht wären. Nicht etwa, daß wir einen Wortschatz für gewöhnliche Gegenstände, aber keinen für Sinnesobjekte hätten; schon die Idee eines Sinnesobjekts ist vielmehr absurd. Es ist also nicht nur falsch, daß sich unsere Rede im Idealfall nicht mit Torpfosten, sondern nur mit Empfindungen beschäftigen würde, wir können vielmehr unsere Empfindungen gar nicht beschreiben, ohne auf die gewöhnlichen Gegenstände Bezug zu nehmen.

Es mag eingewendet werden, daß es unzulässig ist, den Ehrentitel ›Beobachtung‹ jenen Operationen zu verleihen, mit denen wir und Astronomen uns gewöhnlich über Rotkehlchen und Spiralnebel vergewissern. Nicht nur verwechseln wir oft manche Dinge mit anderen, sondern wir haben nie einen Garantieschein, daß wir uns nicht geirrt haben. Der Titel ›Beobachtung‹ sollte einem vor Fehlern sicheren Prozeß vorbehalten sein.

Warum aber? Wenn es sinnvoll ist, einen Menschen als einen sorgfältigen, einen anderen als einen fahrlässigen Beobachter zu bezeichnen, warum sollten wir dann alles zurücknehmen und sagen, daß keiner von beiden wirklich beobachtet, da auch die größte Vorsicht niemals vollkommen ist? Wir behaupten nicht, daß niemand je vernünftig denkt, weil wir nie die Gewähr haben, daß er nicht einem Trugschluß erlegen ist; warum sollte man also annehmen, daß es eine Art irrtumsfreie Operation gäbe, der das Zeitwort ›beobachten‹ allein geweiht ist? Ja, ›beobachten‹ im Sinn einer Aufgabe ist gerade eines jener Zeitwörter, auf die Umstandswörter wie ›sorgfältig‹, ›achtlos‹, ›erfolgreich‹, ›vergeblich‹ passen, was zeigt, daß es nicht eine Art Beobachtung (in diesem Sinn) geben könnte, bei der weder Veranlassung noch Gelegenheit zu Vorsichtsmaßnahmen gegen Fehler vorhanden wäre.

Ein Grund, warum garantiert vor Fehlern sichere Beobachtungen verlangt werden, scheint der zu sein. Es wäre absurd zu behaupten, daß es empirische Sachverhalte gibt oder geben könnte, die nicht grundsätzlich durch Beobachtung herausgefunden werden könnten; da jede tatsächlich gemachte gewöhnliche Beobachtung fehlerhaft sein könnte, muß es also eine besondere Art fehlersicherer Beobachtung geben, damit ›empirisch‹ mit ihrer Hilfe definiert werden kann. Und dann wird also die direkte Sinneswahrnehmung erfunden, um diese Rolle zu spielen, denn es ist freilich unpassend, von einer fehlerhaften Empfindung zu sprechen. Aber der Grund, warum eine Empfindung nicht fehlerhaft sein kann, ist nicht der, daß sie eine fehlersichere Beobachtung ist, sondern daß sie überhaupt keine Beobachtung ist. Es ist genauso absurd, eine Empfindung ›wahrheitsgetreu‹ wie sie ›fehlerhaft‹ zu nennen. Die Sinne sind weder ehrlich noch trügerisch. Noch berechtigt uns das obige Argument, irgendeine andere Art von automatisch wahrheitsgetreuer Beobachtung zu postulieren. Das einzige, was es verlangt, ist etwas, das uns die bekannten Tatsachen ohnehin liefern, nämlich, daß Beobachtungsfehler, so wie alle anderen, entdeckt und berichtigt werden können; also braucht keine Erfahrungstatsache, die in der Tat durch eine Fehlleistung übersehen wurde, durch eine endlose Reihe von Fehlleistungen übersehen zu werden. Wir brauchen nicht ein eigentümliches garantiertes Verfahren, sondern die gewöhnlichen sorgfältigen Verfahren; keine unkorrigierbaren Beobachtungen, sondern gewöhnliche korrigierbare Beobachtungen; nicht Impfung gegen Fehler, sondern die gewöhnlichen Vorsichtsmaßnahmen gegen sie, die gewöhnlichen Tests und die gewöhnlichen Berichtigungen. Ermitteln ist nicht ein Vorgang, der auf einem Hort von Gewißheiten einen Überbau von Vermutungen errichtet; es ist ein Vorgang des Sich-Vergewisserns. Gewißheiten sind etwas, was es uns gelang zu ermitteln, nicht etwas, was wir durch Zufall oder Gnade finden. Sie sind der Lohn der Arbeit, nicht das Geschenk der Offenbarung. Wenn einmal der Feiertagsbegriff des ›Gegebenen‹ durch den Werktagsbegriff des ›Ermittelten‹ ersetzt ist, haben wir dem Phänomenalismus und der Theorie von den Sinnesdaten Lebewohl gesagt.

Es gab aber noch einen anderen Grund, sich eine fehlersichere Art von Beobachtung zu wünschen, nämlich die wenn auch bloß unklare Erkenntnis, daß manche Beobachtungswörter, wie z. B. ›wahrnehmen‹, ›sehen‹, ›aufdecken‹, ›hören‹ und ›beobachten‹ (im Sinn von ›finden‹) von der Art sind, die ich ›Leistungszeitwörter‹ genannt habe. Genau wie jemand nicht ein Rennen erfolglos gewinnen oder ein Anagramm unrichtig lösen kann, da ›gewinnen‹ ja ›erfolgreich wettlaufen‹, und ›lösen‹ ja ›richtig umstellen‹ bedeutet, so kann jemand auch nicht irrig aufdecken oder unrichtig sehen. Die Behauptung, er habe etwas aufgedeckt, heißt schon, daß er sich nicht geirrt hat, und die Behauptung, daß er etwas sieht, heißt schon (im Hauptsinn dieses Worts), daß er keinen Fehler gemacht hat. Nicht, daß der Wahrnehmende ein Verfahren verwendet hätte, das ihn am Irren hindert oder ein Vermögen in Bewegung gesetzt hätte, das mit Unfehlbarkeit verbunden ist; nein, es ist einfach so, daß das verwendete Wahrnehmungsverb selbst bedeutet, daß er nicht fehlgegangen ist. Wenn wir jedoch die Aufgabenzeitwörter ›mustern‹, ›lauschen‹, ›suchen‹ usw. verwenden, dann ist es immer sinnvoll zu sagen, daß die von ihnen bezeichneten Vorgänge fehlgehen oder fruchtlos sein können. Nichts hindert eine Untersuchung daran, verpfuscht oder ergebnislos zu sein. Die Tatsache, daß Ärzte nicht erfolglos heilen können, bedeutet nicht, daß sie unfehlbare Ärzte sind; sie bedeutet bloß, daß es ein Widerspruch ist zu sagen, eine gelungene Behandlung sei mißlungen.

Darum zieht jemand, der angibt, eine Meise gesehen oder eine Nachtigall gehört zu haben, und später überzeugt wird, daß keine Meise oder Nachtigall dagewesen sei, sofort seine Behauptung zurück, die Meise gesehen oder die Nachtigall gehört zu haben. Er sagt nicht, er habe eine Meise gesehen, die nicht da war, oder er habe eine unwirkliche Nachtigall gehört. Ähnlich zieht jemand, der behauptet, ein Anagramm gelöst zu haben, aber später überzeugt wird, das sei nicht die Lösung, seine Behauptung zurück, er habe es gelöst. Er sagt nicht, er habe in einem ›strengen‹ oder ›verfeinerten‹ Sinn des Zeitworts ein ›Lösungsobjekt‹ gelöst, das sich eben in diesem Fall nicht mit dem in dem Anagramm versteckten Wort decke.

Den meisten, wenn nicht allen in diesem Kapitel besprochenen Ansichten scheint eine allgemeine Annahme zugrunde zu liegen; die Annahme, daß man alles, was man lernt, entweder durch Ableitung aus Prämissen oder, im Fall der anfänglichen Prämissen, durch irgendeine Art nicht abgeleiteter Konfrontation lernt. Diese Konfrontation wurde traditionell ›Bewußtsein‹, ›unmittelbare Anschauung‹, ›direkte Wahrnehmung‹, ›Intuition‹ etc. genannt. Solche Ausdrücke würde niemand, der nicht eine Erkenntnistheorie verteidigen will, je zur Aufzeichnung von besonderen Vorfällen in seinem alltäglichen Leben verwenden.

Diese beliebte Dichotomie, ›entweder durch Ableitung oder durch Intuition‹, scheint ihren geschichtlichen Ursprung in der Ehrfurcht der Erkenntnistheoretiker vor der Euklidschen Geometrie gehabt zu haben. Die Wahrheiten der Geometrie sind entweder Theoreme oder Axiome, und da Geometrie auf lange Zeit das Modell aller wissenschaftlichen Erkenntnis war, so wurden alle anderen Verfahren der Entdeckung oder des Beweises von Wahrheiten nach diesem einen besonderen Verfahren fromm fehlgebildet.

Aber die Annahme der Ähnlichkeit ist falsch. Es gibt viele Ermittlungsarten, die weder leeres passives Starren noch Ableitungen sind. Man denke an die Antworten, die wir auf die folgenden ›Woher-weißt-du?‹-Fragen erhalten würden. ›Woher weißt du, daß in diesem Zimmer zwölf Stühle sind?‹ – ›Ich habe sie gezählt.‹ – ›Woher weißt du, daß $9 \times 17 = 153$?‹ – ›Ich habe multipliziert und dann die Probe gemacht, indem ich 17 von 10×17 abzog.‹ – ›Woher weißt du, wie man Parallellinie schreibt?‹ – ›Ich schlage im Duden nach.‹ – ›Woher weißt du die Namen der Könige von England?‹ – ›Ich hatte einen strengen Geschichtsprofessor, der verlangte, daß wir sie auswendig lernten.‹ – ›Woher weißt du, daß der Schmerz in deinem Bein und nicht in deiner Schulter ist?‹ – ›Es ist doch mein Bein und meine Schulter, nicht?‹ – ›Woher weißt du, daß der Ofen ausgegangen ist?‹ – ›Ich habe zweimal nachgeschaut und ihn mit der Hand befühlt.‹

In keinem dieser Fälle würden wir verlangen, daß man uns die einzelnen Schritte irgendwelcher Ableitungen angäbe oder die Gegenstücke zu irgendwelchen Axiomen; noch würden wir an der Wahl dieser verschiedenen Entdeckungsmethoden etwas aussetzen, sondern höchstens in zweifelhaften Fällen an der Achtlosigkeit ihrer Ausführung. Wir verlangen auch nicht, Tennis sollte so gespielt werden, als ob es im Grunde Halma wäre.

6. Nachträgliche Bedenken

Wie ich schon im Vorwort sagte, ist etwas Wichtiges mit den Untersuchungen in diesem Kapitel nicht in Ordnung. Ich redete so, als wüßten wir, wie der Begriff oder die Begriffe der Empfindung anzuwenden seien; ich habe mit beinahe nachlässigem Bedauern vom Fehlen ›reiner‹ Empfindungswörter gesprochen, und ich habe recht geläufig von auditiven und visuellen Empfindungen geredet. Aber ich bin überzeugt, daß das alles ganz unzulänglich ist.

Manchmal verwenden wir das Wort ›Empfindung‹ in einem subtilen Tonfall, um zu zeigen, daß wir mit modernen physiologischen, neurologischen und psychologischen Hypothesen vertraut sind. Wir verwenden es in einem Atem mit wissenschaftlichen Wörtern wie ›Reiz‹, ›Nervenenden‹ und ›Stäbchen und Zäpfchen‹; und wenn wir sagen, ein Lichtstrahl verursache eine visuelle Empfindung, so denken wir, daß Experimentalisten jetzt imstande sind oder eines Tages imstande sein werden, uns zu sagen, was für ein Ding eine solche visuelle Empfindung eigentlich ist. Aber davon ganz verschieden ist eine völlig unsubtile Verwendung von ›Empfindung‹ und ›Gefühl‹; der Sinn, in dem ich sage, ohne an irgendwelche Theorien zu denken, daß mir der elektrische Schock ein kribbelndes Gefühl den Arm hinauf gegeben hat oder daß nun die Empfindung wieder in mein erstarrtes Bein zurückkehre. In dieser Verwendung sind wir bereit zu sagen, ein Sandkörnchen oder ein blendendes Licht habe uns eine unangenehme Empfindung im Auge verursacht; aber in dieser Verwendung würden wir nie sagen, die Dinge, die wir normalerweise anschauen, hätten uns irgendwelche Empfindungen in den Augen verursacht. Wenn das Sandkörnchen entfernt ist, können wir auf die Frage ›Fühlst du noch was im Auge?‹ antworten. Aber wenn wir unseren Blick von der Wiese weg auf den Himmel lenken, können wir keine Antwort auf die Frage geben, ›Wie hat diese Wendung das, was du im Auge fühlst, beeinflußt?‹ Wir können aus unserer eigenen Erfahrung sagen, wie sich der Anblick verändert hat; und wir können auf Grund unserer oberflächlichen Kenntnis von Theorien sagen, daß voraussichtlich eine Änderung der Reize und eine Änderung in den Reaktionen der Stäbchen und Zäpfchen stattgefunden habe. Aber es war nichts, was wir normalerweise als ein ›Gefühl‹ im Auge bezeichnen könnten.

Ähnlich geben uns ein paar beißende oder scharfe Gerüche besondere und beschreibbare Gefühle in unserer Nase und Kehle; aber die meisten Gerüche geben uns keine solchen Empfindungen in unserer Nase. Ich kann den Geruch von Rosen von dem Geruch von Brot unterscheiden, aber normalerweise beschreibe ich diesen Unterschied nicht, indem ich sage, daß mir Rosen Empfindungen oder Gefühle einer Art, Brot dagegen solche einer andern verursachen, so wie mir elektrische Schläge und heißes Wasser Empfindungen verschiedener Art in meiner Hand verursachen.

In unserer gewöhnlichen Verwendung bezeichnen die Wörter ›Empfindung‹, ›fühlen‹ und ›Gefühl‹ ursprünglich Wahrnehmungen. Eine Empfindung ist eine Empfindung von etwas, und wir fühlen das Schiff vibrieren oder schlingern, so wie wir seine Flagge wehen sehen oder seine Sirene heulen hören. In diesem Sinn können wir Dinge deutlich oder undeutlich fühlen, so wie wir sie deutlich oder undeutlich riechen können. Wie wir mit unseren Augen sehen und mit unseren Ohren hören, so fühlen wir mit unseren Händen, Lippen, Zungen oder Knien. Um herauszufinden, ob ein gewöhnliches Objekt klebrig, warm, geschmeidig, hart oder körnig ist, dürfen wir nicht schauen, horchen, schnüffeln oder kosten, sondern wir müssen das Ding befühlen. Eine Empfindung berichten heißt in diesem gewöhnlichen, unsubtilen Sinn: etwas berichten, was durch Beobachtung mit Hilfe des Tast- oder kinästhetischen Sinns ermittelt wurde.

Freilich gebrauchen wir ›fühlen‹ und ›Empfindung‹ oft auf eine andere, wenn auch abgeleitete Art. Wenn jemand, dem die Augen weh tun, sagt, er habe ein sandiges Gefühl unter seinen Augenlidern, oder wenn jemand, der Fieber hat, sagt, er fühle Hitze im Kopf und Kälte in den Füßen, dann würden sie ihre Behauptungen nicht zurückziehen, wenn man ihnen versicherte, es wäre kein Sand unter den Augenlidern oder Kopf und Füße hätten dieselbe Temperatur. Denn ›fühlen‹ heißt hier ›fühlen als ob‹, genauso wie ›sieht aus‹ oft ›sieht aus als ob‹ heißt und ›klingt‹ oft ›klingt als ob‹. Aber um den ›Als-ob‹-Satz zu vollenden, ist ein Hinweis auf irgendeinen Zustand nötig, der, wenn er wirklich vorläge, durch Fühlen im primären Sinn ermittelt würde – dem Sinn, in dem ›Ich fühle ein Sandkorn unter meinem Lid‹ zurückgezogen würde, wenn der Sprecher überzeugt ist, daß kein Sandkorn dort sei. Wir könnten das eine ›Nachwahrnehmungs‹-Verwendung der Zeitwörter ›fühlen‹, ›aussehen‹, ›klingen‹ usw. nennen.

Es ist aber ein wichtiger Unterschied zwischen ›fühlen‹ einerseits und ›sehen‹, ›hören‹, ›schmecken‹ und ›riechen‹ andererseits. Jemand, dessen Fuß fühllos ist, kann nicht nur sagen, daß er nichts mit seinem Fuß fühlen kann, sondern auch, daß er seinen Fuß nicht fühlen kann, wogegen ein vorübergehend geblendeter oder betäubter Mensch zwar sagen würde, er könne nichts mit seinem rechten Auge oder rechten Ohr sehen oder hören, aber nicht, daß er nicht sein Auge sehen oder sein Ohr hören könne. Wenn die Empfindung in den erstarrten Fuß zurückkehrt, dann kann sein Eigentümer wieder sowohl über den Gehsteig wie auch den Fuß berichten.

Es ist klar, daß dieser primäre Begriff der Empfindung nicht ein Bestandteil des allgemeinen Wahrnehmungsbegriffs ist, da er ja gerade eine Art dieser Gattung ist. Ich kann etwas sehen, ohne etwas zu fühlen, genau wie ich auch etwas fühlen kann, ohne etwas zu sehen.

Wie steht es nun mit dem anderen, subtilen Sinn von ›Empfindung‹, dem Sinn, in dem man sagt, Sehen schließe das Haben von visuellen Empfindungen oder Eindrücken ein? Empfindungen oder Eindrücke in diesem Sinn werden von Leuten nicht erwähnt, bevor sie zumindest vom Hörensagen etwas über physiologische, psychologische oder epistemologische Theorien wissen. Jedoch lange bevor sie diese Bildungshöhe erreichen, können sie schon Wahrnehmungsverben wie ›sehen‹, ›hören‹, ›schmecken‹, ›riechen‹ und ›fühlen‹ verwenden, und sie verwenden sie zu der Zeit genauso, wie sie sie später nach der Einweihung in die Theorie verwenden. Der subtile Begriff der Empfindungen oder Eindrücke ist also nicht Bestandteil ihrer Wahrnehmungsbegriffe. Wir könnten und sollten den Begriff der Wahrnehmung mit Platon besprechen, wenn wir das täten, würde sich nie die Gelegenheit bieten, uns darüber zu beklagen, daß Platon noch nicht der Verwendung der Begriffe des Sehens, Hörens und Fühlens mächtig sei, da er noch nicht in die modernen Theorien von Sinnesreizen eingeweiht sei. Physiologen und Psychologen beklagen es manchmal oder sind stolz darauf, daß sie keine Brücke über den Abgrund finden können, der Eindrücke und die sie verursachenden nervösen Erregungen voneinander trennt. Sie nehmen die Existenz dieser

Eindrücke als selbstverständlich hin; bloß der Mechanismus, der sie verursacht, verwirrt sie begreiflicherweise. Wie könnte man die Existenz von Sinneseindrücken bezweifeln? Ist es nicht geradezu notorisch, zumindest seit Descartes, daß sie die ursprünglichen, einfachen und konstanten Bewußtseinsinhalte sind?

Wenn wir nun sagen, daß sich jemand einer Sache bewußt ist, dann heißt das zum Teil gewöhnlich, daß er bereit ist, sie ohne Nachforschung oder besondere Belehrung zu bekennen oder zu berichten. Und doch tut gerade das niemand mit seinen angeblichen Eindrücken. Leute sind im allgemeinen bereit zu erzählen, was sie sehen, hören, schmecken, riechen oder fühlen; sie sind auch bereit zu erzählen, es sehe so aus, als ob das und das der Fall sei, oder daß es sich so anhört oder anfühlt, als ob es so und so sei. Aber sie sind nicht bereit, ja sie haben nicht einmal die entsprechenden Redewendungen, um zu sagen, welche Sinneseindrücke sie haben oder gehabt haben. Die Vorstellung davon, daß sich solche Vorfälle abspielen, stammt also nicht aus dem Studium dessen, was gewöhnliche vernünftige Leute erzählen. Sie werden in den Äußerungen des ungelehrten ›Bewußtseins‹ nicht erwähnt. Vielmehr stammt die Idee aus einer besonderen Kausalhypothese – der Hypothese, daß meine Psyche mit einem Torpfosten nur dann in Verbindung treten kann, wenn der Torpfosten einen Vorgang in meinem Körper verursacht, der dann seinerseits wieder einen Vorgang in meiner Psyche verursacht. Eindrücke sind gespenstische Regungen, die postuliert wurden, um die paramechanische Theorie zu stützen. Das Wort ›Eindruck‹ selbst, das aus der Beschreibung von Druckspuren in Wachs genommen wurde, verrät die Motive der Theorie. Es ist ein Unglück für die Philosophie, daß diese Theorie imstande war, sich des Wortschatzes, mit dem wir das sagen, was wir durch Fühlen ermitteln, zu bedienen und ihn zu verdrehen. Es ist nicht Fachtheorie, sondern Allgemeinwissen, daß wir durch Empfindung herausfinden, ob etwas warm, klebrig, vibrierend und zäh ist. Dementsprechend wurde es so dargestellt, als sei es bloß ein noch allgemeineres Allgemeinwissen, daß wir Empfindungen haben, wenn wir sehen, hören und riechen. Die subtile Idee der Sinneseindrücke wurde unter dem Schirm der gewöhnlichen Idee der Tastwahrnehmungen eingeschmuggelt.

Ich darf nicht unterlassen, eine andere gewöhnliche Verwendung von Wörtern wie ›Empfindung‹ und ›fühlen‹ zu erwähnen. Manchmal sagt einer nicht, daß er ein Sandkorn unter seinem Lid spürt, sondern daß er einen Schmerz in seinem Auge fühlt oder eine schmerzhafte Empfindung in seinem Auge hat. Hauptwörter des Unbehagens wie ›Schmerz‹, ›Jucken‹ und ›Beklemmung‹ werden dann von manchen Theoretikern als Namen von besonderen Empfindungen behandelt, wobei ›Empfindung‹ in einem subtilen Sinn als Synonym des andern subtilen Worts ›Eindruck‹ verwendet wird. Wenn aber ein Leidender gefragt wird, was er denn spüre, so stellt er den Frager nicht mit der Antwort zufrieden, er habe Schmerzen oder Unbehagen, sondern nur mit Antworten wie ›ein stechendes Gefühl‹, ›ein sandiges Gefühl‹ oder ›ein brennendes Gefühl‹. Er muß einen Nachwahrnehmungsausdruck des Inhalts verwenden, daß es so ist, als ob ihn etwas Spitzes stäche, etwas Sandiges kratzte oder etwas Glühendheißes versengte. Daß er ein leichtes, großes oder intensives Unbehagen spürt, ist eine Nachricht anderer Art, die auf eine Frage anderer Art zur Antwort gegeben wird. Die Ansicht ist also irrig, daß wir in Hauptwörtern wie ›Schmerz‹, ›Jucken‹ und ›Beklemmung‹ schließlich doch den Anfang eines Wortschatzes zum Bericht oder zur Beschreibung von Eindrücken haben. Es bleibt aber ein interessanter und vielleicht wichtiger Unterschied zwischen dem Sinn, in dem ein Sandkorn mir weh tut, und dem Sinn, in dem das Hören einer Dissonanz oder der Anblick von sich beißenden Farben mir weh tut. Das Sandkorn tut meinem Auge wörtlich weh, die Dissonanz tut meinem Ohr nur metaphorisch weh. Ich würde nicht einen Apotheker um Augentropfen bitten, um den mir durch die Farbenzusammenstellung bereiteten Schmerz zu stillen. Und wenn man mich fragte, ob die sich beißenden Farben meinem linken oder rechten Auge mehr weh täten, so würde ich mich weigern, eine Antwort zu geben, außer vielleicht zu sagen, daß sie meinen Augen nicht wörtlich weh täten, so wie Sandkörner und blendende Lichter meinen Augen wörtlich weh tun.

Wörter wie ›Sorge‹, ›Abscheu‹, ›Kummer‹ und ›Ärger‹ sind Stimmungsnamen. Aber ›Weh‹, ›Jucken‹ und ›Beklemmung‹ sind in ihrer wörtlichen Verwendung nicht Stimmungsnamen. Wir stellen ein Weh oder ein Jucken dort fest, wo wir das Sandkorn oder das Stroh feststellen, das wir fühlen oder uns einbilden zu fühlen. Und doch sind ›Weh‹ und ›Jucken‹ auch nicht Hauptwörter der Wahrnehmung. Ein Weh und ein Jucken kann z. B. nicht klar oder unklar, deutlich oder undeutlich sein. Während etwas durch den Gesichts- oder Tastsinn herausfinden eine Leistung ist, berichtet ›es juckt mich schrecklich‹ keine Leistung, noch beschreibt es etwas Ermitteltes. Ich weiß nicht, was ich sonst noch über die logische Grammatik solcher Wörter sagen könnte, außer daß noch sehr viel zu sagen wäre.

ACHTES KAPITEL

Die Vorstellung

1. Vorwort

Ich habe schon das terminologische Faktum erwähnt, daß ›psychisch‹ manchmal dasselbe heißt wie ›eingebildet‹ oder ›in der Vorstellung‹. Die Symptome eines Hypochonders werden manchmal als ›bloß psychisch‹ abgetan. Viel wichtiger jedoch als diese sprachliche Merkwürdigkeit ist die Tatsache, daß ganz allgemein, sowohl unter Fachleuten als auch unter Laien, eine Neigung besteht, dem von der Einbildungskraft Hervorgebrachten eine Art jenseitiger Wirklichkeit zuzuschreiben und dann den Geist als den verborgenen Wohnsitz dieser fleischlosen Wesen zu behandeln. Die Akte der Vorstellung sind gewiß Ausübungen geistiger Fähigkeiten. Aber ich versuche in diesem Kapitel zu zeigen, daß die Frage: ›Wo existieren die Dinge und Geschehnisse, deren Existenz sich Leute vorstellen?‹ eine Scheinfrage ist. Sie existieren nirgends, obwohl man sich vorstellt, daß sie etwa in diesem Zimmer oder in Juan Fernandez existieren.

Das entscheidende Problem ist, zu beschreiben, was man ›mit dem geistigen Auge sieht‹ oder ›im Geiste hört‹. Das, was ›visuelle Vorstellung‹, ›geistiges Bild‹, ›Gehörsvorstellung‹ und, in einer Verwendung, ›Idee‹ genannt wird, gilt im allgemeinen als eine Wesenheit, die im wahren Sinn des Worts existiert, und zwar woanders als in der Außenwelt. So wird also der Geist zu ihrem Schauplatz ernannt. Wie ich aber zeigen will, ist die bekannte Tatsache, daß Leute fortwährend Dinge mit ihrem geistigen Auge sehen und im Geiste hören, kein Beweis dafür, daß die Dinge existieren, die sie sehen und hören, oder daß diese Leute wirklich etwas sehen oder hören. So wie etwa ein Bühnenmord kein Opfer fordert und kein Mord ist, kann man etwas im Geiste sehen unabhängig von der Existenz des Gesehenen oder dem Ereignis von Sehakten. Es wird also kein Zufluchtsort gebraucht, in dem sie existieren oder sich ereignen könnten.

Die am Ende des letzten Kapitels geäußerten nachträglichen Bedenken beziehen sich auch auf manches, was in diesem Kapitel über Empfindungen gesagt wird.

2. Sichvorstellen und Sehen

Sehen und sich etwas vorstellen sind zwei ganz verschiedene Dinge. Jemand kann nur dann etwas sehen, wenn seine Augen offen sind und wenn seine Umgebung beleuchtet ist; aber er kann im Geiste Bilder sehen, wenn seine Augen geschlossen sind und die Welt dunkel ist. Ähnlich kann er Musik nur in solchen Umständen hören, in denen auch andere sie hören könnten, aber eine Melodie kann ihm durch den Kopf gehen, wenn sein Nachbar gar keine Musik hört. Überdies kann er nur das sehen, was es zu sehen gibt, und nur das hören, was es zu hören gibt, und oft kann er nicht umhin, das, was es zu sehen und zu hören gibt, auch zu sehen und zu hören; dagegen kann er manchmal nach Belieben dieses oder jenes Bild vor seinem geistigen Auge erscheinen oder sich diese oder jene Verse oder Melodien durch den Kopf gehen lassen.

Man drückt diesen Unterschied manchmal durch die Schrift so aus, daß man Bäume sieht und Musik hört, dagegen die Gegenstände der Erinnerung und Vorstellung nur in Anführungszeichen ›sieht‹ oder ›hört‹. Das Opfer des Delirium tremens würde demnach Schlangen nicht sehen, sondern ›sehen‹. Dieser Unterschied der Ausdrucksweise wird durch einen anderen weiter betont. Jemand, der sagt, er ›sehe‹ das Heim seiner Kindheit vor sich, ist oft bereit, seine Erscheinung als ›lebendig‹, ›naturgetreu‹ oder ›lebensecht‹ zu beschreiben, also mit Prädikaten, die er nie auf den Anblick dessen anwenden würde, was vor seiner Nase liegt. Denn während eine Puppe ›lebensecht‹ genannt werden kann, kann ein Kind nicht so genannt werden; oder während das Abbild eines Kopfes naturgetreu sein kann, kann es der Kopf nicht sein. Mit anderen Worten, wenn jemand sagt, daß er etwas ›sieht‹, was er nicht sieht, so weiß er, daß er etwas vom Sehen radikal Verschiedenes tut, eben weil das Zeitwort in Anführungszeichen steht und die Vision als mehr oder weniger naturgetreu oder lebendig beschrieben werden kann. Er wird vielleicht sagen: ›Mir ist, als wäre ich dort!‹, aber dieses ›. . . als wäre ich dort‹ ist gerade darum angebracht, weil es feststellt, daß er nicht wirklich dort ist. Die Tatsache, daß er unter gewissen Bedingungen nicht bemerkt, daß er nicht sieht, sondern bloß ›sieht‹, wie z. B. im Traum oder Delirium, bei übermächtigem Durst, unter Hypnose und bei Zauberkunststücken, trägt nicht im geringsten dazu bei, den Unterschied zwischen dem Begriff des Sehens und ›Sehens‹ zu beseitigen, genausowenig wie die Tatsache, daß es oft schwer ist, den Unterschied zwischen einer echten und einer gefälschten Unterschrift festzustellen, den Unterschied zwischen dem Begriff des Unterschreibens und dem der Urkundenfälschung beseitigen kann. Die Fälschung kann man als eine gute oder schlechte Nachahmung des Originals beschreiben; aber eine authentische Unterschrift kann überhaupt nicht als eine Nachahmung gekennzeichnet werden, da sie ja das Original ist, ohne das der Fälscher nichts nachzuahmen hätte.

Wie visuelle Beobachtung bei den meisten Leuten Vorrang vor der Beobachtung mit andern Sinnen genießt, so ist bei den meisten Leuten die visuelle Vorstellungskraft größer als die der Gehörs-, Tast-, Geruchs-, Geschmacks- und kinästhetischen Vorstellung, und demzufolge stammt der Wortschatz, mit dem wir diese Angelegenheit besprechen, vorwiegend aus dem Gebiet des Sehens. Leute sprechen z. B. davon, sich ›etwas auszumalen‹ oder ›sich etwas im Geist vor Augen zu führen‹, aber sie haben keine solchen allgemeinen Ausdrücke für die Vorstellungen der anderen Sinne.

Das hat unglückliche Folgen. Es gibt unter den gewöhnlichen Gegenständen der visuellen Beobachtung sowohl sichtbare Dinge wie auch sichtbare Abbilder, sowohl Köpfe wie auch Porträts, sowohl Unterschriften wie auch Fälschungen von Unterschriften, sowohl Berge wie auch Aufnahmen von Bergen, sowohl kleine Kinder wie auch Puppen; und darum ist es so natürlich, die Ausdrücke, mit denen wir Vorstellungen beschreiben, in einer entsprechenden Weise auszulegen.

Wenn jemand sagt, er stelle sich sein Kinderzimmer vor, so sind wir versucht, seine Bemerkung so auszulegen, daß er etwas betrachte, nicht sein Kinderzimmer, sondern ein anderes sichtbares Objekt, nämlich ein Abbild seines Kinderzimmers, nur nicht eine Fotografie oder ein Ölgemälde, sondern ein Pendant zu einer Fotografie, etwas, das aus einem andersartigen Material gemacht ist. Außerdem ist dieses papierlose Bild, das er, wie wir annehmen, betrachtet, nicht etwas, das wir auch besichtigen können, denn es hängt nicht in einem Rahmen an der Wand vor unser aller Nasen, sondern anderswo, in einer Galerie, die nur er besuchen kann. Und dann möchten wir sagen, das Bild seines Kinderzimmers, das er betrachtet, müsse in seinem Geiste sein, und das ›Auge‹, mit dem er es betrachtet, könne nicht sein körperliches Auge sein, das vielleicht, allen sichtbar, geschlossen ist, sondern es müsse sein geistiges Auge sein. So pflichten wir also unversehens der Theorie bei, daß ›sehen‹ schließlich doch sehen ist, und daß das, was er ›sieht‹, ebenso ein treues Abbild ist und ebenso wirklich von ihm gesehen wird wie das Ölgemälde, das jedermann sieht. Gewiß ist es ein kurzlebiges Abbild, aber von Kinobildern gilt das auch. Freilich ist es außerdem auf einen Zuschauer beschränkt, dem sowohl das Bild wie die ganze Galerie gehört; aber Monopole sind schließlich nicht ungewöhnlich.

Ich möchte zeigen, daß der Begriff des Sichvorstellens, Sich-vor-Augen-Führens oder ›Sehens‹ ein rechtmäßiger und nützlicher Begriff ist, aber daß er nicht die Existenz von Abbildern nach sich zieht, die wir betrachten, oder von Galerien, in denen solche Abbilder vorübergehend hängen. Grob gesprochen: Vorstellungen kommen vor, aber Vorstellungsbilder werden nicht gesehen. Melodien gehen mir im Kopf um, aber es werden keine Melodien gehört, wenn sie mir dort umgehen. Gewiß ist einer, der sich sein Kinderzimmer vorstellt, in einer gewissen Weise jemandem ähnlich, der es sieht, aber die Ähnlichkeit besteht nicht darin, daß er wirklich ein wirkliches Abbild seines Kinderzimmers ansieht, sondern darin, daß er das Kinderzimmer selbst wirklich zu sehen scheint, während er es nicht wirklich sieht. Er ist nicht der Beschauer einer Imitation seines Kinderzimmers, sondern er ist die Imitation eines Beschauers seines Kinderzimmers.

3. *Die Theorie von den Bildern mit besonderem Status*

Betrachten wir zuerst einige Implikationen der von mir kritisierten Lehre, daß ich in der Vorstellung in einem beinahe alltäglichen Sinn von ›sehen‹ ein Bild von eigener Art sehe. Es gehört zu dieser Lehre, daß das Bild, das ich sehe, nicht so wie eine fotografische Aufnahme vor meinen Augen ist; im Gegenteil, es darf nicht im physikalischen Raum sein, sondern muß in einem Raum einer anderen Art sein. Das Mädchen, das sich ein Lächeln auf den Lippen ihrer Puppe vorstellt, sieht also ein Bild eines Lächelns. Das Bild des Lächelns ist jedoch nicht dort, wo die Puppenlippen sind, da diese vor den Augen des Kindes sind. Aber das ist absurd. Niemand kann sich ein abgelöstes Lächeln vorstellen, und kein Puppeneigentümer wäre mit einer nichtlächelnden Puppe zusammen mit einem abgetrennten und unmöglichen Abbild eines Lächelns zufrieden, das irgendwo anders aufgehängt ist. In Wirklichkeit sieht das Mädchen das Lächeln nirgendwo anders als auf den Puppenlippen; sie stellt sich vor, sie sehe ein Lächeln auf den Puppenlippen vor ihren Augen, obwohl sie keines dort sieht und sehr erschreckt wäre, wenn sie eines dort sähe. Ähnlich bewirkt der Zauberer, daß wir auf der Bühne vor unseren Augen Kaninchen aus dem Hut in seiner Hand herauskommen ›sehen‹ (nicht sehen); er legt es nicht darauf an, uns Schattenkaninchen aus einem zweiten, gespenstischen Hut heraushüpfen sehen (nicht ›sehen‹) zu lassen, der nicht in seiner Hand ist, sondern in einem Raum von anderer Art.

Das vorgestellte Lächeln ist also nicht ein physikalisches Phänomen, d. h. eine wirkliche Verzerrung des Puppengesichts; aber es ist auch kein nichtphysikalisches Phänomen, das das Mädchen in einem Feld wahrnimmt, das völlig von dem ihres Kinderwagens und ihrem Kinderzimmer abgeschnitten ist. Es ist überhaupt kein Lächeln da und auch kein Abbild eines Lächelns. Es ist nur ein Kind da, das sich vorstellt, es sähe seine Puppe lächeln. Obwohl es sich also die Puppe wirklich mit einem Lächeln ausmalt, schaut es doch kein Gemälde eines Lächelns an; und obwohl ich mir einbilde, daß ich Kaninchen aus dem Hut kommen sehe, so sehe ich doch nicht wirkliche Trugbilder von Kaninchen aus wirklichen Trugbildern von Hüten herauskommen. Es wird nicht ein wirkliches Leben draußen von blutlosen Ähnlichkeiten innen nachgeahmt; es sind bloß Dinge und Ereignisse da, Leute, die Zeugen mancher dieser Dinge und Ereignisse sind, und Leute, die sich vorstellen, Zeugen von Dingen und Ereignissen zu sein, von denen sie nicht Zeugen sind.

Betrachten wir einen andern Fall. Ich beginne ein langes und ungewohntes Wort aufzuschreiben, und nach ein oder zwei Silben finde ich, daß ich nicht sicher bin, wie ich weiterschreiben soll. Ich stelle mir vielleicht vor, im Wörterbuch nachzuschlagen, und manchmal kann ich dann ›sehen‹, wie die letzten drei Silben geschrieben werden. In einem solchen Fall ist es verlockend zu sagen, daß ich wirklich das Bild eines gedruckten Wortes sehe, nur ist das Bild ›in meinem Kopf‹ oder ›in meinem Geist‹, da das Ablesen der Buchstaben des ›gesehenen‹ Worts sich so ähnlich ausnimmt wie das Ablesen der Buchstaben einer Eintragung im Wörterbuch oder einer Fotografie einer solchen Eintragung, die ich wirklich sehe. In einem andern Fall aber beginne ich das Wort aufzuschreiben, und dann ›sehe‹ ich die nächsten paar Silben auf der Seite, auf der ich schreibe, und auf der Stelle, wo ich sie schreiben soll. Es kommt mir ein wenig so vor, als zöge ich mit meiner Feder bloß einen Wortschatten nach, der auf die Seite gefallen ist. Und doch ist es hier unmöglich zu sagen, daß ich auf ein Wortbild oder -gespenst in einem eigenartigen nichtphysikalischen Raum gucke, denn was ich ›sehe‹ ist auf meiner Seite unmittelbar rechts von meiner Feder. Und wieder muß gesagt werden: obwohl ich mir das Wort an einer bestimmten Stelle, in bestimmtem Druck oder in einer bestimmten Handschrift vorstelle, und obwohl ich die Rechtschreibung des Wortes von der vorgestellten Druck- oder Schreibweise ablesen kann, existiert doch kein Abbild, Schatten oder Gespenst eines Wortes, und ich sehe kein Abbild, keinen Schatten und kein Gespenst davon. Ich scheine das Wort auf der Seite selbst zu sehen, und je lebhafter und länger ich es zu sehen scheine, desto leichter kann ich das, was ich zu sehen scheine, mit meiner Feder auf das Papier übertragen.

Hume glaubte bekanntlich, es gäbe sowohl ›Eindrücke‹ wie auch ›Ideen‹, d. h. sowohl Empfindungen wie auch Vorstellungen; und er suchte vergeblich nach einer klaren Trennungslinie zwischen diesen beiden Arten von ›Wahrnehmungen‹. Ideen, dachte er, seien im allgemeinen blasser als Eindrücke und in ihrer Entstehung später als Eindrücke, da sie Spuren, Abzüge oder Wiedergaben von Eindrücken seien. Und doch erkannte er, daß Eindrücke jeden beliebigen Grad der Blässe oder Schwäche haben können und daß Ideen, obwohl sie Abdrücke sind, nicht mit dem Aufdruck ›Kopie‹ oder ›Abbild‹ erscheinen, genausowenig wie Eindrücke mit dem Stempel ›Original‹ oder ›Urbild‹ ankommen. Nach Hume kann also eine einfache Inspektion nicht entscheiden, ob eine Wahrnehmung ein Eindruck oder eine Idee ist. Und doch bleibt der entscheidende Unterschied zwischen dem, was man in Gesprächen hört und in Tagträumen ›träumt‹, zwischen den Schlangen im Zoo und den Schlangen, die der Trinker ›sieht‹, zwischen dem Studierzimmer, in dem ich mich jetzt befinde und dem Kinderzimmer, in das ich mich

›versetzt‹ finde. Humes Irrtum bestand darin anzunehmen, ›sehen‹ sei eine Art von sehen, und ›Wahrnehmung‹ der Name einer Gattung, von der es zwei Arten gibt, nämlich Eindrücke und Gespenster oder Echos von Eindrücken. Es gibt keine solchen Gespenster, und wenn es sie gäbe, dann wären sie nur wieder weitere Eindrücke; und sie würden zum Sehen gehören, nicht zum ›Sehen‹.

Humes Versuch, zwischen Ideen und Eindrücken dadurch zu unterscheiden, daß die letzteren lebendiger sind als die ersteren, war einer von zwei schlimmen Irrtümern. Nehmen wir also zuerst an, daß ›lebendig‹ bei Hume ›lebhaft‹ bedeutet. Jemand kann sich etwas lebhaft vorstellen, aber er kann nicht lebhaft sehen. Eine ›Idee‹ kann lebhafter sein als eine andere ›Idee‹, aber Eindrücke können überhaupt nicht als lebhaft beschrieben werden, genauso wie eine Puppe lebensechter als eine andere, aber ein Baby weder lebensecht noch lebensunecht sein kann. Die Behauptung, der Unterschied zwischen Babys und Puppen bestünde darin, daß Babys lebensechter seien als Puppen, ist offenkundiger Unsinn. Ein Schauspieler kann überzeugender spielen als ein anderer Schauspieler; aber jemand, der nicht spielt, ist weder überzeugend noch unüberzeugend, und kann daher nicht als überzeugender angesprochen werden als ein Schauspieler. Nehmen wir also zweitens an, daß Hume unter ›lebendig‹ ›intensiv‹, ›scharf‹ oder ›stark‹ verstand. Dann war er in einer anderen Hinsicht im Irrtum. Denn während Empfindungen untereinander hinsichtlich ihrer Heftigkeit, Schärfe oder Stärke verglichen werden können, so können sie in diesen Hinsichten nicht mit Vorstellungen verglichen werden. Wenn ich mir vorstelle, einen großen Lärm zu hören, höre ich weder ein lautes noch ein leises Geräusch; ich habe keine schwache auditive Empfindung, da ich überhaupt keine auditive Empfindung habe, obwohl ich mir vorstelle, eine starke zu haben. Ein Schrei, den man sich vorstellt, ist nicht ohrenbetäubend, aber er ist andererseits auch nicht ein sanftes Murmeln, und er ist weder lauter noch leiser als ein gehörtes

Gemurmel. Er übertönt es weder noch wird er davon übertönt.

Ähnlich gibt es auch nicht zwei Arten von Mördern, diejenigen, die Leute umbringen, und diejenigen, die die Rollen von Mördern auf der Bühne spielen; denn diese letzteren sind überhaupt keine Mörder. Sie verüben nicht Mordtaten, die die unfaßbare Eigenschaft haben, Vorspiegelung zu sein; sie täuschen vor, gewöhnliche Morde zu begehen, und Morde vortäuschen heißt: nicht morden, sondern zu morden scheinen. Genau wie Scheinmorde gar nicht Morde sind, so sind vorgestellte Anblicke und Geräusche gar nicht Anblicke und Geräusche. Sie sind daher auch nicht trübe Anblicke oder leise Geräusche. Und sie sind auch nicht Privatanblicke oder -geräusche. Es gibt keine Antwort auf die Scheinfrage: ›Wo hast du das Opfer deines Scheinmords versteckt?‹, denn es gab kein Opfer. Es gibt keine Antwort auf die Scheinfrage: ›Wo sind die Gegenstände, die wir uns zu sehen vorstellen?‹, denn es gibt keine solchen Gegenstände.

Man wird fragen: ›Wie kann jemand eine Melodie im Geist zu hören scheinen, wenn es keine zu hören gibt?‹ Ein Teil der Antwort ist leicht, nämlich, daß er nicht zu hören scheine, oder sich einbildete zu hören, wenn er wirklich eine hörte, genausowenig wie ein Schauspieler einen Mord simulieren würde, wenn er wirklich jemanden ermordete. Aber es steckt mehr dahinter als das. Die Frage: ›Wie kann jemand eine Melodie zu hören scheinen, wenn es keine zu hören gibt?‹ hat die Form einer mechanistischen Frage. Sie deutet an, daß hier ein mechanisches oder paramechanisches Problem vorliegt (so wie die Frage, die man mit Recht über Zauberkunststücke oder automatische Anrufbeantworter stellt), und daß man uns die verborgenen Drehungen und Bewegungen beschreiben muß, die das ausmachen, was jemand tut, der sich vorstellt, eine Melodie zu hören. Aber um zu verstehen, daß jemand sich vorstellt, eine Melodie zu hören, bedarf man keiner Kenntnis anderweitiger Vorgänge, die sich abspielen mögen, während er es sich vorstellt. Wir wissen schon und haben schon seit unserer Kindheit gewußt, unter welchen Umständen wir von Leuten sagen müßten, sie stellten sich vor, etwas zu sehen oder zu hören. Soweit dies überhaupt ein Problem ist, besteht es darin, diese Beschreibungen zu interpretieren, ohne in die Ausdrucksweisen zu verfallen, in denen wir vom Sehen von Pferderennen, Hören von Konzerten und Begehen von Morden reden. Wir verfallen in diese Ausdrucksweisen, sobald wir sagen, das Sicheinbilden, man sähe einen Drachen, bestehe im Sehen einer wirklichen Dracheneinbildung oder eines wirklichen Drachenphantoms, oder das Vortäuschen, man beginge einen Mord, im Begehen eines wirklichen Scheinmordes oder das anscheinende Hören einer Melodie im Hören einer wirklichen psychischen Melodie. Die Annahme solcher sprachlichen Gepflogenheiten bedeutet den Versuch, Begriffe, deren Funktion zumindest teilweise die Leugnung möglicher Sachlagen ist, als Artbegriffe auszulegen. Die Behauptung, eine Handlung sei ein Scheinmord, heißt nicht, daß eine Art milder oder schwacher Mord begangen worden ist, sondern daß überhaupt keine Art von Mord begangen worden ist; und die Behauptung, jemand stelle sich einen Drachen vor, heißt nicht, daß er einen Drachen einer besonderen Art oder etwas anderes Drachenähnliches dunkel sieht, sondern daß er nicht einen Drachen oder etwas Drachenähnliches sieht. Ähnlich sieht jemand, der ›die Zugspitze im Geiste sieht‹ weder den Berg noch ein Abbild des Berges; es ist weder ein Berg vor den Augen in seinem Gesicht noch ein Scheinberg vor irgendwelchen andern nicht-gesichtlichen Augen. Aber es ist trotzdem wahr, daß ›es so ist, als ob er die Zugspitze sähe‹, und er wird vielleicht sogar nicht bemerken, daß er sie nicht wirklich sieht.

Betrachten wir eine andere Art von Vorstellungsbildern. Manchmal, wenn jemand eine Schmiede erwähnt, finde ich mich sofort in meine Kindheit zurückversetzt, wie ich einmal eine Dorfschmiede besuchte. Ich kann das glühend rote Hufeisen auf dem Amboß leibhaftig vor mir ›sehen‹, den Hammer ziemlich deutlich auf das Eisen aufschlagen ›hören‹ und etwas weniger ›lebhaft‹ den versengten Huf ›riechen‹. Wie sollte man dieses ›Riechen mit der Nase des Geistes‹ beschreiben? Die Alltagssprache gibt uns keine Möglichkeit, vom Riechen einer ›Wiedergabe‹ eines versengten Hufs zu sprechen. Wie schon gesagt, gibt es in der alltäglichen gutbeleuchteten Welt sichtbare Gesichter und Berge sowie andere sichtbare Objekte, die Bilder von Gesichtern und Bergen sind; es gibt sichtbare Leute und sichtbare Nachbildungen von Leuten. Sowohl Bäume wie auch Spiegelungen von Bäumen können fotografiert oder von Spiegeln widergespiegelt werden. Die Art, wie man sichtbare Dinge mit ihren sichtbaren Abbildern visuell vergleicht, ist wohlbekannt und bietet keine Schwierigkeiten. Mit Geräuschen sind wir nicht so gut gestellt, aber es gibt gehörte Geräusche und gehörte Echos von Geräuschen, gesungene Lieder und Grammophonplatten gesungener Lieder, Stimmen und Stimmenimitationen. Sich etwas visuell Vorstellen wird daher leicht und gern als ein Fall der Betrachtung eines Abbilds statt eines Originals ausgelegt, und es ist gerade noch glaubhaft, eine Gehörsvorstellung als das Hören einer Art Echo oder Grammophonplatte statt der Stimme selbst auszulegen. Aber wir haben nichts Ähnliches im Fall von Riechen, Schmecken oder Fühlen. Wenn ich also sage, daß ich den versengten Huf ›rieche‹, so habe ich keine Redewendung zur Verfügung, mit der ich meine Aussage in die Form bringen könnte: ›Ich rieche eine Wiedergabe eines versengten Hufs.‹ Die Sprache von Originalen und Kopien ist nicht auf Gerüche anwendbar.

Trotzdem kann ich sagen, daß ich den versengten Huf lebhaft ›rieche‹ oder daß sein Geruch mir lebhaft im Gedächtnis haftengeblieben ist, und die bloße Verwendung dieser Umstandswörter zeigt, daß ich nicht rieche, sondern nur ›rieche‹. Gerüche sind nicht lebhaft oder lebensecht; sie sind nur mehr oder weniger stark. Nur ›Gerüche‹ können lebhaft sein, und dementsprechend können sie nicht mehr oder weniger stark sein, obwohl es scheinen kann, daß ich einen mehr oder weniger starken Geruch in die Nase bekomme. Gleichgültig wie lebhaft ich die Schmiede auch ›riechen‹ mag, der Lavendelgeruch in meinem Zimmer, wie schwach er auch sein mag, wird davon nicht im geringsten übertönt. Es gibt keinen Streit zwischen einem Geruch und einem ›Geruch‹, wie es einen Streit zwischen dem Geruch von Zwiebeln und dem von Lavendel geben kann.

Wenn jemand, der kürzlich in einem brennenden Haus weilte, berichtet, er könne noch immer den Rauch ›riechen‹, so glaubt er doch nicht, das Haus, in dem er sich gegenwärtig befindet, stehe in Flammen. Wie lebhaft er auch den Rauch ›riecht‹, er weiß, daß er keinen riecht; zumindest weiß er es, wenn er bei Sinnen ist, und wenn er es nicht weiß, dann wird er nicht sagen, daß der ›Geruch‹ lebhaft ist, sondern er wird irrtümlich sagen, daß der Geruch stark ist. Wenn aber die Theorie richtig wäre, daß das ›Riechen‹ von Rauch wirklich das Riechen einer Rauchkopie wäre, könnte er auf keine Art zwischen ›riechen‹ und riechen unterscheiden, die den Methoden entspricht, mit denen zwischen dem Betrachten von Gesichtern und dem Betrachten von Kopien von Gesichtern, oder dem Hören von Stimmen und dem Hören von Grammophonplatten von Stimmen unterschieden wird.

Gewöhnlich stehen uns visuelle Methoden zur Verfügung, zwischen Dingen und Aufnahmen oder Nachbildungen von ihnen zu unterscheiden; ein Bild ist flach, hat Ränder und vielleicht einen Rahmen; es kann umgedreht und auf den Kopf gestellt, zusammengeknüllt und zerrissen werden. Sogar ein Echo oder eine Grammophonaufnahme einer Stimme kann von der Stimme selbst unterschieden werden, wenn nicht mit dem Gehörsinn allein, so doch mit Hilfe gewisser mechanischer Kriterien. Aber keine dieser Unterscheidungen ist möglich zwischen einem Geruch und einer Nachahmung eines Geruches, einem Geschmack und einer Geschmacksimitation, einem Kitzel und einer Kitzelattrappe; ja es ist sinnlos, solche Wörter wie ›Nachahmung‹, ›Imitation‹ und ›Attrappe‹ auf Gerüche, Geschmäcke und Gefühle anzuwenden. Daher sind wir nicht versucht zu sagen, daß jemand, der eine Schmiede ›riecht‹, wirklich ein Faksimile oder eine Nachbildung von irgend etwas riecht. Er scheint oder bildet sich ein, etwas zu riechen, aber wir haben keine Redensart, so als ob es eine innere Geruchskopie gäbe, oder ein Geruchsfaksimile oder ein Geruchsecho. In diesem Fall ist es also klar, daß etwas ›riechen‹ nicht riechen impliziert und daher auch, daß sich etwas vorstellen nicht eine Abbildung wahrnehmen heißt, da es überhaupt kein Wahrnehmen ist.

Warum ist es also verlockend und natürlich, das ›Sehen von Dingen‹ als das Sehen von Bildern von Dingen zu mißdeuten? Der Grund ist nicht, daß ›Bild‹ eine Gattung bezeichnet, zu der sowohl fotografische Aufnahmen als auch geistige Bilder als Arten gehören, da ›geistige Bilder‹ genausowenig Bilder bezeichnen wie ›Scheinmorde‹ Morde. Im Gegenteil, wir sprechen vom ›Sehen‹, als ob es das Sehen von Bildern sei, weil das bekannte Erlebnis, Schnappschüsse von Dingen und Personen zu sehen, so oft das ›Sehen‹ von diesen Dingen und Personen hervorruft. Dazu sind Schnappschüsse da. Wenn mir ein sichtbares Bild einer Person vorliegt, so scheine ich oft die Person selbst vor mir zu sehen, obwohl sie nicht anwesend und vielleicht schon lange tot ist. Ich würde das Bild nicht behalten, wenn es diese Funktion nicht erfüllte. Oder wenn ich eine Bandaufnahme der Stimme eines Freundes höre, dann kann ich mir einbilden, ich hörte ihn im nächsten Zimmer singen oder sprechen, obwohl er meilenweit entfernt ist. Die Gattung ist die scheinbare Wahrnehmung, und eine sehr wohlbekannte Art dieser Gattung ist das scheinbare Erblicken von etwas, wenn man eine gewöhnliche Aufnahme davon betrachtet. Eine andere Art ist das scheinbare Erblicken von etwas, wenn sich keine materielle Abbildung vor unseren Augen befindet. Sich etwas vorstellen bedeutet nicht: Schattenbilder vor irgendeinem Schattenorgan haben, welches ›das geistige Auge‹ heißt; jedoch ist das Vorhandensein gewöhnlicher Papierbilder vor den Augen im Gesicht ein wohlbekannter Vorstellungsanreiz.

Ein Ölgemälde eines Freundes mag als sprechend ähnlich bezeichnet werden, wenn es mich in die Lage versetzt, den Freund wie er leibt und lebt scheinbar vor mir zu sehen, wenn ich ihn nicht wirklich sehe. Eine Karikatur kann sprechend ähnlich sein, ohne im geringsten einem sprechend ähnlichen Ölgemälde derselben Person ähnlich zu sein. Wenn ein Bild sprechend ähnlich sein soll, ist es nicht notwendig oder hinreichend, daß es eine genaue Wiedergabe der Umrisse oder Farben des dargestellten Gesichts ist. Wenn ich also ein Gesicht lebhaft ›sehe‹, so bedeutet das nicht, daß ich eine genaue Wiedergabe sehe, da ich eine genaue Wiedergabe sehen mag, ohne dadurch in die Lage versetzt zu werden, das Gesicht lebhaft zu ›sehen‹ und umgekehrt. Aber ein Bild einer Person gut getroffen oder sprechend ähnlich finden bedeutet: dadurch in die Lage versetzt werden, die Person scheinbar zu sehen, da ›gut getroffen‹ und ›sprechend ähnlich‹ gerade das heißt.

Man neigt dazu, das ›Sehen‹ als ein Sehen von wirklichen, aber gespenstischen Abbildungen auszulegen, weil sie Lebhaftigkeit und Lebensechtheit mit Hilfe der Ähnlichkeit erklären wollen, so als müßte ich, um die Zugspitze lebhaft vor mir zu ›sehen‹, tatsächlich etwas anderes, der Zugspitze Ähnliches sehen. Aber das ist irrig. Nachbildungen sehen, gleichgültig wie genau sie auch sein mögen, braucht nicht dazu zu führen, die Originale lebhaft zu ›sehen‹, und die sprechende Ähnlichkeit eines materiellen Bildes kann nicht mit Hilfe von Ähnlichkeit, sondern muß mit Hilfe der Lebhaftigkeit des ›Sehens‹ erklärt werden, das es hervorruft.

Kurz, es gibt keine solchen Objekte wie geistige Bilder, und wenn es solche Objekte gäbe, dann wäre sie sehen noch immer nicht dasselbe wie scheinbar Gesichter oder Berge sehen. Wir stellen uns Gesichter oder Berge vor, genauso wie wir, nicht ganz so oft, versengte Hufe ›riechen‹; aber sich ein Gesicht oder einen Berg vorstellen besteht nicht darin, ein Bild des Gesichts oder des Berges vor uns zu haben; es ist etwas, worin uns gewöhnlich der Umstand behilflich ist, daß wir ein materielles Abbild vor uns haben, obwohl wir es auch ohne solche Hilfe tun können und oft tun. Auch Träumen ist nicht der Besuch einer privaten Kinovorstellung; im Gegenteil, der Besuch einer öffentlichen Kinovorstellung ist eine Methode, eine gewisse Art von Traum hervorzurufen. Der Zuschauer sieht dort eine Leinwand, die auf wechselnde Art beleuchtet ist, aber er ›sieht‹ die wogende Prärie. Es würde also die wahre Sachlage umkehren, wollte man sagen, der Träumer betrachte ein wechselnd beleuchtetes Stück ›geistiger‹ Leinwand; denn es gibt keine geistige Leinwand, und auch wenn es sie gäbe, so wäre es doch nicht dasselbe, sie wechselnd beleuchtet zu sehen, und zu träumen, daß man über die Prärie galoppiert.

Die Tendenz, Sich-etwas-Vorstellen als das Sehen echter, aber innerer Abbilder zu beschreiben, stützt die Theorie der Sinnesdaten und wird von ihr gestützt. Viele Anhänger dieser Theorie, die irrtümlich annehmen, ich sähe beim ›Sehen‹ einen eigentümlichen papierlosen Schnappschuß, wenn auch einen, den man seltsamerweise nicht umdrehen kann, nehmen an, daß ich *a fortiori* beim richtigen Sehen eine eigentümliche nichtphysische Farbfläche sehe. Und da sie irrtümlich annehmen, daß das Haben einer visuellen Empfindung im Erblicken einer zweidimensionalen Kombination von Farben besteht, die in einem ›privaten Raum‹ ausgebreitet sind, finden sie es um so leichter zu sagen, daß wir, wenn wir uns etwas vorstellen, eine noch gespenstischere Kombination von Farben betrachten, die in derselben Galerie hängt wie die ursprüngliche Kombination von Farben. Wie in meinem Arbeitszimmer sowohl ein Mensch wie auch der Schatten oder das Porträt dieses Menschen sein kann, so können in meiner Privatgalerie sowohl Sinnesdaten wie auch Abdrücke von Sinnesdaten sein. Meine Einwände gegen die Interpretation der Vorstellung als eines Bildersehens genügen allein noch nicht, um die Theorie von den Sinnesdaten zu entkräften; aber sie entkräften, hoffe ich, die Hilfstheorie, die Vorstellung sei das Betrachten von Abdrücken von Sinnesdaten. Und wenn ich mit der Behauptung recht habe, daß das Haben einer visuellen Empfindung fälschlich als eine Art Beobachtung einer Kombination von Farben beschrieben wird, da der Begriff der Empfindung von dem der Beobachtung grundverschieden ist, wird daraus folgen, wie noch mit anderen Gründen bewiesen werden kann, daß sich etwas vorstellen keine wie immer beschaffene Art der Beobachtung von irgend etwas ist; es ist überdies auch nicht eine eigentümliche Empfindung. Einen sehr lauten Lärm scheinbar hören heißt nicht: in irgendeinem Maß betäubt werden, noch heißt scheinbar ein sehr starkes Licht sehen: in einem bestimmten Heftigkeitsgrad geblendet sein. Ideen sind also keineswegs Eindrücke einer besondern Art, und wer etwas als eine Idee in diesem Sinn beschreibt, leugnet, daß ein Eindruck stattgefunden hat.

4. Vorstellung

Es wird wahrscheinlich gefragt werden: Was heißt es also, daß jemand sich einbildet, er sähe oder röche etwas? Wie kann er scheinbar eine Melodie hören, die er nicht wirklich hört? Und wie, im besondern, kann einer nicht merken, daß er nur scheinbar etwas hört oder sieht, wie z. B. der Trinker das sicherlich nicht bemerkt? In welcher präzisen Hinsicht ist ›sehen‹ dem Sehen so ähnlich, daß das Opfer oft mit dem besten Willen und der höchsten Intelligenz nicht sagen kann, um welches von beiden es sich handelt? Wenn wir nun diese Fragen von irgendwelchen Assoziationen mit mechanistischen Fragen befreien, können wir sehen, daß sie einfach Fragen über den Begriff der Einbildung oder Vortäuschung sind, einen Begriff, über den ich bisher nichts Positives gesagt habe. Ich habe bisher nichts über ihn gesagt, weil es mir nötig erschien, uns gegen die oft stillschweigend angenommene Theorie zu impfen, die Vorstellung sei als das Sehen von Bildern mit einem besondern Status zu betrachten.

Aber ich hoffe, jetzt gezeigt zu haben, daß das, was Leute gewöhnlich mit dem Ausdruck beschreiben, ›ein geistiges Bild der Zugspitze haben‹ oder ›ein Bild der Zugspitze vor dem geistigen Auge haben‹, tatsächlich ein Sonderfall des Vorstellens ist, nämlich des sich Vorstellens, daß wir die Zugspitze hier vor unserer Nase sehen, und daß man, wenn einem eine Melodie im Kopfe umgeht, sich vorstellt, die Melodie werde einem in Hörweite, vielleicht in einem Konzertsaal, vorgespielt. Wenn mir das gelungen ist, habe ich auch gezeigt, daß die Idee falsch ist, der Geist sei ein ›Ort‹, wo geistige Bilder zu sehen und Wiedergaben von Stimmen und Melodien zu hören seien.

Es gibt unzählige, völlig verschiedene Arten von Benehmen, die man mit Recht als phantasievoll beschreiben würde. Der lügnerische Zeuge auf dem Zeugenstand, der Erfinder, der eine neue Maschine ausdenkt, der Erdichter einer Liebesgeschichte, das Kind, das spielt, es sei unter Bären, und Henry Irving gebrauchen alle ihre Einbildungskraft oder Imagination; aber der Richter, der die Lügen des Zeugen anhört, der Kollege, der seine Meinung über die neue Erfindung abgibt, der Romanleser, das Kinderfräulein, das davon absieht, die ›Bären‹ wegen ihrer tierischen Laute zurechtzuweisen, der Kritiker und die Theaterbesucher, sie alle tun das auch. Wir sagen auch nicht, daß sie alle ihr Vorstellungsvermögen betätigen, weil wir denken, daß in ihren oft sehr verschiedenen Tätigkeiten der gemeinsame Kern einer Tätigkeit enthalten ist, die sie alle ausführen, genausowenig, wie wir denken, daß das, was zwei Leute zu Landwirten macht, der gemeinsame Kern einer Tätigkeit ist, die sie beide auf dieselbe Art durchführen. Wie Pflügen eine Landarbeit ist und das Spritzen der Bäume eine andere, so ist das Erfinden einer neuen Maschine eine Art, imaginativ zu sein, Bärenspielen eine andere. Niemand denkt, es gebe eine zentrale Landarbeit, auf Grund deren allein jemand ›ein Landwirt‹ genannt werden kann; aber die in der Erkenntnistheorie gehandhabten Begriffe werden im allgemeinen weniger großzügig behandelt. Es wird oft angenommen, daß es eine Kernoperation gibt, in der die Vorstellungsvermögen im eigentlichen Sinn bestehen; es wird also angenommen, daß der den Lügen des Zeugen folgende Richter und das Bär spielende Kind ihre Vorstellungsvermögen nur dann betätigen, wenn sie beide in ihren verschiedenen Tätigkeiten eine gewisse wesentlich gleichartige Operation ausführen. Diese vermeintliche Kernoperation ist, so heißt es oft, das Sehen von Dingen mit dem geistigen Auge, das Hören von Dingen im Geiste und so weiter, d. h. also irgendein Stück eingebildeter Wahrnehmung. Es wird natürlich nicht geleugnet, daß das Kind noch eine Menge anderer Dinge außerdem tut; es brüllt, stapft auf dem Fußboden umher, fletscht die Zähne und tut, als schlafe es in einer Höhle. Aber nach dieser Ansicht stellt es sich nur dann etwas vor, wenn es im Geiste Bilder seiner pelzbedeckten Tatzen, seiner eingeschneiten Höhle usw. sieht. Seine Geräusche und sein Gebaren mögen ihm beim Vorstellen eine Hilfe sein, oder sie mögen besondere Folgen davon sein, aber es betätigt sein Vorstellungsvermögen nicht, indem es diese Geräusche und diese Bewegungen macht, sondern nur, indem es etwas ›sieht‹, ›hört‹, ›riecht‹, ›schmeckt‹ und ›fühlt‹, was nicht wirklich wahrzunehmen ist. Und Entsprechendes wird von dem aufmerksamen, wenn auch skeptischen Richter gelten.

So unverblümt formuliert ist die Lehre offensichtlich absurd. Die meisten Dinge, auf Grund deren wir Kinder gewöhnlich als imaginativ beschreiben, werden zugunsten einer kleinen Schar von Tätigkeiten ausgeschieden, deren Vorkommen und Eigenschaften man nur schwer ermitteln kann, besonders bei verhältnismäßig wortkargen Kindern. Wir sehen und hören sie spielen, aber wir sehen und hören sie nicht Dinge ›sehen‹ und ›hören‹. Wir lesen, was Conan Doyle schrieb, aber wir können nicht das zu Gesicht bekommen, was er mit seinem geistigen Auge sah. Nach dieser Theorie können wir also nicht leicht feststellen, ob Kinder, Schauspieler oder Romanschriftsteller imaginativ sind oder nicht, obwohl das Wort ›Vorstellungsvermögen‹ in Erkenntnistheorien gerade deswegen angewendet wurde, weil wir uns alle sehr wohl auf seine Verwendung bei der alltäglichen Beschreibung von Kindern, Schauspielern und Romanschriftstellern verstehen.

Es gibt kein besonderes Vorstellungsvermögen, das sich ausschließlich mit eingebildetem Schauen und Hören beschäftigt. Im Gegenteil, etwas ›sehen‹ ist eine Art der Betätigung des Vorstellungsvermögens, so brummen wie ein Bär ist eine andere; etwas mit der Nase des Geistes riechen ist ein etwas ungewöhnlicher Akt der Phantasie, sich krank stellen ein sehr häufiger, und so weiter. Der Hauptgrund, warum viele Theoretiker die Betätigung des Vorstellungsvermögens auf die Sonderklasse der eingebildeten Wahrnehmungen eingeschränkt haben, ist vielleicht der, daß sie annahmen, der Geist sei offiziell in die drei Stände der Erkenntnis, des Willens und des Gefühls eingeteilt, und da die Vorstellung in den ersten hineingeboren wurde, müsse sie daher von den beiden anderen ausgeschlossen werden. Erkenntnismißbräuche sind bekanntlich auf die Streiche des undisziplinierten Vorstellungsvermögens zurückzuführen, während manche Erkenntniserfolge ihren gesitteteren Tätigkeiten zuzuschreiben sind. Da sie also ein (unsteter) Knappe der Vernunft ist, kann sie nicht auch den anderen Herren dienen. Aber wir brauchen uns nicht bei der Diskussion dieser feudalen Allegorie aufzuhalten. Ja, die Frage, ob sich etwas vorstellen eine kognitive Tätigkeit sei oder nicht, wird man wohlweislich unbeachtet lassen. Das Wort ›kognitiv‹ ist ja bloß in Prüfungsfragen zu Hause.

5. Vorgeben

Wir wollen mit dem Begriff des Vorgebens beginnen, einem Begriff, der einen Teil des Inhalts solcher Begriffe ausmacht wie des Schwindelns, des Eine-Rolle-Spielens, des Bär-Spielens, des Sich-krank-Stellens und der Hypochondrie. Man wird bemerken, daß der Vorgebende in manchen Arten der Verstellung absichtlich etwas vortäuscht oder verbirgt, daß er sich in manchen Arten über das Ausmaß seines Vortäuschens oder Verbergens nicht im klaren ist und daß er in anderen Arten von seiner eigenen Schauspielerei völlig betrogen wird. In kleinem Rahmen kann das am Kind gezeigt werden, das spielt, es sei unter Bären. Während sich das Kind im hell erleuchteten Wohnzimmer aufhält, weiß es genau, daß es nur ein unterhaltsames Spiel spielt, aber auf dem einsamen Treppenabsatz wird es ein wenig ängstlich, und auf dem dunklen Gang ist es nicht zu überzeugen, daß es in Sicherheit ist. Vortäuschung ist mit allen Graden der Ungläubigkeit und Leichtgläubigkeit vereinbar, eine Tatsache, die für das vermeintliche Problem wichtig ist. ›Wie kann sich jemand vorstellen, etwas zu sehen, ohne zu merken, daß er es nicht sieht?‹ Wenn wir aber die parallelen Fragen stellen, ›Wie kann ein Kind Bär spielen, ohne die ganze Zeit sicher zu sein, daß es bloß ein Spiel ist? Wie kann der Scheinkranke sich einreden, daß er Symptome hat, ohne völlig überzeugt zu sein, daß es nur seine Einbildung ist?‹, sehen wir, daß diese und ähnliche andere Fragen gar keine echten Wie-Fragen sind. Die Tatsache, daß man sich einbilden kann, etwas zu sehen, von Bären verfolgt zu werden oder einen gereizten Blinddarm zu haben, ohne zu erkennen, daß es nur Einbildung ist, gehört einfach zu der wenig erstaunlichen allgemeinen Erscheinung, daß nicht alle zu jeder Zeit, in jedem Alter und unter allen Umständen soviel Urteilskraft und Unterscheidungsvermögen besitzen, wie vielleicht zu wünschen wäre.

Von jemandem sagen, daß er etwas vorgibt, heißt, daß er eine Rolle spielt, und eine Rolle spielen heißt gewöhnlich: die Rolle von jemandem spielen, der in keiner Rolle auftritt, sondern etwas echt oder natürlich tut oder ist. Ein Toter liegt reglos, und jemand, der sich tot stellt, trachtet reglos zu liegen und liegt reglos aus dem Wunsch heraus, einem Toten zu gleichen, was natürlich auf den Toten selbst nicht zutrifft. Er wird vielleicht absichtlich, geschickt und überzeugend reglos liegen, während der Tote einfach reglos liegt. Tote müssen tot sein, falsche Tote dagegen müssen am Leben sein. Ja, sie müssen nicht nur am Leben sein, sie müssen auch wach und nicht geistesabwesend sein und sich in die Rolle versetzen, die sie spielen.

Von jemand sagen, er gebe vor, ein Bär oder tot zu sein, bedeutet: indirekt etwas darüber sagen, wie sich Bären und Tote benehmen oder sich vermeintlich benehmen. Man spielt diese Rollen, indem man wie ein Bär brummt oder wie ein Toter stilliegt. Man kann sich auf das Spielen einer Rolle nicht verstehen, wenn man nicht weiß, wie das Vorbild wirklich ist oder handelt; noch kann man eine Nachahmung überzeugend oder unüberzeugend finden oder sie gut oder schlecht nennen, ohne zu wissen, wie die echte Handlung selbst vor sich geht. Vorgeben, wie ein Bär zu brummen oder als Toter stillzuliegen, ist eine hochentwickelte Aufführung, wogegen das Brummen des Bären und die Reglosigkeit des Toten naiv sind.

Der Unterschied ist derselbe wie zwischen dem Zitieren und dem Aufstellen einer Behauptung. Wenn ich zitiere, was ein andrer behauptet hat, dann ist das, was ich sage, genau das, was er gesagt hat; ich kann es sogar genau in seinem Tonfall sagen. Und doch ist die volle Beschreibung meiner Handlung von der seinen völlig verschieden. Seine war vielleicht die Betätigung der Rednergabe; meine ist die eines Berichterstatters oder Nachahmers; er war originell; ich bin ein Echo; er sagte, was er glaubte; ich sage etwas, was ich nicht glaube. Kurz, die von mir ausgesprochenen Worte sind sozusagen in Anführungszeichen ausgesprochen worden. Seine Worte waren es nicht. Er hat in direkter Rede gesprochen; ich kann das von mir Gesagte so meinen, als sollte es in indirekter Rede aufgefaßt werden. So ähnlich kann man auch sagen: während der Bär eben einfach brummt, brummt das Kind sozusagen in Gänsefüßchen. Seine Handlung ist im

Gegensatz zu der des Bären eine Wiedergabe, und das schließt indirekt das Brummen ein. Und doch tut das Kind nicht zwei Dinge auf einmal, genausowenig wie ich, indem ich jemanden zitiere, zwei Dinge auf einmal sage. Eine Nachahmung unterscheidet sich von der ursprünglichen Handlung, die sie wiedergibt, nicht dadurch, daß sie ein Komplex von Handlungen ist, sondern daß sie eine Handlung mit einer gewissen Art von komplizierter Beschreibung ist. Die Erwähnung der echten Handlung ist ein Bestandteil der Beschreibung der Nachahmung. Die Laute, die das Kind hervorbringt, mögen denen des Bären so ähnlich sein wie nur möglich, genau wie die aus meinem Mund kommenden Laute denen, die der andere in seiner Rede hervorgebracht hat, so ähnlich wie nur möglich sein können; trotzdem ist der Begriff einer solchen nachmachenden Handlung logisch sehr verschieden von dem der ungespielten Handlung. Bei der Beschreibung ihrer Urheber verwenden wir völlig verschiedene Gruppen von Prädikaten.

Ist eine gefälschte Unterschrift etwas von derselben Art wie eine echte, oder ist sie etwas ganz anderes? Wenn die Fälschung fehlerfrei ist, dann ist der eine Scheck wirklich nicht vom anderen zu unterscheiden, und so sind sie in diesem Sinn Dinge derselben Art. Aber eine Unterschrift fälschen ist etwas ganz anderes als unterschreiben; das eine setzt etwas voraus, das das andere nicht voraussetzt, nämlich den Wunsch und die Fähigkeit, von einer gewissen Unterschrift nicht zu unterscheidende Zeichen hervorzubringen. In diesem Sinn sind sie völlig verschiedenartige Dinge. Der Fälscher bietet seine ganze Geschicklichkeit auf, um seinen Scheck zu einem genauen Ebenbild des authentischen Schecks zu machen, den zu unterschreiben keine Geschicklichkeit erfordert. Was er anstrebt, muß in Begriffen der Ähnlichkeit zwischen Handschriften beschrieben werden, genau wie das, was das Kind anstrebt, in Begriffen der Ähnlichkeit zwischen seinen Lauten und denen von Bären beschrieben werden muß. Beabsichtigte Ähnlichkeit ist ein Teil des Begriffs des Nachahmens. Gerade die Ähnlichkeit zwischen Nachahmungen und ihren Originalen unterscheidet Tätigkeiten des Nachahmens von nachgeahmten Tätigkeiten.

Es gibt die verschiedensten Arten der Verstellung, die verschiedensten Motive, aus denen sich Leute verstellen und die verschiedensten Kriterien, nach denen Verstellungen als geschickt oder ungeschickt bewertet werden. Das Kind verstellt sich zum Vergnügen, der Heuchler aus Gewinnsucht, der Hypochonder aus krankhafter Besorgnis um sich selbst, der Spion manchmal aus Patriotismus, der Schauspieler zuweilen aus Liebe zur Kunst und die Kochlehrerin zu pädagogischen Zwecken. Betrachten wir den Fall des Boxers, der mit seinem Trainer ein Sparring macht. Sie führen alle Bewegungen und Schläge eines wirklichen Kampfes aus, aber sie kämpfen nicht wirklich; sie tun so, als ob sie angriffen, zurückwichen, zuschlügen und konterten, obwohl sie keinen Sieg bezwecken und keine Niederlage fürchten. Der Boxschüler lernt gewisse Manöver, indem er sie spielweise ausführt, der Trainer bringt sie ihm bei, indem er sie spielweise ausführt. Aber obwohl sie nur zum Schein kämpfen, brauchen sie doch nicht zwei nebeneinanderher laufende Tätigkeiten auszuführen. Sie brauchen nicht gleichzeitig zuzuschlagen und die Schläge abzufangen; sich Blößen zu geben und sie aufzudecken; oder ihre Fäuste und daneben auch noch Urteile zu handhaben. Sie brauchen bloß eine Folge von Bewegungen zu durchlaufen, und doch machen sie diese Bewegungen in einer hypothetischen und nicht in einer kategorischen Weise. Die Idee des Treffens kommt nur indirekt in die Beschreibung dessen herein, was sie zu tun versuchen. Sie versuchen nicht, einander zu treffen oder sich vor Treffern zu schützen, sondern nur Methoden einzuüben, mit denen sie einen andern treffen und selbst Treffer vermeiden könnten, wenn sie in einem wirklichen Kampf stehen. Die Hauptsache beim Sparring besteht darin, sich harter Schläge dann zu enthalten, wenn man sie anbringen könnte, d. h. also in Situationen, in denen man sie bei einem wirklichen Kampf anbringen würde.

Ein Scheinkampf ist also, grob gesprochen, eine Reihe berechneter Kampfunterlassungen.

Der durch diese Beispiele erläuterte entscheidende Punkt ist der, daß eine nachmachende Handlung einheitlich sein kann, obwohl ihre Beschreibung eine wesentliche Zweiheit aufweist. Man tut nur eine Sache, und doch verlangt ihre Beschreibung einen Satz, der zumindest Haupt- und Nebensatz enthält. Begreift man das, so sieht man, warum es bloß ein scheinbarer Widerspruch ist, wenn man von einem Schauspieler, der die Rolle eines Idioten spielt, sagt, er verziehe sein Gesicht höchst intelligent auf die idiotischste Weise; oder von einem Clown, er sei auf die geschickteste Art unbeholfen und genial blöd. Das tadelnde Adjektiv bezieht sich auf das im Nebensatz der Beschreibung erwähnte Verhalten und das schmeichelhafte Adjektiv oder Adverb auf die im Hauptsatz erwähnte Tätigkeit, und doch ist nur eine Serie von Bewegungen ausgeführt worden. So ähnlich kann man, wenn ich eine Behauptung zitiere, das was ich sage, zugleich als ›genau‹ und als ›ungenau‹ bezeichnen, denn es mag sich um eine äußerst ungenaue Berechnung der Höhe der Staatsverschuldung handeln, die ich aber haargenau zitiert habe oder umgekehrt. Und doch habe ich nur *einen* Satz ausgesprochen.

Verstellungen sind nicht die einzigen Handlungen, deren Beschreibungen diesen Dualismus zwischen Direktem und Indirektem enthalten. Wenn ich einem Befehl gehorche, dann tue ich das, was man mir sagt, und außerdem gehorche ich einem Befehl; aber da ich dem Befehl gehorche, indem ich das Befohlene tue, führe ich nur eine Handlung aus. Und doch ist die Beschreibung dessen, was ich tue, in einer Weise zusammengesetzt, die es oft richtig macht, mein Verhalten durch zwei scheinbar widersprechende Prädikate zu kennzeichnen. Ich tue aus Gewohnheit, was man mir befiehlt, wenn ich auch das Anbefohlene nicht zu tun gewohnt bin; oder ich gehorche wie ein guter Soldat, obwohl mir befohlen wird, etwas zu tun, was kein guter Soldat von sich aus tun würde. Ähnlich kann es auch sein, daß es klug von mir ist, einem Rat zu folgen, der etwas Törichtes empfiehlt, und es mag sein, daß ich nur mit größter Anstrengung einen Entschluß ausführe, etwas zu tun, was mir leichtfällt. Im sechsten Kapitel, Paragraph 6 haben wir es nützlich gefunden, zwischen Aufgaben höherer und niederer Ordnung zu unterscheiden und zwischen Handlungen höherer und niederer Ordnung, wobei wir unter einer ›Aufgabe höherer Ordnung‹ eine Aufgabe verstanden, deren Beschreibung die Erwähnung einer anderen, weniger komplexen Aufgabe enthält. Man wird also verstehen, daß die Ähnlichkeit der bei der Bewältigung einer Aufgabe gemachten Bewegungen mit denen bei der Bewältigung einer anderen durchaus damit vereinbar ist, daß die Beschreibungen der beiden Aufgaben nicht nur verschieden sind, sondern zu verschiedenen Typen gehören, wie das gerade erklärt wurde.

Kehren wir nun zum Vorgeben zurück. Die Geistesverfassung eines Menschen, der vorgibt, verärgert zu sein, ist von der eines Menschen verschieden, der verärgert ist, und zwar nicht bloß darin, daß der erstere nicht verärgert ist. Er ist nicht verärgert, obwohl er so tut, als sei er es; und dieses Vorheucheln enthält irgendwie den Gedanken ans Verärgertsein. Er muß nicht nur wissen, worin das Verärgertsein eines Menschen besteht, er muß auch in irgendeiner Art von diesem Wissen Gebrauch machen. Er macht absichtlich die Handlungen eines verärgerten Menschen nach. Aber die Behauptung, das Vortäuschen des Benehmens eines verärgerten Mannes enthalte den Gedanken an Verärgertsein, birgt eine gewisse Gefahr der Irreführung. Wir scheinen nämlich damit anzudeuten, die Vortäuschung des Verärgertseins sei eine Huckepack-Handlung, bestehend erstens aus einer Leit-Handlung des Sich-aufs-Verärgertsein-Besinnens und zweitens aus der Folgehandlung der Ausführung von Scheinärgertätigkeiten. Eine solche Auffassung wäre falsch. Gleichgültig ob unseren Vorstellungen Beschreibungen oder Pläne vorangehen oder ob sie mit ihnen vermischt sind, enthalten sie doch nicht in dieser Weise den Gedanken an das, was simuliert wird. Der Versuch, sich wie ein verärgerter Mann zu benehmen, ist schon selbst zum Teil der Gedanke daran, wie er sich benehmen würde; die mehr oder weniger getreue Muskelnachahmung seines Schmollens und Aufstampfens ist die aktive Nutzanwendung des Wissens, wie er sich aufführen würde. Wir müssen zugeben, daß jemand weiß, wie der Wirt aufgelegt ist, wenn er, obwohl außerstande, sich selbst oder uns eine auch nur lahme Wortbeschreibung davon zu geben, doch imstande ist, ihn täuschend nachzuahmen; und wenn er ihn nachahmt, kann er nicht mehr behaupten, er könne sich nicht vorstellen, wie sich der Wirt im Ärger benimmt. Ihn nachahmen heißt: den Gedanken daran haben, wie er sich benimmt. Wenn wir jemanden fragen, wie sich der Wirt benommen habe, so werden wir nicht eine Antwort in Form einer Nachahmung zurückweisen und statt dessen eine in Prosa verlangen. Ja, der Begriff des Vorgebens, verärgert zu sein, bedarf zu seiner Erklärung keineswegs einer Kausalgeschichte über die Leithandlung der Planung und die Folgehandlungen der Ausführung von Scheinärgertätigkeiten. Im Gegenteil: um den Sinn zu erklären, in dem der Plan einer Unternehmung zur Ausführung führt, muß gezeigt werden, daß die Ausführung einer geplanten Aufgabe die Verrichtung einer einzigen Sache und nicht die von zweien ist. Aber das, was nach dem Plan verrichtet wird, ist eine Handlung höherer Ordnung, da ihre Beschreibung eine logische Gliederung ähnlich derjenigen aufweist, die die Beschreibung der Verstellung und des Gehorsams kennzeichnet. Tun, was man geplant hat und wie ein Bär brummen sind beides verhältnismäßig raffinierte Beschäftigungen. Bei ihrer Beschreibung müssen wir indirekt Dinge erwähnen, deren Beschreibung keine solchen indirekten Erwähnungen verlangt. Zu einem ähnlichen Typ gehört das Bereuen dessen, was man getan hat, das Einhalten von Vorsätzen, das Schmälern der Leistungen anderer und das Beachten von Vorschriften. In allen diesen Fällen sowie in vielen anderen enthält die Ausführung der Handlungen höherer Ordnung den Gedanken der Handlungen niederer Ordnung; und doch bedeutet der Ausdruck ›enthält den Gedanken an‹ nicht das gleichzeitige Ereignis einer zweiten, d. h. denkerischen Tätigkeit.

Eine bestimmte Art des Vorgebens verdient an diesem Ort Erwähnung. Jemand, der mit einer Planungs- oder Denkaufgabe befaßt ist, wird es vielleicht nützlich oder unterhaltsam finden, spielerisch Gedanken durchzudenken, die er nicht oder nicht wirklich zu denken geneigt ist. Annehmen, den Fall setzen, erwägen, sich mit dem Gedanken tragen und Vorschläge bedenken sind alles Arten vorzugeben, man nähme gewisse Pläne oder Theorien an. Die Sätze, mit denen die erwogenen Urteile ausgedrückt werden, werden nicht unbefangen gebraucht; sie werden nur zum Schein gebraucht, sie stehen, metaphorisch gesprochen, in Anführungszeichen. Wer sie verwendet, verwendet sie mit intellektueller Ironie, spricht sie in einer hypothetischen, nicht einer kategorischen Gemütsverfassung aus. Sehr wahrscheinlich wird er die Tatsache, daß er seine Sätze in einer komplizierten und nicht in einer naiven Art benützt, dadurch anzeigen, daß er solche Signalwörter wie z. B. ›wenn‹, ›angenommen‹, ›zugegeben‹, ›sagen wir‹ usw. benützt. Oder er mag leise oder laut in einem Tonfall des Trainings statt des Wettkampfs reden. Er kann aber trotz allem mißverstanden und beschuldigt werden, daß er ernsthaft meint, was er sagt, und dann muß er erklären, daß er sich nicht auf das festgelegt hat, worauf er sich festgelegt hätte, wenn er es ernsthaft gemeint hätte. Er hatte den Gedanken ausprobiert, vielleicht um sich darin zu üben. Das heißt: den Fall setzen ist eine fortgeschrittenere und kompliziertere Angelegenheit als unbefangenes Denken. Wir müssen zuerst Urteile fällen lernen, bevor wir lernen können, mit in der Schwebe gelassenen Urteilen umzugehen.

Diese Erwägung ist teilweise deswegen der Erwähnung wert, weil sie zum Begriff der Verstellung in inniger Beziehung steht, und teilweise deswegen, weil Logiker und Erkenntnistheoretiker manchmal annehmen (was auch ich lange Zeit angenommen habe), daß das Erwägen eines Satzes eine elementarere oder naivere Verrichtung sei, als die Behauptung etwas sei der Fall, und daß man folglich die Verwendung von ›wenn‹ lernen müsse, ehe man die von ›daher‹ lernt. Das ist ein Irrtum. Der Begriff des Tun-als-ob-man-glaubt ist von höherer Ordnung als der des Glaubens.

6. *Vorgeben, Sicheinbilden und Sichvorstellen*

Es ist kein großer Unterschied zwischen einem Kind, das Seeräuber spielt, und einem, das sich einbildet, ein Seeräuber zu sein. Sofern ein Unterschied besteht, scheint er darin zu bestehen, daß wir Ausdrücke wie ›spielen‹, ›vorgeben‹ und ›eine Rolle spielen‹ verwenden, wenn wir an Zuschauer denken, die seine Vorstellung mehr oder weniger überzeugend finden würden, während wir Wörter wie ›sich einbilden‹ oder ›sich vorstellen‹ verwenden, wenn wir uns den Schauspieler selbst als halb und halb überzeugt denken; und wir verwenden ›spielen‹ und ›vorgeben‹ für absichtliche, überlegte und einstudierte Handlungen, während wir auf Tätigkeiten des Als-ob, in welche Leute zufällig und vielleicht sogar unfreiwillig hineingeraten, eher Wörter wie ›sich einbilden‹ und ›sich vorstellen‹ anwenden. Diesen zwei Unterschieden liegt vielleicht der radikalere Unterschied zugrunde, daß wir die Wörter ›vorgeben‹ und ›in einer Rolle auftreten‹ dort verwenden, wo eine sichtbare, körperliche Darstellung der Handlungen oder der Umstände gegeben wird, die gerade vorgeheuchelt werden, während wir mit vielen Ausnahmen dazu neigen, ›sich einbilden‹ und ›sich vorstellen‹ auf solche Dinge einzuschränken, welche man unsichtbar und unhörbar verrichtet, weil man sie ›im Kopf‹ tut, d. h. also, daß wir sie auf Phantasiewahrnehmungen und nicht auf Phantasiehandlungen anwenden.

Hauptsächlich sind wir hier mit dieser besonderen Art des Tun-als-ob befaßt, nämlich mit jenen Dingen, die wir ›sich etwas vorstellen‹, ›sich etwas ausmalen‹, ›mit dem geistigen

Auge sehen‹, ›im Geist durchlaufen‹ nennen. Sogar Leute, die zugeben, daß Sparring darin bestehe, manche Bewegungen des Kampfes in einer hypothetischen Weise auszuführen, werden nicht ohne weiteres zugeben, daß dieselbe Erklärung für das Sehen der Zugspitze mit dem geistigen Auge gilt. Welche Bewegungen kann man in diesem Fall in einer hypothetischen Weise machen? Wenn wir auch bei der Beschreibung, wie der Trunksüchtige Schlangen ›sieht‹, Anführungszeichen verwenden, so wie wir das bei der Beschreibung der ›Skalpierung‹ des Kinderfräuleins durch das Kind tun oder bei dem ›Trefferhagel‹, mit dem der Boxer seinen Sparringspartner eindeckt, so wird dem doch entgegengehalten werden, die Bedeutung der Anführungszeichen sei in diesen zwei Fällen nicht dieselbe. Sich etwas vorstellen ist nicht Scheinsehen, so wie Sparring Scheinkämpfen ist.

Ich hoffe, wir sind die Idee losgeworden, nach der sich die Zugspitze vorstellen das Sehen einer Zugspitzendarstellung ist oder wenn einem der Donauwalzer im Kopf umgeht, man einer Privataufführung oder einem inneren Echo dieser Melodie zuhört. Wir müssen nun einen etwas subtileren Aberglauben loswerden. Erkenntnistheoretiker haben uns seit langem zur Annahme ermutigt, ein geistiges Bild oder eine visuelle Vorstellung stehe zu einer visuellen Empfindung in derselben Beziehung wie ein Echo zu einem Geräusch, eine Beule zu einem Hieb oder ein Spiegelbild zu dem gespiegelten Gesicht. Genauer, es ist angenommen worden, was stattfindet, wenn ich ›sehe‹ oder ›höre‹ oder ›rieche‹, entspreche jenem Element in der Wahrnehmung, das rein sinnlich ist; und nicht jenem Element, das Erkennen oder Herausfinden ausmacht; d. h., daß sich etwas vorstellen eine Beinahe-Empfindung und nicht eine Funktion des Verstandes sei, da es darin besteht, freilich keine Empfindung, wohl aber eine Schattenempfindung zu haben.

Aber diese Ansicht ist völlig falsch. Während eine unbekannte Melodie in Hörweite eines Menschen gespielt werden kann, so daß er die Melodie hört, ohne zu wissen, wie sie geht, können wir nicht von jemandem sagen, dem eine Melodie im Kopf umgeht, er wisse nicht, wie sie geht. Eine Melodie ununterbrochen im Geist hören ist eine bekannte Art, in der das Wissen, wie sie geht, zur Anwendung kommt. Also darf das dauernde Hören einer Melodie im Geiste durchaus nicht dem bloßen Haben auditiver Empfindungen verglichen werden; es ist viel eher dem Verfolgen des Laufs einer bekannten Melodie vergleichbar, und einer bekannten Melodie folgen ist nicht eine Funktion der Empfänglichkeit für Wahrnehmungssignale.

So kann ich vielleicht, wenn ich an einem nebligen Tag durch ein Loch in der Hecke sehe, nicht imstande sein, das, was ich sehe, als einen den Berg herunterfließenden Wasserlauf zu erkennen. Aber es wäre absurd, wollte jemand sagen, er sähe etwas lebhaft im Geiste vor sich, könne aber nicht erkennen, was für ein Ding es sei. Gewiß kann ich ein Gesicht im Geiste vor mir sehen und nicht imstande sein, den Namen seines Eigentümers zu nennen, genau wie mir eine Melodie durch den Kopf gehen kann, deren Namen ich vergessen habe. Aber ich weiß, wie die Melodie geht, und ich weiß, welche Art von Gesicht ich mir vorstelle. Ein Gesicht mit dem geistigen Auge sehen gehört zu den Dingen, die mir meine Kenntnis des Gesichts ermöglicht; es beim Anblick *in natura* sofort zu erkennen, ist die gewöhnlichste von allen.

Wir haben im vorigen Kapitel gesehen, daß Wahrnehmen sowohl das Haben von Empfindungen als auch etwas anderes impliziert, das in einer etwas erweiterten Bedeutung ›denken‹ genannt werden kann. Wir können jetzt also sagen, sich vorstellen oder einbilden, daß man sieht oder hört, impliziere ebenfalls, in diesem erweiterten Sinn, Denken. Das sollte offenkundig sein, wenn wir überlegen, daß jede unserer Vorstellungen als mehr oder weniger lebhaft, klar, getreu und genau beschrieben werden kann, Adjektive, die nicht bloß den Besitz, sondern auch die Verwendung des Wissens andeuten, wie das vorgestellte Objekt wirklich aussieht oder aussehen würde. Es wäre absurd, wollte ich sagen, daß mir zwar der Geruch von brennendem Torf lebhaft im Gedächtnis haftet, daß ich den Geruch aber nicht erkennen würde, sollte der Torf in meiner Gegenwart brennen. Sich etwas vorstellen ist also nicht eine Funktion der reinen Sinnlichkeit; und ein Geschöpf, das Empfindungen hat, aber nicht lernen kann, könnte nicht Dinge im Geiste ›sehen‹ oder sich vorstellen, genausowenig wie es buchstabieren könnte.

Jemand, dem eine Melodie im Kopf umgeht, verwendet sein Wissen, wie die Melodie geht; er ist sich in einer gewissen Weise darüber klar, was er hören würde, wenn er dem Spielen der Melodie zuhörte. Wie der Boxer, wenn er trainiert, in einer hypothetischen Weise zuschlägt und blockt, so kann man von einem, dem eine Melodie im Kopf umgeht, sagen, er folge ihr nur in einer hypothetischen Weise. Außerdem, wie der Schauspieler nicht wirklich jemanden ermordet, so sieht derjenige nicht wirklich die Zugspitze, der sie sich vorstellt. Ja, wie wir wissen, kann er seine Augen geschlossen halten, während er sich den Berg vorstellt. Sich die Zugspitze vorstellen heißt sowenig visuelle Empfindungen oder etwas Ähnliches haben, daß es völlig damit vereinbar ist, keine solchen Empfindungen oder irgend etwas ihnen Ähnliches zu haben. Es *gibt* nichts den Empfindungen Ähnliches. In dieser Weise wissen, wie die Zugspitze aussehen würde, heißt: etwas tun, was zum Sehen der Zugspitze in demselben Verhältnis steht, wie höher entwickelte Handlungen zu jenen naiveren stehen, die in den Beschreibungen von Handlungen höherer Ordnung indirekt erwähnt werden.

Es bleibt ein kritischer Unterschied tatsächlich oder wahrscheinlich, der auf folgende Weise anschaulich gemacht werden kann. Ein Matrose, der das Knüpfen eines bestimmten Knotens vorführen soll, merkt, daß er kein Seil hat, mit dem er es vorführen kann. Es gelingt ihm aber fast genausogut, wenn er bloß mit leeren Händen die entsprechenden Bewegungen des Knüpfens macht. Seine Zuschauer sehen, wie er den Knoten knüpfen würde, wenn sie sehen, wie er mit den Fingern manövriert, ohne daß eine Schnur da ist. Obwohl er also sozusagen nur hypothetisch das Seil knüpft, so bewegt er doch wirklich seine Hände und Finger. Aber jemand, der die Zugspitze mit geschlossenen Augen ›sieht‹, scheint, auch wenn er sozusagen einen hypothetischen Anblick der Zugspitze genießt, doch in Wirklichkeit gar nichts zu tun. Vielleicht entsprechen seine nichtexistierenden Empfindungen wirklich dem nichtexistierenden Seil des Matrosen, aber was entspricht seinen Hand- und Fingerbewegungen? Der Matrose zeigt seinen Zuschauern, wie der Knoten geknüpft würde; aber wer sich die Zugspitze vorstellt, zeigt damit seinen Gefährten nicht ihre Umrisse oder Farbtöne. Zeigt er sie wenigstens sich selbst?

Dieser Unterschied zwischen den zwei Arten von Tun-als-ob ist aber nichts weiter als die logische Folge des Unterschieds zwischen Wahrnehmen und Hervorbringen. Dieser Unterschied ist nicht der Unterschied zwischen privatem und öffentlichem Hervorbringen, denn wahrnehmen ist nicht hervorbringen. Es ist etwas erhalten oder manchmal etwas behalten; aber es ist nicht etwas bewirken. Sehen und Hören sind weder beobachtete noch unbeobachtete Tätigkeiten, denn sie sind keine Tätigkeiten. Es ist sinnlos zu sagen: ›Ich sah dich den Sonnenuntergang sehen‹ oder ›Es gelang mir nicht, mein Hören der Musik zu beobachten‹. Und wenn es sinnlos ist, davon zu reden, daß ich bei einem gewissen Akt des Hörens oder Sehens dabei oder nicht dabei bin, so ist es a fortiori sinnlos, davon zu reden, daß ich bei einem gewissen Akt eines eingebildeten Hörens oder Sehens dabei oder nicht dabei bin. Es findet ja überhaupt kein Hören oder Sehen statt.

In einem Konzertsaal kann einer seinen Nachbarn den Takt zur Musik klopfen sehen, vielleicht sogar ihn halblaut die vom Orchester gespielte Melodie summen oder pfeifen hören. Aber wir sagen nicht nur nicht, daß er seinen Nachbarn die Musik hören sieht oder hört, sondern wir sagen auch nicht, daß er nicht imstande ist, das Hören der Musik durch seinen Nachbarn zu beobachten. ›Heimlich‹ und ›offen‹ passen nicht auf ›hören‹, wie sie auf ›fluchen‹ und ›ränkeschmieden‹ passen. Und a fortiori, während man seinen Nachbarn in der Eisenbahn durchaus beim Schlagen des Takts zu einer Melodie ertappen kann, die in seinem Kopf umgeht, sagt man nicht, daß man seinen Nachbarn beim ›Hören‹ einer eingebildeten Melodie ertappen oder nicht ertappen kann.

Wie wir im letzten Kapitel gesehen haben, schließt einer bekannten Melodie folgen nicht nur das Hören der Töne ein, sondern viel mehr als das. Es schließt ein, daß man sozusagen die richtige Nische für jeden Ton bereit hat, wenn er ankommt. Jeder Ton kommt, wie und wann er erwartet wurde; was gehört wird ist das, worauf das Ohr wartete. Dieses Warten des Ohrs auf die richtigen Töne setzt voraus, daß man die Melodie gelernt und nicht vergessen hat, und ist daher ein Ergebnis der Schulung und nicht bloß eine Funktion der Schallempfindlichkeit. Ein Schwerhöriger könnte einer Melodie besser folgen als ein anderer, der sie besser hört.

Jemand, der einer ihm halbwegs bekannten Melodie zuhört, wird vielleicht bei manchen Gelegenheiten von sich sagen, er habe die Melodie falsch im Kopf gehabt, womit er meint, daß, obwohl er die Melodie nicht selbst spielt oder summt, sondern ihr nur zuhört, er doch hie und da Töne erwartete, die in Wirklichkeit nicht ›dran‹ waren; und er war überrascht, als ein Satz zu einem bestimmten Zeitpunkt anfing, obwohl er gleich einsah, daß die Überraschung sein Fehler war. Es muß bemerkt werden, daß sein Irrtum über den Verlauf der Melodie nicht in einem falschen Urteil öffentlich oder privat formuliert worden sein muß und normalerweise auch nicht so formuliert worden wäre; er ›tat‹ nichts anderes, als anstelle dessen, was zu kommen hatte, etwas zu erwarten, was nicht zu kommen hatte, und dieses Erwarten von Tönen ist nicht eine getane Tat oder eine Reihe von getanen Taten.

Diese Erwägung bringt uns zum Fall der Person, die im Geiste einer Melodie folgt. Die Erwartung, daß eine Melodie einen bestimmten Verlauf nehmen wird, während sie tatsächlich einen andern nimmt, heißt schon: etwas annehmen, sich vorstellen oder einbilden. Wenn das, was man hört, nicht das ist, worauf man wartet, dann kann man von dem, was man erwartet hat, nur sagen, daß es Töne seien, die man hätte hören können, und die Geistesverfassung, in der man auf sie wartete, war daher die der irrigen Erwartung. Der Hörer ist von dem, was er tatsächlich hört, enttäuscht oder beschämt. Jemand, der eine Melodie gänzlich im Geiste durchläuft, ist zum Teil in einer ähnlichen Lage. Er erwartet auch etwas, was er nicht bekommt, obwohl er die ganze Zeit genau weiß, daß er es nicht bekommen wird. Auch er kann die Melodie falsch im Kopf haben und entweder wissen oder nicht wissen, daß dies so ist. Das allein zeigt, daß sich etwas vorstellen nicht bloß das Haben von Empfindungen oder Empfindungsechos ist, da so etwas nicht als die Hinnahme einer falschen oder einer richtigen Fassung der Melodie gekennzeichnet werden könnte.

Im Geist eine Melodie durchlaufen ähnelt dem Vorgang, einer wirklich gehörten Melodie zu folgen, ja es ist eine Art Probeaufführung davon. Aber was die imaginative Handlung der anderen ähnlich macht, ist nicht die häufig gemachte Annahme, daß sie das Hören von Geistertönen einschließt, die in jeder Hinsicht außer der Lautstärke den gehörten Tönen der wirklichen Melodie gleichen, sondern beides sind Anwendungen des Wissens, wie die Melodie geht. Dieses Wissen wird im Erkennen und Folgen der Melodie angewendet, wenn sie tatsächlich gehört wird; es wird angewendet, wenn man sie summt oder spielt; wenn man die Fehler in ihrem Vortrag bemerkt; es wird auch dann angewendet, wenn man sich vorstellt, sie zu summen oder zu spielen oder ihr bloß zuzuhören. Eine Melodie kennen heißt eben: gerade solche Dinge tun können, wie z. B. sie erkennen und ihr folgen, sie irgendwie hervorzubringen, Fehler bei ihrem Vortrag entdecken und sie sich durch den Kopf gehen lassen. Wir würden nicht zugeben, jemand sei nicht imstande, sich zu besinnen, wie die Melodie gehe, wenn er sie richtig gepfiffen hat oder sie sich durch den Kopf hat gehen lassen. So etwas tun *ist* sich darauf besinnen, wie die Melodie geht.

Aber die Anwendung des Wissens in der bloßen Vorstellung ist fortgeschrittener als tatsächlich der gehörten Melodie zu folgen oder sie zu summen; denn sie setzt den Gedanken an das Verfolgen oder Hervorbringen der Melodie voraus, so wie Sparring den Gedanken an ernstliche Kämpfe voraussetzt oder so wie eine zitierende Bemerkung den Gedanken an die zitierte Bemerkung voraussetzt. Sich vorstellen, man höre einer wohlbekannten Melodie zu, heißt, daß man auf Töne wartet, die fällig wären, wenn die Melodie wirklich gespielt würde. Es besteht darin, auf diese Töne in einer hypothetischen Weise zu warten. Ähnlich heißt sich vorstellen, man summe eine wohlbekannte Melodie: sich auf jene Töne ›einstellen‹, deren Summen fällig werden würde, wenn die Melodie tatsächlich gesummt würde. Es besteht darin, sich in einer hypothetischen Weise auf diese Töne einzustellen. Es ist nicht ein sehr, sehr leises Summen, sondern es ist vielmehr ein absichtliches Unterlassen jenes Summens, welches fällig werden würde, wenn man nicht still sein wollte. Wir könnten sagen, sich vorstellen, man spreche oder summe, sei eine Reihe von Enthaltungen, jene Worte oder Töne hervorzubringen, die man hervorbringen müßte, wenn man laut spräche oder summte. Darum sind solche Handlungen undurchdringlich geheim; nicht etwa, weil die Töne in einer hermetisch abgeschlossenen Zelle hervorgebracht werden, sondern weil die Handlungen eben darin bestehen, sie nicht hervorzubringen. Darum auch kommt das Lernen, sich vorzustellen, man spreche oder summe, später als sprechen oder summen lernen. Ein stilles Selbstgespräch ist ein Strom inhaltsschwerer Nichtsprüche. Sich das Aussprechen verkneifen, heißt natürlich, daß man weiß, was man und wie man es gesagt hätte.

Zweifellos stellen sich manche Leute, wenn sie sich Melodien vorstellen, zuweilen nicht nur vor, sie lauschten passiv den Tönen, sondern auch, sie brächten sie aktiv hervor, so wie die meisten vorgestellten Unterhaltungen nicht nur vorgestelltes Hören, sondern auch vorgestelltes Sprechen enthalten. Außerdem neigen Leute, die sich vorstellen, sie brächten Geräusche hervor, sehr wahrscheinlich dazu, recht sachte jene Muskeln anzuspannen, die sie voll anspannen würden, wenn sie laut sprächen oder sängen, da völlige Enthaltung schwieriger ist als teilweise. Aber das sind Tatsachenfragen, die uns nichts angehen. Wir wollen herausfinden, was es heißt z. B. zu sagen, daß jemand etwas ›hört‹, was er nicht hört.

Die Anwendung dieser Erklärung auf visuelle und andere Vorstellungsbilder ist nicht schwierig. Die Zugspitze mit dem geistigen Auge sehen enthält nicht, was das Sehen der Zugspitze und das Sehen von Fotos der Zugspitze enthält, nämlich das Haben von visuellen Empfindungen. Es enthält aber den Gedanken an das Haben eines Anblicks der Zugspitze, und es ist daher eine raffiniertere Handlung als das Haben eines Anblicks der Zugspitze. Es ist eine von vielen Anwendungen des Wissens, wie die Zugspitze aussehen sollte, oder es ist der Gedanke, in einer gewissen Bedeutung des Worts, wie sie aussehen sollte. Die Erwartungen, die beim Erkennen der Zugspitze auf den ersten Blick erfüllt werden, werden tatsächlich nicht erfüllt, wenn wir sie uns vorstellen. Die Vorstellung davon ist etwa so wie eine Generalprobe der Erfüllung. Sich etwas vorstellen schließt keineswegs das Haben von schwachen Empfindungen oder Empfindungsgespenstern ein, es bedeutet vielmehr, daß man das nicht bekommt, was man bekommen müßte, wenn man den Berg sähe.

Gewiß ist nicht jede Vorstellung das ›Sehen‹ wirklicher Gesichter und Berge oder das ›Hören‹ vertrauter Melodien und bekannter Stimmen. Wir können uns vorstellen, Fabelberge zu betrachten. Komponisten können sich vermutlich vorstellen, bisher ungespielten Melodien zuzuhören. Es darf also angenommen werden, daß man in solchen Fällen unmöglich sagen kann, man habe sich die Phantasielandschaft richtig vorgestellt oder man habe die noch fertig zu komponierende Melodie falsch ›gehört‹; genausowenig wie Hans Christian Andersen beschuldigt werden könnte, über die Schicksale seiner Figuren falsch berichtet zu haben oder wie er für die Wahrheitstreue seiner Erzählungen gepriesen werden könnte.

Man betrachte die Ähnlichkeit zwischen Vorgeben und Zitieren. Ein Schauspieler spielt an einem Tag die Rolle eines Franzosen; am nächsten Tag soll er die Rolle eines Marsmenschen spielen. Wir wissen, in welcher Weise die eine Vorstellung überzeugend oder nicht überzeugend sein kann; aber wie könnte es die andere sein? Oder ich könnte damit beginnen, das, was jemand tatsächlich gesagt hat, zu zitieren, und könnte mit dem fortfahren, was er gesagt haben würde oder könnte. Wir wissen, worin die Worttreue eines Zitats besteht, aber ein vorgebliches Zitat kann weder wortgetreu noch das Gegenteil davon sein; es kann bloß in irgendeinem weiteren Sinn zum Charakter des Zitierten passen oder nicht passen, indem es etwas ist oder nicht ist, was er gesagt haben würde oder könnte. Trotzdem gibt der Schauspieler vor, eine überzeugende Darstellung eines Marsmenschen zu geben, und ich gebe vor, die eigenen Worte des Zitierten wiederzugeben. Es handelt sich eben um ein Stück doppelter Wiedergabe. Ein Junge, der einen Boxer beim Sparring nachahmt, ist ein ähnlicher Fall, denn er kämpft nicht, und er übt sich nicht ein; er macht einige der Bewegungen, die einer bei einem Sparring machen würde. Er ist ein Schein-Scheinkämpfer. So wie die Prädikate, mit denen wir den Kampf beurteilen, nicht auf das Sparring passen, so passen die für das Sparring verwendeten nicht auf die Nachahmung des Sparrings. Ebenso passen nicht nur die Prädikate, mit denen wir unseren Anblick der Zugspitze beurteilen, nicht auf die Art und Weise, in der wir uns die Zugspitze vorstellen, sondern die Prädikate, mit denen wir unsere Vorstellungen der Zugspitze beurteilen, passen auch nicht auf unsere Vorstellung von Atlantis oder vom Tischleindeckdich. Nichtsdestoweniger geben wir vor, Atlantis oder das Tischleindeckdich hätten so ausgesehen. Wir vollführen einen doppelten Vorstellungsakt.

Wir sind nun in der Lage, einen von Hume gemachten Fehler aufzudecken und zu berichtigen. In der fälschlichen Annahme, ›sehen‹ und ›hören‹ bestünde im Haben von Schattenempfindungen (was den weiteren Irrtum enthält, es könnte so etwas wie Schattenempfindungen geben), verfocht er die kausale Theorie, daß man nicht eine besondere ›Idee‹ haben könne, ohne vorerst die entsprechende Empfindung gehabt zu haben, so ähnlich wie ein eckiger blauer Fleck voraussetzt, daß man vorher einen Schlag mit einem eckigen Instrument erhalten hat. Die Farben, so scheint er gemeint zu haben, die ich mit dem geistigen Auge sehe, sind Spuren, die irgendwie von jenen Farben hinterlassen wurden, die ich vorher mit offenen Augen gesehen habe. Das einzige, was an dieser Theorie wahr ist, ist das: was ich mit dem geistigen Auge sehe und was ich im Geiste höre, ist auf eine gewisse Weise mit dem verknüpft, was ich vorher gesehen und gehört habe. Aber das Wesen dieser Verknüpfung entspricht Humes Vermutung in keiner Weise.

Wir sahen, daß nachmachende Handlungen naive Handlungen in dem Sinn voraussetzen, daß das Ausführen der ersteren in einem besonderen Sinn den Gedanken an die letzteren enthält. Jemand, der keine Idee hat, wie Bären brummen oder Mörder Morde verüben, könnte nicht einen Bären oder Mörder spielen. Er könnte eine solche Darstellung auch nicht beurteilen. Ebensowenig könnte einer, der nicht gelernt hat, wie blaue Dinge aussehen oder wie das Klopfen des Briefträgers klingt, blaue Dinge mit dem geistigen Auge sehen oder das Klopfen des Briefträgers ›hören‹; er könnte auch nicht blaue Dinge oder das Klopfen von Briefträgern erkennen. Es ist nun so, daß wir das Aussehen und den Klang von Dingen hauptsächlich dadurch erlernen, daß wir sie sehen und hören. Da uns etwas vorstellen eine der vielen Arten ist, wie wir von unserem Wissen Gebrauch machen, setzt es voraus, daß wir das nötige Wissen erworben und nicht verloren haben. Wir brauchen genausowenig eine paramechanische Theorie von mnemischen Spuren zur Erklärung unserer beschränkten Fähigkeit, Dinge mit unserem geistigen Auge zu sehen, wie wir eine zur Erklärung unserer beschränkten Fähigkeit brauchen, aus dem Englischen ins Deutsche zu übersetzen. Man braucht bloß die Einsicht, daß man, ohne etwas wahrzunehmen, nichts aus seinen Wahrnehmungen lernen kann; daß die Anwendung des so Erlernten voraussetzt, daß man es nicht vergessen hat, und daß sich etwas vorstellen eine der vielen möglichen Anwendungen dieser Lehren darstellt. Anhänger der Spurentheorie sollten versuchen, ihre Theorie an dem Fall zu erproben, in dem jemandem immer wieder eine Melodie durch den Kopf geht. Ist das eine reaktivierte Spur einer auditiven Empfindung oder eine Reihe reaktivierter Spuren einer Reihe auditiver Empfindungen?

7. *Gedächtnis*

Es ist angebracht, an diese Besprechung der Vorstellung einen kurzen Exkurs über das Gedächtnis anzuknüpfen. Wir müssen damit beginnen, zwei völlig verschiedene Verwendungen des Ausdrucks ›im Gedächtnis haben‹ zu vermerken.

a) Weitaus die wichtigste und am wenigsten besprochene Verwendung des Ausdrucks ist die, in der etwas im Gedächtnis haben heißt: es gelernt und nicht vergessen haben. Das ist der Sinn, in dem wir davon sprechen, daß wir das griechische Alphabet im Gedächtnis haben oder den Weg von der Kiesgrube zum Badeplatz oder den Beweis eines Theorems oder wie man Rad fährt oder daß die nächste Vorstandssitzung in der letzten Juliwoche sein soll. Die Behauptung, daß einer etwas nicht vergessen hat, heißt nicht, daß er jetzt etwas tut oder erleidet, nicht einmal, daß er regelmäßig oder manchmal etwas tut oder erleidet. Es heißt, daß er gewisse Dinge tun *kann*, wie z. B. das griechische Alphabet hersagen, einen Ortsfremden von der Kiesgrube zum Badeplatz führen und jemanden berichtigen, der sagt, die nächste Vorstandssitzung sei in der zweiten Juliwoche.

In diesem Sinn hat man jede Lehre der Erfahrung im Gedächtnis und das, was man so gelernt und nicht vergessen oder verlernt hat, braucht nichts mit der Vergangenheit zu tun zu haben, obwohl die Erfahrung natürlich dem Nichtvergessen oder Nichtverlernen vorangehen muß. ›Im Gedächtnis haben‹ ist in dieser Verwendung oft durch das Zeitwort ›wissen‹ ersetzbar.

b) Von dieser Verwendung völlig verschieden ist die Verwendung des Ausdrucks ›im Gedächtnis haben‹ indem man von jemand sagt, er habe zu einem gewissen Zeitpunkt etwas im Gedächtnis gehabt oder sich ins Gedächtnis zurückgerufen oder er erinnere oder entsinne sich oder gedenke jetzt eines Vorfalls in der Vergangenheit. In dieser Verwendung ist im Gedächtnis haben ein Vorfall; es ist etwas, was jemand mit Erfolg oder vergeblich versuchen kann; es nimmt seine Aufmerksamkeit auf einige Zeit in Anspruch, und er mag es mit Vergnügen oder Kummer tun und mit Leichtigkeit oder unter großer Anstrengung. Der Anwalt dringt in den Zeugen, sich gewisse Dinge ins Gedächtnis zurückzurufen, während der Lehrer mit seinen Schülern übt, gewisse Dinge nicht zu vergessen.

Sich etwas ins Gedächtnis rufen hat gewisse Merkmale mit sich etwas vorstellen gemeinsam. Ich rufe mir nur das ins Gedächtnis zurück, was ich selbst gesehen, gehört, getan und gefühlt habe, genauso wie ich es bin, der sich als sehend, hörend, tuend und bemerkend vorstellt; und ich rufe mir Dinge ins Gedächtnis zurück, so wie ich sie mir auch vorstelle, nämlich verhältnismäßig lebhaft, verhältnismäßig leicht und verhältnismäßig zusammenhängend. So wie ich mir außerdem manchmal etwas absichtlich vorstelle und manchmal unabsichtlich, so erinnere ich mich manchmal absichtlich und manchmal unabsichtlich an etwas.

Es besteht ein wichtiger Zusammenhang zwischen der Idee des Nichtvergessens und der Idee der Erinnerung. Die Behauptung, daß jemand sich tatsächlich etwas ins Gedächtnis zurückruft oder es sich zurückrufen oder daran erinnert werden kann, bedeutet, daß er es nicht vergessen hat; dagegen bedeutet die Behauptung, daß er etwas nicht vergessen hat, nicht, daß er es sich jemals ins Gedächtnis zurückrufen wird oder kann. Es wäre ein Widerspruch zu sagen, daß ich mich auf die Ereignisse während eines gewissen Ausflugs, deren Zeuge ich war, besinne oder besinnen kann, obwohl ich nicht mehr weiß, was sich damals zutrug. Es ist kein Widerspruch zu sagen, ich wisse, wo ich geboren bin oder daß mein Blinddarm herausgenommen wurde, obwohl ich mich nicht an diese Vorfälle erinnere. Es wäre absurd zu behaupten, ich könnte mir die Schlacht von Waterloo oder wie man ins Griechische übersetzt ins Gedächtnis zurückrufen, auch wenn ich diese Dinge nicht vergessen habe; da diese Dinge nicht von der Art sind, die man sich ins Gedächtnis zurückrufen kann, in dem Sinn des Zeitworts, der erfordert, daß das, was ich mir zurückrufe, etwas ist, was ich selbst beobachtet, getan oder erlebt habe.

Theoretiker sprechen manchmal von Erinnerungswissen, Erinnerungsglauben und Evidenz der Erinnerung, und wenn sie die ›Quellen‹ des Wissens besprechen und die Arten, in denen wir unser Wissen erwerben, reden sie manchmal so, als ob das Gedächtnis eine solche ›Quelle‹ sei und als ob sich an etwas erinnern eine solche Art sei, Wissen zu erwerben. Dementsprechend wird das Gedächtnis manchmal neben der Wahrnehmung und dem schlußfolgernden Denken als ein Vermögen oder eine Fähigkeit der Erkenntnis angesehen; oder sich an etwas erinnern wird neben der Wahrnehmung und der Deduktion als ein Erkenntnisakt oder -vorgang betrachtet.

Das ist ein Irrtum. Wenn ein Zeuge gefragt wird, woher er weiß, daß sich etwas zugetragen hat, dann wird er vielleicht antworten, er habe es gesehen oder es sei ihm erzählt worden oder er habe es aus dem geschlossen, was er sah oder was ihm erzählt wurde. Er könnte nicht erwidern, er habe dadurch entdeckt, was sich zutrug, daß er nicht vergaß, was er entdeckt hatte, oder daß er sich seine Entdeckung ins Gedächtnis rief. Die Erinnerung und das Nichtvergessen sind weder ›Quellen‹ des Wissens noch, wenn das etwas anderes ist, Arten, in denen wir Wissen erwerben. Die erstere setzt voraus: gelernt und nicht vergessen haben, das letztere ist gelernt und nicht vergessen haben. Keines von beiden ist eine Art Lernen, Entdecken oder Beweisen. Noch weniger ist sich etwas ins Gedächtnis zurückrufen ein Stück Beweismaterial, aus dem mit Gewißheit oder Wahrscheinlichkeit auf das geschlossen werden kann, was sich zugetragen hat, außer in dem Sinn, daß die Geschworenen aus der Zeugenerzählung Schlüsse ziehen können. Der Zeuge selbst folgert nicht: ›Ich erinnere mich, daß der Zusammenstoß kurz nach dem Donnerschlag stattfand, also wird er wohl kurz nach dem Donnerschlag stattgefunden haben.‹ Es gibt keinen solchen Schluß; und sogar wenn es ihn gäbe, ist ein wertvoller Zeuge doch der, der sich genau erinnern kann, und nicht der, der richtig schließt.

Gewiß mag ein Zeuge, vielleicht zu seiner Verwunderung, zu dem Eingeständnis gezwungen werden, daß er seine Phantasie zu Hilfe genommen habe, da er aus dem einen oder anderen Grunde sich nicht ins Gedächtnis habe zurückrufen können, was er vorgab, sich zurückgerufen zu haben; in andern Umständen wird er vielleicht freiwillig Zweifel darüber äußern, ob er sich tatsächlich erinnere oder es sich ausdenke. Aber aus der Tatsache, daß vermeintliche Erinnerungen Erfindungen sein können, folgt nicht, daß wahrheitsgetreue Erinnerungen Entdeckungen oder erfolgreiche Untersuchungen sind. Jemand, der sagen soll, was über die Milchstraße bekannt ist, oder eine Landkarte der Flüsse und Eisenbahnlinien von Berkshire zeichnen soll, wird vielleicht etwas sagen oder zeichnen, wovon er nicht weiß, ob es den Tatsachen entspricht, und er wird vielleicht erstaunt sein zu hören, daß es so ist, oder darüber im unklaren sein, ob es so ist. Aber niemand meint, sagen und zeichnen seien ›Quellen‹ des Wissens, Methoden der Entdeckung oder Anhaltspunkte, aus denen Entdeckungen erschlossen werden können. Sagen und zeichnen sind bestenfalls Methoden, schon Erfahrenes mitzuteilen. So ist sich an etwas erinnern das Wiederholen von etwas schon Gelerntem. Es ist wie erzählen, nicht wie nachforschen. Jemand kann sich einen bestimmten Vorfall zwanzigmal am Tag ins Gedächtnis zurückrufen. Niemand würde sagen, er habe zwanzigmal entdeckt, was vorgefallen sei. Wenn die letzten neunzehn Rückblicke keine Entdeckungen waren, dann war es der erste auch nicht.

Die herrschenden Erklärungen der Erinnerung geben einem den Eindruck, es müßten jemandem, der eines Vorfalls aus seiner eigenen Vergangenheit gedenkt, dessen Einzelheiten in der Form von Vorstellungsbildern einfallen. Er muß die Einzelheiten ›mit dem geistigen Auge sehen‹ oder sie ›im Kopf hören‹. Es kann aber von einem ›Muß‹ hier nicht die Rede sein. Wenn sich ein Konzertbesucher ins Gedächtnis zurückrufen will, wie der Geiger ein gewisses Stück falsch gespielt hat, dann kann er die verpatzte Melodie vor sich hin pfeifen oder sie auf seiner eigenen Violine genauso spielen, wie der Solist es getan hat; und wenn er den Fehler getreulich wiedergibt, dann erinnert er sich sicherlich an den Irrtum des Solisten. Das mag die einzige Art sein, in der er sich den Fehlgriff des Künstlers ins Gedächtnis zurückrufen kann, da er vielleicht darin schwach ist, Melodien im Geiste zu verfolgen. Ähnlich mag sich ein guter Imitator das Gebärden- und Mienenspiel des Predigers nur dadurch ins Gedächtnis zurückbringen, daß er sie mit seinen eigenen Händen und auf seinem eigenen Gesicht wiedergibt, da er vielleicht schwach darin ist, Dinge mit seinem geistigen Auge zu sehen. Oder es mag einem guten Zeichner mißlingen, sich auf die Form und die Takelage einer Jacht zu besinnen, bis ihm ein Bleistift in die Hand gedrückt wird, mit dem er sie zu Papier bringen kann. Wenn ihre Wiedergaben und Skizzen gut sind und wenn ihre Urheber im Falle von Fehlern diese berichtigen, ohne dazu aufgefordert zu sein, dann werden ihre Freunde überzeugt sein, daß sie sich an das, was sie gesehen haben, erinnern, ohne irgendwelche zusätzlichen Mitteilungen über die Lebhaftigkeit, die Fülle und den Zusammenhang ihrer visuellen Vorstellungsbilder oder auch nur deren Existenz zu verlangen.

Niemand würde sagen, der Konzertbesucher, der Imitator oder der Zeichner hätten durch die Wiedergabe der falsch gespielten Melodie, der Gebärden des Predigers oder der Form der Jacht etwas in Erfahrung gebracht; man würde nur sagen, sie hätten gezeigt, wie nach ihrer Beobachtung die Melodie falsch gespielt wurde, der Prediger gestikulierte und die Jacht und ihre Takelage aussah. Erinnerung in Vorstellungsbildern ist im Prinzip nichts anderes, wenn sie auch im allgemeinen an Geschwindigkeit überlegen, an anderweitiger Brauchbarkeit aber weit unterlegen ist; und sie ist natürlich nicht unmittelbar öffentlich zu gebrauchen.

Es besteht eine Neigung, die fotografische Wahrheitstreue von visuellen Vorstellungsbildern gewaltig zu übertreiben. Der Hauptgrund für diese Übertreibung scheint darin zu liegen, daß Leute finden, sie könnten oft, besonders wenn entsprechend unterstützt und befragt, sehr umfassende detaillierte und wohlgeordnete Beschreibungen von Vorfällen geben, bei denen sie zugegen waren. Sie sind dann versucht anzunehmen, daß sie, da sie solche verflossenen Vorfälle jetzt fast genauso gut beschreiben können, wie sie es während der Vorfälle selbst hätten tun können, ihre Erzählungen an irgendwelchen gegenwärtigen Nachbildungen oder Andenken der verschwundenen Szene überprüfen müssen. Wenn die Beschreibung eines Gesichts in seiner Abwesenheit ungefähr gleich gut ist wie in seiner Gegenwart, dann müsse das auf die Gegenwart von etwas wie einer Fotografie des Gesichts zurückzuführen sein. Aber das ist eine unnötige Kausalhypothese. Die Frage: ›Wie kann ich wahrheitsgetreu etwas beschreiben, was ich einst beobachtet habe?‹ ist kein größeres Rätsel als die Frage: ›Wie kann ich mir etwas wahrheitsgetreu vorstellen, was ich einst beobachtet habe?‹ Die

Fähigkeit, das durch persönliche Erfahrung Erworbene zu beschreiben, gehört zu den Kniffen, die wir von jemandem erwarten, der hinreichend sprachgewandt ist; die Fähigkeit, sich Teile davon im Geist vor Augen zu führen, ist etwas anderes, was wir zu einem gewissen Grad von den meisten und in hohem Grad von Kindern, Modezeichnern, Polizisten und Karikaturisten erwarten.

Die Erinnerung kann also die Form wahrheitsgetreuer Erzählung annehmen. Wenn dem so ist, unterscheidet sie sich von der Erinnerung durch Nachahmung oder Skizzierung insofern, als das, was stattgefunden hat, in Worten beschrieben und nicht bildlich dargestellt wird (obwohl die Erzählung auch oft dramatische Darstellungen enthalten kann). Auch hier würde offenkundig niemand so reden wollen, als ob Erzählung eine ›Quelle‹ des Wissens oder eine Art des Wissenserwerbs sei. Sie gehört nicht zum Stadium der Erzeugung und Montage, sondern der Ausfuhr. Es ist nicht dem Lernen, sondern dem Aufsagen des Lehrstoffs verwandt.

Leute neigen aber sehr zu dem Glauben, lebhafte visuelle Rückerinnerung müsse eine Art Sehen und daher eine Art Finden sein. Ein diesem Irrtum zugrundeliegendes Motiv kann wie folgt erhellt werden. Wenn jemand lernt, daß eine Seeschlacht stattgefunden hat, ohne selbst dabeigewesen zu sein, dann mag er sich die Szene freiwillig oder unwillkürlich lebhaft im Geiste ausmalen. Sehr wahrscheinlich wird er bald soweit sein, die Schlacht immer mit denselben Worten zu beschreiben, wenn er gebeten wird, die Geschichte zu erzählen. Wenngleich er sich aber vielleicht die Szene nur in der nun zur Routine gewordenen Weise vorstellen kann, so versteht er doch den Unterschied zwischen seiner gewohnheitsmäßigen Art, Szenen auszumalen, bei denen er nicht zugegen war, und der Art, in der ihm unvergessene Vorfälle, bei denen er dabei war, ins Gedächtnis ›zurückströmen‹. Auch diese kann er sich nur in einer einheitlichen Weise vorstellen, aber ihre Einheitlichkeit scheint ihm aufgezwungen und nicht bloß durch Wiederholung bestimmt zu sein. Er kann nicht jetzt den Vorfall ›sehen‹, wie es ihm beliebt, genausowenig wie er ihn ursprünglich nach Belieben hätte sehen können. Er hätte den Fingerhut ursprünglich nirgendwo anders sehen können als in der Ecke auf dem Kaminsims, da er genau dort war. Noch kann er sich jetzt erinnern, ihn anderswo gesehen zu haben, wie sehr er sich auch bemüht, wie leicht es auch für ihn ist, sich, wenn er will, vorzustellen, er liege auf der Kohlenschaufel. Ja er mag sich ihn sehr wohl auf der Kohlenschaufel liegend vorstellen, während er gleichzeitig die Behauptungen eines anderen zurückweist, der Fingerhut sei dort gewesen.

Der Leser eines Berichts über ein Rennen kann sich mit gewissen Einschränkungen, die durch den Wortlaut des Berichts bedingt sind, den Verlauf des Rennens zuerst in einer Weise und dann absichtlich oder unwillkürlich in einer anderen und vielleicht unvereinbaren Weise vorstellen; aber ein Zuschauer des Rennens fühlt, daß er zwar sich immer noch weitere Ansichten des Rennens ins Gedächtnis zurückrufen kann, daß aber alternative Ansichten strengstens ausgeschlossen sind. Deshalb ist es so naheliegend zu sagen, daß Erinnerung durch Vorstellungsbilder dem Betrachten einer Aufnahme oder dem Anhören einer Grammophonplatte ähnlich ist. Das ›kann‹ in: Ich kann den Vorfall nicht anders als auf eine bestimmte Art ›sehen‹, wird stillschweigend an das ›kann‹ in: Die Kamera kann nicht lügen, oder: Die Platte kann die Melodie nicht ändern, angeglichen. Aber in Wirklichkeit ist das ›kann‹ in: Ich kann den Vorfall nicht anders als auf eine Art ›sehen‹ wie das in: Ich kann ›Edinburgh‹ nicht buchstabieren wie ich will. Ich kann die richtigen Buchstaben nicht in der richtigen Reihenfolge niederschreiben und gleichzeitig irgendeine andere Anordnung der Buchstaben niederschreiben; ich kann ›Edinburgh‹ nicht so schreiben, wie es meines Wissens richtig geschrieben wird und es gleichzeitig in irgendeiner anderen Weise aufschreiben. Nichts zwingt meine Hand, es in der einen oder der anderen Weise zu tun; aber bloße Logik schließt die Möglichkeit aus, daß ich das hervorbringe, was ich als die richtige Schreibweise kenne, und gleichzeitig auch eine andere willkürliche Schreibweise. Ähnlich zwingt mich nichts, überhaupt irgendwelche Vorstellungsbilder hervorzubringen oder meine Vorstellung so oder anders zu betätigen; aber wenn ich mir ins Gedächtnis zurückrufe, wie der Vorfall aussah, als ich ihn beobachtete, dann ist mein Vorstellen nicht willkürlich. Ebensowenig zwingt mich beim Gang von der Kiesgrube zum Badeplatz etwas, diesen Weg und nicht jenen zu wählen. Aber wenn ich weiß, daß dies der richtige Weg ist, dann kann ich logischerweise nicht sowohl den mir als richtig bekannten Weg einschlagen als auch einen anderen.

Betrachten wir noch einmal den Fall des Konzertbesuchers, der den Fehler des Geigers reproduziert, indem er die Takte so pfeift, wie sie der Geiger falsch gespielt hat. Der einzige Sinn, in dem er so pfeifen ›muß‹ wie er es tut, ist der, daß er den Fehler des Geigers nicht wiedergibt, wenn er etwas anderes pfeift. Er pfeift, was er pfeift, weil er nicht vergessen hat, was er den Geiger spielen hörte. Aber das ist nicht ein ›Weil‹ der Ursache und Wirkung. Sein Pfeifen wird nicht ursächlich von der Fehlleistung des Violinisten oder von seinem eigenen ursprünglichen Hören dieser Fehlleistung kontrolliert oder regiert. Vielmehr bedeutet die Behauptung, er habe nicht vergessen, was er gehört hat, daß er z. B. den Fehler wahrheitsgetreu wiedergeben kann, indem er ihn pfeift und ähnliches. Solange er sich den Fehler des Geigers merkt, bleibt er imstande und bereit, etwas zu zeigen, was der Fehler war, indem er ihn wahrheitsgetreu nachahmt. Das ist es, was man unter ›sich etwas merken‹ versteht.

Wenn ein Kind ein bestimmtes Gedicht aufsagen soll, es aber falsch macht, dann sagen wir nicht, daß es dieses Gedicht aufsagen konnte. Ebensowenig ist ein falsches Zitat eine Art Zitat. Wenn man uns sagt, jemand habe etwas buchstabiert oder einen Satz konstruiert, dann fragen wir nicht ›Aber hat er es auch richtig gemacht?‹, da es nicht Buchstabieren oder Konstruieren wäre, wenn er es falsch gemacht hätte. Es gibt aber natürlich auch Verwendungen dieser Zeitwörter, in denen sie denselben Gehalt haben wie die Ausdrücke ›zu buchstabieren versuchen‹ oder ›zu konstruieren versuchen‹. In diesen Verwendungen können sie sinnvoll als ›erfolglos‹ bezeichnet werden.

Ebenso ist ›ins Gedächtnis zurückrufen‹ ein ›Erfolgs‹-Zeitwort, außer wenn es ›sich ins Gedächtnis zurückzurufen versuchen‹ heißt. Aber das bedeutet nicht, daß wir eine privilegierte Fähigkeit haben, die uns, wenn wir ihr freien Lauf lassen, an unseren Bestimmungsort trägt, ohne daß wir aufpassen müßten. Es heißt bloß: Wenn wir uns z. B. Vorfälle anders vorstellen, als sie unsres Wissens aussahen, wir uns dann eben nicht etwas ins Gedächtnis zurückrufen, genausowenig wie wir zitieren, wenn wir einem Sprecher andere Worte in den Mund legen, als er tatsächlich ausgesprochen hat. Uns etwas ins Gedächtnis zurückrufen, ist zuweilen sehr schwer, und es mißlingt uns oft; und sehr oft wissen wir nicht, ob wir es geschafft haben oder nicht. Es kann also sein, daß wir behaupten, uns an etwas zu erinnern, und daß wir später diese Behauptung zurückziehen. Aber obgleich ›sich ins Gedächtnis rufen‹ ein ›Erfolgs‹-Zeitwort ist, ist es doch nicht ein Zeitwort des Findens, Lösens oder Beweisens. Vielmehr ist es, wie ›aufsagen‹, ›zitieren‹, ›abbilden‹ und ›nachahmen‹ ein Zeitwort der Darstellung oder ist doch zumindest mit solchen Zeitwörtern verwandt. Sich gut erinnern können heißt nicht: gut untersuchen können, sondern gut vergegenwärtigen können. Es ist eine Erzählerfertigkeit, wenn ›erzählen‹ auf nichtprosaische Darstellungen ausgedehnt werden darf. Darum beschreiben wir Erinnerungen als verhältnismäßig wahrheitsgetreu, lebhaft und genau und nicht als originell, genial oder scharfsinnig. Wir nennen Leute auch nicht ›schlau‹ oder ›gute Beobachter‹, bloß weil ihnen Dinge aus ihrer Vergangenheit leicht einfallen. Ein Anekdotensammler ist nicht eine Art Detektiv.

NEUNTES KAPITEL

Der Verstand

1. Vorwort

Bisher habe ich wenig Positives über die Vernunft, den Intellekt oder den Verstand, über Denken, Urteilen, Schließen oder Begriffsbildung gesagt. Ja, das wenige, was ich gesagt habe, hatte eine vorwiegend negative Tendenz, da ich wiederholt gegen die weitverbreitete Annahme argumentiert habe, der Gebrauch solcher Prädikate wie ›mit einer Absicht‹, ›kunstfertig‹, ›sorgsam‹, ›ehrgeizig‹ und ›freiwillig‹ setze den Ablauf von Denktätigkeiten als Ursache voraus. Ich habe wahrscheinlich den Eindruck hinterlassen, daß ich, da Planen und Theoretisieren selbst als zweckvoll, kunstfertig, sorgsam, ehrgeizig, freiwillig und so weiter gekennzeichnet werden können, diese Operationen als Beschäftigungen betrachte, die auf derselben Stufe stehen wie andere Arten der Geistestätigkeit, etwa Knoten knüpfen, einer Melodie folgen oder Versteckspielen.

Eine solche Demokratisierung der Positionen der alten Elite wird um so unerhörter erschienen sein, als viele gewohnt sind, ›Geist‹ und ›geistig‹ als gleichbedeutend mit ›Verstand‹ oder ›Intellekt‹ und ›intellektuell‹ zu verwenden. Es ist ganz gebräuchlich, einen Prüfer zu fragen, wes Geistes Kind ein Kandidat sei, wenn man lediglich erfahren will, wie er mit bestimmten akademischen Aufgaben fertig wird. Der Fragesteller wäre überrascht, erhielte er die Antwort, der Kandidat liebe Tiere, sei schüchtern, musikalisch und witzig.

Es ist nun an der Zeit, gewisse Merkmale der Begriffe von spezifisch intellektuellen Fähigkeiten, Neigungen und Handlungen zu besprechen. Es wird sich zeigen, daß diese in der Tat einen Vorrang einer gewissen Art haben, wenn auch nicht den kausalen Vortritt, der gewöhnlich für sie gefordert wird.

2. *Die Abgrenzung des Verstandes oder Intellekts*

Die Stellung des Verstands im menschlichen Leben wird meist, bewußt oder unbewußt, in Anlehnung an gewisse Vorbilder beschrieben. Manchmal wird der Intellekt als ein besonderes Organ betrachtet, und ein starker oder schwacher Intellekt wird mit einem starken oder schwachen Auge oder Bizeps verglichen. Zuweilen wird vom Verstand als einer Art Verlagshaus oder Münzamt gesprochen, das seine Erzeugnisse auf dem Umweg über Kleinhändler und Banken an die Kunden bringt. Und manchmal wird von der Vernunft als einem weisen Prediger oder Richter gesprochen, der seiner Zuhörerschaft von seinem Standort in ihrer Mitte sein Wissen, seine Befehle oder seine Ratschläge erteilt. Hier muß nicht gezeigt werden, daß diese und ähnliche Bilder nicht geeignet sind, die für unsere Besprechungen nötigen Ausdrücke zu liefern. Allen diesen Bildern liegt aber eine Hoffnung zugrunde, der wir von allem Anfang an mit Mißtrauen begegnen müssen. Wir können ziemlich genau angeben, wozu uns gute Augen und Muskeln befähigen und woran uns schwache hindern; wir können angeben, welche Erzeugnisse von diesem Verlagshaus und von jenem Münzamt herausgebracht oder nicht herausgebracht werden; und wir können genau sagen, was von einem bestimmten Prediger in einem bestimmten Vortrag behandelt und was nicht behandelt wurde. Aber wenn man uns fragt, welche menschlichen Handlungen und Reaktionen als intellektuell angesprochen werden sollen, haben wir keine ähnlichen Kriterien. Mathematische Berechnungen gehören gewiß herein, aber was sollen wir sagen, wenn sie voller Fehler und Glückstreffer sind, oder wenn sie völlig mechanisch ausgerechnet wurden? Juristische Argumentationen, gewiß, aber wie, wenn sie aus dem Motiv hervorgehen, Unrecht als Recht erscheinen zu lassen? Philosophieren, ja, aber wie steht es mit Gedanken, deren Vater der Wunsch ist? Sammlung und Ordnung von Tatsachen, aber wie, wenn die Sammlung wahllos und die Ordnung willkürlich ist?

Manchen Erklärungen zufolge gehört es zur Definition intellektueller Operationen, daß sie die Wahrheitsentdeckung zum Ziel haben. Aber Bridge und Schach sind intellektuelle Spiele, in denen das Ziel der nötigen intellektuellen Operationen nicht Entdeckung, sondern Sieg ist. Der Ingenieur und der General planen mit ihrem Kopf, aber sie haben es nicht auf Wissensvermehrung abgesehen. Der Gesetzgeber muß mit abstrakten Begriffen und in systematischer Form denken, aber seine Mühen führen nicht zu Theoremen, sondern zu Gesetzentwürfen. Umgekehrt mögen die Jugenderinnerungen von Greisen zu erschreckenden Bergen von Wahrheiten ansteigen, aber wir haben Bedenken, diese Ergüsse als Betätigungen intellektueller Fähigkeiten, außer vielleicht der allerniedrigsten, anzusprechen. Die Greise finden nicht heraus, was einmal war; es fällt ihnen bloß wieder ein. Noch betrachten wir normalerweise die unaufhörlichen Entdeckungen eines aufmerksamen Kindes mit Auge, Nase, Ohr, Zunge und Hand als Betätigungen intellektueller Fähigkeiten. Es gewinnt keine Stipendien mit ihnen.

Die Grenzlinien zwischen dem, was intellektuell ist und was es nicht ist, werden auch durch Hinweise auf die Idee des Denkens nicht viel klarer, da ›Denken‹ nicht nur genauso vage ist wie ›intellektuell‹, sondern auch noch zusätzliche ihm eigene Zweideutigkeiten aufweist. In einer Bedeutung heißt das deutsche Wort ›denken‹ dasselbe wie ›glauben‹ oder ›annehmen‹; es ist also möglich, daß jemand eine Menge alberner Dinge in diesem Sinn, aber sehr wenig in einem anderen Sinn denkt. Ein solcher Mensch ist sowohl leichtgläubig wie auch intellektuell müßig. In einem wieder anderen Sinn mag jemand ›angestrengt an das denken, was er tut‹, nämlich dann, wenn er seine Tätigkeit, z. B. Klavierspielen, mit Aufmerksamkeit verfolgt; aber er denkt oder sinnt dabei in keiner Weise nach. Auf die Frage, welche Prämissen er erwogen, welche Schlüsse er gezogen, oder mit einem Wort, welche Gedanken er gehabt habe, kann er wohl richtig entgegnen: ›Keine. Ich hatte überhaupt weder Zeit noch Interesse daran, Sätze zu bilden oder zu gebrauchen. Ich war mit Klavierspielen befaßt, nicht mit dem Wälzen von Problemen, nicht einmal damit, mir selbst Vorträge über die besten Spielmethoden zu halten.‹

Es wird manchmal behauptet, man verstünde unter einem ›intellektuellen Vorgang‹ oder unter ›Denken‹ in der hier gesuchten besonderen Bedeutung eine Operation mit Symbolen, wie es in erster Linie Wörter und Sätze sind. ›Denken ist ein Gespräch der Seele mit sich selbst.‹ Aber das ist sowohl zu weit wie auch zu eng. Ein Kind, das völlig mechanisch einen Kinderreim oder das Einmaleins hersagt, geht in gewisser Weise mit Symbolen um, aber es paßt nicht auf die Bedeutung der Wörter und Sätze auf; es wendet die Ausdrücke nicht an, sondern leiert sie bloß her, so wie es manche Melodie herleiern würde. Andererseits ist es auch nicht genug zu sagen, ein Denker sei jemand, der zweckmäßig und aufmerksam mit Ausdrücken operiert; denn wenn z. B. ein Zusammensetzspiel aus den Bruchstücken eines einmal erlernten ausländischen Kinderreims zusammengestellt worden ist, dann könnte ein Kind angestrengt und zielbewußt daran arbeiten, die Stücke in der gehörigen Weise zusammenzustellen, ohne eine Idee davon zu haben, was die Sätze des Reims bedeuteten. Es genügt auch nicht zu sagen, Denken bestünde im Zusammenstellen von Ausdruckskomplexen zur Übermittlung eines bestimmten Sinnes, denn wir räumen ein, daß jemand denkt, auch wenn er bloß den von jemand anders angewendeten Ausdrücken folgt. Er kleidet nicht seine eigenen Ideen in Worte, sondern schöpft Ideen aus den Worten eines andern.

Andererseits müssen wir zugeben, daß jemand manchmal auch unter Umständen echte intellektuelle Arbeit leistet, wobei gar keine Ausdrücke gehandhabt werden, weder Wörter noch Geheimchiffren, Diagramme oder Bilder. Den Verschlingungen in einem verquickten Wollknäuel folgen, die Stellung der Spieler auf dem Schachbrett studieren, ein Teil in ein Zusammensetzspiel einzupassen versuchen, das alles würde gewöhnlich zu den Denkakten gezählt werden, auch wenn es nicht von Selbstgesprächen begleitet ist.

Um schließlich noch etwas schon früher Erörtertes zu benutzen, möchte ich an die Unterscheidung zwischen unüberdachter und überdachter Rede erinnern. Der Großteil unserer gewöhnlichen gesellschaftlichen Unterhaltung besteht aus dem ersten besten, was uns in den Sinn kommt, ohne daß wir erst überlegen, was wir und wie wir es sagen sollen; niemand erhebt die Forderung, wir sollten unsere Bemerkungen rechtfertigen, die Zusammenhänge zwischen ihnen auseinandersetzen oder den Hintergrund unserer Fragen oder die eigentliche Absicht unserer Freundlichkeiten aufdecken. Unsere Rede ist kunstlos, spontan und nicht abgewogen. Sie ist keine Arbeit und soll nicht erbauen, im Gedächtnis behalten oder gar aufgezeichnet werden. Trotzdem haben unsere Bemerkungen ihren Wert, und der Zuhörer versteht sie und reagiert entsprechend.

Jedoch denken wir nicht an diese Art von Rede, wenn wir sagen, jemand urteile, denke nach, denke etwas aus oder durchdenke es. Wir beurteilen das intellektuelle Vermögen eines Menschen kaum nach dem Stil seines Plauderns. Wir urteilen vielmehr danach, wie er spricht, wenn seine Rede bedachtsam, geregelt und ernst, im dienstlichen Tonfall und nicht in einem außerdienstlichen Tonfall gehalten ist. Allerdings beurteilen wir seine intellektuelle Kapazität, wenigstens zum Teil, nach den Scherzen, die er macht oder spaßig findet, obgleich diese zu seinen Freizeitgesprächen gehören. Theoretiker neigen zu der Annahme, der Unterschied zwischen unüberdachtem Plaudern und abgewogenem Diskurs sei bloß graduell, so daß das, was uns geradewegs von den Lippen geht, dieselben intellektuellen Prozesse widerspiegelt wie unsere im Ernst abgegebenen Feststellungen. In der Praxis ziehen wir aber bei der Einschätzung der Urteilskraft, des Scharfsinns und des Fassungsvermögens eines Menschen nur die letzteren in Betracht. In der Praxis betrachten wir also nicht jeden intelligenten Ausdrucksgebrauch als Denken, sondern nur oder vorwiegend den, der als Arbeit verstanden wird. Wir betrachten unüberdachtes Plaudern nicht als primitives Theoriebauen oder Planen, und wir haben damit völlig recht. Es ist nicht der Zweck alltäglichen Plauderns, irgend jemandes Theorien oder Pläne zu stützen. Wir betrachten auch spazierengehen und ein Lied summen nicht als gelinde Plackerei. Aber macht es eigentlich etwas aus, wenn alle Versuche, eine scharfe Definition von ›intellektuell‹ und ›Gedanke‹ zu geben, irgendwo zusammenbrechen? Wir können recht gut städtische Bezirke von ländlichen unterscheiden, Spiele von Arbeit und den Frühling vom Sommer, und die Entdeckung von unentscheidbaren Grenzfällen setzt uns durchaus nicht in Verlegenheit. Wir wissen, daß die Lösung eines mathematischen Problems eine intellektuelle Aufgabe ist, den Fingerhut suchen keine, während nach einem passenden Reim suchen in der Mitte liegt. Bridge ist ein intellektuelles Spiel, Schwarzer Peter ein unintellektuelles und Rommé halb und halb. Unsere alltägliche Verwendung der Begriffe vom Intellekt und vom Denken wird durch die Entdeckung einer bescheidenen Anzahl von Grenzfällen nicht in Verlegenheit gebracht.

Gewiß ist das für manche Zwecke gleichgültig. Aber für uns ist es von großer Bedeutung. Es bedeutet, daß die älteren Theorien, die von der Vernunft, dem Intellekt oder dem Verstand als einem besondern Vermögen oder okkulten Organ redeten, denselben Fehler machten wie die neueren Theorien, die von besonderen intellektuellen Vorgängen wie urteilen, begrifflich auffassen, annehmen, durchdenken usw. reden. Sie geben vor, Identifikationskennzeichen für Dinge zu besitzen, die sie in Wirklichkeit nicht immer identifizieren können. Wir wissen nicht immer, wann wir die Handelsmarken der Erkenntnistheorie anwenden dürfen und wann nicht.

Fangen wir noch einmal an: Man hat meistens eine Idee ziemlich klar im Bewußtsein, wenn man intellektuelle Fähigkeiten und Leistungen mit andern Fähigkeiten und Leistungen vergleicht, nämlich die der Schulung. Die intellektuellen Fähigkeiten sind die, die in bestimmten Unterrichtsstunden entwickelt und durch bestimmte Prüfungen geprüft werden. Intellektuelle Aufgaben sind die oder gehören zu denen, die nur der Geschulte bewältigen kann. Intellektuelle sind Personen, die die bestmögliche Erziehung genossen haben, und intellektuelle Unterhaltung ist gelehrte und belehrende Unterhaltung. Angeborene oder selbsterlernte Kniffe zählen nicht zum intellektuellen Können, und sogar Künste, die hauptsächlich durch einfache Nachahmung erlernt werden, wie z. B. Seilspringen, Blindekuh spielen und plaudern, werden nicht als intellektuelle Errungenschaften bezeichnet. Dieses Diplom ist den Nutzanwendungen von Belehrungen vorbehalten, die zumindest teilweise aus Büchern und Vorlesungen kommen oder im allgemeinen aus didaktischem Diskurs.

Es ist klar 1. daß niemand einem didaktischen Diskurs folgen oder ihn anwenden könnte, der nicht schon vorher gelernt hat, der Konversation zu folgen und davon Gebrauch zu machen, und 2. daß didaktischer Diskurs selbst eine Art des bedachten Diskurses ist. Im Diskurs wird Unterricht erteilt, und er ist selbst zu einem gewissen Grad Ergebnis von Unterricht. Er hat seine eigenen Lernmethoden, und er wird nicht im geselligen Unterhaltungsstil gesprochen oder geschrieben, sondern im nichtgeselligen Exerzierstil. Er wird im Amtsstil vorgetragen. Sogar wenn ein fröhlicher Unterhaltungston angeschlagen wird, so weiß man doch, daß eine bloß konversationelle Aufnahme unpassend wäre, so daß sich also der Konversationston als trügerisch erkennen läßt. Der Lehrer tut nur so, als ob er und die Schüler nicht wirklich arbeiteten. Wir werden später sehen, daß hinter der scheinbar trivialen Art, das Intellektuelle vom Nichtintellektuellen danach abzugrenzen, ob etwas mit Hilfe der akademischen

Maschinerie erlernt wurde oder nicht, etwas äußerst Wichtiges steckt.

Es ist nun notwendig, einige Begriffe vom Denken zu besprechen. Wir müssen scharf zwischen dem Sinn unterscheiden, in dem wir sagen, jemand sei damit beschäftigt, etwas auszudenken, und dem Sinn, in dem wir sagen, er denke dies und dies, d. h. also zwischen ›denken‹, das schwer, langwierig, unterbrochen, unachtsam, erfolgreich oder vergeblich sein kann, und ›Gedanken‹, die wahr, falsch, gültig, trügerisch, abstrakt, abgelehnt, von mehreren angenommen, veröffentlicht oder unveröffentlicht sein können. Im ersten Sinn spricht man von einer Arbeit, mit der jemand von Zeit zu Zeit und auf gewisse Dauer beschäftigt ist. Im letzteren Sinn spricht man von den Ergebnissen solcher Arbeit. Die Bedeutung dieser Unterscheidung liegt darin, daß die herrschende Mode die Denkarbeit mit Ausdrücken beschreibt, die der Beschreibung der damit erzielten Ergebnisse entlehnt sind. Wir hören Geschichten von Leuten, die mit Urteilen, Abstrahieren, Subsumieren, Deduzieren, Induzieren, Prädizieren und so fort beschäftigt sind, als ob dies registrierbare Operationen wären, die von bestimmten Personen in bestimmten Stadien ihres Nachdenkens ausgeführt werden. Und da wir weder andere Leute noch uns selbst bei der Ausführung solcher Handlungen ertappen, fühlen wir uns gezwungen zuzugeben, diese Handlungen seien tief unterirdische Ereignisse, deren Vorfallen nur mit Hilfe der Ableitungen und Intuitionen sachverständiger Erkenntnistheoretiker ermittelt werden könne. Diese Sachverständigen scheinen uns zu erzählen, wir täten diese Dinge, etwa wie uns Physiologen von den Verdauungs- und Gehirnprozessen erzählen, die ohne unser Wissen in uns vorgehen. So muß also unser Verstand ein fleischloses Organ sein, da diese Para-Physiologen so viel über seine heimlichen Funktionen ermitteln.

Ich hoffe zu zeigen, daß die Wörter ›Urteil‹, ›Deduktion‹, ›Abstraktion‹ und so weiter rechtmäßig zur Klassifikation der Denkergebnisse gehören und daß sie mißdeutet werden, wenn sie als die Bezeichnung jener Handlungen verstanden werden, aus denen das Nachdenken besteht. Sie gehören nicht zum Wortschatz von Biographien, sondern zum Wortschatz von Bücherrezensionen, Vorlesungen, Diskussionen und Berichten. Sie sind Ausdrücke für Schiedsrichter, nicht für Biographen.

3. *Theorien aufstellen, haben und anwenden*

Obwohl es viele Beschäftigungen gibt, sowohl Spiele wie auch Arbeiten, die wir als intellektuell bezeichnen, ohne damit zu implizieren, ihr Zweck bestehe in der Entdeckung von Wahrheiten, so gibt es doch gute Gründe, warum wir schon jetzt jene besondere Familie von Tätigkeiten betrachten sollten, bei denen wir die Wahrheitsentdeckung zum Ziel haben. Ich sage ›Familie von Tätigkeiten‹, da nichts mit der Behauptung gewonnen wäre, Euklid, Thukydides, Kolumbus, Adam Smith, Newton, Linnaeus, Porson und Bischof Butler seien alle an demselben Unternehmen beteiligt gewesen.

Die Arbeit, derentwegen diese Männer ihren Ruf erwarben, kann das ›Aufstellen von Theorien‹ genannt werden, obwohl das Wort ›Theorie‹ sehr verschiedene Bedeutungen hat. Sherlock Holmes' Theorien sind nicht mit denselben Methoden gebaut wie die von Karl Marx, auch sind weder ihre Verwendungsmöglichkeiten noch ihre praktischen Auswirkungen vergleichbar. Aber beide stimmen darin überein, daß sie ihre Theorien in didaktischer Prosa abfaßten.

Bevor wir etwas Genaueres über die Operationen und Prozesse des Aufstellens von Theorien sagen, sollten wir überlegen, was mit der Behauptung, jemand *habe* eine Theorie, gemeint ist. Eine Theorie aufstellen heißt: versuchen, eine Theorie zu erwerben, und eine Theorie haben heißt: sie erworben und nicht vergessen haben. Eine Theorie aufstellen heißt: reisen; eine Theorie haben heißt: am Bestimmungsort sein.

Eine Theorie oder einen Plan haben heißt nicht: selbst etwas tun oder sagen, genausowenig wie eine Feder haben etwas damit schreiben heißt. Eine Feder haben heißt: in der Lage sein, mit ihr zu schreiben, wenn sich die Gelegenheit dazu bietet; und eine Theorie oder einen Plan haben heißt: bereit sein, sie mitzuteilen oder anzuwenden, wenn sich die Gelegenheit dazu ergibt. Die Arbeit des Aufstellens von Theorien oder Plänen ist die Arbeit, sich in diesen Zustand der Bereitschaft zu versetzen.

Ich behaupte, der Besitzer einer Theorie sei bereit, sie zu formulieren oder anzuwenden. Worin besteht der Unterschied? In der Lage sein, eine Theorie zu formulieren, heißt: imstande sein, jedermann eine gute Antwort zu geben, einschließlich dem Theoriebesitzer selbst, wenn er wissen oder besser wissen will oder muß, worin die Theorie besteht, d. h. mündlich oder schriftlich eine verständliche Fassung der Schlußfolgerungen der Theorie abzugeben sowie der Probleme, die sie löst, und vielleicht auch der Gründe, warum man sie annehmen und andere Theorien ablehnen sollte. Eine Theorie haben heißt: imstande sein, Unterricht oder Auffrischungsunterricht darin zu erteilen. Der intelligente Empfänger solchen Unterrichts erwirbt dann selbst die Theorie oder, wenn er klug genug ist, begreift er sie, ohne sie anzunehmen. Aber wir stellen Theorien auf und schmieden Pläne nicht ausschließlich oder hauptsächlich, um imstande zu sein, sie in Worte zu fassen. Der Hauptzweck didaktischer Übungen, sowohl für einen selbst wie auch für andere Schüler, besteht darin, einen darin vorzubereiten, diese Lehren für andere Zwecke als wiederum Lehrzwecke zu verwenden. Kolumbus ging nicht auf Forschungsreisen, nur um den Stoff der Geographiestunden zu vermehren. Eine Theorie oder einen Plan haben heißt nicht: nur imstande sein zu sagen, worin diese Theorie oder dieser Plan besteht. Imstande sein, die Theorie auseinanderzusetzen, heißt bloß: imstande sein, einen, nämlich den didaktischen Gebrauch davon zu machen. Beherrschung der Euklidischen Theoreme ist nicht die bloße

Fähigkeit, sie herzusagen; es ist auch die Fähigkeit, Zusatzaufgaben zu lösen, Einwänden zu begegnen und den Flächeninhalt von Feldern mit ihrer Hilfe zu berechnen.

Es gibt keine eingleisige Antwort auf die Frage: ›Wie findet man andere als didaktische Anwendungen einer Theorie?‹ Die Theorien von Sherlock Holmes sollten in erster Linie zur Verhaftung und Verurteilung von Verbrechern, zur Verhinderung geplanter Verbrechen und zur Entlastung zu Unrecht Verdächtigter verwendet werden. Sie könnten auch als Musterbeispiele wirksamer Detektivmethoden beabsichtigt gewesen sein. Seine Theorien wurden angewendet, wenn tatsächlich weitere Deduktionen von ihnen gemacht wurden und wenn mit ihrer Hilfe Verbrecher verhaftet und Verdächtigte entlassen wurden. Newtons Theorien wurden verwendet, als auf ihrer Grundlage richtige Aussagen über die Zukunft und Vergangenheit gemacht wurden, als nach ihnen Maschinen entworfen wurden, als die Hoffnung auf das Perpetuum Mobile aufgegeben wurde, als manche anderen Theorien aufgegeben oder aber mit der seinen vereint wurden, als Bücher und Vorlesungen geschrieben wurden, welche Studenten in die Lage versetzten, die Theorie ganz oder teilweise zu verstehen und schließlich, als manche oder alle seiner Methoden des Aufstellens von Theorien aus seinen Beispielen erlernt und erfolgreich auf andere Untersuchungen angewendet wurden. Ein Newton-Anhänger sein hieß nicht bloß: dasselbe sagen, was Newton gesagt hatte, sondern auch dasselbe tun und sagen, was Newton gesagt und getan haben würde. Eine Theorie haben heißt: bereit sein, eine Reihe von Schritten zu unternehmen, von denen nur einige wenige im Unterrichten bestehen; und jemanden in etwas unterrichten, sich selbst oder einen anderen, heißt: seinerseits wieder ihn auf eine Reihe von Aufgaben vorbereiten, von denen nur einige wenige weiterer Unterricht sein werden.

Wir können deswegen sagen, daß sich die Seele beim Theoretisieren unter anderem darauf vorbereitet, didaktisch zu reden oder zu schreiben; und daß die dem Empfänger zugedachten Vorteile in der erworbenen Bereitschaft liegen, auf verschiedene neue Weisen zu handeln und zu reagieren, von denen nur einige selbst wieder didaktische Bekanntmachungen sein werden. Das zeigt zum Teil den Irrtum der Idee, wonach die Vernunft bloß das Vermögen ist, didaktische Reden zu halten und zu verstehen. Aber einige der erlernten Operationen werden gewiß weitere didaktische Reden sein, da beim aufmerksamen Anhören didaktischer Reden zumindest das eine gelernt wird, nämlich wie man genau dasselbe sagt oder doch etwas desselben Inhalts oder zumindest, wie man in dieser Manier redet. Zumindest lernt der Rekrut die Kommandos und wie die Unteroffiziere sie ausrufen. Unterricht in irgend etwas ist immer auch Unterricht im Geben und Erhalten von Unterricht dieser Art. Dadurch, daß Galilei Unterricht über das Verhalten von Sternen, Pendeln und Fernrohren gab, lehrte er auch mit seinem Beispiel, wie man wissenschaftlich über irgendein anderes Thema zu reden hätte.

Nun zur Arbeit des Aufstellens von Theorien selbst. Erstens beschränke ich diesen Ausdruck nicht auf jene Operationen, die, wie z. B. Mathematik, Rechtswissenschaft, Philologie und Philosophie, im Lehnstuhl oder am Arbeitspult verrichtet werden können. Kolumbus hätte nicht seine Darstellung der Westseite des Atlantik geben können, ohne dorthin zu fahren, noch hätte Kepler seine Darstellung des Sonnensystems geben können, hätten nicht er und Tycho de Brahe viele ermüdende Stunden damit zugebracht, den Sternenhimmel zu studieren. Nichtsdestoweniger unterscheiden wir die Theorien, die sie schließlich aufstellten und dann damit die gebildete Welt mündlich oder durch das gedruckte Wort belehrten, von den Anstrengungen und Beobachtungen, ohne die sie diese Theorien nie aufgestellt hätten. Die Formulierungen ihrer Theorien enthalten Mitteilungen über und Hinweise auf die verwendeten Methoden und angestellten Beobachtungen, aber sie enthalten nicht diese Methoden oder Beobachtungen selbst. Forschungsergebnisse können in Prosa geliefert werden, aber die Forschungsarbeit wird im allgemeinen nicht nur mit der Feder geleistet, sondern auch mit Mikroskop und Teleskop, mit Waage und Galvanometer, mit Logleine und Lackmuspapier.

Dazu kommt, daß ich mich bei der Besprechung des Aufstellens von Theorien nicht bloß auf die klassischen Beispiele berühmter Entdeckungen beziehe, sondern auf eine Klasse von Aufgaben, an denen alle Leute, die irgendeine Erziehung genossen haben, bei manchen Gelegenheiten zu einem gewissen Grad teilnehmen. Die Hausfrau, die feststellen will, ob ein Teppich auf einen Fußboden passen wird, ist mit einer bescheidenen theoretischen Aufgabe befaßt. Sie untersucht etwas, und die Ergebnisse ihrer Untersuchung werden sich formulieren lassen. Sowohl das, was sie ihrem Mann berichtet, wie das, was sie mit dem Teppich tut, wird zeigen, welche Theorie sie ausgearbeitet hat, da ihre Vormittagsarbeit mit Zentimetermaß, Bleistift und Papier sie sowohl darauf vorbereitet hat, den Teppich so und nicht andersherum zu legen, wie auch ihrem Mann zu erzählen, der Teppich passe nur so- und nicht andersherum, da Umriß und Ausmaße des Fußbodens und des Teppichs so und so seien. Ich wende das Wort ›Theorie‹ auch auf die Ergebnisse jeder Art von systematischer Untersuchung an, gleichgültig ob diese Ergebnisse ein deduktives System bilden oder nicht. Die Darstellung einer Schlacht durch einen Geschichtsschreiber ist seine Theorie.

Wenn ein Siedler einen Pfad gebaut hat, dann kann er auf ihm gemächlich auf und ab spazieren. Dazu ist der Pfad gebaut worden. Aber die Arbeit des Pfadbauens war nicht ein Vorgang des gemächlichen Auf-und-ab-Gehens, sondern der Bodenmarkierungen, des Grabens, Schotterholens, Walzens und Drainierens. Er grub und walzte dort, wo noch kein Pfad war, um schließlich einen Pfad zu haben, auf dem er ohne weiter zu graben und zu walzen auf und ab gehen konnte. Ähnlich kann jemand, der eine Theorie hat, unter anderem sich selbst oder der Welt die ganze Theorie oder einen beliebigen Teil davon auseinandersetzen; er kann sozusagen von einem Teil zum anderen in Prosa auf und ab gehen. Aber die Arbeit des Theorieaufstellens war ein Geschäft des Pfadbaus, wo bisher keine Pfade waren. Der Sinn der Analogie besteht in folgendem: Erkenntnistheoretiker beschreiben die Arbeiten des Theorieaufstellens sehr oft mit Ausdrücken, die nur auf das Geschäft des Durchsehens oder Lehrens einer Theorie passen, die man schon hat; also ob z. B. die Satzketten, die Euklids ›Elemente‹ bilden, das Spiegelbild einer parallelen Reihe von theoretischen Schritten wären, die Euklid während der ursprünglichen Entdeckungsarbeit seiner geometrischen Ideen gemacht hatte; als ob Euklid, mit andern Worten, dafür, wofür er *nach* Erwerb seiner Theorie ausgerüstet war, schon ausgerüstet gewesen sei, als er sie erst baute. Aber das ist absurd. Andererseits erzählen Erkenntnistheoretiker manchmal die entgegengesetzte Geschichte, indem sie das, was Euklid bei der Darstellung seiner Theorien tat, als er sie schon hatte, so beschreiben, als ob es eine Wiedererweckung der ursprünglichen Theoriebauarbeit wäre. Das ist auch absurd. Diese Erkenntnistheoretiker beschreiben die Pfadbenützung, als ob sie Pfadbau wäre; die anderen dagegen beschreiben den Pfadbau, als wäre er Pfadbenützung.

Wie der Siedler mit seinen Mühen beim Pfadbau den Boden zum mühelosen Spazierengehen vorbereitet, so bereitet sich jemand mit seinen Mühen beim Theorieaufstellen unter anderem auf die mühelose Darlegung der Theorien vor, die er erwirbt, indem er sie aufstellt. Seine Theoriearbeiten sind unter anderem Selbstvorbereitungen auf didaktische Aufgaben, die nicht weitere Selbstvorbereitungen sind, sondern Vorbereitungen anderer Studenten. Natürlich gibt es Zwischenstufen. Es gibt eine Stufe, auf der ein Denker seine Theorie schon hat, aber sie noch nicht beherrscht. Er ist in ihr noch nicht ganz zu Hause. Es gibt noch Stellen, an denen er manchmal ausrutscht, stolpert und zögert. Auf dieser Stufe wird er seine Theorie oder Teile davon im Kopf oder auf dem Papier durchlaufen, und zwar noch nicht mit der

Leichtigkeit, die mit großer Übung kommt, aber auch nicht mehr mit dem Aufwand, den ihn das ursprüngliche Aufstellen gekostet hatte. Er ist wie der Siedler, dessen Pfad noch so uneben ist, daß man ziemlich schwerfällig auf ihm auf und ab gehen muß, um damit die noch verbleibenden Unebenheiten der Oberfläche einzuebnen. Wie der Siedler sowohl halb spaziert als auch noch halb den Boden für weiteres Spazierengehen vorbereitet, so nutzt auch der Denker seine fast völlige Beherrschung der Theorie und schult sich gleichzeitig noch weiter, um sie völlig zu beherrschen. Sich selbst die Theorie auseinanderzusetzen, ist noch immer etwas mühsam, und eines der Ziele seiner Mühe ist es, sich auf die völlig mühelose Auseinandersetzung vorzubereiten.

Wenn man uns nun mitteilt, daß die richtige Verwendung eines Indikativsatzes einen ›Urteilsakt‹ oder das ›Machen eines Urteils‹ widerspiegelt und daß eine richtige Verwendung eines Indikativsatzes, der Bindewörter wie ›wenn‹, ›daher‹ und ›weil‹ enthält, einen Akt des ›Folgerns‹, ›Ableitens‹ oder des ›Ziehens eines Schlusses aus Prämissen‹ widerspiegele, so sollten wir fragen, ob diese richtigen Verwendungen von Indikativsätzen dann auftreten sollen, wenn der, der sie verwendet, seine Theorie aufstellt, oder ob sie auftreten sollen, wenn er seine Theorie schon hat und sie in didaktischer Prosa mündlich oder schriftlich mit der Leichtigkeit darlegt, die das Ergebnis langer Übung ist. Sind Begriffe, Urteile und Ableitungen oder, kurz gesagt, Gedanken Schritte im Wegbau, oder sind sie eine besondere Klasse von Schritten in der Wegbenützung, nämlich Schritte beim Wegweisen oder beim Wegunterricht? Sind sie Schritte und Stadien im Lernprozeß, oder gehören sie zum Unterricht, den wir erteilen, nachdem wir selbst unterrichtet worden sind? Es ist eine Tautologie zu sagen, daß der Sachverständige, der mit seiner Theorie wohlvertraut ist, ihre verschiedenen Elemente mit größter Leichtigkeit auseinandersetzt; er muß nicht darüber nachgrübeln, was er sagen soll, denn sonst könnte man von ihm nicht sagen, er sei mit der Theorie wohlvertraut. Er geht alte Wege, er bahnt jetzt keine neuen. Aber dieser gewandte und wohlgeordnete Vortrag einfacher und zusammengesetzter Indikativsätze ist gänzlich von jenem verworrenen, zögernden und schwerfälligen Kämpfen und Ringen verschieden, aus dem das wahrscheinlich langwierige Aufstellen seiner Theorie bestand. Dieses war es, was ihn vorbereitet und geübt hat, so daß er schließlich imstande war, die Elemente seiner Theorie so gewandt vorzutragen. Wir sollten also entscheiden, ob die gesuchten Akte des Ersinnens, des Urteilfällens und Schlüsseziehens in den vorangehenden Forschertätigkeiten des Theoretikers zu suchen sind oder in seinen daraus hervorgehenden Darlegungstätigkeiten, in seinem Wissenserwerb oder in seiner Wissensverkündung. Wo sollen wir die Urteile und Schlüsse des Detektivs finden, in seinen Berichten oder in seinen Nachforschungen?

Wir sollten, sage ich, diese Frage stellen, aber Erkenntnistheoretiker merken in der Tat oft nicht einmal, daß eine solche Frage existiert. Sie begnügen sich meistens damit, die Elemente der Theorien zu klassifizieren, die von Theoretikern, die mit ihnen schon wohlvertraut sind, zu Lehrzwecken auseinandergesetzt werden, und zu postulieren, daß entsprechende Elemente sich als Vorfälle während der Arbeit am Bau dieser Theorien abgespielt haben müßten. Da sie unter den Elementen veröffentlichter Theorien Prämissen und Schlußsätze finden, postulieren sie vor und unabhängig von den Theorien bestehende ›kognitive Akte‹ des Urteilens; und da sie unter den Elementen veröffentlichter Theorien Argumente finden, postulieren sie vor und unabhängig von den Theorien bestehende Prozesse, die aus dem Schritt zur ›Kognoszierung‹ der Schlüsse bestehen. Ich hoffe zu zeigen, daß diese von Erkenntnistheoretikern postulierten, für sich bestehenden intellektuellen Prozesse paramechanische Dramatisierungen der klassifizierten Elemente schon aufgestellter und auseinandergesetzter Theorien sind.

Es soll nicht geleugnet werden, daß die Anstrengungen des Theoretisierens viel Selbstgespräch und Meinungsaustausch mit anderen enthalten, viel Berechnen und Verrechnen mit Papier und Bleistift und im Kopf, viel Skizzieren und viel Ausradieren auf Tafeln und im Kopf, viele Fragen, Kreuzverhöre, Debatten und versuchsweise Behauptungen; und gewiß dienen manche dieser Zeichenverwendungen nicht als an einen selbst gerichtete Interimsberichte über schon aufgestellte oder begriffene Teiltheorien, sondern als Teil der Übungen, mit deren Hilfe wir uns darauf vorbereiten, Theorien zu erwerben, die wir noch nicht haben. Ich spreche z. B. mancherlei bloß versuchsweise aus; ich spreche es zur Probe aus, und wenn es vielversprechend klingt, wiederhole ich es immer wieder in probierender Einstellung, um mich an diese Vorstellungen zu gewöhnen; so bereite ich mich durch Übung darauf vor, später mit ihnen zu arbeiten, sollten sie sich als wertvoll erweisen, oder mich ihrer zu entwöhnen, wenn sie sich als nutzlos herausstellen. Ich gebe mir wie ein Tutor selbst Aufgaben, Tadel, Lob und Aufmunterung, und ich stelle mir selbst in lehrmeisterlichem Tonfall bohrende Suggestivfragen, um mich von der Vernachlässigung langweiliger oder schwieriger Probleme abzuhalten. Aber wenn solche Sätze und Äußerungen auf diese Weise verwendet werden, kann man nicht sagen, daß sie Urteile oder Schlüsse ausdrücken, sofern das heißen soll, daß sie didaktische Darlegungen von Schlußfolgerungen sind, die man gezogen, oder von Argumenten, die man bewältigt hat. Solche Sätze werden meist nicht in der Veröffentlichung der Theorie erscheinen, wenn es soweit kommt; genausowenig wie die Bewertungen, Bemerkungen, Rufzeichen, Fragezeichen und Winke, die der Lehrer mit rotem oder blauem Bleistift an den Rand der Schulaufgabe schreibt, in der endgültigen Niederschrift der Theorie durch den Schüler erscheinen werden. Sie gehören zum Gerüst, das wir im Theoriebau benützen, nicht zum fertigen Gebäude, welches aus dem Theoriebau hervorgeht. Ausgebildete Soldaten rufen sich ja auch nicht im Gefecht laut oder im Geist die Kommandos zu, die sie als Rekruten auf dem Exerzierplatz gelernt haben.

4. *Die Anwendung erkenntnistheoretischer Ausdrücke*

Das Verzeichnis der Ausdrücke, mit denen intellektuelle Vermögen und Operationen traditionell beschrieben werden, enthält Wörter wie ›Urteil‹, ›Idee‹, ›abstrakte Idee‹, ›Begriff‹, ›Urteile machen‹, ›ableiten‹, ›Schlüsse aus Prämissen ziehen‹, ›Gedanken erwägen‹, ›subsumieren‹, ›verallgemeinern‹, ›induzieren‹, ›Erkenntnis‹, ›Anschauung‹, ›Intuition‹, ›intellektuelle Wahrnehmung‹ und ›diskursives Denken‹. Solche Ausdrücke werden nun gewiß nicht von Laien, sondern von Theoretikern so verwendet, als ob mit ihrer Hilfe, und schwerlich ohne sie, eine richtige Beschreibung dessen gegeben werden kann, was eine bestimmte Person zu einem bestimmten Zeitpunkt beschäftigt hat; als ob man z. B. von Meier manchmal sagen könnte und sollte, er sei erwacht und habe begonnen, ein wenig zu urteilen, Begriffe zu fassen, zu subsumieren oder zu abstrahieren; er habe mehr als drei Sekunden lang einen Gedanken erwogen oder aus Prämissen einen Schluß gezogen; oder auf einem Zaun gesessen und abwechselnd gepfiffen und deduziert; oder gehustet und kurz darauf eine Intuition von etwas gehabt.

Wahrscheinlich fühlen die meisten Leute, daß solchen biographischen Anekdoten ein Hauch der Unwirklichkeit anhaftet. Meiers eigene Erzählungen über sich selbst sind nicht in solchen Formeln abgefaßt, noch in Redewendungen, die sich leicht in diese übersetzen lassen. Wieviele Erkenntnisakte hat er vor dem Frühstück verrichtet, und wie fühlte er sich dabei? Waren sie ermüdend? Hat er seinen Sprung von den Prämissen zum Schlußsatz vergnüglich gefunden, und hat er ihn leichtsinnig oder mit großer Vorsicht unternommen? Und hielt ihn der Frühstücksgong auf halbem Wege zwischen den Prämissen und dem Schlußsatz auf? Zu welchem genauen Zeitpunkt hat er zuletzt ein Urteil gemacht oder eine abstrakte Idee geformt, was geschah mit ihnen, nachdem er sie gefällt oder geformt hatte und wer lehrte ihn, wie er sich dabei anstellen müsse? Ist einen Begriff fassen ein schneller oder ein schrittweiser Vorgang, ein leichter oder schwieriger, und kann man dabei trödeln oder ihm überhaupt aus dem Wege gehen? Wie lange hat er ungefähr dazu gebraucht, den Gedanken zu erwägen, und war der Anblick in den späteren Stadien der Erwägung dem in den früheren ähnlich oder unähnlich? War es so, wie abwesend auf etwas starren oder eher wie genaues Mustern? Er weiß nicht einmal, wie er anfangen sollte, solche Fragen zu beantworten. Diese Fragen, die er mit Leichtigkeit und Zuversicht über die von ihm berichteten Vorfälle in seinem täglichen Leben beantworten könnte, kann er überhaupt nicht über Vorfälle der Art beantworten, die er, nach Meinung der Erkenntnistheoretiker, müßte berichten können.

Außerdem sollen diese postulierten Erkenntnisakte und -vorgänge hinter verriegelten Türen stattfinden. Wir können ihr Stattfinden in Meiers Leben nicht beobachten. Er allein könnte ihr Stattfinden berichten, obgleich er leider nie solche Vorfälle enthüllt. Noch enthüllen wir sie je selbst, sosehr wir auch an die Möglichkeit dazu glauben. Und der Grund, warum solche Episoden nie enthüllt werden, ist klar. Die mit diesen Ausdrücken erzählten Episoden sind Mythen, das heißt, solche Ausdrücke oder zumindest manche von ihnen haben zwar eine legitime Verwendung, werden aber dann falsch verwendet, wenn sie in Anekdoten über das gebraucht werden, was Leute zu bestimmten Zeitpunkten tun oder erleiden. Was ist also ihre legitime Verwendung? Und warum ist es unstatthaft, sie in Beschreibungen dessen, was Leute tun oder erleiden, zu gebrauchen?

Wenn wir eine gedruckte Abhandlung eines Wissenschaftlers oder den maschinengeschriebenen Bericht eines Detektivs lesen oder der Vorlesung eines Historikers über einen Feldzug zuhören, dann begegnen wir Argumenten, die man ›Schlüsse‹ oder ›Folgerungen‹, und Schlußsätzen, die man ›Entscheidung‹, ›Befund‹ oder ›Urteil‹ nennen kann, und abstrakten Ausdrücken, die etwa ›abstrakte Ideen‹ oder ›Begriffe‹ bezeichnen, und Klassenzugehörigkeits-Aussagen, von denen man sagen kann, sie seien oder bezeichneten ›Subsumierungen‹ und so weiter. Die vergleichende Anatomie der Gliedmaßen, Gelenke und Nerven der Sätze fertiger Theorien ist ein rechtmäßiger und notwendiger Studienzweig, und die Ausdrücke, mit denen sie diese Elemente einteilt, sind unentbehrlich für die Diskussion der Wahrheit und Widerspruchslosigkeit der einzelnen Theorien und für das vergleichende Studium verschiedener Wissenschaften.

Aber dann wird man fragen: ›Wenn es zulässig ist, Teile veröffentlichter Theorien mit diesen Ausdrücken zu kennzeichnen, warum ist es nicht auch zulässig, die entsprechenden Teile des Theoriebaus mit den entsprechenden Ausdrücken zu kennzeichnen?‹ Wenn die gedruckte Fassung einer Theorie die gedruckte Fassung einiger Prämissen und Schlußsätze enthält, warum sollten wir nicht sagen, das Erdenken der Theorie enthalte die entsprechenden prämissen- und schlußsatzerkennenden Akte? Wenn in einem Buch ein Argument enthalten ist, muß da nicht im Leben des Denkers, der das entdeckte, was das Buch sagt, ein entsprechendes Stück Erkenntnis der logischen Implikation sein? Wenn der Bericht eines Detektivs einen abstrakten Ausdruck wie z. B. ›Alibi‹ enthält, muß dann nicht im Zug seiner Nachforschungen eine innere Episode stattgefunden haben, nämlich die des Habens der entsprechenden abstrakten Idee des Alibis? In Büchern abgedruckte oder in Vortragssälen vorgetragene Theorien sind doch gewiß wie die Fußtapfen, die von dem vorangegangenen Tritt eines Fußes gemacht wurden. Es ist zulässig, einige der Eigenschaften des Fußtapfens direkt dem Fuß zuzuschreiben, der ihn gemacht hat, und aus einigen der anderen Eigenschaften des Fußtapfens auf andere, jedoch entsprechende Merkmale des Fußes zu schließen; warum sollten wir also nicht ebenso die theorieaufstellenden Operationen des Theoretikers mit Eigenschaften kennzeichnen, die denen seiner Fertigwaren entnommen oder aus ihnen erschlossen wurden? Von welchen Ursachen könnten diese Wirkungen sonst herrühren?

Diese letzte Frage, die ich tendenziöserweise den Vorkämpfern der von mir kritisierten Tradition in den Mund gelegt habe, zeigt meiner Meinung nach die Natur dieses Mythos. Es ist eine Variante des alten Kausalmythos, den wir schon untersucht und abgelehnt haben. Es ist die paramechanische Hypothese, die hier im besondern auf die abtrennbaren Stücke didaktischer Prosa angewendet wird, welche in der Formulierung der Theorien vorkommen.

Es müssen, so könnte dieses Argument lauten, besondere interne Abstraktionsvorgänge bestehen, Subsumption und Urteil, denn welche Ursachen könnten die abstrakten Ausdrücke der veröffentlichten Theorien, ihre Klassenzugehörigkeitsausdrücke und ihre Schlußfolgerungen sonst haben? Es müssen private Operationen des diskursiven Denkens vorkommen, denn was sonst könnte das Vorkommen sinnvoller Perioden in öffentlichen Vorlesungen oder in Büchern verursachen? Oder, um diesen Punkt mit Hilfe des beliebten Zeitworts ›ausdrücken‹ zu formulieren, es muß geistige Akte des Übergangs von Prämissen zu Schlußsätzen geben, da die ›Weil‹- und ›Daher‹-Sätze, die in den Formulierungen von Theorien vorkommen, sinnvoll sind und daher entsprechende Denkoperationen im Geist des Theoretikers ausdrücken. Jeder sinnvolle Ausdruck hat eine Bedeutung; wenn also ein Ausdruck tatsächlich verwendet wird, muß seine Bedeutung irgendwo vorgefallen sein, und es kann nur in Form eines Gedankens im privaten Bewußtseinsstrom des Sprechers oder Schreibers gewesen sein. Wenn Erkenntnistheoretiker arithmetischen und algebraischen Rechnungen so viel Aufmerksamkeit geschenkt hätten wie geometrischen Beweisen, dann hätten sie, um konsequent zu sein, analoge Argumente verwenden müssen, um das Abrollen von geistigen Prozessen des Addierens, Subtrahierens, Multiplizierens und Dividierens hinter unserem postulierten Eisernen Vorhang zu beweisen, und sie hätten uns erzählt, daß neben solchen psychischen Akten wie begriffliches Auffassen, Urteilen und Schließen auch noch die Erkenntnisakte des Addierens, Subtrahierens und Gleichsetzens bestehen. Man hätte uns vielleicht sogar noch ein besonderes Divisionsvermögen und eines für quadratische Gleichungen zugetraut. Denn was sonst könnten unsere geschriebenen Divisionen und unsere diktierten quadratischen Gleichungen ausdrücken als die Betätigungen dieser geistigen Vermögen?

Mit den allgemeinen Mängeln der paramechanischen Hypothese brauchen wir uns nicht länger zu befassen. Aber wir sollten unsere Aufmerksamkeit gewissen Einzelheiten schenken, die im Zusammenhang mit ihrer Anwendung auf intellektuelle Operationen auftauchen. Erstens ist es wohl sicher wahr, weil tautologisch, daß richtig gebrauchte sinnvolle Ausdrücke ihre jeweilige Bedeutung haben, aber das berechtigt uns nicht zu fragen: ›Wann und wo fallen diese Bedeutungen vor?‹ Ein Bär mag nun von einem Bärenführer umhergeführt werden, und ein Fußtapfen muß einmal von einem bestimmten Fuß gemacht worden sein, aber die Behauptung, daß ein Ausdruck eine Bedeutung hat, heißt nicht, daß der Ausdruck an einer Leine ist, die von einem gespenstischen Führer gehalten wird, der ›Bedeutung‹ oder ›Gedanke‹ heißt, oder daß der Ausdruck eine sichtbare Spur ist, die von einem ungehörten und unsichtbaren Schritt hinterlassen wurde. Einen Ausdruck verstehen heißt nicht: eine unbeobachtbare Ursache erschließen. Die bloße Tatsache, daß ein Ausdruck dazu da ist, um von jedermann verstanden zu werden, zeigt, daß die Bedeutung eines Ausdrucks nicht so gekennzeichnet werden darf, als sei sie ein Ereignis oder als gehörte sie zu einem Ereignis, von dem höchstens einer etwas wissen kann. Die Wendung ›was der und der Ausdruck bedeutet‹ bezeichnet nicht ein Ding oder ein Ereignis und a fortiori nicht ein okkultes Ding oder Ereignis.

Die Auffassung, daß in jemandes Innerem, soll er bewußt einen sinnvollen Ausdruck oder Satz benützen, vorher oder gleichzeitig einen Augenblick lang etwas geschehen muß, was manchmal auch ›der Gedanke, der dem Ausdruck oder Satz entspricht‹, genannt wird, veranlaßt uns zu erwarten, daß uns dieses angebliche innere Geschehnis beschrieben wird. Aber wenn Beschreibungen gegeben werden, scheinen sie die Beschreibungen gespenstischer Doppelgänger dieser Ausdrücke und Sätze selbst zu sein. Der ›Gedanke‹ wird so beschrieben, als sei er bloß ein weiteres schattenhafteres Bezeichnen, Behaupten oder Erörtern. Der Gedanke, der angeblich die öffentliche Ankündigung: ›Morgen kann nicht Sonntag sein, außer wenn heute Samstag ist‹ wie einen Bären hinter sich herführt, erweist sich einfach als die an einen selbst gerichtete Ankündigung, daß morgen nicht Sonntag sein kann, außer wenn heute Samstag ist, d. h. nur als die monologisierte oder gemurmelte Probeaufführung der öffentlichen Aussage. Gewiß können wir, und oft werden wir auch im Kopf oder leise das einproben, was wir später unseren Zuhörern sagen oder auf Kanzleibogen niederschreiben werden. Für die Theorie ist das jedoch irrelevant, denn es erhebt sich sofort wieder die zu erwartende Frage: ›Worin besteht die Bedeutung dieses im Selbstgespräch oder halblaut gebrauchten Ausdrucks? In einem weiteren ›entsprechenden Gedanken‹, der in einem weiteren, noch zwielichtigeren Studierzimmer abrollt? Und wäre dieser seinerseits wiederum bloß eine weitere geprobte Ankündigung?‹ Etwas Sinnvolles sagen, in Kenntnis des Sinns, heißt nicht: zwei Dinge tun, nämlich etwas im Geist oder laut heraussagen und gleichzeitig oder kurz davor noch einen anderen schattenhaften Schritt tun. Es heißt nur: *ein* Ding tun, und zwar mit einer gewissen Übung und in einer gewissen Geistesverfassung, nicht mechanisch, als Geplapper, unaufmerksam, schauspielerhaft, in Geistesabwesenheit oder im Delirium, sondern absichtlich, methodisch, sorgfältig, im Ernst und mit voller Aufmerksamkeit. Etwas in dieser besonderen Geistesverfassung sagen, ob nun laut oder im Kopf, *ist* das Denken des Gedankens. Es ist nicht eine Nachwirkung des Denkens, als ob der Urheber etwa den Gedanken hätte denken können, es aber vernachlässigte, das Gedachte zu sich selbst oder zur Mitwelt zu sagen. Aber er hätte natürlich denselben Gedanken denken und doch etwas anderes sagen können, denn er hätte einen Satz desselben Inhalts in einer anderen Sprache oder in derselben Sprache mit anderen Worten ausdrücken können. Einen Nagel einhämmern heißt nicht: zwei Dinge tun, eins mit einem Hammer und das andere ohne einen, wenngleich es wahr ist, daß man einen Nagel nicht hineinbekommt, wenn man den Hammer ungeschickt, unachtsam oder ziellos umherschwingt, und daß ein Tischler den Nagel mit einem anderen Hammer als mit diesem hätte einschlagen können.

Wenn also einer eine Theorie hat oder mit ihr vertraut ist und folglich unter anderem bereit ist, sie sich oder andern zur Belehrung vorzutragen, ist er eo ipso bereit, die nötigen Prämissen, Schlußsätze, Darstellungssätze und Beweise, zusammen mit den nötigen abstrakten Substantiven, Gleichungen, Diagrammen, erfundenen Beispielen und so weiter anzuführen. Und wenn man von ihm eine solche Darlegung verlangt, wird er zu bestimmten Zeitpunkten tatsächlich im Begriff sein, diese Ausdrücke stillschweigend oder laut oder auf seiner Schreibmaschine einzusetzen, und er mag und soll dabei völlig bei der Sache sein, d. h. also alles zweckmäßig, methodisch, sorgsam im Ernst und mit voller Aufmerksamkeit tun. Er wird, während er redet oder schreibt, auf das, was er sagt, achtgeben. Wir können also, wenn wir wollen, sagen: Da er zu bestimmten Zeitpunkten seine abstrakten Ausdrücke, Prämissen, Schlußsätze, Argumente, graphischen Darstellungen, Gleichungen etc. sorgfältig einsetzt, ›denkt‹ er eben gerade dann das, was sie bedeuten. Eine solche Behauptung ist durchaus berechtigt, wenngleich ein wenig gewagt, da das Tätigkeitswort ›denken‹ zur Annahme verlockt, er wäre der Urheber zweier Vorgänge, eines wahrscheinlich öffentlichen Vorgangs, zusammenhängende Ausdrücke und Sätze auszusprechen oder mit der Maschine zu schreiben, und eines anderen, notwendigerweise verborgenen Schattenprozesses, einige gespenstische Boten dieser Aussprüche und Niederschriften zu haben oder hervorzubringen, nämlich einige ›Ideen‹ oder ›Urteile‹ oder ›Folgerungen‹

oder ›Gedanken‹, ›Erkenntnisakte‹, von denen seine Aussprüche und Niederschriften bloß ›Ausdruck‹ oder ›Fußtapfen‹ sind. Und gerade dieser Versuchung erliegen jene, die Tätigkeiten des Theorieaufstellens als innere Voranzeigen der Prosaschritte beschreiben, die im Lauf der Lehrdarlegung einer schon ausgearbeiteten Theorie gemacht werden.

Das bringt uns zu unserer früheren Frage zurück, nämlich ob wir nach den angeblichen ›Urteilsakten‹, dem ›Haben von abstrakten Ideen‹, ›Folgern‹ und anderen mehr, unter den Forschungs- oder unter den Lehrtätigkeiten des Theoretikers suchen sollen. Sollen sie sich in seinen Aussprüchen zeigen, wenn er schon weiß, was er zu sagen hat, oder in seinen Schaffensnöten, wenn er noch nicht weiß, was er sagen soll, da er noch immer trachtet, dieses Wissen zu erwerben? Wenn er erworbene Fähigkeiten betätigt, oder wenn er noch Schwierigkeiten hat? Wenn er das *Wie* lehrt oder wenn er es lernt? Ich denke, es ist ohne weitere Erörterungen klar, daß didaktische Darlegungen von Argumenten mit ihren Schlußfolgerungen und Prämissen, von abstrakten Ideen, von Gleichungen etc. zum Stadium nach der Ankunft und nicht zu irgendeinem Stadium der Hinreise gehören. Der Theoretiker kann Unterricht erteilen, weil seine Lehrzeit um ist. Er kann von seiner Ausrüstung Gebrauch machen, weil er endlich ausgerüstet ist. Gerade weil sein Wegebau zu Ende ist, kann er nun auf den Wegen umherschlendern, die er zu diesem Zweck unter großer Mühe baute; oder gerade weil die anstrengende Waffenschulung nun vollendet ist, kann er jetzt ohne Schwierigkeit seine Waffen handhaben. Seine ›Gedanken‹ sind das, was er jetzt hat; sie sind nicht die Mühen, ohne die er sie nicht erworben hätte.

Wenn wir den ungewöhnlichen Ausdruck ›ein Urteil machen‹ überhaupt verwenden sollen, so dürfen wir nur dann sagen, daß der Detektiv das Urteil mache, der Förster habe den Gutsherrn getötet, wenn er ein Stück Theorie, das er schon besitzt, in Aussageform bringt, und daß er dieses Urteil jedesmal wieder macht, wenn er diesen Teil seiner

Theorie vortragen soll, sei es nun sich selbst, den Reportern oder Scotland Yard. Und dann werden wir aufhören zu reden, als ob ein besonderer vorangehender Akt des Machens dieses Urteils als Teil seiner Nachforschungen vorgefallen wäre.

Wenn wir also das Wort ›denken‹ im Sinn von ›ausdenken‹ für die Bezeichnung eines Teils des vorbereitenden Kopfzerbrechens reservieren, ohne welches er die Theorie nie hätte zustandebringen können, dann kann dieses Denken nicht aus dem Machen von Urteilen bestehen oder es enthalten, außer insofern er unterwegs einige Hilfstheorien gebaut hat, die er demgemäß bereit war, sich selbst, Reportern oder Scotland Yard in Interimsberichten mitzuteilen. Nach London fahren besteht nicht aus den in London verrichteten Geschäften oder aus Proben der dort möglicherweise abzuhaltenden Unterredungen.

Ohne Zweifel kann der Detektiv im Zuge seiner Untersuchungen seine Bemühungen angefeuert und in gewisse Bahnen gelenkt haben, indem er sich die Frage stellte: ›Hat der Förster den Gutsherrn getötet?‹ Aber so verwendete Fragesätze sind nicht Schlußverkündungen, sondern Richtlinien zur Schlußsuche. Er stellt die Frage, weil er etwas noch nicht erwiesen hat, nicht weil er etwas mitzuteilen bereit ist, weil er es schon erwiesen hätte.

Ebenso zweifellos mag er probeweise sich selbst oder seinem Vorgesetzten ankündigen: ›Es könnte sehr wohl der Förster gewesen sein.‹ Aber nicht nur würde das nicht als ein Urteilsakt oder als ein Bericht gelten, daß der Förster den Gutsherrn getötet hätte, sondern würde zumindest unter gewissen Umständen als eine Interimsdarlegung einer schon aufgestellten und bezogenen und daher nicht länger im Bau begriffenen Hilfstheorie gelten.

›Also gut‹, wird man möglicherweise zugeben, ›vielleicht ist etwas nicht in Ordnung mit der Idee, daß Theoretisieren als etwas angesehen werden sollte, das aus ›Urteilsakten‹ besteht oder sie enthält. Gewiß kann ein Theoretiker nicht etwas sagen, bevor er es sagen kann; er kann nicht seine Ergebnisse verkünden, während er noch nachforscht. Prozesse enden mit Urteilen; sie bestehen nicht aus ihnen. Aber wie steht es nun mit dem Folgern? Es gehört doch sicherlich zum Begriff eines vernünftigen Lebewesens, daß seine Gedanken manchmal von Prämissen zu Schlußsätzen fortschreiten? Es muß also manchmal von einem jeden vernünftigen Lebewesen wahr sein, sagen wir von Müller, daß er zu einem gewissen Zeitpunkt von irgendwelchen Prämissen zu irgendeinem Schluß fortschreitet, selbst wenn er merkwürdig verlegen wird, wenn man ihn fragt, ob er seine letzten drei Passagen dieser Art ersprießlich gefunden, wie lange er dazu gebraucht, ob er dabei ein wenig getrödelt, ob er schwer oder leicht gefolgert und ob er auf halbem Weg zwischen Prämisse und Schlußsatz Halt gemacht habe.

Es ist gewiß richtig, daß Müller, wenn er gewisse Dinge bemerkt oder von ihnen hört, sich selbst und uns aus ihnen folgende Wahrheiten mitteilen kann, auf die er vorher nicht kam. Entdeckungen werden oft durch Folgern gemacht. Aber nicht jedes Argument ist eine Entdeckung. Dasselbe Argument kann von derselben Person immer wieder benützt werden, aber wir würden nicht sagen, daß sie wiederholt dieselbe Entdeckung gemacht habe. Der Detektiv erhielt vielleicht am Dienstag gewisse Aufschlüsse, und in einem bestimmten Augenblick am Mittwoch sagt er sich zum ersten Mal: ›Der Wilderer kann es nicht gewesen sein, also hat der Förster den Gutsherrn erschossen.‹ Aber wenn er seine Ergebnisse seinen Vorgesetzten vorlegt, braucht er nicht in der Vergangenheit zu berichten: ›Am Mittwoch nachmittag folgerte ich, der Förster habe den Gutsherrn getötet‹; er kann sagen: ›Aus diesen Anhaltspunkten schließe ich, daß der Förster den Gutsherrn getötet hat‹, oder ›Aus diesen Anhaltspunkten folgt, daß der Förster der Mörder ist‹, oder ›Der Wilderer erschoß den Gutsherrn nicht, also war es der Förster‹. Vielleicht wird er das seinem begriffsstutzigen Vorgesetzten mehrere Male und es später mehrere Male vor

Gericht sagen. Jedes Mal benützt er sein Argument, zieht er seinen Schluß, folgert er. Diese Beschreibungen beschränken sich nicht auf die eine Gelegenheit, bei der ihm ein Licht aufging.

Auch muß es nicht überhaupt eine Gelegenheit gegeben haben, bei der ihm ein Licht aufging. Es kann sehr wohl sein, daß ihm die Idee schon vorher gekommen war, der Förster sei der Mörder, und daß die neuen Anhaltspunkte zuerst bloß lose mit dem Fall zusammenzuhängen schienen. Vielleicht wiederholte er einige Minuten oder Tage lang die Erwägungen dieser Anhaltspunkte und fand, daß die Auswege, die sie offen zu lassen schienen, allmählich geringer wurden, bis sie zu einem unbestimmbaren Zeitpunkt völlig verschwanden. In einer solchen Lage, in der wir uns alle zu Anfang unseres Studiums von Euklids erstem Theorem befanden, leuchtet dem Denkenden das Argument nicht blitzartig ein, sondern es dämmert ihm langsam auf, ungefähr so wie der Sinn eines schwierigen unvorbereiteten Stücks Latein dem Übersetzer nicht blitzartig aufgeht, sondern nur allmählich aufdämmert. Hier können wir nicht sagen, daß der Denker zuerst seinen Schluß zog, sondern nur, daß er nach einer gewissen Zeit des Überlegens und Aneignens endlich soweit war, daß er ihn im Bewußtsein, dazu berechtigt zu sein, zog. Seine Beherrschung des Arguments kam allmählich, so wie jede Beherrschung, die Lernen durch Übung verlangt; aber als sie erzielt war, war er dann soweit, das ganze Argument ohne Zögern oder Bedenken so oft wie nötig und in einer Reihe von Alternativfassungen auszuführen.

Die bekannte Tatsache, daß wir ein Argument, bevor wir es mit Leichtigkeit verwenden können, durch mehr oder weniger schrittweise Übung beherrschen lernen müssen, wird manchmal durch die Angewohnheit von Logikern verschleiert, als Beispiele völlig abgedroschene Argumente zu wählen. Ein Argument ist abgedroschen, wenn Übung darin oder in ähnlichen Argumenten uns seit langem schon in die Lage versetzt hat, es ohne Zögern und Bedenken zu verwenden. Die Gültigkeit eines abgedroschenen Arguments ist aus demselben Grund unmittelbar erkennbar, aus dem der Sinn eines lateinischen Satzes unmittelbar offenkundig ist, wenn wir mit den in ihm vorkommenden Wörtern und seiner Syntax völlig vertraut sind. Sie springen uns jetzt ins Auge oder leuchten uns jetzt ein, aber das war nicht immer so. Und auch jetzt ist es noch nicht so mit Argumenten oder lateinischen Sätzen, deren Verwandte wir nie vorher kennengelernt haben.

›Folgerung‹ bedeutet keineswegs eine Operation, bei der eine Entdeckung gemacht wird, eine Operation also, die nicht wiederholt werden könnte; vielmehr verstehen wir tatsächlich unter ›Folgerung‹ eine Operation, die der Denker imstande sein muß zu wiederholen. Er hat ein Argument nicht erfaßt, bis er dieses und verwandte Argumente bei allen möglichen Gelegenheiten und in verschiedenen Fassungen handhaben kann. Es ist nicht genug, daß ihm einmal beim Erhalt einer Mitteilung eine neue und wahre Idee einfällt. Soll er das Prädikat verdienen, er habe eine Folge aus Prämissen deduziert, dann muß er wissen, daß ihm die Annahme der Prämissen das Recht zur Annahme des Schlußsatzes gibt; und die Probe, ob er das weiß, würde in weiteren Anwendungen des Prinzips dieses Argumentes bestehen, wenn man auch natürlich nicht von ihm erwarten würde, daß er dieses Prinzip *in abstracto* nennen oder formulieren kann.

Wir müssen daher das Erlernen der Verwendung eines bestimmten Arguments oder der Verwendung von Argumenten einer bestimmten Familie vom Kennenlernen neuer Wahrheiten durch eine solche Verwendung unterscheiden. Je unverzüglicher das letztere, desto besser ist wahrscheinlich unsere Beherrschung des Arguments. Aber unser Erlangen dieser Beherrschung mag wohl schrittweise gewesen sein und war vielleicht um so verläßlicher, als es schrittweise war. Wenn jemand zeigt, daß er ein Argument anwenden kann, indem er es tatsächlich richtig zur Entdeckung einer neuen Wahrheit verwendet, so zeigt er auch, daß er dasselbe Argument zur Bewältigung einer Reihe von Aufgaben verwenden kann, die von der Lösung seiner augenblicklichen Probleme verschieden sind. Ein Argument besitzen ist so wie das Besitzen einer Feder, einer Theorie oder eines Plans sowohl von deren Erwerb wie auch von deren Verwendung verschieden. Es verwenden impliziert es besitzen, und es besitzen impliziert es erworben und nicht verloren haben. Argumente unterscheiden sich aber von einigen Theorien oder Plänen dadurch, daß sie nicht durch bloße Wissensansammlung erworben werden können, noch verliert man ihre Beherrschung durch Vergeßlichkeit. Sie sind eher den Fertigkeiten ähnlich. Übung ist eine Voraussetzung ihrer Beherrschung und sogar langes Nichtausüben ist selten genügend, um einen ihre Handhabung vergessen zu machen. Unter ›Übung‹ verstehe ich nicht die besonderen Übungen, die einigen wenigen im Logikunterricht aufgegeben werden, sondern jene alltäglichen Übungen, denen sich jedermann in der alltäglichen Diskussion und Lektüre unterzieht, sowie jene etwas akademischeren Übungen, die jeder in der Schule mitmacht.

Ein Argument wird verwendet oder ein Schluß gezogen, wenn jemand zum öffentlichen oder privaten Gebrauch sagt oder schreibt, ›Das, ergo jenes‹ oder ›Weil dies, daher jenes‹ oder ›Dies hat jenes zur Folge‹, vorausgesetzt, er sagt oder schreibt es im Wissen, er sei dazu berechtigt. Dieses Sagen oder Schreiben in dieser Geistesverfassung ist selbstverständlich ein psychischer, ja ein intellektueller Akt, da es eine Ausübung einer jener Fähigkeiten ist, die wir zu Recht als ›intellektuell‹ bezeichnen. Das heißt aber nicht, daß es ein psychischer Akt in dem Sinn ist, daß es sich hinter den Kulissen abspielt. Es kann sich in stillem Selbstgespräch, aber es kann sich ebensogut laut oder mit Tinte abspielen. Ja wir erwarten die scharfsinnigsten und sorgfältigsten Argumente eines Denkers dort zu finden, wo wir die besten Berechnungen und Beweise eines Mathematikers zu finden erwarten, nämlich in den Arbeiten, die er im Druck seinen Kollegen zur Kritik vorlegt. Wir wissen, was wir davon zu halten haben, wenn ein Denker stolz erzählt, er habe ein gutes Argument, das er weder veröffentlichen will noch kann.

Das bringt uns zu einem anderen Punkt. Wir entdeckten eine gewisse Ungereimtheit in der Behauptung, jemand sei zu einer bestimmten Zeit und auf eine bestimmte Dauer damit beschäftigt, von Prämissen zu Schlußsätzen fortzuschreiten. ›Folgern‹ ist keine Bezeichnung für einen langsamen oder einen raschen Vorgang. ›Ich fing zu deduzieren an, hatte aber keine Zeit, es zu vollenden‹ kann nicht sinnvoll gesagt werden. In der Erkenntnis dieser Ungereimtheit wollen einige Theoretiker Schließen als eine Augenblickshandlung beschreiben, eine, die wie ein Blick oder ein Blitz zugleich begonnen und beendet wird. Aber das ist eine irreführende Darstellung. Der Grund, warum wir das Ziehen eines Schlusses nicht als ein langsames oder hurtiges Fortschreiten bezeichnen können, ist nicht der, daß es ein blitzartiges Fortschreiten ist, sondern daß es überhaupt kein Fortschreiten ist. Jemand kann kurz oder lang dazu brauchen, London zu erreichen, ein Anagramm zu lösen oder den anderen matt zu setzen, aber zu einem Schluß gelangen ist, genau wie in London ankommen, ein Anagramm lösen oder den anderen matt setzen, nicht etwas, das als allmählich, schnell oder im Nu vor sich gehend beschrieben werden kann. Wir können fragen, wie lange einer zu einem bestimmten Wettlauf brauchte, aber nicht, wie lange er zum Siegen brauchte. Bis zu einem gewissen Augenblick war der Wettlauf noch im Gange; von diesem Augenblick an war er vorbei und einer war der Sieger. Aber es war weder ein kurzer noch ein langer Augenblick. In den Besitz von etwas gelangen ist ein anderes Beispiel derselben Art. Die Vorverhandlungen können kurz oder lange dauern, aber der Übergang vom Nichthaben zum Eigentümersein ist weder schnell wie der Blitz noch langsam wie die Dämmerung. ›Übergang‹ war eine irreführende Metapher. Sie ist ebenso irreführend, wenn sie zur Beschreibung der Veränderung verwendet wird, die stattfindet, wenn jemand in den Besitz einer Wahrheit gelangt, um die er sich seit langem oder kurzem bemüht hat.

Wenn sich jemand ein Argument zu eigen gemacht hat, dann wird seine erste oder fünfzigste Benützung desselben in der Unterhaltung oder schriftlich gewisse Zeit in Anspruch nehmen. Er kann es sehr schnell für sich selbst herunterhaspeln oder es langsam und schleppend durch das Telefon sagen. Der Vortrag eines Arguments kann Sekunden oder Stunden dauern. Wir verwenden oft das Wort ›argumentieren‹, nur selten die Wörter ›folgern‹, ›ableiten‹ oder ›Schlüsse ziehen‹, um den Vorgang der Ausführung eines Arguments zu bezeichnen. Bei dieser Verwendung können wir sagen, daß der Sprecher zwischen seinen Prämissen und seinen Schlußsätzen unterbrochen wurde, oder daß er heute viel schneller von seinen Prämissen zu seinen Schlußsätzen gelangte als gestern. Ähnlich mag ein Stotterer lange brauchen, um einen Witz zu erzählen. Aber wir fragen ihn nicht, wie lange er brauchte, um den Witz zu machen. Noch fragen wir einen Denker, wie lange er damit zubrachte, nicht sich auf seinen Schluß zuzubewegen, sondern bei ihm anzulangen. ›Schließen‹, ›ableiten‹ und ›beweisen‹ sind in ihrer primären Verwendung so wie ›mattsetzen‹, ›erzielen‹, ›erfinden‹ und ›ankommen‹ Erfolgszeitwörter, wie ich das genannt habe, und während jemandes Veröffentlichungen oder andere Auswertungen dessen, was er sich zu eigen gemacht hat, kurze oder lange Zeit in Anspruch nehmen mögen, können seine Übergänge vom Nichtbesitzen zum Besitzen nicht mit den Beiwörtern der Geschwindigkeit gekennzeichnet werden. Wenn jemand diese Zeitwörter in der zeitlosen Gegenwart verwendet, wie z. B. in ›ich schließe‹, ›er folgert‹ oder ›wir beweisen‹, benützt er sie in einem vom primären Sinn hergeleiteten Sinn. Sie berichten nicht unmittelbar ein Erlangen, sondern etwas dem Besitzen näher Verwandtes.

Die traditionelle Annahme, daß Schlußverben Vorgänge oder Operationen bezeichnen, zwang ihre Vertreter zu der Behauptung, erstens, daß die Vorgänge oder Operationen mit Blitzesschnelle vor sich gingen, und zweitens, daß ihr Vorfallen das unerforschliche Geheimnis ihres Urhebers sei. Die von ihm in Unterhaltungen oder Veröffentlichungen vorgebrachten Argumente seien bloß ›Ausdruck‹ seiner eigenen Privatoperationen und bloßer Ansporn zu ähnlichen Privatoperationen ihrer Empfänger. Wenn man Zeitwörter des Schiedsrichters als Zeitwörter des Biographen mißdeutet, so führt das unvermeidlich zur Forderung von Doppellebensbeschreibungen.

Die Erkenntnistheorie des vernünftigen Schließens sowie auch viele andere Zweige der Erkenntnistheorie sind dadurch behindert worden, daß ihre Vertreter einem besonderen Aberglauben gehuldigt haben, dem Aberglauben, daß die Theoriebauoperationen, die sie zu beschreiben sucht, durch Analogien mit dem Sehen beschrieben werden sollten. Sie nimmt als ihr Urbild das unverzügliche, mühelose und richtige visuelle Erkennen des Vertrauten, Erwarteten und Sonnenklaren und erwähnt nicht das von der Nacht überraschte und zögernde Erkennen oder Verkennen des Fremden, Unerwarteten und Mondbeschienenen. Überdies nimmt sie als ihr Vorbild das, was das visuelle Erfolgswort ›sehen‹ bezeichnet, und nicht das, was die visuellen Aufgabenwörter ›schauen‹, ›mustern‹ und ›beobachten‹ bezeichnen. Etwas ausdenken, heißt es, besteht mindestens zum Teil aus einander folgenden Akten des ›Sehens‹ von Implikationen. Aber das heißt: Theoriebauarbeit durch Analogien zu etwas beschreiben, was nicht Aufgabe, sondern schon Leistung ist; oder es heißt: das, was tatsächlich mehr oder weniger schwieriges Selbsttraining ist, durch Analogien zu Leistungen beschreiben, die mühelos sind, weil eine lange Reihe früherer Anstrengungen schon längst ihre vollkommene Beherrschung ausgebildet hat. Es ist, als wollte man sagen, eine Reise bestünde aus Ankünften, eine Suche aus Funden, Studieren aus Glanzleistungen bei Prüfungen, oder mit anderen Worten, Bemühungen bestünden aus Erfolgen.

Es ist durchaus wahr, daß die Implikationen oft unmittelbar zu sehen sind, ungefähr so wie Witze und Kühe oft unmittelbar zu sehen sind. So wie wir unter normalen günstigen Umständen gar nicht studieren müssen, um das Geschöpf auf der Wiese als eine Kuh zu erkennen, so brauchen wir unter günstigen Umständen gar nicht zu studieren, um z. B. sagen zu können: ›Morgen ist also Weihnachten‹, wenn man uns daran erinnert, daß heute der Heilige Abend ist. Hier sind wir schon im Besitz völliger Vertrautheit entweder mit dem besonderen Argument selbst oder aber mit vielen seiner Verwandten. Wenn ein Argument selbst abgedroschen oder von abgedroschener Art ist, dann ist jetzt kein Studium nötig, da jene früheren Begegnungen mit ihm oder seinesgleichen, die es abgedroschen gemacht haben, uns schon die nötige Vorbereitung gegeben haben. Noch brauchen wir uns jetzt das Hirn zu zermartern, wenn man uns fragt, was ›mensa‹ auf Deutsch heißt.

Dasselbe gilt auch für das Sehen von Kühen. Wir erkennen sie heute mühelos und unverzüglich, eben weil die nötigen vorbereitenden Studien, denen wir uns in unserer Kindheit unterzogen haben, seit langem die gewöhnliche Erscheinung von Kühen problemlos gemacht haben. Die beliebten Beispiele des mühelosen und unverzüglichen Akts des ›Sehens‹, daß eine Wahrheit aus einer anderen folgt, zeigen also nichts über den Vorgang, wie man Argumente anwenden oder ihnen folgen lernt, da sie ja nichts weiter sind als wieder Beispiele von Dingen, die mit völliger Leichtigkeit von Leuten getan werden, die durch Übung schon die Fertigkeit erworben haben, sie zu tun.

Obwohl wir das Verb ›sehen‹ öfter in diesem übertragenen Sinn gebrauchen, wenn wir sofort einen Witz verstehen, als wenn wir sofort einem Argument zustimmen, so hat doch merkwürdigerweise kein Erkenntnistheoretiker angenommen, daß Witzemachen den vorhergehenden Ablauf eines ›psychischen Akts‹ der Erkenntnis der Pointe voraussetzt, obwohl sie allgemein annehmen, daß die Verwendung von Argumenten vorhergehende ›psychische Akte‹ des ›Sehens‹ der Implikationen voraussetzen. Vielleicht ist das nur so, weil Euklids ›Elemente‹ keine Witze enthalten. Aber vielleicht ist der Grund der, daß es offensichtlich ist, daß ein Stück Pointensehen nicht ein Kausalvorgänger des Witzerzählens sein könnte, d. h. daß die Erzählung eines Witzes nicht der ›Ausdruck‹ eines vorhergehenden Stücks Pointensehen ist.

Ich möchte nun zeigen, daß die Verwendung eines Arguments nicht der ›Ausdruck‹ eines vorhergehenden und ›inneren‹ Implikationssehens ist. Wenn jemand einen Witz erzählt, dann folgt daraus, daß er einen Witz hat, den er erzählen kann, und daß er ihn nicht nur immer wieder erzählen, sondern auch die Pointe verstehen kann, wenn ihn ein anderer erzählt. Wenn er ein Argument verwendet, dann folgt in ähnlicher Weise, daß er ein Argument hat, das er verwenden kann, und es nicht nur immer wieder vorbringen, sondern auch seinen Sinn verstehen kann, wenn ein anderer es verwendet. Aber die Tatsache, daß die Fähigkeit, ein Argument zu verwenden, die Fähigkeit mit sich bringt, die Implikation zu ›sehen‹, wenn ein anderer ihm das Argument vorlegt, bedeutet nicht, daß es für ihn kausal notwendig ist, kurz vor oder während seiner eigenen Verwendung des Arguments einen solchen Akt des ›Sehens‹ auszuführen. Die zur Beschreibung kontemplativer Vorgänge bestimmte Metapher des ›Sehens‹ von Implikationen oder Witzpointen, die unter gewissen Umständen völlig passend ist, ist aus demselben Grunde unter anderen Umständen völlig unpassend. Die Zuhörerschaft des Witzbolds hat freilich keine Witze gemacht; sie hat nur die von ihm gemachten Witze verstanden oder nicht verstanden. Die Zuhörerschaft war empfänglich oder unempfänglich, urteilssicher oder urteilslos, leicht oder schwer von Begriff; aber sie war weder originell noch unoriginell, erfindungsreich oder erfindungsarm. Sie hat etwas komisch gefunden, etwas ganz und gar nicht komisch gefunden oder etwas nicht komisch finden können; aber sie hat nicht etwas Komisches oder Nichtkomisches gesagt oder getan. Witzpointen sehen ist die Rolle der Zuhörerschaft, während Witze machen das Geschäft des Witzbolds ist. Die Zuhörerschaft kann mit Metaphern für kontemplative Vorgänge, aber der Witzbold muß mit Begriffen der Aktion beschrieben werden. Wenn keine Witze gemacht würden, dann gäbe es keine Witzpointen zu sehen. Soll eine Erwiderung belustigend sein, so muß eine Erwiderung gemacht worden sein. Der Witzbold selbst kann den Humor seiner Erwiderung nicht ›sehen‹, bevor er sie gemacht hat, aber er kann ihn ›sehen‹, bevor er sie einer größeren Zuhörerschaft mitteilt. Witzpointen sehen setzt Witzemachen voraus, so wie Bildergalerien Staffeleien und Verbraucher Produzenten voraussetzen. Wenn die Ausdrucksweisen der Herstellung, Ausführung, Erfindung und Erzeugung nicht auf Witzbolde, Maler und Landwirte anwendbar wären, dann wären die Ausdrucksweisen des Sehens von Witzpointen, Verstehens von Gemälden und Verbrauchens von landwirtschaftlichen Erzeugnissen ohne Verwendung.

Dasselbe trifft auch auf die Theorie zu. Wenn keine Beweise gegeben würden, dann könnte man keine Beweise gelten lassen; wenn keine Schlüsse gezogen würden, dann könnten keine Folgerungen abgelehnt oder zugelassen werden; wenn keine Behauptungen gemacht würden, dann könnte man keine Behauptungen unbestritten durchgehen lassen. Soll ein Richter mit einem Urteil übereinstimmen, so muß ein anderer Richter ein Urteil gefällt haben. Nur tatsächlich ausgedachte und vorgetragene Argumente können untersucht werden, und nur dann, wenn eine Folgerung zumindest vorgebracht wurde, kann eine Implikation gesehen oder übersehen werden. Wir sehen nicht zuerst eine Implikation und schreiten dann dazu, einen Schluß zu ziehen, genausowenig wie wir zuerst die Lösung eines Anagramms annehmen und dann dazu schreiten, es zu lösen. Multiplikationen müssen zuerst ausgerechnet werden, bevor sie als ›richtig‹ bewertet werden können.

Dieser Gegensatz im Gebrauch von Ausdrücken der Kontemplation und solchen der Ausführung oder Herstellung in der Beschreibung intellektueller Arbeit kann auf folgende Weise anschaulich gemacht werden. Wenn Kinder ihren Anfangsunterricht in der Geometrie erhalten, dann werden ihnen die Beweise der Lehrsätze im allgemeinen in gedruckten Büchern oder auf der Tafel aufgezeichnet vorgelegt. Die Aufgabe der Schüler ist es, diese Beweise zu studieren, ihnen zu folgen und sie anzunehmen. Sie lernen, indem sie zustimmen. Wenn sie aber die Anfangsgründe der Arithmetik oder Algebra lernen, dann gehen sie in ganz anderer Weise zu Werk. Sie müssen ihre eigenen Additionen, Subtraktionen, Multiplikationen und Divisionen ausarbeiten. Sie studieren keine klassischen Lösungen von Gleichungen; sie müssen ihre eigenen Gleichungen lösen. Sie lernen, indem sie operieren. Während demzufolge die Ausdrucksweise der Kontemplation völlig naturgemäß zum Unterricht und zur Beschreibung der Schüler der Geometrie gehört, gehört die Ausdrucksweise der Ausführung zum Unterricht und zur Beschreibung der Schüler der Arithmetik und Algebra. Einerseits werden Schüler gerügt, wenn sie nicht imstande sind, Beweise zu ›sehen‹ oder ihnen zu ›folgen‹, während man sie andererseits rügt, wenn sie nicht imstande sind, eine Division ›auszuführen‹ oder eine quadratische Gleichung zu ›lösen‹. Ähnlich sagen wir, Übersetzungen werden gemacht und nicht, sie werden akzeptiert.

Leider wurde formale Logik von allem Anfang an in der hochangesehenen geometrischen Manier unterrichtet, mit dem Ergebnis, daß die Erkenntnistheorie des vernünftigen Schließens und der intellektuellen Arbeit im allgemeinen noch immer hauptsächlich in der Ausdrucksweise der Kontemplation unterrichtet wird, d. h. also mit Ausdrücken, die auf Klassenzimmer zurechtgeschnitten sind, die mit Tafeln, aber nicht mit Bleistift und Papier ausgerüstet sind, statt auf Klassenzimmer, die mit Bleistift und Papier, aber nicht mit Tafeln ausgerüstet sind. Es wird uns zu verstehen gegeben, daß etwas erkennen nicht etwas ausarbeiten, sondern etwas gezeigt bekommen bedeutet. Wären Arithmetik und Schachspielen vor Geometrie und formaler Logik in den Lehrplan aufgenommen worden, dann wäre die Arbeit des Theoriebaus vielleicht mit der Ausführung von Rechnungen und Schachzügen statt mit dem Kampf um einen guten Platz zur Betrachtung der Tafel verglichen worden. Wir hätten uns vielleicht gewöhnt, vom Folgern mit den Redensarten des Fußballplatzes statt mit denen der Zuschauertribüne zu sprechen, und wir hätten uns die Regeln der Logik als Erlaubnisscheine eher zum Ziehen von Schlüssen als zum Übereinstimmen mit ihnen gedacht. Es wäre uns dann nicht in den Kopf gekommen, daß ein Akt des inneren ›Sehens‹ einer Implikation ein Vorspiel zur Verwendung jeglichen Argumentes sein muß; es wäre offenkundig gewesen, was auch wahr ist, daß man von jemand nur sagen kann, er ›sehe‹, daß eine Wahrheit aus einer anderen folge, wenn er das bekanntgemachte Argument, ›dies, also das‹, ›weil dies, daher das‹ oder die Behauptung ›wenn dies, dann das‹, hört oder liest, entweder tatsächlich oder vielleicht nur im Kopf.

Es soll noch ein Fall terminologischer Veruntreuung kurz besprochen werden. Gewisse von Laien und Fachleuten regelmäßig verwendete Ausdrücke können mit Recht als ›abstrakt‹ bezeichnet werden. Ein Kilometer ist eine Abstraktion, und die Staatsschuld, der Äquator, der Durchschnittssteuerzahler, die Quadratwurzel von 169 und Fußball sind es auch. Jeder halbwegs gebildete Mensch kann eine große Zahl von abstrakten Ausdrücken intelligent verwenden und ihrer Verwendung durch andere intelligent folgen; er handhabt sie meistens unbeirrt, widerspruchsfrei und regelrecht in Verallgemeinerungen, Predigten, Fragen und Argumenten. In gewissen Umständen erkennt er es als nützlich, solche Ausdrücke als ›abstrakt‹ zu bezeichnen. Wenn sein Kind ihn fragt, warum der Äquator auf der Landkarte eingezeichnet ist, obwohl er für jene, die ihn überqueren, unsichtbar ist, oder wie es kommt, daß in England Kricket schon seit vielen Jahren gespielt wird, obwohl kein Match länger als drei oder vier Tage dauert, kann er dieser Frage mit der Bemerkung erwidern oder ausweichen, der Äquator und das Kricket seien nur abstrakte Ideen. Diese Behauptung heißt, wenn es auch der Laie wahrscheinlich nicht so ausdrücken würde, daß Behauptungen, Fragen und Argumente, die abstrakte Ausdrücke wie ›der Äquator‹, ›der Durchschnittssteuerzahler‹ und ›Kricket‹ enthalten, auf einem höheren Niveau der Verallgemeinerung liegen, als ihre Syntax vermuten ließe. Sie haben den Anschein, als enthielten sie die Erwähnung von einzelnen Dingen, Personen und Spielen, während sie sich tatsächlich auf Bereiche individuell ungenannter Dinge, Personen und Spiele beziehen.

Wenn jemand zu einem bestimmten Zeitpunkt einen abstrakten Ausdruck, und zwar sinnvoll und im Bewußtsein seiner Bedeutung verwendet, so kann man sagen, er verwende eine abstrakte Idee, ja sogar, er denke eine abstrakte Vorstellung, einen abstrakten Gedanken oder Begriff. Und von diesen harmlosen, wenn auch uneleganten Ausdrücken war es leicht, zu jenen scheinbar tiefgründigeren und diagnostischeren Behauptungen überzugehen, wie z. B. daß der von jemandem gebrauchte abstrakte Terminus die abstrakte Idee ›ausdrückt‹, die er gerade jetzt im Kopfe hat. Aufregende Fragen erheben sich dann. Wie und wann bildete er diese abstrakte Idee? Wo war sie, und was machte sie in der Zeit zwischen ihrer letzten und ihrer gegenwärtigen Verwendung? Ist sie ungefähr wie ein stark verwischtes Bild vor dem geistigen Auge, oder ähnelt sie eher einer Reihe von klaren geistigen Bildern, von denen jedes ein wenig von seinen Nachbarn abweicht? Daß ein Geist das einzige Magazin ist, das solche wertvollen, wenn auch ätherischen Waren beherbergen könnte, wäre dann natürlich außer Frage.

Im wirklichen Leben erzählt niemand Geschichten dieser Art. Niemand weigert sich, bei einem Spiel mitzuhalten, weil er mit dem Bilden einer abstrakten Idee beschäftigt sei, oder behauptet, er finde das Auffassen von Begriffen eine schwierigere und langwierigere Aufgabe als das Dividieren. Niemand sagt, er habe gerade eine abstrakte Idee gefunden, nachdem er sie einige Wochen lang verlegt hatte, oder daß seine Idee des Durchschnittsteuerzahlers nicht genug verwischt oder andernfalls nicht genug fotografisch genau sei, um ihrem Zweck zu dienen. Kein Lehrer heißt seine Schüler niedersitzen und etwas Abstraktes betreiben oder gibt ihnen gute oder schlechte Noten für die Ausführung solcher Aufgaben. Kein Schriftsteller zeigt seinen Helden beim mutigen, flinken oder zaghaften Abstrahieren. ›Abstrahieren‹ ist offenkundig nicht ein echtes biographisches Zeitwort; es ist daher nicht einmal für Schattenbiographien passend.

Betrachten wir ein anderes Beispiel. Geographische Höhenlinien sind sicherlich Abstraktionen. Der Soldat findet nichts auf dem Abhang, was der 300-Meter-Höhenlinie auf seiner Landkarte entspräche, so wie er Flüsse und Straßen findet, die den kartographischen Zeichen für Flüsse und Straßen entsprechen. Aber obwohl Höhenlinien abstrakte Zeichen sind, in einer Weise wie Zeichen für Flüsse nicht abstrakt sind, so mag sie der Soldat doch sehr wohl lesen und verwenden können. Indem er sein Gehölz mit dem auf der Landkarte verzeichneten identifiziert, kann er dann feststellen, wie hoch über dem Meeresspiegel er sich befindet, wieviel er noch bis zum Gipfel steigen muß und ob er die Brücke jenseits der Bahnlinie wird sehen können, wenn sich der Nebel gelichtet hat. Er kann eine Landkarte mit ungefähren Höhenlinien anfertigen, er kann Verabredungen für gewisse Treffpunkte auf gewissen Höhen eingehen und einhalten, und er kann sich vernünftig über Gebirgsformationen unterhalten. Er besitzt also die abstrakte Idee der Höhenlinie, wie sehr ihn eine solche Behauptung auch verblüffen würde.

Aber mit der Bemerkung, er habe diese Idee, sagen wir nicht, es gäbe ein unfaßbares Etwas, das er und nur er finden kann, wenn er seine Aufmerksamkeit nach innen wendet. Wir sagen, daß er die gerade beschriebenen Aufgaben und noch eine unbestimmte Reihe anderer verwandter Aufgaben bewältigen kann, regelmäßig bewältigt oder in diesem Augenblick bewältigt.

Die Frage: ›Wie bildete er diese abstrakte Idee?‹ verwandelt sich in die Frage: ›Wie erwarb er diesen besonderen Kunstgriff oder diese besondere Fertigkeit?‹ Auf diese Frage kann er selbst die Antwort erteilen. Er erhielt Unterricht im Kartenlesen und Kartenzeichnen; er wurde mit Kompaß und Karte in unbekanntes Gelände ausgesandt; seine Aufmerksamkeit wurde darauf gelenkt, daß der nach einer kürzlichen Überschwemmung zurückgebliebene Tang auf den Abhängen um den See herum eine Linie ungefähr vier Meter über dem Seespiegel zurückgelassen habe; er wurde gefragt, was verdeckt würde und was sichtbar bliebe, wenn die flache Wolke auf 100 Meter über dem Meeresspiegel heruntersänke; er wurde ausgelacht oder eines besseren belehrt, als er eine Karte zeichnete, auf der sich die Schichtlinien kreuzten oder unterbrochen waren. Er hatte drei Wochen gebraucht, bevor er sich richtig auskannte. Wir könnten das so umschreiben: er war drei Wochen lang mit der Bildung der abstrakten Idee einer Höhenlinie beschäftigt. Aber es wäre klarer und natürlicher zu sagen, daß er drei Wochen brauchte, um das Lesen und die Verwendung von Höhenlinien und den Gebrauch des Wortes ›Höhenlinie‹ zu erlernen. Die andere Beschreibung verlockt einen zur Annahme, daß während dieser drei Wochen etwas langsam in seinem metaphorischen Innern destilliert oder zusammengebraut worden sei oder daß etwas einem Negativ Ähnliches in einer metaphorischen Dunkelkammer allmählich entwickelt worden sei, auch dann, wenn er selbst mit Fußballspielen, Essen und Schlafen beschäftigt war.

›Höhenlinien sind Abstraktionen‹ oder ›Höhenlinien sind abstrakte kartographische Zeichen‹ ist eine zulässige und nützliche Anweisung, die ein Kartenkundiger Lehrlingen im Kartenlesen und -zeichnen geben könnte. ›Höhenlinien sind der äußerliche Ausdruck der Geistesakte des Kartenzeichners, mit denen er sich Höhen (in Metern) über dem Meeresspiegel begrifflich veranschaulicht‹ legt es nahe, daß Kartenlesen das Eindringen in das unzugängliche Schattenleben eines anonymen Kartographen bedeutet.

5. Sagen und Lehren

In diesem Kapitel, wie auch an anderer Stelle in diesem Buch, habe ich mich bemüht, verschiedene Redegattungen zu unterscheiden, das gesellige, unüberdachte Geplauder der entspannten Unterhaltung, das vorsichtige konversationelle Gespräch der Zurückhaltenden und Unaufrichtigen und die überdachte, konversationsunähnliche straffe Rede des Dozenten. In diesem Kapitel waren wir besonders mit dieser letzteren befaßt, nämlich dem didaktischen Diskurs, ob nun schriftlich oder mündlich, veröffentlicht oder an einen selbst gerichtet, in der jemand lehrt, was er zu lehren hat. Der Hauptgrund, warum wir uns hier so lange mit den Methoden, Zielen und sogar dem Tonfall des didaktischen Diskurses beschäftigen, ist der, daß der Begriff des Intellekts mit Hilfe der Ausdrucksweisen des didaktischen Diskurses erhellt wird. Zumindest ein wichtiger Teil dessen, was wir unter ›intellektuellen Fähigkeiten‹ verstehen, besteht aus jenen besonderen Fertigkeiten, die ursprünglich vorwiegend durch den didaktischen Diskurs eingeprägt und später vorwiegend durch ihn weiterentwickelt werden, und die selbst wieder unter anderem durch das Vortragen desselben Lehrstoffes oder durch seine Anpassung und Erweiterung in zusätzlichen Vorträgen ausgeübt werden. Die didaktische Rede ist der Träger, durch den das Wissen übermittelt wird.

Es gibt aber noch einen allgemeineren Grund zur Besprechung der verschiedenen Gattungen der Rede. Erkenntnistheoretiker waren sich immer darüber im klaren, daß zwischen Denken und Reden innige Wechselbeziehungen bestünden, aber die Erhellung dieser Beziehungen wurde durch die stillschweigende Annahme verzögert, es gäbe eine einzige zentrale und einheitliche Tätigkeit, etwas zu sagen. Sie benützen ohne merkbare Bedenken Zeitwörter wie ›feststellen‹, ›vortragen‹, ›verkünden‹, ›erklären‹, ›beschreiben‹, ›behaupten‹, ›ausdrücken‹, ›mitteilen‹, ›sagen‹ und ›abhandeln‹, als ob sie sowohl eine volle wie auch unzweideutige Erklärung dessen böten, womit einer beschäftigt ist, dessen Tätigkeit mit einem dieser Verben beschrieben wird. Aber es gibt keine eingleisige oder zentrale Tätigkeit, etwas bloß zu sagen. Was gesagt wird, wird entweder konversationell, schmeichlerisch oder beruhigend gesagt oder gebieterisch oder unterhaltend oder vorwurfsvoll usw. In einer feilschenden Weise reden ist anders als in einer beichtenden Weise reden und beide sind verschieden von plauderndem, drohendem oder herausforderndem Reden. Ja sogar was wir schreiben, ist bestimmt, in einem besonderen Tonfall gelesen zu werden, und was wir im Geiste zu uns selbst sagen, ist nicht in einem Einheitstonfall ›gesagt‹.

Didaktisches Sprechen und Schreiben ist die Art, mit der wir hier befaßt sind. Es ist eine Rede, in der das, was wir sagen, im Gedächtnis behalten werden soll, was bei den meisten anderen Arten nicht der Fall ist. Die meisten anderen Arten der Rede sollen nicht im Gedächtnis behalten werden, sondern es soll auf sie in besonderer Weise reagiert oder sonstwie sofort gehandelt werden. Didaktische Rede unterscheidet sich von den meisten anderen auch dadurch, daß sie den Geist des Empfängers verbessern soll, d. h. seine Ausrüstung vervollkommnen oder seine Fähigkeiten vergrößern. Lehren ist lehren, etwas zu tun, was einschließt: etwas zu sagen; und was man einen Schüler zu tun lehrte, das soll er auch noch auf eine geraume Zeit nachher zu tun imstande sein. Unterweisungen sind dazu bestimmt, gelernt und nicht vergessen zu werden. In einem Wort, lehren ist überlegtes Ausrüsten. Natürlich wird nicht alles Lehren durch didaktisches Reden getan. Kleine Kinder lernen etwas, indem sie Beispielen folgen, ob diese ihnen nun mit Überlegung zur Nachahmung vorgeführt werden oder nicht. Manche Unterweisungen werden dadurch erteilt, daß mit Überlegung Beispiele und Demonstrationen gegeben werden. Manche werden durch bloßes Abrichten erteilt, andere durch Spott und so fort.

Was in didaktischer Rede gesagt wird, soll also, so wie andere Unterweisungen, aber nicht wie die meisten anderen Arten der Rede, vom Empfänger im Gedächtnis behalten, nachgeahmt und eingeübt werden. Es kann, ohne seinen Sinn zu verlieren, wiederholt werden, und es ist zur mündlichen oder schriftlichen Weitergabe geeignet. Unterweisungen dieser Art können aufbewahrt werden, während Unterweisungen mit Hilfe von Demonstrationen und Beispielen sich nicht aufbewahren lassen; sie können daher gesammelt, zusammengestellt, verglichen, untersucht und kritisiert werden. So können wir also sowohl das lernen, was unsere Großväter unsere Väter lehrten, wie auch das, was unsere Väter den ihnen beigebrachten Lehren hinzufügten oder an ihnen abänderten. Die eigenen Entdeckungen, durch die sie ihre Lehranweisungen verbesserten, können in den Schulungsprozeß ihrer Söhne einbezogen werden, denn es bedarf keines Genies, das zu erlernen, was nur ein Genie erfinden konnte. Intellektueller Fortschritt ist gerade darum möglich, weil man die Unreifen das lehren kann, was nur die Reifen entdecken konnten. Die Wissenschaften gedeihen, weil der Student durch passende Schulung unterwiesen werden kann, dort zu beginnen, wo Euklid, Harvey und Newton aufgehört haben.

Dazu kommt, daß die didaktische Rede unpersönlich und nicht-aktuell ist, in dem Sinn, daß der in ihr vorgetragene Stoff von jedem entsprechend geschulten Lehrer jedem entsprechend geschulten Empfänger vorgetragen werden könnte; und die Gelegenheiten, an denen er vorgetragen werden kann, sind nicht so wie die Gelegenheiten festgelegt, an denen konversationelle, feilschende, beruhigende oder anklagende Bemerkungen vorgetragen werden können, weil die entsprechenden Verhältnisse nicht wiederkehren mögen. Wenn eine

Erwiderung, ein Verkehrssignal oder ein Versprechen nicht von einer bestimmten Person einer anderen bestimmten Person bei einem bestimmten Zusammentreffen von Ereignissen gegeben wird, dann ist die Gelegenheit dazu für immer vorbei; aber wenn Müller die gestrige Lateinstunde über den Konjunktiv versäumt hat oder das Kapitel über die Größe und Entfernung des Mondes nicht zu Ende gebracht hat, dann mag derselbe Punkt wie zuvor wiederkehren, wenn er morgen oder nächste Woche demselben Unterricht beiwohnt. Diejenigen, die mit den philosophischen Besprechungen sogenannter ›Urteile‹ oder ›Satzinhalte‹ vertraut sind, werden nicht übersehen, daß die Beiwörter, mit denen solche Urteile oder Satzinhalte beschrieben werden, eben die sind, die von Amts wegen in den Bereich der didaktischen Rede gehören und nicht zu Erwiderungen, Schüttelreimen, Fragen, Ausrufen, Mitleidsbezeugungen, Anklagen, Gelübden, Geheißen, Klagen oder irgendwelchen andern der unzähligen Arten des nichtdidaktischen Sagens. Es ist kein Zufall, daß manche Theoretiker ›intellektuelle Operationen‹ als Operationen mit Satzinhalten, oder daß andere Theoretiker ›Satzinhalte‹ als die Produkte oder Werkzeuge intellektueller Operationen definieren wollen. Beide Gruppen beziehen sich stillschweigend auf Tätigkeiten und Fähigkeiten des Unterricht-Erteilens, Unterricht-Nehmens und Unterricht-Verwertens, ohne natürlich solche vulgären Angelegenheiten ausdrücklich zu erwähnen.

Alles Reden soll irgendeinen bestimmten Einfluß ausüben. Eine Frage soll gehört, verstanden und beantwortet werden; ein Angebot soll erwogen und angenommen werden; eine Drohung soll abschrecken; und eine Beileidserklärung soll trösten. Die didaktische Rede soll unterrichten. Der Schwimmlehrer sagt seinen Schülern manches, aber beabsichtigt nicht in erster Linie, sie dahin zu bringen, dasselbe zu sagen. Er will, daß sie jetzt die nötigen Bewegungen mit ihren Armen und Beinen machen und später Bewegungen wie diese ohne die Begleitung gesprochener oder stillschweigender Anweisungen. Am Ende wird der Schüler vielleicht andere Neulinge schwimmen lehren oder zumindest sich selbst beibringen, neue Bewegungsarten zu machen oder die alten unter schwierigeren Bedingungen zu machen. Den erteilten Unterricht erlernen heißt: die Fähigkeit erwerben, ihn nicht ausschließlich oder hauptsächlich nachzuäffen, sondern eine Reihe anderer damit zusammenhängender Dinge zu tun. Dasselbe gilt auch vom mehr akademischen Unterricht, wie Unterricht in Aussprache, Geographie, Grammatik, Stil, Botanik, Rechnen und logischem Denken. Wir lernen durch diesen Unterricht, wie wir Dinge tun und sagen müssen, deren Mehrzahl nicht aus dem Echo der Unterrichtsstunden besteht.

Didaktischer Einfluß kann nicht nur von einem Menschen auf einen anderen ausgeübt werden, sondern auch von einem Menschen auf sich selbst. Er kann sich trainieren, Dinge zu tun und zu sagen, die nicht bloß Echo der Worte sind, in denen das Training besteht. Genau wie er sich selbst Anweisungen geben kann, denen er dann durch manuelle Tätigkeit Folge leistet, so kann er sich selbst Dinge sagen, die er dann in neuen didaktischen Schritten ausnützt. Nachdem er sich gesagt hat, daß in der Garage sieben Kanister mit je zehn Litern Benzin stehen, kann er sich dann sagen, daß in der Garage siebzig Liter Benzin sind. Die Tätigkeiten, die wir ›ausdenken‹, ›nachsinnen‹, ›überlegen‹, ›debattieren‹, ›in Gedanken ausarbeiten‹ nennen, sind bekanntlich der Weiterentwicklung fähig. Sie können neue Ergebnisse hervorbringen. Die Antworten auf manche, aber nicht alle Fragen können einfach dadurch herausgefunden werden, daß man mit sich selbst oder mit anderen redet, vorausgesetzt daß das Reden einschlägig ist und mit Kunstfertigkeit, Fleiß und Sorgfalt betrieben wird. Spaßhaftes Reden löst keine algebraischen Probleme, ebensowenig wie eine bloße Ansammlung algebraischer Ausdrücke.

Wenn wir uns über jemandes intellektuelle Vorzüge und Beschränkungen auslassen, so sind die Hauptdinge, auf die wir dabei achten, seine Tüchtigkeit und sein Eifer bei solchen Fortschritten. Man wird vielleicht denken, daß ich beim Hinweis auf das Erzielen neuer Ergebnisse durch intellektuelle Arbeit einfach von der Deduktion oder allgemeiner vom Folgern rede. Aber obwohl dies eine wichtige Art des fortschreitenden Denkens ist, ist es nicht die einzige. Bei der Multiplikation und Division gelangen wir durch Denken zu vorher unbekannten Antworten auf Fragen, aber wir nennen solche Antworten nicht ›Schlußfolgerungen‹; noch nennen wir Rechenfehler ›Fehlschlüsse‹. Wenn der Geschichtsschreiber eine Fülle von wichtigen Tatsachen angesammelt hat, dann muß er nachdenken, bevor er eine zusammenhängende Übersicht über den Feldzug geben kann; aber der Zusammenhang dieser endgültigen Übersicht ist von einer ganz anderen Art als der einer Kette von Theoremen. Seine Übersicht wird eine Menge Schlüsse enthalten, und sie muß frei von Widersprüchen sein; aber um gute Geschichtsschreibung zu sein, muß sie auch noch andere intellektuelle Verdienste haben. Eine gute Übersetzung verlangt auch sorgfältiges Nachdenken, aber die Regeln und Vorschriften, die dabei befolgt werden müssen, sind nicht nur Schlußregeln. Plumpe Übersetzungen verraten wohl mangelhaftes, aber nicht fehlschlüssiges Denken. Keine petitio principii wird gemacht, und die Regeln des Syllogismus werden nicht verletzt, wenn ein Sonett metrisch unrichtig abgefaßt wird.

Etwas zu Ende denken impliziert, daß man etwas zu sich selbst oder zu seinen Gefährten sagt, und zwar mit einer belehrenden Absicht. Die Behauptung jedes Satzes soll dabei den Empfänger ausrüsten oder vorbereiten, das ihm Mitgeteilte weiter auszunützen, es z. B. als Prämisse oder als eine Handlungsmaxime zu verwenden. Wie im Klassenzimmer handelt auch in der interpersonellen Diskussion und im privaten Ausdenken weder der Lehrer noch der Lernende je vollkommen kunstgerecht, geduldig, energisch, aufmerksam oder konzentriert. Die Unterweisung wird vielleicht wiederholt, umformuliert, aufgeschoben oder zurückgenommen werden müssen; die Empfängerreaktionen mögen falsch, abwegig, stockend und nachlässig sein. Der an einem Tag gemachte Fortschritt mag am nächsten völlig verlorengegangen zu sein scheinen, und andauernde Ratlosigkeit mag plötzlich gewaltigem Vorwärtsstürmen weichen, so daß der Denker sich voll Verwunderung fragt, wie eine Aufgabe, die noch gestern so schwierig war, heute so leicht sein könne. Morgen wird er sich vielleicht beklagen, daß die erzielten Ergebnisse nichts anderes erreicht haben, als ihn vor neue Aufgaben zu stellen, die ebenso schwer sind wie alles, was er schon bewältigt hat. Vielleicht hat er einen Weg gefunden, das gestrige Urteil als eine Prämisse zu verwenden; aber die heute erhaltene Konklusion muß ihrerseits wieder als Prämisse gebraucht werden. Seine Ergebnisse können immer als Lehren verwendet werden, aus denen mit Geschicklichkeit, Anstrengung und Glück weitere Ergebnisse herausgeholt werden können.

Die wohlbekannte Tatsache, daß Nachdenken einen vorwärtsbringen kann, wenn es auch nur im schrittweisen Hervorbringen von scheinbar kaum weiterführenden Sätzen besteht, ist also nicht unerklärlich. Gehörig vorgetragene und gehörig aufgenommene Sätze bestimmter Art haben Lehrwirkung. Sie lehren uns Dinge zu tun und zu sagen, die bei ihrem Vortrag nicht getan und gesagt wurden. Einigen Denkern hat die Frage Kopfzerbrechen bereitet: ›Wie kann jemand neues Wissen erwerben, indem er sich bloß etwas sagt, was er schon weiß?‹ Kein Kopfzerbrechen würde ihnen aber die Frage machen: ›Wie kann ein Anfänger neue und richtige Schwimmbewegungen erlernen, indem er auf die Worte des am Ufer stehenden Schwimmlehrers hört?‹ oder die Frage: ›Wie kann ein Anfänger neue und richtige Schwimmbewegungen erlernen, indem er auf Worte hört, die er sich dann einprägt?‹ Die Frage: ›Wie kann jemand neue Lehrbewegungen machen, indem er auf die mit Lehrabsicht gehaltenen Vorträge seines Lehrers, Kollegen oder seiner selbst hört‹ ist ebensowenig rätselhaft.

6. Der Vorrang des Intellekts

Es ist nun leicht, den Sinn, in welchem intellektuelle Operationen höher sind als die Betätigungen anderer geistiger Fähigkeiten und sie ›regieren‹, von dem Sinn zu unterscheiden, in welchem ich geleugnet habe, daß alle jene Beschreibungen menschlicher Handlungen und Reaktionen, die Geistesbegriffe enthalten, das Vorkommen intellektueller Operationen implizieren.

Intellektuelle Arbeit hat kulturellen Vorrang, da sie die Arbeit derjenigen ist, die eine höhere Erziehung genossen haben und erteilen können, nämlich Erziehung durch didaktische Rede. Sie ist das, was Kultur ausmacht oder ist doch eine conditio sine qua non der Kultur. Grob gesagt, leisten Barbaren und kleine Kinder keine intellektuelle Arbeit, da wir sie, wenn sie sie leisteten, zumindest als halbzivilisiert bzw. als schulreif beschreiben würden. Es ist eine Art Widerspruch, von einem völlig ungeschulten Intellekt zu reden, außer man will damit auf jemandes Fähigkeit hinweisen, aus solcher Schulung Nutzen zu ziehen, aber es ist kein Widerspruch, von einem völlig ungeschulten Geist zu reden. Die Schulung eines Menschen setzt voraus, daß er schon die Fähigkeit hat, Schulung zu empfangen. Vorträge können nicht von Leuten verstanden und noch viel weniger gehalten werden, die die kunstlose Rede noch nicht gebrauchen oder verstehen können.

Es ist daher absurd, so zu reden, als ob solche Dinge wie aufpassen, versuchen, begehren, fürchten, belustigt sein, wahrnehmen, sich merken, sich erinnern, bezwecken, lernen, vorgeben, spielen und plaudern nur als Folgeleistung von Lehranweisungen eines äußeren oder inneren Lehrmeisters vorkommen könnten. Das ist aber völlig vereinbar mit der Behauptung, daß ein gewisser Grad intellektueller Ausbildung eine unerläßliche Bedingung dafür ist, z. B. ein Patentanwalt werden zu wollen oder von einer geistreichen Bemerkung Voltaires belustigt zu sein oder sich die Regeln der griechischen Konditionalsätze zu merken oder eine Zündkerze zu erkennen oder einen Dividendenschein. Trotzdem heißt: jemand tue etwas, was er nicht tun könnte, ohne früher einmal eine gewisse Ausbildung genossen zu haben, nicht, daß er alle oder irgendwelche dieser Lehren kurz vor seinem Handeln aufgesagt haben muß. Ich könnte nicht jetzt einen griechischen Satz lesen, wenn ich nicht früher einmal griechische Grammatik gelernt hätte, aber ich brauche mich normalerweise nicht jedesmal an irgendwelche Regeln der griechischen Grammatik zu erinnern, bevor ich einen griechischen Satz konstruiere. Ich konstruiere nach diesen Regeln, aber ich denke nicht an sie. Ich richte mich nach ihnen, aber ich berufe mich nicht auf sie, außer wenn ich in Schwierigkeiten gerate.

Erkenntnistheoretiker und Moralphilosophen geben oft vor, einen Geist haben bestünde darin, daß man in seinem Innern nicht nur potentiell, sondern aktuell einen oder zwei Professoren habe, die Vernunft und das Gewissen. Manchmal wird das Gewissen einfach als die Vernunft angesehen, sofern sie mit ihrer Sonntagsstimme spricht. Diese inneren Professoren sollen angeblich schon wissen, was ihre Zuhörerschaft noch nicht weiß, da sie ja imstande sind zu lehren. Meine Vernunft ist, was ich selbst noch nicht bin, nämlich vollkommen rational, und mein Gewissen ist, was ich selbst noch nicht bin, nämlich vollkommen gewissenhaft. Sie haben nichts mehr zu lernen. Und wenn man fragte: ›Wer hat meine Vernunft und wer hat mein Gewissen das gelehrt, was sie gelernt und nicht vergessen haben?‹, würde man uns vielleicht von entsprechenden Lehrern erzählen, die in ihrem Busen wohnen. Es steckt natürlich eine ernste Absicht in dieser Kinderfabel, genau wie auch eine ernste Absicht hinter meiner Übertreibung steckt. Es ist durchaus wahr, daß ein Kind, wenn es etwas halb erlernt und es zum Teil aus den Lehrvorträgen seiner Eltern und Schulmeister gelernt hat, dann eine gewisse Fähigkeit und Neigung erworben hat, sich selbst einen Wiederholungskurs in deren schulmeisterlichem Tonfall zu erteilen. Es braucht in den immer wiederkehrenden Fällen nicht nachzudenken, was sie ihm sagen würden oder was es sich selbst sagen sollte. Es kennt die geläufigen Lehren gut genug, um sie sich ohne Zögern, in passender Form und mit dem nötigen Ernst vorzutragen. Und wenn es das tut, dann kann man, wenn man will, sagen, es ›höre die Stimme der Vernunft‹ oder ›des Gewissens‹ in einem Tone reden, der eine merkwürdige Mischung des väterlichen und seines eigenen ist. Es kann sich mit Leichtigkeit die Anweisungen geben, bei deren Ausführung es noch immer Schwierigkeiten hat. Sein Rat ist notwendigerweise seiner Tat voran, da der Zweck, ihm Lehrvorträge zu geben, der ist, ihm dadurch besseres Tun beizubringen. In diesem Stadium mag es also ganz gut gelernt haben, in welcher Weise und in welchem Augenblick es sich sagen muß, was es tun soll, obwohl es noch nicht sehr gut gelernt hat, es in der richtigen Weise und im rechten Augenblick zu tun. Etwas Ähnliches mag sich ereignen, wenn es mit einem Stück lateinischer Prosa zu kämpfen hat. Wenn es Schwierigkeiten mit der Syntax seines Satzes hat, mag es ›seine Ohren darauf spitzen‹ und schließlich ›hören‹, wie ihm die passende Regel der Syntax in einem Tonfall diktiert wird, der halb sein eigener und halb der seines Lehrers ist. Diese Stimme könnte dann, etwas hochtrabend, als ›die Stimme der lateinischen Grammatik‹ bezeichnet werden. Aber in diesem Fall wäre die Herkunft der Stimme zu offenkundig, als daß jemand vollen Ernstes die ursprüngliche Quelle seiner grammatikalischen Bedenken als die Diktate eines engelsgleichen inneren Philologen ansprechen könnte.

Diese Erwähnung des Gewissens und der Kenntnis der lateinischen Grammatik führt uns zu einer Angelegenheit zurück, die zwar schon erwähnt, aber noch nicht besprochen wurde, nämlich zu anderen intellektuellen Tätigkeiten als dem Aufstellen von Theorien. Grammatikalisches Wissen z. B. besteht darin, lateinische Sätze bilden und analysieren zu können, und moralisches Wissen, wenn dieser gezwungene

Ausdruck überhaupt verwendet werden soll, besteht darin, sich in gewissen Lagen benehmen zu können, in denen die Probleme weder rein theoretisch noch bloß eine Frage der Zweckmäßigkeit sind. Schach- oder Bridgekenntnisse sind intellektuelle Fertigkeiten, von denen in dem Versuch, Spiele zu gewinnen, Gebrauch gemacht wird; Strategie ist eine Fertigkeit, die in dem Versuch, Schlachten und Feldzüge siegreich zu beenden, in Anspruch genommen wird; die Ausbildung und Werkstatterfahrung des Ingenieurs lehren ihn, Brücken zu bauen und nicht, außer rein zufällig, Theorien aufzustellen und auseinanderzusetzen.

Der Grund, warum wir solche Spiele und solche Arbeit ›intellektuell‹ nennen, ist nicht schwer zu finden. Nicht nur die für die Beherrschung der Künste nötige Ausbildung, sondern auch viele der in ihrer Ausübung nötigen Operationen sind von der gleichen Art wie die, die zum Bauen, Erklären und Anwenden von Theorien nötig sind. Die Fähigkeit, lateinische Sätze zu bilden und zu konstruieren, ist eine Kunst, während die Philologie der lateinischen Sprache eine Wissenschaft ist, aber der Unterricht und die Betätigung deckt sich zum Teil mit dem Unterricht und der Anwendung der anderen. Die Technik fördert nicht die Physik, die Chemie oder die Nationalökonomie; aber Fähigkeit auf technischem Gebiet verträgt sich nicht mit völliger Unkenntnis dieser Zweige der Theorie. Zumindest die Abschätzung der Wahrscheinlichkeiten, wenn schon nicht ihre Berechnung, ist ein wesentlicher Teil der Kartenspiele, die höhere intellektuelle Ansprüche stellen, und das ist zum Teil der Grund, warum wir sie als ›intellektuell‹ bezeichnen.

Es ist leicht einzusehen, daß intellektuelle Entwicklung eine Voraussetzung aller außer der primitivsten Beschäftigungen und Interessen ist. Jedes fortgeschrittene Handwerk, Spiel und Unternehmen, jede fortgeschrittene Unterhaltung, Organisation oder Industrie geht notwendigerweise über den Verstand eines ungeschulten Wilden hinaus, sonst würden wir sie nicht als ›fortgeschritten‹ bezeichnen. Wir brauchen nicht Wissenschaftler zu sein, um Anagramme zu lösen oder Whist zu spielen. Aber wir müssen lesen, schreiben und rechnen können.

7. *Erkenntnistheorie*

Bevor wir dieses Kapitel beenden, müssen wir noch eine akademische Frage der Fachzugehörigkeit besprechen. Ein Teil der Philosophie wird überlieferungsgemäß als ›Erkenntnistheorie‹ oder ›Epistemologie‹ bezeichnet. Unsere gegenwärtige Frage ist die: ›Was für Theorien über das Wissen sollen Erkenntnistheoretiker nun aufzustellen versuchen, da wir etwas Grundfalsches in wichtigen Teilen der bisher von ihnen vorgelegten Theorien gefunden haben? Wenn der ganze eindrucksvolle Apparat von Ausdrücken wie ›Idee‹, ›begriffliche Auffassung‹, ›Urteil‹, ›Schlußfolgerung‹ und so weiter zu Unrecht aus den Beschreibungen der Funktionen von Elementen bereits veröffentlichter Theorien auf die Beschreibungen von Akten und Vorgängen des Theoriebaus übertragen wurde, was bleibt dann noch von der Erkenntnistheorie übrig? Wenn diese Termini nicht die verborgenen Drähte und Flaschenzüge bezeichnen, mit deren Hilfe, wie man fälschlich annahm, intellektuelle Operationen sich abwickeln sollten, was ist dann der rechtmäßige Gegenstand der Erkenntnistheorie?‹

Der Ausdruck ›Erkenntnistheorie‹ könnte auf eines der folgenden zwei Dinge angewendet werden. 1. Er könnte auf die Theorie der Wissenschaften angewendet werden, d. h. auf das systematische Studium des Gefüges schon gebauter Theorien. 2. Oder er könnte auf die Theorie des Lernens, der Entdeckung und der Erfindung angewendet werden.

1. Die philosophische Theorie der Wissenschaften, oder allgemeiner, fertiger Theorien, gibt eine Erklärung der Funktionen der Ausdrücke, Aussagen und Argumente sowie zahlreicher anderer Arten von Ausdrücken, die in der Formulie-

rung der Theorien vorkommen. Sie könnte ›Die Logik der Wissenschaft‹ oder metaphorisch ›Die Grammatik der Wissenschaft‹ genannt werden. (Aber ›Wissenschaft‹ sollte nicht so engherzig ausgelegt werden, daß alle von der Royal Society nicht geförderten Theorien ausgeschlossen sind.) Diese Art von Erklärung beschreibt keine Episoden im Leben einzelner Wissenschaftler noch spielt sie auf sie an. Sie beschreibt daher auch keine angeblichen Privatepisoden in ihrem Leben noch spielt sie auf sie an. Sie beschreibt auf eine besondere Art etwas, das in Büchern gedruckt steht oder stehen könnte.

2. Da es den Lehrberuf und die Lehrpraxis gibt, so könnte es auch einen philosophischen Zweig geben, der sich mit den Begriffen des Lernens, Lehrens und Prüfens befaßt. Dieser könnte ›die Philosophie des Lernens‹, ›Die Methodologie der Erziehung‹, oder großartiger, ›Die Grammatik der Pädagogik‹ genannt werden. Das wäre dann die Erkenntnistheorie im Sinn der Theorie des Kenntniserwerbs oder Kennenlernens. Dieser Forschungszweig würde sich mit den Begriffen befassen, in denen gewisse Vorfälle im Leben Einzelner von Lehrern oder Prüfern beschrieben oder geregelt werden.

Die großen Erkenntnistheoretiker Locke, Hume, Kant förderten im allgemeinen die Grammatik der Wissenschaft, als sie glaubten, Teile der okkulten Lebensgeschichte kenntniserwerbender Menschen zu besprechen. Sie besprachen die Akkreditive von Theorien verschiedener Art, aber sie taten es in paraphysiologischen Allegorien. Die empfohlene Rückversetzung der Handelsmarken der traditionellen Erkenntnistheorie an ihre rechtmäßige Stelle im Gefüge fertiger Theorien hätte eine heilsame Wirkung auf unsere Theorien über den Geist. Eine der stärksten Triebkräfte hinter dem Glauben an die Lehre vom Geist als einer Privatbühne ist die eingefleischte Gewohnheit, anzunehmen, es müsse die ›Erkenntnisakte‹ und ›Erkenntnisprozesse‹ geben, die diese mißbrauchten Handelsmarken nun bezeichnen sollten. Da keine der beobachtbaren Tätigkeiten Müllers die geforderten

Akte des Ideenhabens, Abstrahierens, Urteilbildens oder des von Prämissen zu Schlußsätzen Fortschreitens waren, erschien es notwendig, diese Akte auf die Bretter einer Bühne zu verlegen, zu der nur er Zugang hatte. Der Reichtum an überzeugendem biographischem Material, der in den Allegorien der Erkenntnistheoretiker geboten wird, ist, zumindest in meinem Fall, einer der zwei stärksten Gründe gewesen, dem Mythos vom Gespenst in der Maschine anzuhängen. Die angeblichen Episoden schienen unerreichbar ›innerlich‹ zu sein, weil sie tatsächlich unbeobachtbar waren. Aber sie waren tatsächlich unbeobachtbar, weil sie in den Bereich des Mythos gehörten. Sie waren Kausalhypothesen, die an die Stelle von Beschreibungen der Funktionen der Elemente veröffentlichter Theorien gesetzt worden waren.

ZEHNTES KAPITEL

Psychologie

1. Das Programm der Psychologie

Im Laufe dieses Buches habe ich sehr wenig über die Wissenschaft der Psychologie gesagt. Diese Unterlassung wird besonders unnatürlich erschienen sein, da das ganze Buch eigentlich als eine Abhandlung, freilich nicht über wissenschaftliche, wohl aber über philosophische Psychologie angesehen werden kann. Ein Teil der Erklärung dieser Unterlassung ist folgendes: Ich habe das logische Verhalten einer Reihe von Begriffen untersucht, die regelmäßig von jedermann verwendet werden. Die Begriffe des Lernens, Übens, Versuchens, Aufpassens, Vorgebens, Wollens, Nachdenkens, Argumentierens, Sich-Drückens, Beobachtens, Sehens und Beunruhigtseins sind keine technischen Begriffe. Jedermann muß lernen, wie sie verwendet werden und jedermann lernt es. Ihre Verwendung durch Psychologen unterscheidet sich nicht von der durch Schriftsteller, Biographen, Geschichtsschreiber, Lehrer, Küstenwachen, Politiker, Detektive oder Durchschnittsmenschen. Aber das ist noch nicht alles.

Wenn wir an die Wissenschaft oder Wissenschaften der Psychologie denken, dann setzen wir oft unter allgemeiner Ermunterung das offizielle Programm der Psychologie den tatsächlich von Psychologen verfolgten Untersuchungen, ihre öffentlichen Versprechen ihren Laboratoriumsausführungen gleich. Als vor zweihundert Jahren das Wort ›Psychologie‹ geprägt wurde, wurde die Zweiweltenlegende als wahr angesehen. Man nahm folglich an, da Newtonsche Wissenschaft (so glaubte man irrtümlich) alles erkläre, was in der physikalischen Welt existiert und geschieht, es könne und solle nur eine einzige andere Parallelwissenschaft zur Erklärung alles dessen bestehen, was in der postulierten nichtphysikalischen Welt existiert und geschieht. Wie die Newtonschen Wissenschaftler die Erscheinungen des einen Gebiets studierten, so sollte es auch Wissenschaftler geben, die die Erscheinungen des anderen Gebietes studieren. ›Psychologie‹ sollte der Name der einen empirischen Untersuchung geistiger und seelischer Phänomene sein. Und wie die Newtonschen Wissenschaftler ihre Daten in der Gesichts-, Gehörs- und Tastwahrnehmung fanden und untersuchten, so würden Psychologen ihre entsprechenden Daten in entsprechender nichtvisueller, nichtauditiver und nichtaktueller Wahrnehmung finden und untersuchen.

Es wurde natürlich nicht geleugnet, daß es noch viele andere systematische und unsystematische Untersuchungen spezifisch menschlichen Benehmens geben könne und gebe. Geschichtsschreiber hatten über 2000 Jahre hin die Taten und Worte, Ansichten und Pläne von Menschen und Menschengruppen studiert. Philologen, Literaturkritiker und Gelehrte hatten Sprache und Schrift, Gedichte und Dramen, Religion und Philosophie studiert. Durch die Darstellung der Handlungsweisen ihrer Phantasiegeschöpfe zeigten sogar Dramatiker und Schriftsteller in ihren Erfindungen, wie sie sich das wirkliche oder doch mögliche Benehmen von Menschen vorstellten. Nationalökonomen studieren die tatsächlichen und hypothetischen Handlungsweisen und Erwartungen von Menschen auf den Märkten; Strategen studieren die tatsächlichen und möglichen Schwierigkeiten und Entscheidungen von Generälen; Lehrer studieren die Leistungen ihrer Schüler; Detektive und Schachspieler studieren die Manöver, Gewohnheiten, Schwächen und Stärken ihrer Gegner. Aber nach dem paranewtonschen Programm würden Psychologen Menschen in einer ganz anderen Weise studieren. Sie würden Data finden und untersuchen, die Lehrern, Detektiven, Biographen oder Freunden unzugänglich sind; Data außerdem, die nicht auf der Bühne oder auf den Seiten eines Romanes dargestellt werden können. Diese anderen Untersuchungen des Menschen wären auf die Besichtigung der Zelte und Häuser beschränkt, in denen der wirkliche Mensch wohnt. Das psychologische Studium des Menschen würde direkten Zugang zu den Bewohnern selbst haben. Ja erst wenn Psychologen einmal den Schlüssel gefunden und umgedreht hätten, könnten die anderen Studenten menschlichen Denkens und Benehmens auf mehr hoffen, als vergeblich gegen verriegelte Tore zu stürmen. Die sichtbaren Taten und hörbaren Worte menschlicher Wesen wären nicht selber Ausübungen ihrer Charakter- oder Verstandesqualitäten, sondern nur äußere Symptome oder der Ausdruck ihrer wirklichen, aber privaten Ausübungen.

Die Preisgabe der Zweiweltenlegende zieht die Preisgabe der Idee nach sich, daß es ein verriegeltes Tor und einen noch zu entdeckenden Schlüssel gebe. Jene menschlichen Handlungen und Reaktionen, jene ausgesprochenen und unausgesprochenen Bemerkungen, jene Besonderheiten des Tonfalls und des Gesichtsausdrucks und Gebärden, die immer die Data aller anderen Erforscher des Menschen gewesen sind, sind schließlich doch die richtigen und einzigen zu studierenden Manifestationen gewesen. Sie und sie allein haben den prunkvollen Titel ›psychische Phänomene‹ verdient, aber glücklicherweise nicht erhalten.

Aber obwohl das offizielle Programm der Psychologie versprach, daß der Stoff ihrer Untersuchungen aus Ereignissen bestehen würde, die ihrer Natur nach von jenen anderen Stücken des menschlichen Benehmens verschieden sein und ›hinter‹ jenen liegen würden, die allein den anderen Studien vom Menschen zugänglich waren, mußten Experimentalpsychologen in ihrer alltäglichen Praxis doch notgedrungen dieses Versprechen brechen. Der Tag eines Forschers kann nicht befriedigend mit der Beobachtung von Nichtentitäten und der Beschreibung von Mythischem gefüllt werden. Praktizierende Psychologen fanden sich bei der Untersuchung der Handlungen, Grimassen und Äußerungen von Wahnsinnigen und Schwachsinnigen, von Leuten unter dem Einfluß von Alkohol, Ermüdung, Schrecken und Hypnose und von Opfern einer Gehirnverletzung. Sie studierten Sinneswahrnehmung so wie z. B. ein Augenarzt Sinneswahrnehmung studiert, teils durch die Ausführung und Anwendung physiologischer Versuche, teils durch die Analyse der verbalen und nichtverbalen Reaktionen der Versuchsperson. Sie studierten die Intelligenz von Kindern, indem sie ihre Erfolge und Mißerfolge in standardisierten Tests verschiedener Art sammelten und verglichen. Sie zählten die Tippfehler, die Stenotypistinnen in verschiedenen Stadien ihres Arbeitstages machten, und sie untersuchten die in verschiedenen Leuten verschieden starken Tendenzen, auswendig gelernte Silben und Ausdrücke verschiedener Art zu vergessen, indem sie ihre Erfolge und Mißerfolge beim Aufsagen nach verschiedenen Zeitspannen verzeichneten. Sie studierten das Benehmen von Tieren im Labyrinth und von Küken in Brutkästen. Sogar der magische, weil so vielversprechend ›chemische‹ Grundsatz von der Ideenassoziation fand seine praktische Hauptanwendung in den prompten, laut gesprochenen Wortreaktionen von Versuchspersonen, denen vom Versuchsleiter Testwörter vorgesprochen wurden.

Es ist nichts Sonderbares in einer solchen Verschiedenheit von Programm und Ausführung. Wir sollten Einsicht über die Fragen und Methoden erst nach ihrer Verwendung erwarten. Die von Philosophen von ihren eigenen Zielen und Methoden gegebenen Beschreibungen haben selten mit ihren tatsächlichen Ergebnissen oder Arbeitsweisen übereingestimmt. Sie haben z. B. versprochen, eine Erklärung der Welt als eines Ganzen zu geben und zu dieser Erklärung durch einen Vorgang synoptischer Betrachtung zu gelangen. Tatsächlich haben sie eine höchst eigentümliche Art des Tüftelns betrieben, und ihre Ergebnisse, wenngleich viel wertvoller als das versprochene Panorama hätte sein können, waren einem solchen Panorama in keiner deutlichen Hinsicht ähnlich.

Chemiker haben sich einmal sehr bemüht, die Eigenschaften des Phlogiston zu entdecken, aber da sie nie ein Phlogiston einfangen konnten, begnügten sie sich damit, seine Wirkungen und äußerlichen Manifestationen zu studieren.

Tatsächlich studierten sie die Erscheinungen der Verbrennung und gaben bald das Postulat eines unbeobachtbaren Hitzestoffes auf. Seine Postulierung war ein Irrlicht gewesen, eines jener Irrlichter, die Abenteurer dazu ermutigen, unvermessene Dickichte zu erforschen und dann undankbarerweise die Dickichte auf Karten zu verzeichnen, die diese falschen Leitsterne überhaupt nicht erwähnen. Psychologische Forschungsarbeit war nicht verschwendet, wenn das Postulat von dem besonderen Geistesstoff ebenso verschwindet.

Es muß aber noch immer die Frage beantwortet werden: ›Was sollte das Programm der Psychologie sein?‹ Versuche, sie zu beantworten, würden wohl auf die folgende Schwierigkeit stoßen: Ich habe behauptet, daß die Arbeitsweise des menschlichen Geistes von Psychologen und Nationalökonomen, Kriminologen, Anthropologen, Staatswissenschaftlern und Soziologen, von Lehrern, Prüfern, Detektiven, Biographen, Geschichtsschreibern und Spielern, von Strategen, Staatsmännern, Unternehmern, Beichtvätern, Eltern, Liebenden und Schriftstellern auf der Grundlage derselben Data studiert wird. Wie sollen also gewisse Untersuchungen als ›psychologisch‹ ausgewählt werden, während alle anderen auszuscheiden sind? Nach welchen Kriterien sollen wir sagen, daß die statistischen Ergebnisse von staatlichen Prüfungsausschüssen nicht die Ergebnisse psychologischer Nachforschungen sind, während die Ergebnisse von Intelligenzprüfungen es sind? Warum ist die von einem Geschichtsschreiber angestellte Untersuchung der Motive, Absichten, Talente und Torheiten Napoleons keine psychologische Untersuchung, während eine ähnliche Studie über Sally Beauchamp eine solche ist? Wenn wir den Gedanken aufgeben, die Psychologie befasse sich mit etwas, womit sich die anderen Wissenschaften vom Menschen nicht befassen, und wenn wir damit den Gedanken aufgeben, daß Psychologen mit Data arbeiten, von denen andere Wissenschaften ausgeschlossen sind, was ist dann die *differentia specifica* zwischen der Psychologie und diesen anderen Wissenschaften?

Ein Teil der Antwort lautet so. Der Landbriefträger kennt einen Bezirk wie seine eigene Tasche; er kennt alle Straßen, Gassen, Bäche, Hügel und Gehölze; er kennt sich darin in jedem Wetter, jedem Licht und jeder Jahreszeit aus. Und doch ist er kein Geograph. Er kann keine Karte des Bezirks anfertigen oder erklären, wie er mit den Nachbarbezirken verbunden ist; er kennt nicht die genauen Himmelsrichtungen, Entfernungen oder Seehöhen der Plätze, die er in anderer Beziehung so gut kennt. Er hat keine Klassifikation der Geländetypen, die sein Bezirk enthält, und er kann aus den Merkmalen seines Bezirks keine Schlüsse auf die Merkmale der Nachbarbezirke ziehen. Bei der Besprechung des Bezirks erwähnt er alle Merkmale, die ein Geograph auch erwähnen würde, aber er macht nicht dieselben Aussagen über sie. Er wendet keine geographischen Verallgemeinerungen an, benützt keine geographischen Vermessungsmethoden und verwendet keine allgemeinen Theorien der Erklärung oder Vorhersage. So ähnlich, könnte man sagen, mag auch der Detektiv, der Beichtvater, der Prüfer und der Schriftsteller in einer ungefähren Art mit den Data vertraut sein, die der Psychologe sammeln würde, aber ihre Handhabung derselben wäre unwissenschaftlich, wogegen die des Psychologen wissenschaftlich wäre. Ihre würde der Wetterkunde des Bauern gleichen; seine der Wissenschaft des Meteorologen.

Aber diese Antwort würde keinen Unterschied zwischen der Psychologie und den anderen wissenschaftlichen oder pseudowissenschaftlichen Studien menschlichen Benehmens, wie der Nationalökonomie, Soziologie, Anthropologie, Kriminologie und Philologie aufzeigen. Sogar Bibliothekare studieren den Publikumsgeschmack mit statistischen Methoden, und doch würde ein derartiges Studium, obwohl ein bestimmter Geschmack in der Lektüre gewiß zu den Eigenschaften des Geistes gehört, nicht als zur Psychologie gehörig angesehen werden können.

Die richtige Antwort auf diese Frage scheint zu sein,

daß die Preisgabe des Traums von der Psychologie als einer Parallelwissenschaft zu Newtonscher Wissenschaft, so wie die letztere in gutem Glauben fälschlich dargestellt wurde, die Preisgabe der Idee nach sich zieht, ›Psychologie‹ sei der Name einer einzigen Untersuchung oder eines einzigen Stamms von Untersuchungen. Ähnlich wie ›Medizin‹ der Name eines mehr oder weniger willkürlichen Sammelsuriums mehr oder weniger lose verknüpfter Untersuchungen und Methoden ist, eines Sammelsuriums, das weder ein logisch geordnetes Programm hat noch braucht, so kann ›Psychologie‹ sehr passend dazu verwendet werden, eine teilweise zufällige Gruppierung von Untersuchungen und Methoden zu bezeichnen. Schließlich erwuchs nicht nur der Traum von einer paranewtonschen Wissenschaft aus einem Mythos, sondern es war auch ein leerer Traum, daß es eine einheitliche, weil Newtonsche Wissenschaft von der ›Außenwelt‹ gäbe oder einmal geben würde. Die Irrlehre, daß es ein abgetrenntes Feld von ›psychischen Phänomenen‹ gäbe, beruhte auf einem Grundsatz, welcher für die biologischen Wissenschaften auch keinen Raum ließ. Newtonsche Physik wurde als die allumfassende Wissenschaft von dem, was im Raum existiert, verkündet. Das Cartesische Bild ließ keinen Platz für Mendel oder Darwin. Die Zweiweltenlegende war auch eine Zweiwissenschaftslegende, und die Einsicht, daß es viele Wissenschaften gibt, dürfte den Stachel von der Ansicht entfernen, daß ›Psychologie‹ nicht der Name einer einzigen einheitlichen Theorie sei. Wenige Wissenschaftsnamen bezeichnen solche einheitlichen Theorien oder geben Grund zur Hoffnung, es dereinst zu tun. Auch ›Kartenspiel‹ ist nicht der Name eines einzigen Spiels oder eines ›Stamms‹ von Spielen.

Die oben angedeutete Parallele zwischen Psychologie und Medizin war in einer wichtigen Hinsicht irreführend, nämlich darin, daß mehrere der fortschrittlichsten und nützlichsten psychologischen Forschungen im weitesten Sinn des Adjektivs selbst medizinische Forschung waren. Unter anderen und vor allen anderen dürfen die Forschungen des einen Genies in der Psychologie, Sigmund Freuds, nicht als zu einer Familie von Untersuchungen gehörig angesehen werden, die der Familie der medizinischen Untersuchungen ähnlich sind; sie gehören zu dieser Familie. Ja so verdient tiefgehend war der Einfluß von Freuds Lehren und so gefährlich populär sind seine Allegorien geworden, daß nun eine starke Neigung zu bemerken ist, das Wort ›Psychologe‹ so zu verwenden, als stünde es nur für jene, die geistige Schäden untersuchen und behandeln. ›Psychisch‹ bedeutet aus denselben Gründen oft soviel wie ›psychisch nicht in Ordnung‹. Vielleicht wäre es ein terminologischer Vorteil gewesen, wenn das Wort ›Psychologie‹ ursprünglich in diesem eingeschränkten Sinn verwendet worden wäre; aber die akademische Welt ist nun zu sehr an diese gastfreundlichere und weniger enge Verwendung des Wortes gewöhnt, als daß eine solche Reform jetzt noch möglich oder wünschenswert wäre.

Wahrscheinlich werden einige Leute beteuern wollen, daß doch eine allgemeine und formulierbare Unterscheidung zwischen psychologischen Untersuchungen und allen anderen Untersuchungen besteht, die mit dem menschlichen Verstand und Charakter befaßt sind. Auch wenn Psychologen keine eigentümlichen Data zur Verfügung stehen, auf die sie ihre Theorien gründen können, so seien ihre Theorien doch ihrer Natur nach von denen der Philologen, Tarnungsfachleute, Anthropologen und Detektive verschieden. Psychologische Theorien gäben Kausalerklärungen menschlichen Verhaltens oder würden sie eines Tages geben. Es gäbe zwar viele verschiedene Weisen, in denen das Arbeiten des menschlichen Geistes studiert wird, aber Psychologie unterscheide sich von allen anderen dadurch, daß sie die Ursachen dieses Arbeitens herauszufinden suche.

Das Wort ›Ursache‹ und der Ausdruck ›Kausalerklärung‹ sind natürlich äußerst gewichtige Ausdrücke. Sie gemahnen uns sofort an jenes unhörbare Aufeinanderprallen jener kleinen unsichtbaren Billardbälle, das wir irrtümlich als die einzig wahrhaft mögliche, wissenschaftliche Erklärung von allem, was sich in der Welt abspielt, gelernt haben. Wenn wir also das Versprechen einer neuen wissenschaftlichen Erklärung unseres Redens und Tuns hören, erwarten wir, von irgendeinem Gegenstück zu diesem Aufeinanderprallen zu hören, von irgendwelchen Kräften oder Vermögen, von denen wir uns selbst nie etwas hätten träumen lassen, und die wir sicherlich nie bei ihrer unterirdischen Arbeit werden beobachten können. Sind wir aber in einer weniger empfänglichen Geistesverfassung, dann finden wir etwas Unglaubhaftes im Versprechen von bevorstehenden Entdeckungen verborgener Ursachen unserer eigenen Handlungen und Reaktionen. Wir wissen recht gut, aus welchem Grunde der Bauer vom Markt zurückkam, ohne seine Schweine verkauft zu haben. Er fand, daß die Preise niedriger waren als er erwartete. Wir wissen sehr gut, warum Müller finster blickte und die Tür zuschlug. Er war beleidigt worden. Wir wissen genau, warum die Heldin des Romans einen der am Morgen erhaltenen Briefe ungeöffnet dorthin mitnahm, wo sie ihn ungestört lesen konnte, denn der Schriftsteller gibt uns die erforderliche Kausalerklärung. Die Romanheldin erkannte die Handschrift ihres Liebhabers auf dem Umschlag. Der Schuljunge weiß genau, was ihn veranlaßte, die Antwort ›225‹ niederzuschreiben, nachdem er aufgefordert worden war, das Quadrat von 15 anzugeben. Jede der von ihm ausgeführten Operationen hatte ihn auf die Spur ihres Nachfolgers gebracht.

Wie wir in einem Augenblick sehen werden, gibt es eine Menge Handlungen, Zuckungen und Verlautbarungen anderer Art, deren Urheber nicht sagen kann, was ihn veranlaßte, sie hervorzubringen. Aber die Taten und Reaktionen, die ihre Urheber erklären können, bedürfen keiner zusätzlichen und andersartigen Erklärung. Wo der Handelnde und alle seine Bekannten die Ursachen genau kennen, da ist das Versprechen von überraschenden Einsichten in ihre wirklichen, aber verborgenen Ursachen dem Versprechen von Erkenntnissen okkulter Ursachen von mechanischen Geschehnissen, deren gewöhnliche Ursachen wohlbekannt sind, nicht nur ähnlich, sondern lediglich nur ein besonderer Fall davon. Der Radfahrer weiß, was die Drehung seines Hinterrads bewirkt, nämlich der Druck auf die Pedale, der durch die Spannung der Kette übertragen wird. Die Frage: ›Was verursacht den Pedaldruck dazu, die Kettenspannung zu verursachen?‹ und: ›Was verursacht die Kettenspannung dazu, die Drehung des Hinterrades zu verursachen?‹ würde ihn als Scheinfrage anmuten. Dasselbe gilt für die Frage: ›Was veranlaßt ihn zu versuchen, die Drehung des Hinterrades durch Pedaldruck zu veranlassen?‹

In dieser Alltagsbedeutung, in der wir alle ›Kausalerklärungen‹ für viele unserer Handlungen und Reaktionen geben können, ist die Erwähnung dieser Ursachen nicht ein Vorrecht der Psychologen. Wenn der Nationalökonom von ›Verkäuferstreiks‹ spricht, dann spricht er in allgemeinen Ausdrücken über solche Vorfälle wie z. B. den des Landwirts, der seine Schweine wieder auf seinen Hof zurückbringt, weil er die Preise zu niedrig gefunden hat. Der Rezensent erwägt bei der Besprechung der Frage, warum der Dichter in einer bestimmten Zeile seines Gedichts einen neuen Rhythmus gebraucht hat, welche Kompositionsnöte den Dichter in diesem bestimmten Punkt geplagt haben mögen. Der Lehrer will nicht über irgendwelche Vorfälle hinter den Kulissen hören, um zu verstehen, was den Jungen veranlaßte, die richtige Antwort auf seine Multiplikationsaufgabe herauszubekommen; denn er hat die Vorfälle auf der Bühne selbst beobachtet, die ihn dorthin gebracht haben.

Andererseits gibt es eine Menge von Verhaltensweisen, von denen wir selber keine solche Erklärung geben können. Ich weiß nicht, warum ich in der Gegenwart eines bestimmten Bekannten so auf den Mund gefallen war; warum ich plötzlich vor meinem geistigen Auge eine uninteressante Straßenecke einer Stadt sah, die ich kaum kenne; warum ich aufgeregter plaudere, nachdem die Luftalarmsirene gegangen ist;

oder wie ich dazu komme, einen Freund mit einem falschen Vornamen anzureden. Wir sehen ein, daß Fragen dieser Art echte psychologische Fragen sind. Wenn ich nicht ein bißchen Psychologie gelernt hätte, würde ich wahrscheinlich nicht einmal wissen, warum die Gartenarbeit so ungewöhnlich verlockend ist, sobald mich die Erledigung unerfreulicher Post in meinem Studierzimmer erwartet. Die Frage, warum der Landwirt seine Schweine nicht um einen bestimmten Preis verkaufen will, ist nicht eine psychologische, sondern eine ökonomische Frage; aber die Frage, warum er seine Schweine um keinen Preis an einen Kunden mit einem eigenartigen Gesichtsausdruck verkaufen will, mag eine psychologische Frage sein. Sogar für das Gebiet der Sinneswahrnehmung und des Gedächtnisses scheint etwas Ähnliches zuzutreffen. Wir können nicht aus unserer eigenen Erfahrung die Frage beantworten, warum eine gerade Linie, die durch eine schraffierte Fläche geht, als gekrümmt erscheint, oder warum Gespräche in fremden Sprachen viel schneller gesprochen wirken als Gespräche in unserer eigenen, und wir erkennen diese Fragen als psychologische. Dagegen fühlen wir, daß ein Versprechen der falschen Art gemacht wird, wenn uns entsprechende psychologische Erklärungen unserer richtigen Schätzungen von Umriß, Größe, Beleuchtung und Geschwindigkeit gegeben werden. Der Psychologe soll uns erklären, warum wir uns täuschen; aber wir können uns selber erklären, warum wir uns nicht täuschen.

Die Einordnung und Diagnose der verschiedenen Äußerungen unseres mannigfachen geistigen Versagens fordert besondere Forschungsmethoden. Die Erklärung der Äußerungen unserer verschiedenen geistigen Fähigkeiten fordert oft nichts anderes als gesunden Menschenverstand, oder sie mag die besonderen Methoden der Nationalökonomen, Sprachgelehrten, Strategen und Prüfer fordern. Aber deren Erklärungen sind keine Schecks, die auf die Konten weiterer, noch grundlegenderer Diagnosen ausgestellt sind. Daher können nicht alle, ja nicht einmal die meisten Kausalerklärungen menschlicher Handlungen und Reaktionen als psychologisch klassifiziert werden. Aber außerdem ist nicht jede psychologische Forschung die Suche nach Kausalerklärungen. Viele Psychologen sind zu größerem oder geringerem Nutzen damit beschäftigt, Methoden der Messung zu ersinnen und die so erzielten Meßergebnisse anzusammeln. Sicherlich hoffen sie, daß ihre Messungen eines Tages in der Aufstellung genauer funktionaler Zuordnungen oder Kausalgesetze von Nutzen sein werden, aber ihre eigene Arbeit ist bestenfalls bloß eine Vorbereitung auf diese weitere Aufgabe. Da ihre Arbeit aber als ›psychologische Forschung‹ bezeichnet werden muß, kann ›psychologische Forschung‹ nicht als die Suche nach Kausalerklärungen definiert werden.

Man wird nun verstehen, warum ich so wenig über Psychologie gesagt habe. Es war ein Teilzweck dieses Buches, die falsche Ansicht zu bekämpfen, die Psychologie sei die einzige empirische Forschung, die sich mit geistigen Fähigkeiten, Neigungen und Leistungen befaßt, sowie die sich daraus ergebende Folge, ›der Geist‹ sei das, was nur mit den der psychologischen Forschung eigentümlichen Fachausdrücken beschrieben werden kann. England kann nicht nur mit seismologischen Ausdrücken beschrieben werden.

2. *Behaviorismus*

Die allgemeine Tendenz dieses Buches wird zweifellos, und nicht weiter schlimm, als ›behavioristisch‹ gebrandmarkt werden. Der Behaviorismus war im Anfang eine Theorie über die richtigen Methoden der wissenschaftlichen Psychologie. Er vertrat die Ansicht, daß das Beispiel der anderen fortschrittlichen Wissenschaften befolgt werden sollte, wie es früher von Psychologen nicht befolgt worden war; ihre Theorien sollten auf wiederholbaren und öffentlich überprüfbaren Beobachtungen und Experimenten beruhen. Aber die angeblichen Enthüllungen des Bewußtseins und der Introspektion sind nicht öffentlich überprüfbar. Nur das äußere Benehmen von Leuten kann von mehreren Zeugen beobachtet, gemessen und mechanisch aufgenommen werden. Die frühen Anhänger dieses methodologischen Programms scheinen sich darüber nicht klar geworden zu sein, ob sie behaupten sollten, die Data des Bewußtseins und der Introspektion seien erfunden, oder bloß, sie seien der wissenschaftlichen Untersuchung unzugänglich. Es war nicht klar, ob sie eine nicht sehr subtile mechanistische Lehre erkoren hatten, etwa so wie die des Hobbes oder Gassendi, oder ob sie noch immer der paramechanischen Theorie des Descartes anhingen, aber ihre Forschungsmethoden auf die von Galilei ererbten einschränken wollten; ob sie z. B. der Ansicht waren, Denken bestehe im Hervorbringen gewisser komplizierter Geräusche und Bewegungen, oder ob sie der Ansicht waren, diese Bewegungen und Geräusche, obwohl sie mit Vorgängen des ›Innenlebens‹ verknüpft waren, seien allein Erscheinungen, die das Laboratorium angingen.

Wie dem auch sei, es ist gleichgültig, ob die frühen Behavioristen eine mechanistische oder paramechanische Theorie vertraten. Sie befanden sich auf jeden Fall im Irrtum. Wichtig dagegen ist die Tatsache, daß die Anwendung der von ihnen empfohlenen Methode, charakteristisch menschliches Verhalten zu beschreiben, den Psychologen sehr schnell klar machte, wie schattenhaft die angeblichen Geschehnisse des ›Innenlebens‹ sind, wegen deren Vernachlässigung oder Leugnung den Behavioristen im Anfang Vorwürfe gemacht wurden. Psychologische Theorien, die Mitteilungen der ›inneren Wahrnehmung‹ nicht erwähnten, wurden anfänglich einem »Hamlet« ohne den Prinzen von Dänemark verglichen. Aber der verdrängte Held erschien bald als ein so blut- und rückgratloses Wesen, daß sogar die Anhänger dieser Theorien sich zu scheuen begannen, schwere theoretische Lasten auf seine schemenhaften Schultern zu legen.

Schriftsteller, Dramatiker und Biographen hatten sich immer damit begnügt, die Motive, Gedanken, Gemütserregungen und Gewohnheiten von Leuten durch ihre Handlungen, ihre Aussprüche und Einbildungen, ihre Grimassen, Gebärden und Tonfälle zu beschreiben. Als Psychologen sich auf das konzentrierten, worauf Jane Austen sich konzentrierte, fanden sie schließlich, daß das die Substanz und nicht bloß das Äußere ihrer Subjekte sei. Sie litten natürlich noch immer an der unnötigen Sorge, diese Abwendung der Psychologie von der Aufgabe der Geisterbeschreibung könnte sie auf die Aufgabe festlegen, etwas bloß Mechanisches zu beschreiben. Aber der Einfluß des mechanistischen Schreckgespenstes ist im Lauf des letzten Jahrhunderts fortwährend zurückgegangen, weil neben anderen Gründen die biologischen Wissenschaften in dieser Periode ihren Anspruch auf den Ehrentitel ›Wissenschaften‹ begründet hatten. Das Newtonsche System ist nicht mehr das einzige Musterbeispiel einer Naturwissenschaft. Der Mensch braucht durch die Behauptung, er sei kein Gespenst in einer Maschine, nicht zu einer Maschine degradiert zu werden. Er könnte schließlich doch eine Art Lebewesen sein, nämlich ein höheres Säugetier. Es muß noch der verwegene Sprung zu der Hypothese gewagt werden, daß er vielleicht ein Mensch sei.

Das methodologische Programm des Behaviorismus ist von umwälzender Bedeutung für das Programm der Psychologie gewesen. Darüber hinaus ist es eine der Hauptquellen für den philosophischen Verdacht gewesen, die Geschichte von den zwei Welten sei eine Erfindung. Es ist von verhältnismäßig geringer Bedeutung, daß die Verfechter dieses methodologischen Grundsatzes dazu neigten, außerdem auch eine Art Hobbistischer Theorie zu befürworten und sich sogar einzubilden, die mechanistische Auffassung müsse wahr sein, wenn ihre Theorie über die wissenschaftlichen Forschungsmethoden in der Psychologie wahr ist.

Es ist nicht meine Aufgabe zu beurteilen, wie weit die konkreten Forschungsverfahren praktizierender Psychologen durch die lange Herrschaft der Zweiweltengeschichte beeinflußt wurden oder wie weit die behavioristische Revolte zu

Veränderungen ihrer Methoden geführt hat. Soweit ich das beurteilen kann, mögen die ungünstigen Wirkungen des Mythos im großen und ganzen von seinen günstigen Folgen mehr als aufgewogen werden, und die behavioristische Revolte könnte durchaus zu mehr scheinbaren als wirklichen Ergebnissen geführt haben. Mythen sind der Fortentwicklung von Theorien nicht immer im Wege. Ja, in ihrer Jugend können sie oft von unschätzbarem Wert sein. Pioniere werden in ihrem Tun zu Anfang durch den Traum bestärkt, die Neue Welt sei, trotz ihres fremdartigen Aussehens, eine Art Gegenstück der Alten Welt, und das Kind fühlt sich in einem neuen Haus nicht ganz so fremd, wenn sich die Treppengeländer, wohin sie auch immer führen mögen, für die Kindeshand so anfühlen wie die Geländer, die es von zu Hause kennt.

Es war aber nicht Zweck dieses Buches, der Methodologie der Psychologie weiterzuhelfen oder die besonderen Hypothesen dieser oder jener Wissenschaft zu erörtern. Sein Zweck war zu beweisen, daß die Zweiweltengeschichte ein philosophischer Mythos, wenn auch kein Märchen, war, und durch diesen Beweis mit der Reparatur des Schadens zu beginnen, den dieser Mythos seit geraumer Zeit in der Philosophie angerichtet hat. Diesen Punkt habe ich nicht dadurch zu erweisen versucht, daß ich die Schwierigkeiten, denen sich die Psychologen gegenübersehen, als Beleg heranzog, sondern durch das Argument, daß den fundamentalsten psychischen Begriffen von den Philosophen selbst ein logisches Verhalten der falschen Art zugeschrieben wurde. Wenn meine Argumente überhaupt gültig sind, dann sind diese Begriffe von den Mechanisten und den Paramechanisten, von Hobbes und von Descartes, in derselben allgemeinen, jedoch in entgegengesetzten besonderen Weisen mißverstanden worden.

Wenn wir zum Schluß die theoretische Fruchtbarkeit der Hobbes-Gassendi-Version einer Theorie des Geistes mit der des Descartes vergleichen, müssen wir zweifellos zugeben, daß die Version des Descartes fruchtbarer gewesen ist. Wir könnten die Unterschiede zwischen ihnen mit diesem Gleichnis beschreiben. Eine Kompanie von Soldaten, die ihr Land verteidigt, läßt sich in einer Festung nieder. Die Soldaten einer zweiten Kompanie bemerken, daß der Festungsgraben ausgetrocknet ist, daß die Tore fehlen und daß die Mauern einzustürzen drohen. Sie verschmähen den Schutz, den eine baufällige Festung geben kann; da sie aber noch immer von der Idee beherrscht sind, daß ihr Land nur von Festungen wie dieser verteidigt werden kann, so beziehen sie Stellung in dem festungsähnlichsten Ding, das sie finden können, nämlich im Schatten dieser altersschwachen Festung. Keine der beiden Stellungen ist haltbar; und offensichtlich hat das Schattenbollwerk alle Schwächen der Steinfeste, und noch dazu einige ihr eigentümliche Schwächen. Und doch haben sich die Verteidiger der Schattenburg als bessere Soldaten erwiesen, da sie die Schwächen der Steinburg sahen, auch wenn es töricht von ihnen war, sich einzubilden, sie seien in einer Festung sicher, die gar nicht aus Steinen gebaut ist. Ihre Siegesaussichten sind schlecht genug, aber sie haben Anzeichen von Lernfähigkeit erkennen lassen. Sie haben einen Ersatz für strategischen Sinn gezeigt; sie haben bemerkt, daß eine Steinfestung mit zerbröckelten Mauern keinen Schutz gewährt. Daß der Schatten einer solchen Festung auch keinen Schutz gewährt, ist die nächste Lektion, die sie vielleicht auch noch lernen werden.

Wir können dieses Bild auf eine unserer zentralen Streitfragen anwenden. Etwas denken ist nach der einen Ansicht dasselbe wie etwas sagen. Die Vertreter der Gegenansicht lehnen diese Gleichsetzung mit Recht ab, aber sie wählen für diese Ablehnung verständlicher-, aber irrigerweise die Form, sagen sei das Tun *eines* Dinges und denken das Tun eines anderen. Denkoperationen sind von Wortoperationen numerisch verschieden und kontrollieren diese Wortoperationen von einer Stelle, die von der verschieden ist, an der sich diese Wortoperationen abspielen. Das ist allerdings auch keine zufriedenstellende Lösung, und zwar aus demselben

Grund, der die Schwäche der Gleichsetzung von denken und sagen zeigte. Genauso wie undiszipliniertes und achtloses Reden nicht Denken, sondern Geplapper ist, so könnten, gleichgültig welche Schattenoperationen an diesem andern Platz postuliert werden, diese auch dort in einer undisziplinierten und achtlosen Weise vor sich gehen; und dann wären sie ihrerseits wieder nicht Denken. Aber sogar eine irrige Beschreibung dessen, was achtloses und undiszipliniertes Schwatzen von Denken unterscheidet, zeigt das Bemerken eines grundlegenden Unterschiedes. Die Cartesische Irrlehre bessert in der Tat die Schäden der Hobbistischen Irrlehre nur dadurch aus, daß sie sie verdoppelt. Aber auch bloße Quacksalberei an Doktrinen setzt die Erkenntnis von Gebrechen voraus.

Biographische Notiz

Gilbert Ryle wurde im Jahre 1900 geboren. Er studierte am Brighton College und am Queen's College in Oxford. 1924 erhielt er eine Tutorenstelle für Philosophie an Christ Church in Oxford. Am Zweiten Weltkrieg nahm er als Offizier der Welsh Guards teil. Seit 1945 Fellow des Magdalen College und Waynflete Professor für Metaphysik an der Universität Oxford. Ryle gab seit 1947 die wichtige philosophische Zeitschrift *Mind* heraus. Er starb 1976. Außer dem hier zum erstenmal in deutscher Sprache veröffentlichten *The Concept of Mind* (1949) gehören zu seinen Hauptwerken: *Dilemmas* (1954), *Plato's Progress* (1966) und *Collected Papers*, 2 Bde. (1971).

Register[1]

1. Dieses Register ist die terminologisch entsprechende Übertragung des Index der englischen Originalausgabe.

Inhalt